한국 현대사의 질곡,
유신 50년을 넘어서

유신청산 시리즈 4
한국 현대사의 질곡, 유신 50년을 넘어서

2022년 12월 20일 처음 펴냄

엮은이 | 유신청산민주연대 · 유신50년군사독재청산위원회
글쓴이 | 김동춘 김재홍 박몽구 송병춘 오동석 이부영
        임헌영 조종주 주강현 하승수 한상희 홍윤기
펴낸이 | 김영호
펴낸곳 | 도서출판 동연
등 록 | 제1-1383호(1992. 6. 12)
주 소 | 서울시 마포구 월드컵로 163-3
전 화 | (02)335-2630
전 송 | (02)335-2640
이메일 | yh4321@gmail.com

Copyright ⓒ 유신청산민주연대 · 유신50년군사독재청산위원회, 2022

ISBN 978-89-6447-855-4 04300
     978-89-6447-815-8 (유신청산 시리즈)

유신청산 시리즈 4

한국 현대사의 질곡, 유신 50년을 넘어서

김동춘
김재홍
박몽구
송병춘
오동석
이부영
임헌영
조종주
주강현
하승수
한상희
홍윤기
함께 씀

유신청산민주연대 · 유신50년군사독재청산위원회
엮음

동연

'유신50년플러스청산위원회'로 거듭나 지속적 활동을 다짐하며

─ 국회의 첫 유신청산 결의안 협상과 심의를 예의 주시…

김재홍
(유신청산민주연대 상임대표)

대한민국 헌정사가 온전한 민주 헌정으로 복원됐는지에 대한 평가는 사람마다 다를 수 있다. 그러나 후세 역사가들이 우리가 살고 있는 이 시대의 헌정을 복고와 퇴행으로 기록하지 않을까 두려워진다. 대통령 박정희가 유신쿠데타를 감행한 지 50년이 지났는 데도 정치적 유산과 잔재가 깨끗이 청소되지 못했다는 사실은 명백하기 때문이다. 무엇보다도 현행 87년 헌법이 1980년 내란 집단의 헌법을 제대로 청산하는 개헌으로 탄생하지 못했으며, 그 80년 헌법은 박정희 유신헌법과 동질적인 유신 2기 통치 규범이라는 사실에서 그렇다.

1987년 6월시민항쟁의 싸움에서 이긴 덕택으로 그해 10월 헌법 개정을 안 할 수 없었으며 대통령 직선과 5년 단임제로 성난 민심을 달래기는 했지만 헌법의 뼈대가 유신독재 체제로부터 탈각하지는 못했다. 학계와 시민사회에서 흔히 '87년 체제의 한계'라 일컬어지는 그 '누더기 헌법'을 35년 이상 고치지 못한 채 오늘에 이르렀다.

이 시대는 오늘을 함께 살아가는 사람들이 책임져야 할 주인이며, 또한 미래세대에게 넘겨주어야 할 역사의 연속선상에 있음을 잊어서는 안 된다. 민주 헌정을 복원하고 역사 진행을 정상화하지 못한다면 우리는 '퇴행 세대'라는 불명예에서 벗어날 수 없다.

우리 헌법 정신의 뿌리는 헌법 전문에도 명기돼 있듯이 3.1운동과 4.19혁명 이념에 두고 있다. 그것이 헌정사의 법통이다. 3.1운동의 에너지로 상해 임시정부가 수립됐으며, 그 임시헌법은 분권형 의원내각제였다. 4.19혁명 후 제2공화국 헌법도 국회 중심의 국정 운영을 골간으로 한 분권형 순수 의원내각제였다. 이 민주 헌법의 뿌리를 뽑아버린 것이 이승만의 1952년 발췌개헌과 54년 사사오입개헌이었으며, 박정희의 61년 5.16군사쿠데타와 72년 유신쿠데타였다. 특히 박정희의 5.16쿠데타는 4.19혁명과 그에 바탕한 제2공화국 헌법을 짓밟고 권력집중형 대통령중심제를 확립한 것으로 주목해야 한다. 그 후 대통령 독재의 길이 이어져 온 것이다. 전두환 역시 80년 내란으로 민주 회복 운동이 반짝하던 '서울의 봄'을 유린하고, 박정희 유신의 대통령독재 헌정을 계승했다. 87년 6월시민항쟁이 승리해 민주헌법 복원을 기대했으나 그해 10월 이루어진 헌법 개정은 땜질식 타협의 산물일 뿐이었다.

이들 쿠데타 및 내란 집단은 국회를 불법 해산하고, 유사 입법기구에 입법권을 부여했다. 국민이 선출하지 않아 입법권을 가질 수 없는 유사 입법기구가 많은 실정법을 제정했다. 이를 조사 연구한 결과 민주 헌정과 부합할 수 없는 독소 조항들이 지금까지 잔재해 있는 것으로 드러났다. 오랫동안 실정법 체계가 쿠데타 정권 자신들의 백년대계로 작동해 왔다고 볼 수 있다.

이 같은 배경으로 유신50년군사독재청산위원회는 과거사 청산의 새로운 방향을 법률, 제도, 기구에 맞추기로 정한 바 있다. 군사독재의 법률 청산의 1단계로 그들이 입법권 없는 유사 입법기구를 내세워 제정한 실정법 중 향토예비군법과 선거법 등 10개를 개정 또는 폐지 대상으로 선정했다. 민주 헌정에 부합하지 않는 독재 시대 입법 조항들을 가리는 조사 연구의 결과로서 민주 사회의 국민 생활에 실제 불편을 주는 독소 조항들이 잔재해 있으며, 여·야와 진보·보수를 떠나 무쟁점으로 간주되는 법률들이다. 10개의 우선 개폐 대상 법률들 중 국가보안법은 대립적 쟁점으로 매번 개혁 입법에서 실패했다. 국회에서 여야 합의가 가능한 범위만이라도 개정이 불가피하다. 독재 정권의 공안 기구에 의해 날조된 공안사건들을 들여다보면 국가보안법의 고무 찬양죄, 이적표현물 소지죄, 잠입 탈출죄가 가장 많이 악용돼왔다. 이런 악법 조항만이라도 우선 개정해야 한다.

유신50년청산위의 수차례에 걸친 토론회와 조사 연구의 결과는 우리 헌정사의 상처를 치유하고 민주 헌정으로 정상화하기 위한 국회 결의안에 반영됐으며, 현재 국회 운영위원회 심의를 기다리는 상태에 있다. 인재근 의원이 대표 발의하여 125명 의원이 서명했으며, 사후 지지 의사를 밝힌 의원도 23명 이상에 이른다. 사실상 과반의석이 찬성한 결의안이지만 여야 국회 원내교섭단체 간 협상에서 합의돼야 가결될 수 있다. 우리는 국회 역사상 첫 과거사 청산이 될 이 결의안에 대한 협상과 심의 과정을 예의 주시할 것이다. 만일 국회 여야 원내교섭단체 간 협상에서 이 결의안이 벽에 부딪힐 경우 우리는 국민에게 직접 호소할 방안을 강구할 수밖에 없다. 이 같은 최소한의 군사독재 청산에 반대함으로써 야기될 정치적 비판과 역사 기록을 극명하게 할 것이다.

유사 입법기구가 제정한 실정법의 개폐보다 앞서 현행 87년 헌법의 개정이 우선적인 법률 청산의 대상이라고 해야 할 것이다. 그러나 개헌이야말로 무쟁점 법안에서 가장 거리가 멀고 어려운 과제다. 87년 헌법 개정이 유신청산 운동의 핵심 연장선상에 있으며, 이를 위해 관련 단체들과 연대해 나가고자 한다.

유신50년청산위는 2022년 1월 박정희 유신쿠데타 50년을 맞아 유신청산민주연대가 국회의원들과 결합하여 발족한 후 학계 및 법조계, 시민단체들과 함께 매달 토론회를 벌여왔다. 공동대표를 맡아 준 이학영, 인재근, 이용선, 강은미, 양정숙 의원님의 역사적 소명의식과 열정이 아니었다면 이 같은 의미 있는 활동은 어려웠을 것이다. 이 자리를 빌려 깊이 감사드린다. 또한 매주 회의를 하며 활동을 뒷받침한 이대수 운영위원장과 사무국 그리고 기획위원회의 이종구, 송병춘, 홍윤기 위원들에게 고마움을 표한다. 여러 선후배의 동지애에 힘입어 우리는 '유신50년플러스청산위원회'로 거듭날 것이며, 향후 미결 과제 청산에 지속적으로 진력해 나가고자 한다.

차 례

머리말   5

제1부 | 유신 청산의 의미와 미래

임헌영 | 유신 50년 군사독재 청산의 역사적 의의   13

김재홍 | 국회와 시민이 함께 유신군사독재 청산의 길을 걷다   29

오동석 | 군사 반란과 불법 입법기구의 입법 활동 청산   40

김재홍 | 국회 유신 청산과 분권형 민주 헌정의 길

      — 국회 해산 무효 선언과 유사 입법 개폐의 헌정사적 함의   71

제2부 | 사회-문화 전반에 드리운 유신군사독재의 폐해

〈여는 시〉 박몽구 | 유신의 아픈 추억을 넘어   85

주강현 | 유신 체제의 국가파시즘적 사회문화 정책   88

홍윤기 | 유신군사독재 아래에서의 분단 고착과 그 뒤

      — 적대적 공존의 분단 체제 성립과 선택적 북풍의 무한 반복   124

조종주 | 강제 징집, 그 아픔의 기억을 넘어 역사로 나아가기 위하여   163

제3부 | 초법적 유신헌법과 법 체계의 붕괴

오동석 | 유신헌법은 검찰공화국을 내장했다   185

송병춘 | 불법 입법기구가 제정한 정치 관계법과 그 위헌성   198

하승수 | 군사 쿠데타와 지방자치의 말살·왜곡

      — 민주화 이후에도 5.16 쿠데타 이전으로 회복되지 못한 지방자치   211

오동석 | 불법 입법기구의 입법 불법   227

제4부 | 6월항쟁은 유신과 군정을 극복하였나?

이부영 | 박정희 유신 — 5공 전두환 독재는 극복되었는가   281

김동춘 | 유신 독재를 '청산(?)'한 6월항쟁   289

김재홍 | 군사독재 사령탑 보안사와 정치 군벌 하나회   324
      — 기층 대중의 불만과 민주정치 세력의 한계

부록 1
오동석 · 한상회 | 유사 입법기구 제 · 개정 법률 예비조사   359

부록 2
유신청산민주연대 활동 경과(2019. 5.~2022. 12.)   429

유신청산민주연대 발족 선언문   437

유신50년군사독재청산위원회(준) 참여 제안서   441

유신 50년 군사독재 청산 선언문   445

유신 50년 군사독재 청산을 위한 결의문   451

유신청산민주연대 임원 명단   453

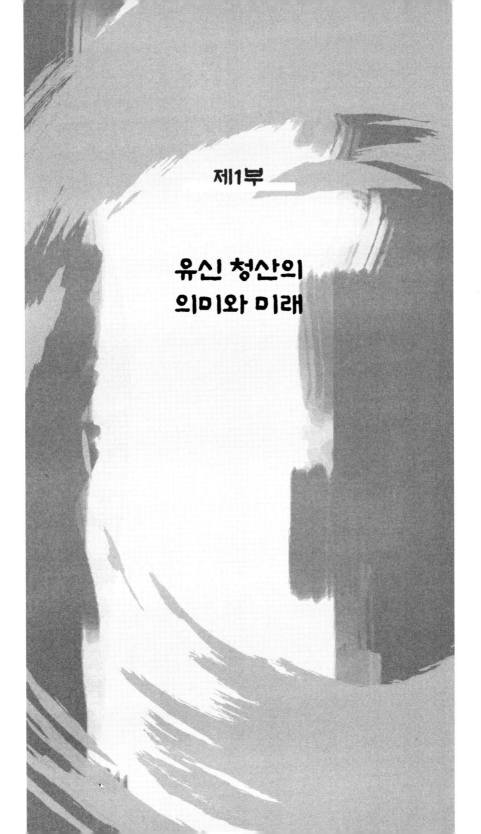

제1부

유신 청산의 의미와 미래

유신 50년 군사독재 청산의 역사적 의의

임헌영

(민족문제연구소 소장, 문학평론가)

I. 유신이란 우상 ― 수구 세력의 이상향

'민주공화국'이라는 헌법 체제 아래서 민주주의를 압살하는 유신독재라는 암 덩어리를 50년간 제거 수술을 않은 결과가 바로 오늘의 우리 정치 현실이 당면하고 있는 참담함이다. 반세기 동안 많은 비판과 폐해를 지적해오면서도 정작 그 암세포 조직을 뿌리째 적출해 내고자 하는 시도가 없었던 건 무척 아쉽다. 늦었지만 지금이라도 유신체제 그 자체를 근원적으로 도려내어 '민주공화국'에 걸맞은 정치 체제를 세우겠다는 목표 아래 출범한 운동 조직이 바로 '유신50년군사독재청산위원회'이다. 유신 시대를 1961년 5.16 쿠데타부터 1987년 전두환 제2 유신 정권의 종막까지로 범박하게 규정하는 이 기구는 유신의 최대 피해자였던 국회의원 등 정치인과 지식인, 민주화운동 세력이 두루 참여하여 결성하였다. 유신50년군사독재청산위원회는 그 청산 작업의 과제로 이 기간에 합리적이지 않은 절차로 만들어진 모든 법률을 폐기시킬 것을 목표로 삼는다. 이를 위한 여러 문제점을 파악하고 효율적인 수행을 이끌어 내는 것이 주요 과업이다.

이 운동을 적극 지지하면서 심혈을 기울여 축적해온 그간의 많은 연구 성과들을 바탕으로 이 운동의 절실성을 보다 대중적으로 확산, 고양시키고자 하는 것이 이 글의 목적이다. 정치와 법률적인 측면은 이미 충분한 논의가 있었기에 이 글에서는 역사적인 관점에 초점을 맞추어 이 운동을 간접적으로 지지 응원해 보고자 한다.

비상계엄 실시와 국회 해산을 포함한 극악한 독재 체제를 예고하는 '특별선언'이 쇳소리가 섞인 박정희의 카랑카랑한 목소리로 전파를 타고 흘렀던 1972년 10월 17일 오후 7시부터 그 목소리의 주인공이 궁정동에서 총성이 울려 퍼지면서 피범벅이 된 육신이 되어 숨을 멈추게 된 1979년 10월 26일 오후 7시 40분경까지를 좁은 의미의 '유신 시대'라 지칭한다. 공식적으로는 1979년 12월 7일 긴급조치 9호 해제나 1980년 10월 27일 개정 헌법 공포 때까지로 볼 수도 있으나 유신이라는 현실적인 통치는 사실상 박정희의 죽음으로 종막을 고했다. 이 시기를 리영희는 '우상의 시대', 한승헌은 '위장 시대', 양성우는 '겨울 공화국'이라고 표현했다. 실로 온 나라가 철창 없는 감옥이었던 악몽 같은, 홍역 같은, 지옥 같은, 질곡 같은 감시와 협박과 형벌과 해직의 공포와 굴욕의 세월이었다.

유신이란 어원이 『시경』(詩經)「대아」(大雅)편의 "문왕"(文王)에서 "문왕이 위에 계시니, 저 하늘에 빛나도다. / 주나라는 비록 오래되긴 했으나, 그 천명을 새롭게 했네"(文王在上, 于昭于天. 周虽旧邦, 其命维新)에서 유래했음을 한국의 유신 주체 세력들이 알았는지 몰랐는지는 확인할 방도가 없다. 그들이 알든 말든 중요한 건 중화 문화권에서 덕치 사상에 입각해 선정을 실현한 왕의 대명사로 미화된 이

술어가 사무라이 정신이 지배했던 일본에서는 탈아입구(脫亞入歐)로, 국수주의적인 제국주의화의 길로 들어서는 명분으로 더럽혀졌다. 이 오염된 유신의 변종인 메이지유신(明治維新)과 1936년 천황파 장교가 일으켰다가 실패한 2.26 쿠데타 정신으로 상징되는 쇼와유신(昭和維新)이 일제 파시즘 통치 체제로 굳어졌다. 이처럼 변질된 유신을 일본 육사를 졸업한 뒤 만군(滿軍) 하급 장교로 복무하며 항일 세력 탄압에 앞장섰던 다카키 마사오(高木正雄) 중위의 뇌세포에는 황홀하게 각인되었을 것이다.

인간 존재의 총량은 성장하면서 누구와 어울려 지내며, 어떤 인물을 사부로 삼아 무슨 책을 읽었고, 밥과 술을 주로 누구와 어울려 즐기면서 무슨 대화를 즐겨 나눴고, 어떤 포부를 품고서 밥벌이를 위해 무슨 일을 선택했던가 등등에 의하여 결정된다. 다카키 마사오는 8.15 이후 박정희란 본래 이름을 되찾아 남로당 군부의 핵심 인물로 활동 중 여순항쟁(1948)이 발단이 되어 피체됐으나 '군부의 남로당 동지'들을 밀고함으로써 무척 구차하고 비인간적으로 목숨을 건졌다. 그는 한국전쟁을 계기로 군에 복귀, 이승만 독재 시기부터 쿠데타를 도모하다가 4월혁명으로 기회를 잃고 관망 중 1961년 5월 16일 쿠데타로 집권했다. 이렇게 살아온 그의 언행은 거의가 마키아벨리즘에 찌든 발상에서 나온 것이라 그걸 곧이곧대로 믿으면 말짱 허방이다. 그는 이미 쿠데타를 시도할 때부터 일본식 유신 통치, 천황과 같은 신분에서 천하를 호령하는 권력을 평생 유지할 무의식적인 환각에 사로잡혀 있었을 것이다.

그래서 그의 사고의 출발점은 "나에게 무한한 권력을 주면 나는 조국의 역사를 바꿀 것"이라는 과대망상이었으며, 이는 필연적으로

기고만장한 권력의 화신으로 현현하게 되는 결과로 이어졌다. 내일 지구의 종말이 온다 해도 나는 저 사과나무의 열매를 따 먹고 말겠다는 야망으로 자신만만했던 속물적인 사무라이 기질의 인간상에 다름 아니었다.

유신이란 저 문왕에게 붙여졌던 고귀한 술어가 일본에 의하여 일차 오염되고 변질된 것도 개탄할 만한 역사적 사변일진대, 그것이 현해탄을 건너면서 아예 만신창이가 되어 정반대의 의미를 지닌 수치스러운 개념으로 확정되고 말았다. 박정희 유신 통치가 저지른 첫 번째 죄악은 아마 이 용어의 정의를 훼철한 것이 아닐까.

유신을 체험하지 못한 세대들에게 그 정치 사회 풍속도를 적확하게 이해시키기란 초등학생에게 미적분을 가르치는 일만큼이나 어렵다. 해외토픽이나 만화 감으로 여겨질 어처구니없는 귀신 씻나락 까먹는 소리 같다고나 할까. 박정희는 대구사범 시절 초등학교 훈도가 되기 위한 황국신민화 교육과정을 철저히 학습했다. 조선인을 일본 천황의 어린 백성(赤子)으로 의식화하는 교육철학을 신념화했던 그는 교육받은 그대로 이를 유신 통치에 활용하였는데 전체주의적 병영 국가를 최종의 목표로 삼았다. 유신 독재 시절에는 거리마다 경찰들이 배치되어 모든 젊은이의 복장과 두발을 단속하게 했으며, 학교에서는 교련을 강화했다. 국가 권력이 개인의 일상까지 지배하게 된 것이다.

입법, 사법, 행정부처를 비롯하여 주요 사회단체, 언론기관과 대학, 기업체, 심지어는 호텔 등등에 이르기까지 예외 없이 중앙정보부, 보안사령부 요원들과 경찰들이 상주하면서 시민들의 일거수일투족을 감시하며 누가 외도하는 것까지도 꿰뚫고 있었다. 이 공포의 3대 정보기관이 전 국민 감시 기구로 군림하면서 거대한 국가 기구 자체가 하수인이 되어 단 한 사람(대통령)의 절대 권력을 옹위하던 시대였다. 모든 언론이 그의 대변지 역할을 자임하였고, 많은 성직자가 그에게 축복을 내려주었으며, 상당수 지식인이 어용화하여 '박비어천가'를 부르며 찬양했던 시대가 유신 7년이었다. 그들의 국시는 박정희를 향한 맹목적인 충성과 반공·친미·친일이었고, 복음서는 독재 찬양·반민주·반통일·친재벌로, 민주주의·인권·평등·민족주체성·통일 등을 사탄으로 혐오했다. 민주주의·인권·노동 운동은 '빨갱이 짓'이었고, 심지어는 친일파를 욕하거나 미국을 비판하는 냄새만 나도 '좌경 용공분자'로 몰리거나 운수 사나우면 '간첩'이 되었던 세월이었다.

헤겔의 점잖은 표현으로는 아시아적인 전제정치로 1인만이 자유롭고 모두가 노예인 상태라지만 쌍말로 하면 '박정희 X꼴리는 대로' 세상이 돌아가던 시대였다.

극우 보수파들은 이 시대의 독재 행태를 통치술의 유토피아로 삼아 박정희를 우상화하는 데서 나아가 신격화의 단계로까지 미화하여 신성불가침의 존재로 부각시켰다. 그가 죽은 뒤에도 유신 잔당 전두환 일당이 12.12 쿠데타로 승계하여 오히려 원조 유신 때보다 더 포악하게 국민을 핍박하면서 제2단계의 유신으로 강화시켰다. 1987년 시민항쟁으로 유신 통치에 종지부를 찍을 수 있을 것으로 기대했던 국민적인 열망은 민주 세력의 분열로 다시 한번 좌절을 겪었으며, 10년간의 민주 정부 집권 시기에도 유신 잔재의 청산은 제대로 이루어지지 않고 말았다. 철저하지 못한 과거 청산은 이후 재등장한 이명박근혜 (2008~2017) 수구 정권이 대대적으로 유신 부흥 운동을 자행하는 데 빌미를 제공하는 결과로 이어졌다. 다행히 촛불혁명으로 이들의 기도는 수포로 돌아갔지만, 역사가 진보하듯이 유신의 이념 역시 더

악화된 바이러스 양상으로 변질되어 민간독재(이승만)와 군사독재(박정희-전두환)나 재벌독재(이명박)와 유신 부활 체제(박근혜)를 합친 것보다 더 끔찍한 검찰 독재 체제(윤석열)로 유신의 이념은 재창출되고 있다. 영락없는 한국판 신나치의 등장이다. 검찰 체제의 등장은 이제 유신의 망령이 군부가 아닌 어떤 분야에서라도 가능함을 보여준 유신 바이러스 변질의 신형 모델이 된다.

수구 세력의 영원한 짝사랑인 유신의 망령을 역사의 하치장에 영원히 매장시키는 작업이 바로 이와 같은 유신 시대의 청산일 것이다. 이 허수아비가 존재하는 한 우리의 민주주의는 언제나 위기를 맞을 위험이 있다고 하면 설마 하고 회의를 품을 지도 모른다. 그러나 천만의 말씀이다.

II. 제3의 유신을 저지하기 위하여

프랑스의 예를 보면 나폴레옹 1세가 패퇴(1815)한 33년 뒤인 1848년 2월혁명 후 민주헌법으로 치러진 대통령 선거에서 그의 조카(나폴레옹 3세)가 버젓이 당선되었다. 국민들이 피땀 흘려 죽 쑤어 놓으니 날강도가 날름 삼켜버린 격이다. 이 꼬마 나폴레옹은 정작 그 혈통조차 의심스러운 데다 사기꾼에 룸펜으로 세평이 워낙 나빴기에 아무도 그가 나폴레옹의 독재 체제를 부활시키리라고는 상상도 않았는데, 대통령으로 출마하자 33년 전의 망령이 부활하여 거뜬히 당선되어버려 민주 세력의 후보를 무색케 만들어 버렸다.

이와 똑같은 역사의 반복이 바로 우리에게도 일어났다. 1979년

궁정동의 총성에서 33년 뒤인 2012년 대통령 선거에서 박근혜가 당선되지 않았던가! 혁명이란 길을 닦는 건 민중이지만 정작 권력은 협잡꾼이 날치기하는 꼴이다.

프랑스 근대사는 우리의 현대사와 너무나 닮았다. 1789년 프랑스 대혁명 직후 사회의 혼란이 극심해진 틈새를 파고들어 일으킨 게 나폴레옹의 브뤼메르 쿠데타(1799. 11. 9.)였다. 그는 대혁명의 이념을 이어받았다고 입으로는 떠들면서 그 정신을 깔아뭉개버린 채 제2의 쿠데타로 자기 스스로 황제의 관을 썼다. 쿠데타를 일으킨 주인공은 예외 없이 비명횡사든 자연사든 생명이 끝나거나 추방당하거나 패배하기 전에는 권력을 내놓지 않는다. 지은 죄가 쌓여서 권력을 내려놓을 수가 없는 것이다.

박정희도 4월혁명의 혼란을 구실 삼아 쿠데타를 일으켜 그 이념을 이어받았다고 하면서 찬연했던 4월의 이념을 철저히 짓밟아 버리고는 종신 집권을 위해 유신쿠데타의 길을 선택했다.

유신(독재)의 허수아비는 이렇게 묻혔다가 부활하고 다시 묻히는가 싶은데 또 부활한다. 식민지 근대화론, 이승만 국부론, 5.16이 쿠데타가 아닌 혁명론, 박정희의 근대화 기여론, 전두환 쿠데타 긍정론, 한국에는 민주주의가 어울리지 않는다는 민족적 허무주의론, 국민복지보다 경제발전 우선론, 미국과 일본 외세 의존론, 남북 평화와 공존보다 증오와 보복 우선론, 노조 망국론, 남녀 차별론, 교육 불평등론 등등을 '자유민주주의'(신자유주의)와 '반공'이라는 깃발로 위장한 것이 유신의 핵심이다. 이를 부활시키려는 십자군으로는 태극기와 성조기 부대가 앞장섰다. 실로 한국판 신 나치다. 그러더니 종내는 그 유신의 유전자가 변질하여 제3의 유신이라 할 만한 '검찰 독재'로

육갑하여 성숙할 만큼 성숙한 한국의 민주주의를 짓밟고 있으며, 앞으로 어떤 유전자 변이를 일으킬지 예측하기조차 어렵다.

그래서 50년 전의 유신 청산이 과거지사가 아닌 바로 오늘의 건전한 한국 민주주의의 초석을 다짐하는 가장 중요한 과제로 떠오른 것이며, 그만큼 이제는 그 청산 작업을 더 이상 미룰 수 없는 절박한 상황을 맞고 있다.

민족사의 악성 종양이었던 유신 군부독재 통치는 미시적으로 보면 1972~1979년이라는 불과 7년에 불과하지만, 역사적인 거시적 조감도로 보면 1961년 5.16 쿠데타부터 이미 유신 통치의 씨앗이 심어졌다고 봐야 할 것이다. 이런 역사적인 조감도를 프랑스의 예에서 찾으면 쉽게 이해될 것이다.

19세기 세계혁명의 심장이었던 프랑스는 대혁명 후 계속 크고 작은 많은 민중항쟁과 혁명을 일으켰으나 정작 역사에서는 '공화국'이라 부르는 민주주의 실현 시기 설정은 엄격하게 구분한다. 대혁명(1789)이 낳은 제1공화국(1792~1804)은 나폴레옹의 쿠데타가 황제체제로 바뀌면서 '제1 제정(帝政) 시대'라고 규정한다. 그가 추방된 뒤에도 공화국으로 복귀한 게 아니라 '왕정복고'로 퇴보하여 대혁명의 이념이었던 '공화국'과는 거리가 멀었다.

제2공화국(1848. 2.~1852)이란 명칭을 되찾은 건 1848년 2월혁명이었으나 사기 전과범 루이 보나파르트가 대통령에 당선되자 나폴레옹 3세 황제가 되면서 '제2 제정 시대'를 맞게 되어버렸다. 제1, 2공화국의 운명은 나폴레옹이라는 우상의 쿠데타에 의하여 물거품처럼 허망한 종말을 맞아야만 했다.

제3공화국(1870~1940)은 프랑스-프로이센 전쟁(1870~1871)

으로 황제군(시민군은 저항)이 처절하게 패배, 몰락하면서 형성될수 있었다. 프랑스 사상 가장 안정된 오랜 기간의 제3공화국이 종지부를 찍은 건 나치 독일의 점령(1940~1944) 때문이었다. 독일 패배이후 성립한 제4공화국(1946~1958. 10.)은 오래 유지되지 못하였으며, 국론 분열로 드골이 정계에 복귀하면서 현재의 제5공화국(1958. 10.~)이 출범하였다.

공화국이란 명칭을 엄격하고 냉철하게 규정지은 데서 프랑스 민주주의 의식은 발전, 정착했다. 그들에게는 독재 정치 아래서는 조국이 없고 독재자에 대한 맹목적인 찬양만 있다는 인식이 깔려 있다. 그래서 조국애란 프랑스혁명 정신을 옹호하는 것이었고, 항독 레지스탕스(우리 식으로는 독립투쟁)는 프랑스대혁명 정신에 입각한 공화국 체제의 조국을 되찾는 투쟁이었다. 이와는 대조적으로 대혁명 이전의 왕권통치를 지지했던 앙시앵 레짐(구체제)파들은 상당수가 친독 협력자(우리 식으로는 친일파)로 둔갑해 버렸다고 사르트르는 진단했다.

이런 데 비하여 우리는 군부독재에게도 '공화국'이란 민주주의의 월계관을 씌워주면서 역사의식의 착시현상이 격심해져 버렸다. 궁극적인 유신 청산이란 5.16 이후 1987년까지의 권력 교체나 헌법 개정을 무시한 채 '공화국'이란 명칭을 삭제하는 작업일 것이다. 그래야만 유신의 역사적인 청산이 완성되는 단계라 할 수 있다.

그러나 역사란 당장 한 개인의 주장대로 개정될 수 있는 게 아니라서 프랑스처럼 따라 하는 데는 무리가 있을 것이다. 그럼에도 불구하고 적어도 유신 청산의 절박성이나 철저성을 위해서는 민주주의의 가치라는 기준을 역사 인식의 잣대로 삼아야 할 것이다.

낡은 제도를 혁파하기 위한 개혁이 얼마나 지난한가를 프랑스의 예를 교훈 삼을 필요가 있다. 그들의 공화국에 대한 가치관은 프랑스 대혁명의 이념이 그 잣대였다. 대혁명(1789) 정신을 지키기 위하여 그들은 끊임없이 혁명과 반혁명을 반복하기를 무려 80여 년간이나 투쟁한 뒤(1870)에야 안정적인 제3공화국을 착근시킬 수 있었다.

이에 비하면 20세기 민주주의 혁명의 심장이라 자부할 수 있는 한국은 4월혁명(1960, 프랑스대혁명 격) 이후 참담한 반동을 거듭하면서 이제(2022년 기준) 60여 년이 흘렀으니 프랑스처럼 되려면 아직도 20여 년을 더 싸워야 된다는 계산이다. 지난 2016~17년의 촛불혁명이 어쩌면 마지막 민중항쟁으로 안정적인 공화국 체제로 정착될 것으로 기대했으나 여러 요인으로 수구 보수 세력의 십자군은 기하급수로 늘어났고, 역사의 전위대였던 청년층조차도 그 십자군에 가세하는 슬픈 역사적인 반동의 풍조에 휩쓸려 버려서 바로 제3의 유신 망령의 부활이 시작된 것이다.

대혁명의 이념을 구현시키기 위하여 80년간 프랑스가 투쟁했던 세계사적인 모범 사례는 이제 60년간 피땀 흘려온 한국의 민주화 투쟁의 진로에 많은 시사점을 준다. 프랑스 민주주의의 가장 커다란 장애물은 나폴레옹 황제였기에 이 우상을 무너뜨리기 위한 투쟁이 곧 유럽의 평화와 민주화의 역사라 해도 지나치지 않을 것이다. 공교롭게도 빅토르 위고의 『레 미제라블』과 톨스토이의 『전쟁과 평화』라는 두 명작이 약속이나 한 듯이 전쟁광 나폴레옹의 좌절과 몰락을 다루면서 역사를 움직이는 동력은 시대정신과 민중의 의지임을 역설했다. 위고는 나폴레옹의 마지막 안간힘이었던 워털루 전투(1815. 6. 18.)의 패전 현장을 아주 구체적으로 자상하게 다루면서 "위대한 역사가

도래하려면 위대한 인간의 소멸이 필요하다", "인류의 운명에서 이한 사람의 과도한 무게는 평형을 깨뜨리고 있었다. 이 사람은 혼자몸으로 전 인류보다 더 큰 비중을 차지하고 있었다. 단 한 사람의 머릿속에 과도하게 집중되어 있는 인류의 모든 활력, 한 인간의 두뇌에떠오르는 세계, 만약 그것이 지속된다면, 그것은 문명의 파멸을 초래하리라. 부패하지 않는 최고의 공정성을 위해 재고할 때가 와 있었다"라고 하면서 이렇게 혁명을 정의했다.

> "혁명이란 무엇인가를 이해하고 싶다면 그것을 진보라고 불러 보라. 그리
> 고 만약 진보란 무엇인가를 이해하고 싶다면 그것을 '내일'이라고 불러
> 보라. '내일'은 억제할 수 없게 자신의 일을 하는데, 그 일을 바로 오늘부터
> 한다. 그것은 이상하게도 언제나 제 목적에 도달한다"(정기수 옮김, 『레
> 미제라블』 2, 85).

이렇게 해서 역사는 "독재 정치의 종언, 유럽의 한 제도 전체가무너졌다"라고 위고는 진단했으며, 그것은 곧 프랑스대혁명 이념의승리였다.

아시아의 후발주자인 한국 현대 혁명사도 프랑스에 뒤지지 않는치열성을 보이며 전개되었지만 거시적으로 보면 여전히 뭔가 미흡하여 아무 권력에나 '민주공화국'이란 헌법을 강탈당해 왔음을 부인할수 없다. 결국 '유신50년군사독재청산위원회'가 유신을 청산하려면무엇보다 먼저 반세기 동안이나 그토록 많은 희생자를 내면서도 왜실패했는가에 대한 원인분석이 있어야 할 것이다.

III. 왜 유신 청산에 실패했는가?

제2차대전이 끝났을 때 맥아더 총사령관의 지배를 받았던 필리핀, 일본, 남한 중 필리핀에 대해서는 임시정부를 승인하여 정치문제를 풀어나갔으며, 일본은 맥아더 헌법이라고 할 만한 민주 헌법 체제를 갖추게 했다. 이 두 나라와는 달리 남한에서는 친일 관료들을 앞세워 상하이 임정과 건준을 비롯한 일체의 민족 주체적인 정치기구를 부인하고, 경찰과 군대에다 검찰과 사법제도까지 앞세워 모든 진보 세력을 압살해버렸다. 그 결과 유럽처럼 보수-진보가 경쟁, 공존하는 정당정치가 아니라 여당인 보수와 야당인 보수가 맞대결하는 보수 정치 체제로 굳어져 버렸다. 그나마도 대통령이나 헌법이 바뀔 때마다 정당 이름도 달려져 오늘에 이르고 있기에 여기서는 편의상 이승만-박정희-전두환 세력을 공화당, 신익희-조봉암-장면의 야당을 민주당으로 적시하겠다.

논의를 축약시키기 위하여 이승만 정권은 제외하고 4월혁명으로 탄생한 장면의 제2공화국부터 왜 유신의 모태인 5.16 쿠데타를 좌절시키지 못했던가를 보기로 하자. 그는 적어도 3차에 걸쳐 박정희의 쿠데타를 원천 봉쇄하거나 차단 혹은 좌절시켜 국가반역죄로 체포할 기회가 있었다. 첫 기회는 박이 쿠데타를 모의한다는 정보를 갖고서도 지나쳤고, 두 번째는 5.16 거사 직후에도 넉넉히 정권을 지킬 수 있었는데도 묵과해버려 반란군은 정권을 탈취할 수 있었다.

마지막 세 번째는 군정 탄압 중에도 국민들의 민주화 열기는 식지 않아 1963년 10월 15일 민정 이양을 위한 대통령 선거를 치르게 되었을 때였다. 이 선거의 후보자와 득표수는 아래와 같다.

후보자	득표수	
박정희(공화당)	4,702,640표	
윤보선(민정당)	4,546,614표	(156,026표 차이)
허정(국민의당)	야권 단일화 위해 후보직 사퇴	
송요찬(자유민주당)	야권 단일화 위해 후보직 사퇴	
장택상(자유당)	야권 단일화 위해 후보직 사퇴	
변영태(정민회)	224,443표	
오재영(추풍회)	408,664표	
장이석(신흥당)	198,837표	
합계	10,081,198표	**무효표** 954,977표

결국 변영태, 오제영, 장이석 중 한 후보만 사퇴했으면 5.16 쿠데타 세력이 민정이양 선거에서 승리하는 데 실패했을 것이라는 단순 계산이 나온다. 물론 그들을 지지했던 유권자들이 사퇴 후 반드시 윤보선을 지지하리라는 보장은 없었으나 상당수의 이탈표만 나와도 해 위의 당선에는 지장이 없었다. 그들도 이런 사실을 모를 리 없었을 텐데도 후보 사퇴를 않은 이유를 비롯해 여러 정치공학적인 문제는 여기서 논외로 하고, 다만 한국 야당사에서 사라지지 않는 '분열 유전자'에 대해서는 반드시 짚고 넘어가야 할 것이다.

물론 이때 장면은 정치활동 금지에 묶여 있었기에 직접적인 책임은 없었다.

미국식 제왕적 대통령이 이상이었던 이승만 집권 초기에는 조지 워싱턴 대통령 때처럼 여야가 구분되지 않았다. 한국전쟁이 발발해도, 수도를 빼앗겨 부산 피란 시기에도 정신을 못 차린 이승만의 온갖 만행은 우국지사들이 '단일 야당' 창당을 시도하지 않을 수 없도록 강제했다. 1955년 이듬해의 대통령 선거를 앞두고 여러 정파들로 산산이 부서져 있던 야권 통합에 앞장선 이들은 김성수, 김창숙, 신익희, 조병옥, 장면 등등 다수였다. 반 이승만 독재에 항거하는 데서 쉽게 공통점을 찾은 그들에게 닥친 암초는 진보 세력인 조봉암 등을 야권 단일화에 수용하느냐 마느냐 하는 문제였다. 이에 김성수, 신익희는 수용 적극파로 진보 세력도 합쳐야 명실상부한 야권 단일화가 된다는 주장이었으나 장면은 적극 반대였고, 조봉암은 엉거주춤했다가 나중에는 반대로 돌아선 것으로 알려져 있다. 조봉암 포함 단일화를 가장 절실하게 요망했던 김성수가 타계(1955. 2. 18.)해버리자 결국 조봉암을 배제한 채 민주당이 창당(1955. 9. 16.)해버려 보수와 혁신이 나눠진 채 1956년 5월 15일 제3대 대통령 선거를 치르게 되었다.

막상 선거전에 돌입하자 이승만을 공격하는 것에 못지않게 야권이 서로 비난하는 난타전이 치열해져 위기의식을 느끼자 민주당의 후보(신익희 대통령 후보와 장면 부통령 후보)와 진보계의 두 후보(조봉암, 박기출)가 단일화 논의를 위해 만나기로 했는데, 장면은 아예 나타나지 않았다. 그럼에도 셋은 일단 조봉암 사퇴를 전제로 장면을 설득하기로 했으나 그와 조병옥은 완강했다. 이에 신익희와 조봉암은 단둘이서 지방 유세 중인 5월 6일에 회동키로 했으나 하루 전(5.5.) 신익희가 서거함으로써 난관에 부닥쳤다. 상식적으로 풀자면 대통령 후보는 조봉암, 부통령은 장면으로 짝을 맞추는 거였으나 민주당은 "타당 후보는 지지하지 않겠다"라고 공언했고, 김준연은 "조봉암에게 투표하느니 차라리 이승만에게 투표하겠다"고 못을 박았다. 민주당의 만행은 여기서 그치지 않았다. 자유당과 짝짜꿍이 되어 장면 부통령의 표를 공정관리 하겠다는 걸 담보로 조봉암 표를 이승만 지지표 뭉치에다 샌드위치처럼 집어넣는 걸 묵인했다. 뒷날 조봉암 자신이 "3대 대통령 선거에서 내 판단에는 만일 자유 분위기의 선거가 행해졌더라면 이 대통령이 받은 표는 200만 표 내외에 지나지 못하리라고 나는 판단합니다"라고 토로했을 지경이었다.

이런 정세의 흐름을 보고서 조봉암은 진보당을 창당(1956. 11. 10.)했으나 이승만의 정적 제거 작업의 일환으로 처형(1959. 7. 31.) 당했으며, 52년 뒤에서야 무죄(2011. 1. 20.)를 받았다. 한승헌은 이승만의 조봉암 처형을 두고 범야신당 창당을 반대했던 민주당 세력들에게도 일말의 책임이 있지 않을까 조심스럽게 거론하고 있다.

야권의 분열 증세는 이후에도 사그라지기는커녕 점점 강력해져 오늘에 이르고 있다. 이런 추세 속에서 5.16 쿠데타는 저질러졌고, 그 후에도 버젓이 야당이라는 간판 아래서 온갖 반역사적인 행각이 반복되어 왔는데, 그 절정은 아마 1971년 대통령 선거일 것이다. 박정희가 이승만과 똑같이 3선 개헌(1969)을 강제로 처리한 후에 치러진 1971년 대통령 선거(4. 27.)는 바로 그 이듬해에 유신을 염두에 둔 국민 직선제의 마지막 투표였다. 만약 이 선거에서 박정희가 낙선하면 유신은 있을 수조차 없게 된다.

그런데 이런 중대한 역사적인 순간에 야당을 지배했던 세력은 유진산, 이철승 같은 정치인이었고, 김대중 대통령 후보는 당 주류의 외면과 방관 때문에 낙선했대도 지나치지 않을 것이다. 김형욱조차도 이 선거가 공정했다면 김대중이 당선됐을 거라고 확언했을 정도였다.

1971년 대선은 민주당의 본질을 가장 적나라하게 들여다볼 수 있는 전형이 된다. 당 중진들의 사보타주와 냉소, 차라리 DJ보다는 박정희라는 사쿠라 근성, 진보 콤플렉스 등등이 범벅이 된 이 선거 양상은 이후의 모든 선거 때마다 반복되어온 민주당 분열의 악순환 고리였다.

이후 전두환 유신 2기에 대응하는 야당의 활동 역시 이 틀에서 벗어나지 않으며, 특히 1987년 6월 시민항쟁으로 쟁취했던 절호의 기회조차 야권 분열로 낙착시킨 점에 대한 통렬한 반성이 없이는 우리의 민주주의는 항상 불안한 처지를 면치 못할 것이다. 설사 집권하더라도 튼튼한 뿌리를 내리지 못하고 작은 바람에도 흔들렸던 이유도 바로 이런 분열의 악순환에서 비롯된 것이다.

보수 세력들의 악랄한 정치 공작은 점점 교묘해져 가는 건 이미 상식으로, 유신의 재생산 방법이나 확산 작업은 가공할 정도에 이르고 있다. 이에 비하면 유신 청산을 위한 투쟁은 너무나 순수하여 집권을 하고서도 청산은커녕 도리어 반작용으로 수구파들을 자극하여 더욱 파렴치해지도록 만들어버리기 일쑤였다.

이제 이 '유신50년군사독재청산위원회'가 소기의 목표를 통쾌하게 성공하려면 야당이 바로 서야 함을 상기시키고자 이 글을 썼다. 물론 야당 단독의 힘만이 아닌 국민의 전폭적인 지지가 필수일 것이다.

그래서 바라건대 저 암흑기의 유신 시대에 대종말의 시대가 오기를!

국회와 시민이 함께
유신군사독재 청산의 길을 걷다

김재홍

(유신50년군사독재청산위 상임대표, 전 국회의원)

I. '세 차례에 걸친 쿠데타와 내란의 국회 해산은 무효' 선언 해야

5.16 군사 쿠데타로 집권한 대통령 박정희가 한 번 더 유신쿠데타를 감행한 지 올해로 50년이 됐습니다. 박정희는 1972년 10월 17일 유신 체제를 선포하고 1인 종신 군사독재를 노골화했습니다. 올해는 또 그의 후계자인 전두환의 유신2기 군사독재를 무너트린 6월 시민항쟁 35주년이기도 합니다. 시민항쟁으로 유신 독재 정권은 종식됐지만 아직도 그 잔재가 곳곳에 남아 우리의 미래를 향한 발걸음을 더디게 하고 있습니다. 유신군사독재 치하 인권탄압과 반민주행위로 기본권을 박탈당한 채 피폐한 삶에 시달려 온 피해자들이 각기 개인 차원에서 법적 절차를 거쳐야 명예 회복과 배·보상을 받는다는 것은 정의에 어긋나는 일입니다. 과거사 청산은 피해자 개인의 일이 아닙니다.

어두웠던 한 시대를 함께 살아 온 정치사회 공동체가 함께 해결해야 할 최소한의 공동 과제입니다. 과거사 청산을 인적 중심에서 법률·제도·기구 중심으로 전환해 집중해야 할 이유입니다. 국가가 의무이행 차원에서 나서 피해자 구제와 법제적 과거사 청산을 해야 합니다. 민주적 정통성을 갖춘 정부라면 유신헌법이 전면적으로 무효며, 유신독재 치하 유사 입법기구가 제정한 법률들도 재검토 대상임을 선언하고 법적 후속 조치에 나서야 합니다.

정부뿐 아니라 국회 또한 그동안 책무를 방기해 왔다 아니할 수 없습니다. 국회의 역사를 기록한 자체 홈페이지를 보면 세 차례나 국회 부재의 공백기가 나타납니다. 가깝게는 1980년 5월 신군부 내란과 1972년 10월 유신쿠데타 그리고 좀 멀리는 1961년 5.16 군사 쿠데타 당시 국회가 불법적으로 무력 해산당한 것입니다. 군사 쿠데타와 정권 찬탈 내란 때마다 강제 해산당한 국회야말로 유신군사독재에 의한 피해 당사기구에 해당합니다. 국민대표 기구로서 민주주의의 전당이어야 할 국회가 국민 의사와 대한민국 건국 이념에 정면 배치되는 쿠데타와 내란 집단의 국회 해산에 대해 그동안 한 번도 유감 표명을 한 적이 없다는 사실은 유감이 아닐 수 없습니다. 유신군사독재 50년을 맞아 국회는 과거 쿠데타 집단에 의한 세 차례의 국회 해산이 국민 주권과 대한민국 건국 이념에 정면 배치되므로 전면 무효임을 공식 선언해야 합니다. 이와 함께 향후 어떤 경우에도 국회 해산이란 용인될 수 없다는 것을 천명해야 합니다.

오늘로부터 50년 전 1972년 10월 17일 대통령 박정희는 뜬금없이 국가 비상 상황을 내세우며 유신 체제를 선포하고 국회를 해산시켰습니다. 박정희는 그 1년 전인 1971년 10월 15일 전국 대학가에 위수령을 선포하고 학생 간부들을 대학에서 제적한 뒤 군대로 강제 입영시켰습니다. 당시 가장 강경한 반독재 저항 세력이던 학생운동권을 초토화시킴으로써 유신 선포를 준비한 것입니다.

박정희는 유신 선포 후 아무런 법적 근거 없이 군부대 탱크를 국회 앞에 동원해 놓고 의원들의 의사당 출입을 봉쇄했습니다. 북한의 위협으로 인한 국가 비상 상황이라는 공작적 언사도 내놓았습니다. 그러나 당시는 미국 등 서방 진영과 소련 중국을 비롯한 공산권이 2차 세계대전 후 지속돼 오던 냉전을 종식시키고, 데탕트 화해와 평화 공존으로 전환하는 상황이었습니다. 군사 동맹인 한국과 미국의 안보 체제에 대해 북한의 위협을 내세우는 것 자체가 구태의연한 상투적 수법일 뿐이었습니다. 박정희가 12월 국가비상사태를 선언하자 당시 미국의 정론지 「뉴욕타임스」는 "상상 속의 비상사태일 뿐"이라고 비웃은 바 있습니다.

유신 선포 후 박정희 정권은 야당 국회의원 십수 명을 불법 연행해 중앙정보부와 보안사와 헌병대 등에 감금해 놓고 가혹한 고문과 폭행을 자행했습니다. 남산이라 불리던 중앙정보부와 보안사와 경찰 대공 수사분실의 야만적 고문 악행은 이미 1961년 5.16 군사 쿠데타 이후 민주화운동자들에게 널리 알려진 공포의 대상이었습니다. 독재 타도 민주화 학생운동을 벌이는 대학생에서부터 종교인, 언론인, 야당 정치인, 통일 운동가에 이르기까지 정권의 눈에 거슬리는 인사들을 수시로 불법 연행해 고문 폭행했습니다. 세계적으로 악명 높았던 1976년 남미 아르헨티나의 군사독재자 호르헤 라파엘 비델라 정권의 '더러운 전쟁'보다도 앞서서 저지른 악행의 선배였습니다. 독재에 대한 비판과 반대 세력을 고문하고, 심지어 바다에 수장시키기까지 했다는 비델라 정권의 '더러운 전쟁'은 시사용어 사전에도 등재된 세계인의 저주 대상이었습니다.

군사독재 정권에 의한 야만적인 고문과 폭행이라는 한국판 '더러운 전쟁'은 아르헨티나 군사정권보다 먼저 시작했고, 훨씬 더 장기적으로 저지른 부끄러운 세계 최고였습니다. 갖은 고문 기술을 동원해 비인간적으로 폭행하고 문초했습니다. 그것은 일본 강점기 헌병과 고등경찰이 우리의 독립운동가들을 조사하던 고문 수법으로서 친일 경찰에 고스란히 전수돼 내려왔다는 사실이 더욱 가슴 아프게 합니다. 당시 고문 폭행당했던 신민당 국회의원들 중 13명이 1975년 2월 28일 서울 뉴서울호텔에서 "고문정치 종식을 위한 선언"을 발표하고 기자회견을 통해 세상에 처음 공개한 것입니다.

II. 유사 입법 개폐 대상 1순위, 유신헌법 잔재 남은 현행 헌법

유신 선포 후엔 국민이 선출하지 않아 대표성도 입법권도 가질 수 없는 비상국무회의가 국회 기능을 대체해 유사 입법기구 노릇을 맡았습니다. 심지어 유신헌법조차 비상국무회의가 의결해 국민투표에 회부했습니다. 유신헌법은 유사 입법기구가 의결한 것 외에도 그 국민투표가 세계 정치사에 유례를 찾아보기 어려운 반민주적이고 공작적 절차로 제정됐습니다. 비상계엄이 해제되지도 않아 정치적 자유와 의사 표현 자유가 실종된 가운데 국민투표가 강행됐습니다. 국민투표의 대상인 유신헌법안에 대한 언론 등의 찬반 토론도 금지된 채

국민투표가 치러진 것입니다. 뿐만 아니라 군대와 공무원 조직과 관변단체들에 95% 이상 찬성 투표를 만들어 내라는 지령이 하달됐고, 그렇게 이행된 국민투표였습니다. 군대에서는 공개 투표와 찬성 강제 투표도 자행됐습니다. 당시 1971년 10월 위수령으로 군대에 강제 징집돼 있던 제 자신이 현장에서 투표를 거부했던 증인입니다.

따라서 유신 독재 치하 유사 입법기구가 제정한 유사 법률들 중 개폐 대상 1순위는 바로 유신헌법의 잔재가 남아 있는 현행 대한민국 헌법입니다. 1987년 6월 시민항쟁이 승리해 박정희 유신헌법을 대통령 직선과 5년 단임제로 개헌했지만 당초 유사 법률인 유신헌법의 불합리하고 시대착오적인 조항들이 아직 잔재해 있는 것입니다. 쿠데타 정권이 유사 입법으로 잘못 제정해 놓은 법률임에도 사후에 국회에서 개정하기 위해서는 여야 협상과 타협 절차를 거쳐야 하기 때문에 유신헌법의 민주 헌법 복원은 한계가 있었습니다. 시민사회와 학계 일각에서 논의돼 온 '87년 체제의 모순'이란 바로 유신헌법의 잔재를 청산하지 못한 현행 대한민국헌법에 내재해 있음을 의미합니다.

헌법을 순수한 민주 헌법으로 완전 정상화하는 개헌이야말로 유신 잔재 청산의 우선순위라고 해야 할 것입니다. 민주 대 보수 진영을 떠나 합의할 수 있는 보편적 민주주의 헌법으로 고쳐야 합니다. 대통령 5년 단임제를 세계 민주국가 헌법의 합리적이고 보편적 규정인 4년 중임제로 큰 논쟁 없이 바꿀 수 있을 것입니다. 뿐만 아니라 5.18 시민항쟁 정신을 3.1 운동 및 4.19 민주 이념과 동일선상으로 헌법 전문에 명기하자는 의견은 현재 여야 정당과 진보-보수 진영에서 이미 일치된 바 있습니다. 전두환의 유신군사독재 2기 흉계에 항거하며 민주 헌정 회복을 요구했던 5.18 정신이야말로 국민주권과 대한민국의 건국 이념을 회생시키기 위한 살신성인이었기 때문입니다.

III. 전두환 등 하나회와 지원 세력의 신군부, 패륜적 국권 찬탈 내란

5.18 광주시민항쟁의 '주적'이었던 전두환과 정치 군벌 하나회는 1979년 12.12 군사 반란 등 일련의 내란을 거쳐 국가 권력을 찬탈했습니다. 내란은 보안사령관 전두환, 수경사령관 노태우, 특전사령관 정호용, 공수여단장 박희도 등 하나회를 핵심 주체로 하고, 하나회 지원 세력까지 결탁한 신군부에 의해 감행됐습니다. 이들은 선대 독재 정권인 박정희 유신 체제와 동질적인 유신2기 군사독재를 휘둘렀습니다. 권력 탈취에 눈이 어두운 정치 군벌 집단에 의한 반역사적 복고 반동은 그 선대보다 통치 기술 면에서 '선무당'과도 같은 저수준이었으며, 훨씬 더 잔혹한 유혈 참상으로 휘몰아쳤습니다.

국권 찬탈을 위해 군부 내서 직속상관에게 총격을 가하고 유혈 체포하는 반인륜적 하극상 반란을 서슴없이 저질렀습니다. 군부 내 상관을 겨누던 총부리는 결국 민주항쟁 시민을 향한 발포로 이어져 전쟁 이상의 살상 진압이라는 참상을 빚었습니다. 5.18 시민항쟁 당시 정치 군벌 내란 집단이 자행한 참극은 발포 명령자, 언론검열에 의한 사료 말살과 언론인 강제 해직, 진압군의 여성 성폭행 등 아직도 많은 야만적 범죄행위가 진상규명되지 않았습니다. 유신 2기 청산의 과제로서 이 역시 법률 제도 기구 중심의 조사와 진실을 찾기 위한 접근이 이루어져야 할 것입니다. 5.18 당시와 그 후 유신 2기 전두환 정권의 독재 권력에 대한 실체적 진실을 규명하기 위해서는 진압군 동원을 정규 지휘체계의 등 뒤에서 결정하고 지령한 정치 군인 비밀 사조직 하나회의 할거 부대들을 제대로 조사해야 합니다. 1980년 5월 내란의 핵심 조직인 합수부와 보안사, 안기부, 특전사 예하 관련 공수부대들의 혐의 있는 지휘자들을 재조사해야 할 것입니다.

1980년 5월 17일 오전, 전두환 등 신군부가 주도한 전군주요지휘관회의는 비상계엄 전국 확대, 국회 해산, 국가보위비상대책회의 설치, 각급 학교 휴교 조치 등 시국대책안에 참석자 연서명을 받아 이를 대통령에게 건의했고, 이는 그대로 이행됐습니다. 12.12 군사 반란에 이어 5.17 비상계엄 전국 확대와 국회 해산과 헌법상 근거가 없는 국가보위비상대책위원회 설치 그리고 5.18 광주항쟁 살상 진압이라는 일련의 신군부 내란이 본격화한 것입니다. 보안사는 사령관 전두환이 정보처에 야당 정치인, 비판적 언론인, 종교계, 노동운동계, 등 민주화운동진영의 이른바 불순분자 명단을 작성하게 했으며, 이 명단에 따라 예비 검속을 자행했습니다. 5월 17일 밤 군부의 시국대책안에 대한 국무회의 의결이 찬반 토론도 없이 불과 8분여만에 끝나자마자 자정을 기해 김대중, 문익환, 이영희 등 민주 인사들을 소요의 배후 조종 혐의로 체포했으며, 김영삼 등 야당의 주요 정치인들은 가택 연금시켰습니다. 또한 김종필, 이후락, 박종규, 김치열 등 박정희 정권 시기 고위 인사들을 권력형 부정부패 혐의로 체포하기도 했습니다. 신군부가 같은 정권 내 선배인 구세대 권력자들을 숙정하는 모습이었습니다.

신군부 내란 당시 국회는 신민당 의원들이 비상계엄해제촉구결의안을 제출한 상태였으며, 당시 여당이라 할 수 있는 공화당과 유정회의원들도 이에 동조하는 분위기였습니다. 의원들이 5월 20일 임시국회를 열기 위해 등원하려 하자 내란 지휘부는 모든 국회의원과 정당의 정치활동을 금지시키고 국회 정문을 무력 봉쇄했습니다. 비상계엄 전국 확대 조치와 함께 계엄군이 국회를 점거해 사실상 국회는 해산됐습니다. 전두환은 유신헌법의 통일주체국민회의 체육관 선거를 통해 대통령에 취임했고, 국회의 기능은 헌법상 근거가 없는 유사 입법기구인 국가보위입법회의에 의해 대체됐습니다. 박정희가 비상국무회의에 유사 입법을 맡긴 행태와 똑같은 전철을 밟은 것입니다.

전두환의 내란 기구인 국가보위입법회의와 박정희의 유신쿠데타 기구인 비상국무회의가 제정 또는 개정한 유사 입법은 모두 459개에 이르며, 지금도 실정법으로 기능하고 있습니다. 그 후 민주화를 거치며 많은 법률들이 개정돼 왔으나 유사 입법 당시 잘못 규정된 독소조항들의 잔재가 아직도 많이 남아 있습니다.

유신50년군사독재청산위원회는 과거사 청산을 법률 제도 기구 중심으로 방향 전환하자는 데 합의한 바 있습니다. 그 첫 단계로 유사 입법을 전수 조사하여 악법과 독소조항들을 개정 또는 폐지하기로 했습니다. 그동안 학계와 법조계 등의 전문 연구자들과 함께 수차에 걸쳐 토론회를 통해 여야 정치권이나 민주 진영과 보수 진영 사이에 큰 이견 없이 합의할 수 있는 유사 입법기구 제·개정 법률로 향토예비군법, 모자보건법, 집회 및 시위에 관한 법률, 군형법 등 10개를 선정했습니다. 이는 1단계 유사 입법 조사와 개폐 작업이며, 향후 계속해서 법적 청산을 위한 조사 검토가 진행될 것입니다.

Ⅳ. 5.16 유신군사독재, 관치 경제와 사회문화 통제, 깊은 상처 남겨

유신 선포 이전에도 1961년 5.16 군사 쿠데타 집단이 국회를 불법적으로 무력 해산시켰습니다. 국민이 선출하지 않아 입법권 없는 쿠데타 기구인 국가재건최고회의가 국회의 입법 기능을 대체했습니다. 이 기구가 유사 입법한 법률도 무려 1,015개에 이르며 지금까지 실정법 체계의 근간을 형성하고 있습니다. 이 유사 법률들도 전수 조사는 아니라도 선별적으로 검증하여 개폐 여부를 검토해 나가야 할 것입니다.

박정희와 전두환의 유신군사독재 정권은 반민주 독재 권력과 인권탄압 외에도 불균형 관치 경제 정책과 사회문화적 통제로 치유되기 어려운 병폐와 상처를 남겼음을 부인할 수 없습니다. 1970~80년대 유신군사독재 시기 한국의 고속 경제 성장을 흔히 외국 학자들 사이에 '한강의 기적'이라 칭하지만, 이는 수박 겉핥기 표현에 불과합니다. 그것은 하늘에서 우연히 떨어진 기적이 아니라 분명히 이유 있는 고속 성장이었음을 알아야 합니다. 또한 유신군사독재자들의 개발 독재 리더십이란 고속 성장을 설명할 수 있는 근거가 결코 아닙니다. 한국 경제가 고속 성장을 이룩한 배경은 한국 국민의 불굴의 투지 외에 달리 설명될 수 없습니다.

경제개발 시기 한국 국민은 세계 최장 노동시간, 세계 최저 임금, 최고 물가지수와 인플레, 최고 실업률, 최다 산업재해율, 무역 실적 올리기 위한 출혈수출 등의 역경을 이겨내며 피땀 흘려 일했습니다. 한국 국민의 그런 투지는 일제 강점기 36년간의 반외세 저항정신,

6.25 전쟁의 고난, 군사독재 32년과 수많은 반독재 시민항쟁을 거치며 축적된 에너지로 다져졌습니다. 한국 경제 성장의 공로는 어느 통치권력자가 아니라 온갖 고난의 역경을 극복하며 분투한 국민의 몫이라 할 것입니다.

V. 군사독재 시기 금지곡 · 문화 탄압엔 한류 문화 세계 진출 불가능

유신군사독재 정권 시기 대중가요 금지곡과 같은 문화 탄압이 지속됐다면 오늘날 세계 무대 정상에 우뚝 선 K팝 스타 BTS나 블랙핑크가 탄생할 수 있었겠느냐는 물음에 답은 자명합니다. 군사독재 정권 아래 영화 및 공연 윤리 심의가 고쳐지지 않았다면 세계인이 찬사를 보내는 영화 〈기생충〉이나 〈미나리〉 그리고 OTT 드라마 〈오징어게임〉의 제작은 불가능했을 것입니다. 오늘날 세계 곳곳에서 함께 즐기며 지구촌 가족 공유의 자산으로 자리매김한 한류 문화야말로 자유롭고 역동적이며 창의적인 사회 기풍 덕택으로 일구어낸 민주화의 성과임을 우리는 확신합니다. 민주화운동의 일원으로서 여러분과 함께 자랑스럽고 큰 보람으로 여깁니다. 미래 세대는 더욱 힘차게 문화적 창의와 새로운 시대사조에 걸맞게 앞서서 나아갈 것으로 믿어 의심치 않습니다.

한국의 근대화나 경제 성장에 대한 박정희의 공과를 평가할만한 시점에 도달하긴 했으나 그 방법이 제대로 모색돼야 할 것입니다. 권력 의지와 사명감, 정치 행위의 동기와 목적, 개발 독재가 낳은 성과와 부작용, 불균형 경제 성장과 격차 해소 비용의 비교 평가, 정치적 리더십과 한국 민주주의에 끼친 영향, 장기 집권에 따른 상처의 치유책, 후계 정권의 악행에 대한 도의적 책임, 최고 지도자의 사생활 문란이 국민의 도덕관에 미친 영향 등등을 실증적으로 분석해야 할 것입니다.

흔히 평가의 방법으로 정성적 평가와 정량적 평가를 듭니다만 각각 장단점이 있고, 적합한 적용 대상이 다릅니다. 박정희 평가에서는 수치로 나타내기 어려운 정치 행동과 역할이 중심이기 때문에 정성적 평가 방법이 많이 이용될 것입니다. 이는 평가자의 주관이 개입된다는 문제를 배제하기 어렵습니다. 합의하기 어려운 논쟁으로 이어질 소지가 내재해 있는 셈입니다. 그러나 어쨌든 전체적으로 부정하거나 반대로 우상화하는 것은 적절하지 않으며, 이제 그런 단계도 지났다고 생각됩니다. 적절하고 합리적인 역사 평가가 필요한 시점인 것은 사실입니다.

우리는 결코 과거사에 얽매이지 않지만, 우리가 걸어 온 경험을 헛되이 하지도 않을 것입니다. 유신군사독재 청산을 더 희망찬 미래로 나아가기 위한 디딤돌로 삼을 것입니다.

군사 반란과 불법 입법기구의 입법 활동 청산

오동석

(아주대학교 법학전문대학 교수)

I. 문제의 제기: 헌법적 또는 법률적 불법의 바로잡기

대한민국 국회 홈페이지의 '국회의 역사' 부분을 살피면,[1] 국회의 역사적 공백이 드러나는 세 군데의 단절이 있다. 첫 번째는 제5대 국회 (1960. 7. 29.~1963. 12. 16.) 사이다. 1961년 5월 16일 17시 30분경 반란 세력은 국회(민의원과 참의원) 해산을 공식화했다. 이후 제5대 국회는 존재하지 않았다. 국가재건최고회의라는 불법 입법기구가 그 자리를 대신했다. 그런데도 어찌 된 일인지 국가재건최고회의가 제5 대 국회의 시간대를 점령하고 있다. 의안 통계에서도 버젓이 제5대 국회는 1963년 12월 16일까지 기간으로 되어 있다.[2]

---

1 https://www.assembly.go.kr/views/cms/assm/assembly/asshistory/asshistory 0101.jsp, 검색: 2020. 4. 13.

2 https://www.assembly.go.kr/views/cms/assm/assembly/asshistory/asshistory

국가재건최고회의(1961.05.19.~1963.12.16.)와 제5차 개헌

1961년 5월 16일 박정희 소장을 중심으로 한 일부 군인들이 군사 정변을 일으켜 무력으로 정권을 장악하였다. 4.19 혁명 이후 민주화의 기대 속에 출범한 제5대 국회는 5.16 군사정변으로 해산되어 역대 최단기간인 9개월 18일 만에 임기가 종료되었고, 군사정부 국가재건최고회의가 국회를 대신하여 입법권을 사실상 행사하였다. 1963년 12월 16일 2년 7개월간 군정이 종식될 때까지 국가재건최고회의는 제출된 의안 1,593건을 100% 처리한 기록을 남겼는데, 이중 가결 1,436건(90%), 부결 2건, 폐기 111건, 철회 42건, 반려 2건이었다.

1962년 12월 17일 국가재건최고회의는 국민투표를 통해 제5차 개헌을 단행하였다. 이 개정헌법은 강력한 대통령중심제를 주요 골자로 하였다.

다음으로 제8대 국회(1971. 7. 1.~1972. 10. 17)와 제9대 국회(1973. 3. 12.~1979. 3. 11.) 사이에 공백이 있다. 불법 입법기구의 통계는 나타나지 않는다.

10월유신과 제7차 개헌

1972년 10월 17일 박정희 대통령은 특별선언을 통해 국회 해산과 정당 및 정치활동의 중지 등 헌법의 일부 기능을 정지시키는 비상계엄을 전국에 선포하는 이른바 '10월유신'을 단행하였다. 이로써 제8대 국회는 1년 3개월 만에 해산되었으며, 대통령을 의장, 국무총리를 부의장으로 하고 국무위원으로 구성되는 비상국무회의가 국회의 기능을 수행하였다.

0104.jsp, 검색: 2020. 4. 14.

10월 27일 비상국무회의는 임기 6년의 대통령을 통일주체국민회의에서 선출하고 대통령의 권한을 크게 강화하는 것을 골자로 한 헌법 개정안을 공고하였다. 11월 21일 제7차 개헌안(유신헌법안)은 국민투표에 회부되어 확정되었고, 12월 27일 공포되었다.

마지막은 세 번째는 제10대 국회(1979. 3. 12.~1980. 10. 27.)와 제11대 국회(1981. 4. 11.~1985. 4. 10.) 사이다. 불법 입법기구의 통계는 나타나지 않는다.

제8차 개헌과 국가보위입법회의

10.26사태로 박정희 대통령의 사망과 함께 유신 체제는 종말을 고했다. 긴급조치 해제 등으로 유신헌법 개정 여론이 비등해지자 국회와 정부는 각기 개헌안을 추진하였다. 그러나 5월 17일 비상계엄령이 전국으로 확대되면서 모든 개헌논의는 중단되고 말았다. 1980년 8월 27일 통일주체국민회의에서 선출된 전두환 대통령은 9월 29일 선거인단에 의한 대통령간선제와 7년 단임의 대통령 임기를 골자로 한 헌법 개정안을 공고하였고, 이 개정안은 10월 22일 국민투표에서 확정되었다.

10월 27일 시행된 제8차 개정헌법에 의하여 제10대 국회가 해산되고 국가보위입법회의가 그 권한을 대행하였다. 국가보위입법회의는 대통령이 임명한 81명의 의원으로 구성되었고, 제11대 국회개원까지 156일 동안 215건의 안건을 접수하여 100% 가결하였다. 1981년 2월 25일 민주정의당 전두환 후보가 대통령선거인단에 의해 제12대 대통령으로 당선되면서 제5공화국이 출범하였다.

대한민국 국회는 5.16 군사 반란의 결과로서 국가재건최고회의, '10월유신' 내란의 결과로서 비상국무회의 그리고 12.12 군사 반란 및 5.17 내란의 결과로서 국가보위입법회의의 시간을 국회 역사의 이음매로서 아무 모순 없이 전혀 의식 없이 수용한 것처럼 보인다. 반란과 내란 그리고 불법 입법기구의 입법 활동이 헌법을 침탈하는 불법이었음을 확인하는 평가가 없이 아주 담담하게 서술하고 있을 뿐 아니라 불법적인 입법을 바로잡은 역사가 보이지 않는다. 대한민국 국회의 부끄럽고 참혹한 역사 왜곡이다. 그것도 헌정사와 국회사의 중대한 왜곡이다. 구부러진 것을 펴지 않는다면 그것은 왜곡의 결과와 합체한다. 국회가 내란 또는 반란 행위를 정당화한 것 아니냐는 의심을 사기에 충분하다. 국민의 저항을 '대의'한다면 불법적인 국회 해산에 저항하지 못한 일은 몹시 부끄러운 국회의 역사다. 정말 부끄럽다고 여긴다면 이제라도 그 과거를 자백하고 헌법적 정의가 무엇인지를 드러낸 다음 헌법적 정의를 실현하는 회복적 조치를 해야 할 일이다.

사람들이 흔히 사용하는 쿠데타라는 말은 법적 용어로는 내란 또는 반란이다. 1962년 헌법과 1972년 헌법 그리고 1980년 헌법은 각각 1961년 5.16 군사 반란과 1972년 유신 내란 그리고 1979년 12.12 군사 반란의 결과다. 내란 또는 반란 세력은 그 증거를 각 헌법 부칙에 남겨놓았다.

1962년 헌법은 부칙 제4조에서 "① 특수범죄처벌에관한특별법·부정선거관련자처벌법·정치활동정화법 및 부정축재처리법과 이에 관련되는 법률은 그 효력을 지속하며 이에 대하여 이의를 할 수 없다. ② 정치활동정화법 및 부정축재처리법과 이에 관련되는 법률은 이를 개폐할 수 없다"고 규정하고 있다. 부칙 제5조에서는 "국가재건비상조치법 또는 이에 의거한 법령에 의하여 행하여진 재판·예산 또는 처분은 그 효력을 지속하며 이 헌법을 이유로 제소할 수 없다"고 규정하고 있다.

1972년 헌법은 부칙 제7조에서 "비상국무회의에서 제정한 법령과 이에 따라 행하여진 재판과 예산 기타 처분 등은 그 효력을 지속하며 이 헌법 기타의 이유로 제소하거나 이의를 할 수 없다"고 규정하고 있다. 제11조는 "① 특수범죄처벌에관한특별법·부정선거관련자처벌법·정치활동정화법 및 부정축재처리법과 이에 관련되는 법률은 그 효력을 지속하며 이에 대하여 이의를 할 수 없다. ② 정치활동정화법 및 부정축재처리법과 이에 관련되는 법률은 이를 개폐할 수 없다"고 규정하고 있다.

1980년 헌법도 마찬가지다. 부칙 제6조에서 "③ 국가보위입법회의가 제정한 법률과 이에 따라 행하여진 재판 및 예산 기타 처분 등은 그 효력을 지속하며, 이 헌법 기타의 이유로 제소하거나 이의를 할 수 없다. ④ 국가보위입법회의는 정치풍토의 쇄신과 도의정치의 구현을 위하여 이 헌법시행일 이전의 정치적 또는 사회적 부패나 혼란에 현저한 책임이 있는 자에 대한 정치활동을 규제하는 법률을 제정할 수 있다"고 규정하고 있다.

이러한 규정을 헌법 부칙에 담을 이유가 없다. 이것은 불법 입법기구를 이용한 법률적 불법을 엄폐하는 헌법적 불법이다.3 민주주의 사

---

3 라드부르흐가 말하는 법률적 불법은 법률로써 불법을 저지른 것을 뜻한다. 헌법적 불법은 헌법을 이용해서 불법을 저지르거나 은폐함을 말한다. Gustav Radbruch/이재승 옮김·역주, "법률적 불법과 초법률적 법," 「법철학연구」 12(2009): 1-26; 이재승은 유신헌법을

회에서 법률은 항상 변화 가능성을 전제한다. 오로지 (개정) 의지라는 것은 국민 다수의 뜻을 따르는 국회의 '대의적 의사'다. 더욱이 민주화로 이행하기 위해서는 이행기 정의 관점에서 과거의 입법적 잘못을 바로잡아야 함은 당연하고 오히려 필수적이다.

1945년 8.15 해방의 결과로서 1948년 헌법은 그 부칙 제101조에서 "이 헌법을 제정한 국회는 단기 4278년 8월 15일 이전의 악질적인 반민족행위를 처벌하는 특별법을 제정할 수 있다"고 규정했다. 1960년 3.15 부정선거라는 반헌법적 행위에 저항한 4.19 혁명의 결과로서 1960년 헌법은 그 부칙에서 "⑰ 이 헌법 시행당시의 국회는 단기 4293년 3월 15일에 실시된 대통령, 부통령선거에 관련하여 부정행위를 한 자와 그 부정행위에 항의하는 국민에 대하여 살상 기타의 부정행위를 한 자를 처벌 또는 단기 4293년 4월 26일 이전에 특정지위에 있음을 이용하여 현저한 반민주행위를 한 자의 공민권을 제한하기 위한 특별법을 제정할 수 있으며 단기 4293년 4월 26일 이전에 지위 또는 권력을 이용하여 부정한 방법으로 재산을 축적한 자에 대한 행정상 또는 형사상의 처리를 하기 위하여 특별법을 제정할 수 있다"고 규정했다.

1987년 개정한 현행 헌법은 그 부칙에서 이행기 정의에 관한 규정을 두고 있지 않다. 뒤늦게라도 국회에서 내란 또는 반란으로 설립한 불법 입법기구의 입법 활동을 청산해야 하는 까닭이다. 그 과제를 수

헌법적 불법으로 평가했다. "유신헌법 전체가 법의 지, 법 감각을 결여하고 있다는 의미에서 법률적 불법(Gesetzliches Unrecht) 대신에 헌법적 불법(Verfass- ungsrechtliche Unrecht)이라고 부르는 것이 합당하다." 즉, "헌법의 형식을 취했으되 그 본질은 범죄이고 불법"이다.

행해야 할 기관이 국회임은 두말할 나위가 없다. 민주화의 산물인 1987년 헌법은 그 부칙에서 불법을 바로잡는 내용을 규정하지 않았다. 새로운 민주주의 헌법 체제에서 불법적 헌법 또는 법률을 바로잡음으로써 헌법적 정의를 회복하는 일은 꼭 필요하다.

II. 5.16 군사 반란의 불법 입법기구인 국가재건최고회의의 입법 활동

국가재건최고회의는 1961년 5월 16일부터 헌정을 중단하고, 1963년 12월 16일까지 2년 7개월, 945일간 군정을 실시했다. 1,593 건의 의안을 접수하여 1,436건을 가결하고, 2건은 부결, 111건은 폐기, 42건은 철회, 2건 반려했다. 법률안은 1,162건을 접수하여 1,015 건을 가결했다. 의원 발의는 554건이고, 정부 제출은 608건이다(이철호, 2002: 62). 국가재건최고회의는 중앙정보부를 설치했다(국가재건최고회의법 제18조).

국가재건최고회의는 사회 복지, 경제 개발, 국가안보 등과 관련한 많은 법률을 입법했다. 예를 들면 사회보장에 관한 법률, 의료보험법, 산재보험법, 생활보호법, 아동복리법, 군사원호보상법 등이다. 그런데 대부분 입법은 톱-다운 방식으로 최고회의가 대강을 지시하면 정부 부처의 전문위원들과 공무원들이 세부 법안을 만들었다. 분과위원회와 상임위원회를 중심으로 입법 활동을 하였으며, 이들은 모두 현역 군인들이었다(김순양, 2022: 133).

1962년 헌법에서 몇 가지 헌법적 불법을 확인할 수 있다. 첫째,

검열을 허용했다. "제18조 … ② 언론·출판에 대한 허가나 검열과 집회·결사에 대한 허가는 인정되지 아니한다. 다만, 공중도덕과 사회윤리를 위하여는 영화나 연예에 대한 검열을 할 수 있다. ③ 신문이나 통신의 발행시설기준은 법률로 정할 수 있다. ④ 옥외집회에 대하여는 그 시간과 장소에 관한 규제를 법률로 정할 수 있다. ⑤ 언론·출판은 타인의 명예나 권리 또는 공중도덕이나 사회윤리를 침해하여서는 아니된다."

둘째, 공무원의 노동 3권을 제한했다. "제29조 … ② 공무원인 근로자는 법률로 인정된 자를 제외하고는 단결권·단체교섭권 및 단체행동권을 가질 수 없다."

셋째, 시민을 군법회의에서 재판할 수 있는 가능성을 열었다. "제24조 … ② 군인 또는 군속이 아닌 국민은 대한민국의 영역 안에서는 군사에 관한 간첩죄의 경우와 초병·초소·유해음식물공급·포로에 관한 죄 중 법률에 정한 경우, 및 비상계엄이 선포된 경우를 제외하고는, 군법회의의 재판을 받지 아니한다."

넷째, 군사재판의 단심제를 도입했다. "제106조 … ③ 비상계엄하의 군사재판은 군인·군속의 범죄나 군사에 관한 간첩죄의 경우와 초병·초소·유해음식물공급·포로에 관한 죄 중 법률에 정한 경우에 한하여 단심으로 할 수 있다."

III. 10월유신 내란의 불법 입법기구인 비상국무회의의 입법 활동

「비상국무회의법」은 1972년 10월 23일 비상국무회의에서 통과되었다(〈표 1〉).

〈표 1〉「비상국무회의법」

비상국무회의법
[시행 1972. 10. 23.] [법률 제2348호, 1972. 10. 23., 제정]

제1조(목적) 이 법은 1972년10월17일 대통령특별선언(以下 "特別宣言"이라 한다)에 의하여 설치된 비상국무회의의 운영에 관하여 필요한 사항을 정함을 목적으로 한다.
제2조(구성) ① 비상국무회의는 대통령, 국무총리 및 국무위원으로 구성한다.
　　　　② 대통령은 비상국무회의의 의장이 되고, 국무총리는 부의장이 된다.
제3조(권한) 비상국무회의는 특별선언에 따라 해산된 국회의 권한을 행사한다.

부칙 〈법률 제2348호, 1972. 10. 23.〉
① (시행일) 이 법은 공포한 날로부터 시행한다.
② (경과규정) 특별선언에 의하여 해산된 국회에 제출되었던 법률안, 예산안, 조약의 체결, 비준에 대한 동의안, 국채의 모집, 또는 예산외에 국가의 부담이 될 계약의 체결에 대한 동의안은 이미 국회에서 처리된 의안을 제외하고는 비상국무회의에 제출된 것으로 본다.
③ (법의 실효) 이 법은 특별선언에 따라 새로 구성되는 국회가 최초로 집회함과 동시에 그 효력을 상실한다.

비상국무회의는 1972년 10월 23일 개회하여 1973년 3월 11일 폐회할 때까지 약 4개월 반 동안 27차례의 회의를 열어 313개의 안건을 처리했다. 법률안 270건, 동의안 28건, 기타 14건이었다. 법률안

중 법 제정이 58권, 법 개정이 203건, 법 폐지가 9건이었다(이철호, 2002: 68).

대표적인 처리 법률은 「국민투표에 관한 특례법」, 「비상국무회의법」, 「선거관리위원회에 관한 특례법」, 「대통령특별선언에 따른 헌법 개정안의 공공 등에 관한 특례법」, 「통일주체국민회의대의원선거법」, 「통일주체국민회의법」, 「농지의 보전 및 이용에 관한 법」, 「군사기밀보호법」 등 군사관계 4개법, 「국회의원선거법」, 「형사소송법」, 「법원조직법」, 「법관징계법」, 「경범죄처벌법」 개정, 「국회법」 개정, 「국정감사법폐지법률」, 「국회에서의 증언·감정등에 관한 법률 폐지법률」, 「방송법」 개정, 「물품세법」 등 4개 세법 개정, 「지방자치에 관한 임시조치법」, 「가정의례에 관한 법률」, 「집회 및 시위에 관한 법률」 개정, 「헌법위원회법」, 「국토이용관리법」, 「주택건설촉진법」, 「기업공개촉진법」, 「경범죄처벌법」, 「특정범죄가중처벌법」, 「형사소송법」, 「물가안정에 관한 법률」, 「공공차관의 도입 및 관리에 관한 법률」, 노동관계법 등이었다(이철호, 2002: 69, 73).

제정 법률은 57건이다(이철호, 2001: 90). 「비상국무회의법」, 「국민투표에 관한 특례법」, 「선거관리위원회에 관한 특례법」, 「대통령특별선언에 따른 헌법 개정안의 공공 등에 관한 특례법」, 「통일주체국민회의대의원선거법」, 「통일주체국민회의법」, 「수출업자신용보증법」, 「한국종합화학공업주식회사법」, 「농지의 보전 및 이용에 관한 법」, 「인장업단속법」, 「군사기밀보호법」, 「군사시설보호법」, 「국회사무처리에 관한 임시특례법」, 「국영방송사업특별회계법」, 「기술개발촉진법」, 「관광진흥개발기금법」, 「국회의원선거법」, 「국토이용관리법」, 「주택건설촉진법」, 「한국방송공사법」, 「기업공개촉진법」, 「

인산 및 인삼제품 규제에 관한 법률」, 「군인자녀교육보호법」, 「산림개발법」, 「특정지구개발 촉진에 관한 임시조치법」, 「한국원자력연구소법」, 「선거관리위원회법」, 「병역법 위반 등의 범죄처벌에 관한 특별조치법」, 「군복 및 군용장구의 단속에 관한 법률」, 「공무원교육훈련법」, 「건널목개량촉진법」, 「기술용역육성법」, 「정부투자기관관리법」, 「화재로 인한 재해보상과 보험가입에 관한 법률」, 「농수산물도매시장법」, 「입목에 관한 법률」, 「고압가스안전관리법」, 「국회의원수당 등에 관한 법률」, 「지방소방공무원법」, 「전기사업법」, 「모자보건법」, 「공공차관의 도입 및 관리에 관한 법률」, 「헌법위원회법」, 「의료기사법」, 「군수조달에 관한 특별조치법」, 「소액사건심판법」, 「형사소송에 관한 특별조치법」, 「종묘관리법」, 「국민투표법」, 「병역의무의 특례규제에 관한 법률」, 「임시수입부가세법」, 「주택개량촉진에 관한 임시조치법」, 「서울특별시 및 경기도의 관할구역 변경에 관한 법률」, 「시 설치와 군의 폐지·병합에 관한 법률」, 「물가안정에 관한 법률」, 「전화세법」, 「한국교육개발원육성법」 등이다.

1972년 헌법은 단체행동권을 부정할 수 있는 조항을 신설했다. "제29조 … ③ 공무원과 국가·지방자치단체·국영기업체·공익사업체 또는 국민경제에 중대한 영향을 미치는 사업체에 종사하는 근로자의 단체행동권은 법률이 정하는 바에 의하여 이를 제한하거나 인정하지 아니할 수 있다."

IV. 12.12 군사 반란 및 5.17 내란의 불법 입법기구인 국가보위입법회의의 입법 활동

1980년 5월 31일 「국가보위비상대책위원회설치령」이 제정되었다. 그날 공포되었고, 국보위 구성원 발표 일자와 같다. 이 령 공포 전에 이미 국보위가 조직된 것이다(이동과, 1988: 6). 군사 반란 세력이 국가보위비상대책위원회 설치의 법적 근거로 삼은 것은 「정부조직법」과 「계엄법」이다. 정부조직법 제5조는 "행정기관에서는 그 소관업무의 범위 안에서 필요한 때에는 대통령령이 정하는 바에 의하여 시험시설, 연구시설, 문화시설, 공공시설, 자문기관 등을 둘 수 있다"는 규정이었다. 계엄법 제9조는 "계엄사령관은 계엄의 시행에 관하여서는 국방부장관의 지휘 감독을 받는다. 단 전국을 계엄지역으로 하는 경우에는 대통령의 지휘 감독을 받는다"고 규정하고, 제11조는 "비상계엄의 선포와 동시에 계엄사령관은 계엄지역 내의 모든 행정사무와 사법사무를 관장한다"고 규정하고 있으며, 계엄법시행령 제7조는 "대통령 또는 국방부장관이 법 제9조의 규정에 의하여 계엄사령관을 지휘 감독함에 즈음하여 국책에 관계되는 사항은 국무회의에 부의하여야 하며 각 부처의 소관 사무 중 주요한 사무와 관련이 있는 사항은 그 주관부처의 장의 의견을 듣거나 또는 협의하여야 한다"고 규정하고 있다. 그해 9월 29일 「국가보위비상대책위원회설치령개정령」에 따라 법령 제명이 「국가보위입법회의설치령」[4]으로 바뀌었으며(〈표 2〉), 1980년 10월 28일 「국가보위입법회의법」이 공포되었다.

---

4 2019. 1. 29. 폐지되었다.

<표 2> 「국가보위입법회의설치령」

국가보위입법회의설치령

[시행 1980. 10. 27.] [대통령령 제10036호, 1980. 9. 29., 일부 개정]

제1조 (설치) 비상계엄하에서 계엄법 제9조 및 제11조의 규정에 의하여 계엄
  업무를 지휘 감독함에 있어서 대통령을 보좌하고 국가를 보위하기 위한
  국책사항을 심의하며, 기타 법령에 의하여 부여된 기능을 수행하게 하
  기 위하여 대통령 소속하에 국가보위입법회의(이하 "입법회의"라 한다)
  를 설치한다. [전문 개정 1980. 9. 29.]
제2조 (구성) 입법회의는 국무총리, 부총리겸경제기획원장관, 외무부장관,
  내무부장관, 법무부장관, 국방부장관, 문교부장관, 문화공보부장관, 중
  앙정보부장, 대통령비서실장, 계엄사령관, 합동참모회의 의장, 각군 참
  모총장 및 국군보안사령관과 대통령이 임명하는 10인 이내의 의원으로
  구성한다. 〈개정 1980. 9. 29.〉
제7조 (운영세칙) 이 영에 규정된 이외에 입법회의의 운영 기타 필요한 사항은
  입법회의가 이를 정한다. 〈개정 1980. 9. 29〉

부칙 〈대통령령 제10036호, 1980. 9. 29.〉
① (시행일) 이 영은 1980년 9월 29일 공고된 헌법 개정안이 국민투표에
  의하여 확정·공포된 날로부터 시행한다.
② (경과조치) 이 영 시행당시의 국가보위비상대책위원회의 위원은 이 영에
  의한 입법회의의 의원으로 본다.

「국가보위입법회의법」은 〈표 3〉과 같다.

<표 3> 「국가보위입법회의법」

국가보위입법회의법

[시행 1980. 10. 28.] [법률 제3260호, 1980. 10. 28., 제정]

제1장 총칙
제1조 (목적) 이 법은 헌법부칙 제6조의 규정에 의한 국가보위입법회의(이하
  "立法會議"라 한다)의 조직과 운영 기타 필요한 사항을 규정함을 목적으

로 한다.

제2조 (권한) 입법회의는 헌법과 법률에 정한 국회의 권한을 행사한다.

제3조 (구성) 입법회의는 정치·경제·사회·문화·행정 기타 각계의 학식과 덕망이 있는 인사중에서 대통령이 임명하는 50인이상 100인이내의 의원으로 구성한다.

제4조 (개회) 입법회의는 대통령의 요구가 있거나 의장이 필요하다고 인정할 때 또는 재적의원 3분의 1이상의 요구가 있을 때에는 개회한다.

제3장 의원

제10조 (선서) 의원은 최초의 입법회의에서 다음의 선서를 한다. "본 의원은 헌법을 준수하고 국민의 자유와 복리의 증진에 노력하며 국가이익을 최우선으로 하여 국가보위입법회의 의원의 직무를 성실히 수행할 것을 엄숙히 선서합니다."

제12조 (특권) ① 의원은 입법회의에서 직무상 행한 발언과 표결에 관하여 입법회의외에서 책임을 지지 아니한다.

② 의원은 현행범인인 경우를 제외하고는 입법회의의 동의없이 체포 또는 구금되지 아니한다.

제13조 (겸직등) 의원은 겸직 또는 정치활동을 제한하는 법률의 규정을 적용받지 아니한다.

부칙 〈제3260호, 1980. 10. 28.〉

① (시행일) 이 법은 공포한 날로부터 시행한다.

② (시행기간) 이 법은 헌법에 따라 새로 구성되는 국회의 최초의 집회일 전일까지 그 효력을 가진다.

③ (경과조치) 이 법 시행당시의 국가보위입법회의는 이 법에 의하여 설치된 것으로 보며, 이 법 시행당시의 의원은 이 법에 의한 의원의 임명일 전일까지 그 지위를 가진다.

④ (동전) 이 법 시행당시의 국회사무처와 국회도서관은 이 법에 의한 사무처 및 도서관으로 보며, 그 소속 공무원은 이 법에 의한 후임자가 임명될 때까지 그 직을 가진다.

[89헌마32·33(병합) 1989. 12. 18. 국가보위입법회의법(1980. 10. 28. 법률 제3260호) 부칙 제4항 후단은 헌법에 위반된다.]

국가보위입법회의는 1980년 10월 29일 첫 회의를 개회한 후 1981년 3월 31일 마지막 본회의까지 154일 동안 법률안 189건을 비롯하여 동의안 16건, 결의안 3건, 예산안 2건 등 모두 215개의 안건을 처리했다. 의원 발의는 33건, 정부 제출 법률안은 156건이었다. 정부 제출 법률안은 거의 수정이 불가능했고, 각 부처가 주관한 것이 아니라 청와대 파견 판·검사 입법팀이 만들었다(하태수, 2011: 101). 특징으로는 반대토론이 한 번밖에 없었다는 점, 표결이 두 차례였다는 점, 비공개회의 진행 등이다(이철호, 2002: 77).

국가보위입법회의 제·개정 법률은 「국가보안법」, 「노사협의회법」, 「언론기본법」, 「사회보호법」, 「대통령선거법」, 「국회의원선거법」, 「국회법」, 「정당법」, 「정치자금에 관한 법률」 개정, 「선거관리위원회법」 개정, 「법원조직법」 개정, 「법관징계법」 개정, 「집달리법」 개정, 「정치자문회의법」, 「평화통일정책자문회의법」 등이다(이철호, 2002: 74-75). 1980. 5.~1981. 12.까지 제·개정한 법령 중 5.18 민주화운동과 관련 있는 법령만도 적지 않다.5 대표적인 법률은 「계엄법」, 「군법회의법」, 「군형법」, 「향토예비군설치법」 등이다.

국가보위입법회의 제정 법률은 37건이다. 「국가보위입법회의법」, 「농어민후계자육성기금법」, 「정치풍토 쇄신을 위한 특별조치법」, 「형의 실효 등에 관한 법률」, 「새마을운동조직육성법」, 「축산업협동조합법」, 「축산업협동조합임원 임면에 관한 임시조치법」, 「사회보호법」, 「국정자문회의법」, 「한국전력공사법」, 「한국과학기술원법」, 「한국기술개발주식회사법」, 「주택개발촉진 등에 관한 특례법」(주택개발촉진법), 「한국방송광고공사법」, 「독점규제 및 공정거래에 관한 법률」, 「주식회사의 외부감사에 관한 법률」, 「언론기본법」, 「사회복지사업

---

5 법제처 법령정보체계에서 1980년 5월 31일부터 1981년 12월 31일까지 제·개정된 법령을 확인한 결과 총 1,810개였다고 한다(김남진·황보근, 2021: 7).

기금법」,「농·어촌보건의료를 위한 특별조치법」,「대통령선거법」,「노사협의회법」,「학교급식법」,「소송촉진등에 관한 특례법」,「국회의원선거법」,「온천법」,「주택임대차보호법」,「외무공무원법」,「한국전기통신공사법」,「평화통일정책자문회의법」,「원호기금법」,「한국원호복지공단법」,「교정시설경비교도대설치법」,「대구직할시 및 인천직할시 설치에 관한 법률」,「광명시 등 시 설치와 시·군 관할구역 및 명칭 변경에 관한 법률」,「경상남도사무소의 소재지 변경에 관한 법률」,「세무대학설치법」,「한국청소년연맹육성에 관한 법률」 등이다(이철호, 2001: 167).

1980. 5.~1981. 12.까지 제·개정한 법령 중 5·18민주화운동과 관련 있는 법령만도 적지 않다.[6] 대표적인 법률은「계엄법」,「군법회의법」,「군형법」,「향토예비군설치법」 등이다.

1980년 헌법은 언론·출판을 위축할 수 있는 조항을 신설했다. "제20조… ② … 언론·출판이 타인의 명예나 권리를 침해한 때에는 피해자는 이에 대한 피해의 배상을 청구할 수 있다."

---

[6] 법제처 법령정보체계에서 1980년 5월 31일부터 1981년 12월 31일까지 제·개정된 법령을 확인한 결과 총 1,810개였다고 한다(김남진·황보근, 2021: 7).

V. 불법 입법기구의 개악 법제

1. 정치 관련 법제

1)「정치활동정화법」

「정치활동정화법」은 대표적인 처분적 법률이다. 이 법의 목적은 5.16 군사 반란 세력이 구 정치인과 군 내부의 반대파의 손발을 묶기 위한 조치로 만든 법이다. 이 법에 따라 정치활동이 금지된 인사들은 6년간 공직 선거에 후보로 출마하거나 선거운동에 종사하거나 정치 집회의 연사가 되거나 정당 활동을 하는 것 등의 제반 정치활동이 금지되었다(이철호, 2001: 58).

2) 선거법

1973년 1월 16일 비상국무회의는 선관위법을 개정하여 각급 선거관리위원회 위원 임명에 대한 대통령의 권한을 강화하고 선거관리위원회 기구를 대폭 축소했다.

2. 사상·표현의 자유 관련 법제: 반공법 또는 국가보안법

1961년 5월 19일 '군사혁명위원회'는 포고령 제18호를 발표하여 공산 활동의 철저한 규제를 선언했다. 국가재건최고회의는 1961년 7월 3일「반공법」을 제정했다. 반공법은 그 적용 대상을 국가보안법에 규정된 반국가단체 중 공산 계열의 노선에 따라 활동하는 단체로 한정한 다음 그러한 반국가단체에 가입하거나 가입할 것을 권유한 자는 7년 이하의 징역에 처하도록 했다. 가장 큰 특색은 찬양·고무 등 죄의 신설이다(법 제4조, 이철호, 2001: 57).

1980년 12월 31일 전부 개정한 국가보안법은 제7조에서 「반공법」의 찬양·고무죄를 규정했다. 불고지죄를 포함한 대부분의 국가보안법 위반사건에 대하여 사법경찰관 단계에서 1차, 검사단계에서 2차의 구속기간 연장을 할 수 있게 바뀌었다.

국가재건최고회의 제정 반공법과 국가보안법 개정	국가보위입법회의 국가보안법 전부 개정
반공법 제4조 (찬양, 고무등) ① 반국가단체나 그 구성원의 활동을 찬양, 고무 또는 이에 동조하거나 기타의 방법으로 반국가단체를 이롭게 하는 행위를 한 자는 7년 이하의 징역에 처한다. 이러한 행위를 목적으로 하는 단체를 구성하거나 이에 가입한 자도 같다. ② 전항의 행위를 할 목적으로 문서, 도화 기타의 표현물을 제작, 수입, 복사, 보관, 운반, 반포, 판매 또는 취득한 자도 전항의 형과 같다. ③ 전항의 표현물을 취득하고 지체 없이 수사, 정보기관에 그 사실을 고지한 때에는 벌하지 아니한다. ④ 제1항, 제2항의 미수범은 처벌한다. ⑤ 제1항, 제2항의 죄를 범할 목	제7조 (찬양·고무등) ① 반국가단체나 그 구성원 또는 그 지령을 받은 자의 활동을 찬양·고무 또는 이에 동조하거나 기타의 방법으로 반국가단체를 이롭게 한 자는 7년 이하의 징역에 처한다. ② 국외공산계열의 활동을 찬양·고무 또는 이에 동조하거나 기타의 방법으로 반국가단체를 이롭게 한 자도 제1항의 형과 같다. ③ 제1항 및 제2항의 행위를 목적으로 하는 단체를 구성하거나 이에 가입한 자는 1년 이상의 유기징역에 처한다. ④ 제3항에 규정된 단체의 구성원으로서 사회질서의 혼란을 조성할 우려가 있는 사항에 관하여 허위사실을 날조·유포 또는 사실을 왜곡하여 전파한 자는 2년 이상의 유기징역에 처한다. ⑤ 제1항 내지 제4항의 행위를 할 목적으로 문서·도화 기타의 표현물을 제작·수입·복사·소지·운반·반포·판매 또는 취득한 자는 그 각항에 정한 형에 처한다. ⑥ 제1항 내지 제5항의 미수범은 처벌한다. ⑦ 제1항 내지 제5항의 죄를 범할 목적으로 예비 또는 음모한 자는 5년이하의 징역에 처한다.

적으로 예비 또는 음모한 자는 5년이하의 징역에 처한다.	
	제8조 (회합·통신등) ① 반국가단체의 이익이 된다는 정을 알면서 그 구성원 또는 그 지령을 받은 자와 회합·통신 기타의 방법으로 연락을 한 자는 10년 이하의 징역에 처한다. ② 반국가단체의 이익이 된다는 정을 알면서 국외공산계열의 구성원 또는 그 지령을 받은 자와 회합·통신 기타의 방법으로 연락을 한 자도 제1항의 형과 같다. ③ 제1항 및 제2항의 미수범은 처벌한다. ④ 제1항 및 제2항의 죄를 범할 목적으로 예비 또는 음모한 자는 7년 이하의 징역에 처한다.
	제9조 (편의제공) ① 이 법의 죄를 범하거나 범하려는 자라는 정을 알면서 총포·탄약·화약 기타 무기를 제공한 자는 5년 이상의 유기징역에 처한다. ② 이 법의 죄를 범하거나 범하려는 자라는 정을 알면서 금품 기타 재산상의 이익을 제공하거나 잠복·회합·통신·연락을 위한 장소를 제공하거나 기타의 방법으로 편의를 제공한 자는 10년 이하의 징역에 처한다. 다만, 본범과 친족관계가 있는 때에는 그 형을 감경 또는 면제할 수 있다. ③ 제1항 및 제2항의 미수범은 처벌한다. ④ 제1항의 죄를 범할 목적으로 예비 또는 음모한 자는 1년 이상의 유기징역에 처한다. ⑤ 제2항의 죄를 범할 목적으로 예비 또는 음모한 자는 7년 이하의 징역에 처한다.
	제11조 (특수직무유기) 범죄수사 또는 정보의 직무에 종사하는 공무원이 이 법의 죄를 범한 자라는 정을 알면서 그 직무를 유기한 때에는 10년 이하의 징역에 처한다. 다만, 본범과 친족관계가 있는 때에는 그 형을 감경 또는 면제할 수 있다.
국가보안법 제10조의 2 (재범자의 특수가중) 본법, 반공법, 군형법 제13조, 제15조, 특수범죄처벌에관한특별법 제6조의	제13조 (특수가중) 이 법, 군형법 제13조·제15조 또는 형법 제2편제1장 내란의 죄·제2장 외환의 죄를 범하여 금고이상의 형의 선고를 받고 그 형의 집행을 종료하지 아니한 자 또는 그 집행을

죄 또는 형법 제2편제1장 내란의 죄 제2장 외환의 죄를 범하여 유죄의 판결을 받은 자가 형의 집행중 또는 그 집행을 종료하거나 집행을 받지 아니하기로 확정된 후 5년내에 제1조 제3호, 제3조 제3호·제4호, 제4조, 제5조, 제6조, 제7조 또는 제10조의 죄를 범한 때에는 그 죄에 대한 법정형의 최고를 사형으로 한다.	종료하거나 집행을 받지 아니하기로 확정된 후 5년이 경과하지 아니한 자가 제3조 제1항제3호 및 제2항 내지 제5항, 제4조 제1항제1호중 형법 제94조 제2항·제97조 및 제99조, 동항제5호 및 제6호, 제2항 내지 제4항, 제5조, 제6조 제1항 및 제4항 내지 제6항, 제7조 내지 제9조의 죄를 범한 때에는 그 죄에 대한 법정형의 최고를 사형으로 한다. [단순위헌, 2002헌가5, 2002. 11. 28. 국가보안법(1980. 12. 31. 법률 제3318호로 전문 개정된 것) 제13조 중 "이 법, 군형법 제13조·제15조 또는 형법 제2편 제1장 내란의 죄·제2장 외환의 죄를 범하여 금고 이상의 형의 선고를 받고 그 형의 집행을 종료하지 아니한 자 또는 그 집행을 종료하거나 집행을 받지 아니하기로 확정된 후 5년이 경과하지 아니한 자가… 제7조 제5항, 제1항의 죄를 범한 때에는 그 죄에 대한 법정형의 최고를 사형으로 한다."부분은 헌법에 위반된다.]
	제19조 (구속기간의 연장) ① 지방법원판사는 제3조 내지 제10조의 죄로서 사법경찰관이 검사에게 신청하여 검사의 청구가 있는 경우에 수사를 계속함에 상당한 이유가 있다고 인정한 때에는 형사소송법 제202조의 구속기간의 연장을 1차에 한하여 허가할 수 있다. ② 지방법원판사는 제1항의 죄로서 검사의 청구에 의하여 수사를 계속함에 상당한 이유가 있다고 인정한 때에는 형사소송법 제203조의 구속기간의 연장을 2차에 한하여 허가할 수 있다. ③ 제1항 및 제2항의 기간의 연장은 각 10일이내로 한다. [단순위헌, 90헌마82, 1992. 4. 14. 국가보안법(1980. 12. 31. 법률제3318호, 개정 1991. 5. 31. 법률제4373호) 제19조중 제7조 및 제10조의 죄에 관한 구속기간 연장부분은 헌법에 위반된다.]

3. 집회 및 시위의 자유 관련 법제: 집회 및 시위에 관한 법률

1962년 12월 31일 「집회 및 시위에 관한 법률」이 「집회에 관한 법률」을 대체하여 제정 · 공포되었다.

법 제3조(집회 및 시위금지)는 "① 누구든지 다음 각호의 1에 해당하는 집회 또는 시위를 주관하거나 개최하여서는 아니된다. 1. 판결에 의하여 해산된 정당 또는 례속단체의 목적을 달성하기 위한 집회 또는 시위, 2. 재판에 영향을 미칠 염려가 있거나 미치게 하기 위한 집회 또는 시위, 3. 전 각호 이외에 헌법의 민주적기본질서에 위배되는 집회 또는 시위, ② 누구든지 전항의 규정에 의하여 금지된 집회 또는 시위를 할 것을 방송, 녹음, 문서, 전단을 유포하거나 기타 방법으로 교사 또는 선동하여서는 아니된다"고 규정했다. 제3조 제1항 제2호 부분은 헌법재판소가 2016년 9월 29일 위헌으로 선언했다.7

제4조(옥외집회 및 시위의 신고등)는 "① 옥외에서 집회 또는 시위를 주최하고자 하는 그 목적, 일시(所要時間을 包含한다. 以下 같다), 장소, 참가 예정 인원과 주최자의 주소, 성명 및 시위 방법을 기재한 신고서를 옥외집회 또는 시위의 48시간 전에 관할 경찰서장에게 제출하여야 한다. 단, 2이상 경찰서의 관할에 속하는 경우에는 경찰국장에게 제출하여야 한다"고 규정했다.

제3조 제1항의 규정에 위반한 자는 5년 이하의 징역 또는 10만원 이하의 벌금에 처한다. 단, 군인, 검사, 경찰관으로서 제2조 제1항 또는 제2항의 규정에 위반한 때에는 7년 이하의 징역에 처한다(법

---

7 헌재 2016. 9. 29. 2014헌가3.

제14조 제1항). 그 정을 알면서 제3조 제1항의 규정에 위반한 집회 또는 시위에 참가한 자는 1년 이하의 징역 또는 2만 원 이하의 벌금, 구류 또는 과료에 처한다(법 제14조 제2항). 제3조 제2항의 규정에 위반한 자는 1년 이하의 징역 또는 2만원 이하의 벌금, 구류 또는 과료에 처한다(법 제16조). 제4조 제1항의 규정에 위반하거나 그 집회 또는 시위를 신고한 내용과 다르게 실행한 자는 2년 이하의 징역 또는 4만 원 이하의 벌금, 구류 또는 과료에 처한다(법 제17조).

제6조(옥외집회 또는 시위의 금지시간)는 "누구든지 일출 전, 일몰 후에는 옥외집회 또는 시위를 하여서는 아니된다"고 규정했다. 제7조(옥외집회 및 시위의 금지 장소 등)는 "누구든지 다음 각호에서 규정하는 청사 또는 저택의 경계 지점으로부터 주위 2백 미터 이내의 장소에서는 옥외집회 또는 시위를 하여서는 아니된다. 1. 국회의사당, 각급법원, 국내주재외국의 외교기관, 2. 대통령관저, 국회의장공관, 대법원장공관, 국무총리공관, 국내주재외국의 외교사절의 숙소, 3. 중앙관서, 서울특별시청, 부산시청, 도청, 역 단, 행진의 경우에는 예외로 한다"라고 규정했다. 제6조의 규정에 위반한 자는 주최자는 3년 이하의 징역 또는 6만 원 이하의 벌금, 그 정을 알면서 참가한 자는 1년 이하의 징역 또는 2만 원 이하의 벌금, 구류 또는 과료로 처벌한다(법 제15조).

제8조(시간과 장소의 제한)는 "① 교통이 복주하는 주요 도시의 주요 도로에서의 집회 또는 시위에 대하여서는 관할 경찰서장 또는 경찰국장은 관공서의 출퇴근 시간의 1시간 전과 1시간 후까지의 시간 동안 금지 또는 시간의 변경을 통고할 수 있다. ② 전항의 규정에 의한 시간의 변경에 따르지 아니하는 집회 또는 시위에 대하여서는 금지를

통고할 수 있다. ③ 제1항의 주요 도시와 주요 도로는 각령으로 정한다"라고 규정했다.

제12조(경찰관의 지시 또는 출입)는 "옥외에서의 집회 또는 시위의 주최자는 정당한 이유 없이 질서를 유지하기 위한 경찰관의 지시 또는 출입을 거절하여서는 아니된다"고 규정했다. 제12조의 규정에 위반한 자는 1년 이하의 징역 또는 2만 원 이하의 벌금, 구류 또는 과료에 처한다(법 제18조).

제13조(집회 또는 시위의 해산)는 "① 관할경찰서장 또는 경찰국장은 다음 각호의 1에 해당하는 집회 또는 시위에 대하여는 해산을 명하여야 한다. 1. 제3조 제1항의 규정에 위반한 집회 또는 시위, 2. 제10조 제2항의 규정에 의한 종결선언을 하였거나 또는 종결선언을 하여야 함에도 불구하고 이를 하지 아니하는 집회 또는 시위, 3. 제10조 제3항 또는 제11조 제2항의 규정에 위반한 자에 대한 경찰관의 퇴거조치로 인하여 상당한 불안 상태가 야기될 염려가 있는 집회 또는 시위, 4. 제4조 제1항의 규정에 의한 신고를 하지 아니하거나 동조 제3항, 제4항, 제5조 제2항 또는 제8조의 규정에 의하여 금지를 통고한 집회 또는 시위, ② 집회 또는 시위가 전항의 규정에 의한 해산명령을 받았을 때에는 모든 참가자는 즉시 퇴거하여야 한다"고 규정했다.

4. 정보기관 법제: 중앙정보부법

「중앙정보부법」은 1961년 6월 10일 제정·공포되었다. 중앙정보부는 국가재건최고회의 직속기관으로 국가안전보장에 관련된 국내·

외 정보 사항 및 범죄 수사와 군을 포함한 정부 각 부서의 정보·수사 활동을 감독하며, 국가의 다른 기관 소속 직원을 지휘·감독하는 권한이 있었다. 실제로는 공화당 사전 조직, 4대 의혹 사건을 비롯하여 정치활동규제법 등에 이르기까지 개입하지 않은 부분이 없을 정도였다(이철호, 2001: 58).[8]

5. 노동 관련 법제

1) 근로기준법

1961년 5월 22일 5.16 군사 반란 세력은 포고령으로 노동관계법의 효력을 모두 정지했다. 이후 「근로자단체활동에 관한 임시조치법」(8. 20.)에 의하여 제한된 범위 내에서 노동조직의 활동이 허용되었다. 군사 정부는 1961년 12월 4일 경제개발을 위한 노동 정책을 추진하기 위해 먼저 「근로기준법」을 개정했다.

국가보위입법회의 근로기준법에서는 퇴직금 차등 제도 금지, 임금채권 우선변제 조항에서의 임금의 순위 상향조정, 변형근로시간제 도입, 임금체불 사용자에 대한 징역형 신설 등에 관한 개정이 있었다(이철호, 2001: 191).

---

8 1964년 중앙정보부의 요원 수는 37만 명에 이르렀다고 한다(이철호, 2001: 58).

2) 노동조합법

노동조합법에서는 먼저 단결권을 제한했다. 1953년 3월 8일 제정 「노동조합법」 제6조(노동조합조직가입의 제한)는 "근로자는 자유로 노동조합을 조직하거나 또는 이에 가입할 수 있다. 단, 현역군인, 군속, 경찰관리, 형무관사와 소방관사는 예외로 한다"고 규정하고 있었다.

그런데 1963년 4월 17일 전부개정 노동조합법은 제8조 단서에서 "다만, 공무원에 대하여는 따로 법률로 정한다"고 개정했다. 제12조(정치활동의 금지) "① 노동조합은 공직선거에 있어서 특정정당을 지지하거나 특정인을 당선시키기 위한 행위를 할 수 없다"는 조항을 신설했다.

유신 독재 시기 노동조합법에서는 노동조합 조직에 관하여 종전의 산업별 노조 체제를 전제·지향하고 있던 '전국적인 규모를 가진 노동조합'과 '산하노동단체'라는 표현을 삭제함으로써 기업별 또는 사업장별 노조 체제로의 전환을 사실상 가능하게 했다(이철호, 2001: 98).

1980년 12월 31일 일부 개정 노동조합법은 제12조의 2(제3자 개입금지)를 신설했다. "직접 근로관계를 맺고 있는 근로자나 당해 노동조합 또는 법령에 의하여 정당한 권한을 가진 자를 제외하고는 누구든지 노동조합의 설립과 해산, 노동조합에의 가입·탈퇴 및 사용자와의 단체교섭에 관하여 관계당사자를 조종·선동·방해하거나, 기타 이에 영향을 미칠 목적으로 개입하는 행위를 하여서는 아니된다"는 조항이다. 그 위반에 대해서는 3년 이하의 징역 또는 500만 원 이하의 벌금에 처한다고 규정했다(법 제45조의 2).

그리고 제13조(노동조합의 설립)에서는 기업별 노동조합으로 전환했다. "① 단위노동조합의 설립은 근로조건의 결정권이 있는 사업 또는 사업장 단위로 근로자 30인 이상 또는 5분의 1 이상의 찬성이 있는 설립총회의 의결이 있어야 한다. 다만, 특수한 작업환경에서 근로하여 사업장 단위 노동조합의 설립이 부적합한 근로자의 경우에는 대통령령이 정하는 바에 따라 단위노동조합을 설립할 수 있다"고 규정했다.

3) 단체교섭권 또는 단체행동권 관련 법제

유신 독재 시기의 「국가보위에 관한 특별조치법」 제9조는 단체교섭권 등의 규제와 관련하여 제1항에서 "비상사태하에서 근로자의 단체교섭권 또는 단체행동권의 행사를 미리 주무관청에 조정을 신청하여야 하며, 그 조정 결정에 따라야 한다"고 규정했다(법 제9조 제1항). 한편 「국가비상사태하의 단체교섭권 등 업무처리요령」(노동청예규 제103호)에 의하여 단체교섭권과 단체행동권이 전면적으로 부정되었다(이호철, 2001: 97).

「노동쟁의조정법」에서는 공익사업의 범위를 확대하고, 쟁의행위를 하기 전에 전국 규모의 노동조합의 사전 승인과 노동위원회의 적법 여부 심사를 받도록 하고, 알선서·조정서·중재 결정의 효력을 단체협약과 동일한 것으로 했으며, 노동쟁의에 대한 긴급조정제도를 신설했다(이철호, 2001: 60-61).

6. 형사법제

「특수범죄처벌에 관한 특별법」은 1961년 6월 22일 제정되었다. 「국가재건비상조치법」 제22조 제1항9에 규정된 범죄행위를 처벌함을 목적으로 하고 있다(법 제1조). 국가재건비상조치법 제22조 제1항은 "국가재건최고회의는 5.16 군사혁명 이전 또는 이후에 반국가적 · 반민족적 부정행위 또는 반혁명적 행위를 한 자를 처벌하기 위하여 특별법을 제정할 수 있다"고 규정하고 있다.

이 특별법에 대해서는 크게 세 가지의 문제점을 지적할 수 있다. 첫째, 5.16 쿠데타 세력이 소급입법을 자의적으로 제정하여 법적 안정성을 파괴했다. 둘째, 전시도 아니고 안보가 위기에 처한 아무런 상황도 아님에도 단지 쿠데타 권력의 정치적 반대 세력의 제압을 위한 동기와 목적으로 죄형법정주의에 반하는 가중처벌 규정을 두었다. 셋째, 사상 · 양심의 자유에 대한 처벌과 그를 이유로 한 가중처벌 규정의 설치는 민주주의 제도를 부정하는 반헌법적인 것이다(이철호, 2001: 61).

비상국무회의에서 개정한 형사소송법의 특징은 법원사법(法院司法)에서 검찰사법(檢察司法)으로 변화다. 개정 법률에 따라, 구속 적부심이 폐지되었고, 법원의 보석 허가 경우 검사의 즉시항고권을 보장하여 법원을 심리적으로 위축했으며, 기소의 경우에는 법원의

---

9 법 제22조(특별법, 혁명재판소와 혁명검찰부) ① 국가재건최고회의는 5.16 군사혁명 이전 또는 이후에 반국가적 반민족적 부정행위 또는 반혁명적 행위를 한 자를 처벌하기 위하여 특별법을 제정할 수 있다. ② 전항의 형사사건을 처리하기 위하여 혁명재판소와 혁명검찰부를 둘 수 있다.

재정신청에 의한 준기소절차의 인정 범위를 대폭 축소함으로써 검사의 기소 재량에 대한 사법심사가 사실상 봉쇄되었다. 다른 한편 간이 공판 절차를 도입하여 소송경제의 명목으로 졸속 처리의 길을 열었다 (한인섭: 이철호, 2001: 96).

VI. 불법 입법기구의 입법 활동 정리 방안 제언

이행기 정의는 구 헌법 또는 구 헌법 체제에서 일어난 국가 범죄(Regierungskriminalität)[10] 또는 국가 폭력을 대상으로 하지만, 결과적으로 구 헌법 또는 구 헌법 체제를 심판 대상으로 한다. 국가 범죄 또는 국가 폭력을 용인했기 때문이다. 새로운 헌법 체제는 연속선상에 있지만, 과거와 끊임없는 단절을 시도함으로써 민주적인 체제로 거듭난다.

이재승(2014a: 185)은 이행기 정의에서 가해자와 피해자의 범주에 딱 들어맞지 않는 보통 사람들의 각성과 참여를 강조한다. 과거 청산은 이들이 주체로 각성케 하여 국가 범죄를 일삼는 국가를 재탄생시키는 과정이라는 것이다. 그것은 현행 헌법에 비추어 과거 국가의 잘못을 계속 갱신하는 과정으로서 이행기 정의 개념을 확장할 것을 요한다. 이행기 정의에서 '과거 · 현재 · 미래는 하나의 통일체'다(신영복: 김동춘, 2006: 206 재인용). 과거 국가 권력의 '범죄행위'를 드러내어 과거의 굴절된 정의를 현재에 바로잡음으로써 민주주의를 공고

---

10 국가 범죄는 국가 권력을 매개로 저지른 조직적 범죄를 총칭하는 개념이다(이재승, 1999: 195).

히 하고, 사회정의를 세우며, 사회통합을 이루는(김동춘, 2006: 206)
헌법 규범을 정립해나가는 과정이다.

군사 반란에 따라 국회를 해산하고 헌법적·법률적 불법을 저지른
불법 입법기구의 입법 활동을 청산하는 일은 국회의 과거를 정비하고
현재적·미래적 관점에서 인권적이고 민주적인 입법기구로서 탈바꿈
하는 필수적 계기다. 다음과 같은 개략적 과제를 제안한다.

① 국회는 내란과 반란으로 인한 불법 입법기구가 국회 역사를
단절했음을 확인하고, 그동안 국회가 불법 입법기구의 입법 활동을
정리하지 못한 것에 대한 성찰과 함께 이행기 정의 관점에서 국민의
대표기관이자 입법기관으로서 법률적 불법을 바로잡을 것을 국회 결
의안 형식으로 천명한다.

② 국회의장 아래 유신 독재 불법 법률의 조사위원회를 꾸린다.
위원회는 국회의원, 국회 입법조사처 입법조사관, 학계 전문가, 유신
독재 시기 인권침해 피해자 대표, 시민사회 활동가 등으로 구성한다.

③ 위원회는 불법 입법기구의 입법 활동에 따라 제정 또는 개정된
법률과 이전의 법률 및 현재의 법률 내용을 비교하면서 현재까지 악영
향을 미치고 있는 대표적인 법률을 선정하여 개정안을 제안한다.

④ 위원회의 활동 근거를 마련한 국회 규칙을 제정하여 그에 따라
활동을 개시한다.

불법 입법기구에서 제·개정한 법률은 이후 국회에서 개정·폐지
또는 다른 법률의 제정 등으로 해소된 면이 있다. 헌법재판소의 결정
으로 위헌무효 판단을 받은 경우도 있다. 국회에서 더 개악한 경우도
없지 않다. 다만 이러한 과정은 헌정 파괴 범죄로 인한 대량의 헌법
규범 침해의 회복적 과정은 아니었다. 국회는 과연 이 단절의 한 축을

어떻게 이을 것인가? 불법 입법기구의 시기를 국회사에 담을 것인가? 그 공백을 채우는 일은 도대체 무슨 일, 즉 입법이 있었는지 진단하고, 오늘날의 인권과 민주주의 관점에서 혁신하고, 더 필요한 입법 과제를 도출하여 이행하는 일이어야 한다. 헌법 전의 개정보다 더 중요한 일이다.

참고문헌

김남진·황보근. "5·18민주화운동 관련 법령에 관한 법적 소고: 5·18.민주화운동 이후 개정된 국방부 소관 법령을 중심으로." 「인권법평론」 27 (2021. 8.): 3-33.

김동춘. "해방 60년, 지연된 정의와 한국의 과거청산." 「시민과세계」 8 (2006. 2.): 203-224.

김순양. "우리나라 과도입법기구의 입법 활동 분석: 국가재건최고회의와 국가보위입법회의를 중심으로." 「한국정책과학학회보」 26(2022. 3.): 111-137.

김학진. "유신헌법의 성립에 관한 헌정사 검토." 「일감법학」 37: 309-338.

서정수. "한국 정치관계법의 입법과정과 그 기능에 관한 연구." 박사학위논문. 동국대학교 대학원, 1989.

오동석. "유신헌법의 불법성." 학술단체협의회 기획/배성인 외 공저. 『유신을 말하다』. 나름북스, 2013.

이재승. "국가 범죄와 야스퍼스의 책임론." 「사회와역사」 101 (2014. 3.): 183-217.

_____. "이혜자씨의 조용한 전쟁: 긴급조치 9호 및 폭처법 위반 사건 참고인 의견서." 「민주법학」 55 (2014. 7.): 240-263.

이철호. "한국에서의 「위헌적 입법기구」에 관한 연구: 1961년, 1972년 및 1980년의 정변에 대한 헌법적 분석." 박사학위논문. 동국대학교 대학원 법학과, 2001.

_____. "한국헌정사에서 위헌적 입법기구가 헌법학에 미친 영향." 「아·태공법연구」 10: 59-84.

Radbruch, Gustav/이재승 옮김·역주 "법률적 불법과 초법률적 법." 「법철학연구」 12(1): 1-26.

국회 유신 청산과 분권형 민주 헌정의 길*
― 국회 해산 무효 선언과 유사 입법 개폐의 헌정사적 함의

김재홍

(전 서울디지털대 총장, 전 17대 국회의원)

I. 대한민국 헌법의 뿌리 찾기
― 분권형 의원내각제에서 권력집중형 대통령중심제로

대한민국 헌법의 뿌리는 분권형 의원내각제였다. 1919년 3.1 운동의 민족적 에너지로 수립된 상해 임시정부 임시헌법이 대의기구에 해당하는 의정원 중심의 정부 형태였다.[1] 해방 후 1948년 정부 수립 당시 제헌헌법은 상해 임정의 법통을 이어받는다고 명기하고 국회 중심의 의원내각제를 채택했다. 초대 대통령 이승만도 국회에서 간접선거로 선출했다. 그러나 대통령 재선을 노린 이승만에 의해 1952년 7월 관권과 폭력단까지 동원한 발췌개헌으로 직선제 대통령과 내각

---

[1] 3.1운동과 상해 임시정부의 임시헌법 등에 관해서는 다음을 참조. 김재홍, "3.1운동과 2016 촛불의 국민주권 사상," 2019년 4월 3일 (사)한국정치평론학회 · 이종걸의원실 공동주최 3.1운동 100주년 기념 학술회의에서 기조 발제한 논문.

책임제의 혼합형 헌정으로 변질되고 말았다. 국회의 정치구조에서 재선이 어려웠던 이승만은 이 강압적 발췌개헌으로 국민 직접선거에 의해 대통령 중임을 이루어냈다.

대통령 직선제 개헌을 획책하던 이승만이 처음 군 병력 동원을 지시한 대상자는 당시 육군참모총장 이종찬 중장이었다. 6.25 전쟁 당시 피난수도 부산에서 벌어진 정치파동이었다. 이종찬은 군의 정치적 중립을 고수하며 이승만의 병력 동원 요구에 불응했다. 이에 앞서 참모총장 이종찬을 찾아가 혼탁한 정치를 둘러 엎어야 한다며 군사 쿠데타를 건의한 사람이 당시 육군본부 정보국 대령이던 박정희였다. 이때 이미 이종찬은 일본 육사 후배인 박정희에게 "군은 절대 정치에 관여해선 안 된다. 군은 정치적 중립을 지켜야 한다"고 따끔하게 훈계한 후 돌려보냈다. 이종찬은 이승만의 병력 동원 지시에 불응하며 군의 정치적 중립을 지킨 대신 육참총장직에서 해임당하고 군복을 벗을 수밖에 없었다. 그가 지금껏 참군인의 대명사로 칭송받는 이유다. 그러나 오랫동안 군사 쿠데타 기회를 엿보던 박정희가 이종찬으로부터 군사 쿠데타 반대 훈계를 듣고 9년이 지난 후 5.16 쿠데타를 감행하고 32년에 걸친 장기 군사독재 정권의 시조가 된 것은 역사의 아이러니라 아니할 수 없다.[2]

이승만은 재선에 그치지 않고 3선으로 장기 집권을 꿈꾸며 또다시 1954년 11월 "초대 대통령에 대한 3선 중임 제한의 철폐"를 위해 이른바 '사사오입 개헌'을 강행했다. 개헌을 위한 국회 의결정족수인 재적 3분의 2선에서 1석 모자랐음에도 소수점 이하를 사사오입으로 올려

---

2 박정희의 5.16 쿠데타 음모에 대해서는 김재홍, 『누가 박정희를 용서했는가』 (서울: 책보세, 2012), 222-235.

붙임으로써 통과됐다고 유권 해석한 어거지였다. 이승만의 이 같은 희화적 사사오입 개헌으로 대한민국 헌정사는 대통령 중심 권력집중형 독재 정치로 타락하고 만다. 박정희가 1969년 강행한 3선개헌에 훨씬 앞서서 이승만이 사사오입 3선개헌으로 대통령 중심 독재 권력을 확립했었다. 이승만은 이후 연임 제한 없이 관권 개입 부정선거까지 감행해 도합 18년 장기 집권 끝에 4.19 혁명에 맞닥뜨릴 수밖에 없었다.

II. 4.19 혁명과 분권형 헌법을 유린한 5.16 군사 쿠데타

3.1 운동 이후 다시 한번 주권재민 사상을 실천한 역사가 4.19 혁명이다. 이에 따라 탄생한 제2공화국 헌법은 3.1 운동 정신과 4.19 혁명 이념을 구현한 전형적 의원내각제로 분권형 민주 정부 구조를 완전히 복원했다. 대통령은 국회에서 간선제로 선출하고 의전적 국가수반이며, 국회 다수당 대표가 선임되는 국무총리가 내각을 통솔하며 국정을 총괄했다. 국무총리는 임기가 정해져 있지 않으며, 국정 수행을 제대로 못 해서 국민 지지율이 저하되고 그에 따라 국회에서 불신임 의결되거나 또는 총리가 선제적으로 국회를 해산하고 언제든 총선거를 실시해서 원내 다수당이 새로이 선택되고 내각이 교체될 수 있는 책임 정치 체제였다.

국회에서는 여야 정당 간이나 다수당 내 정파 사이에 정치적 논쟁과 대립이 상존하는 것이 의원내각제의 특성이기도 하다. 따라서 의원들의 자질과 정치문화가 성숙돼 있지 않을 경우 정치적 불안정과 혼란으로 비추어질 소지도 크다. 더구나 4.19 혁명은 불과 1년여 만에 시민혁명과 의원내각제의 갈등 대립이 합쳐져 정치적 혼란상으로 간주되었고, 정치 군인들의 흉계에 구실이 되었다. 특히 오래전부터 쿠데타 야욕을 드러낸 바 있는 박정희 소장과 그 막료들은 이 같은 정국 상황이 절호의 기회였다.3

III. 권력집중형 대통령독재 확립한 박정희 유신헌법
— '정치적 내란'과 '폭동적 내란' 성격 갖춘 유신쿠데타

박정희의 5.16 군사 쿠데타 정권은 즉각 의원내각제 헌법을 대통령중심제의 권력집중형 정부 구조로 바꾸었다. 박정희는 단순히 대통령중심제 정부 형태를 선택하는 것으로 그치지 않았다. 박정희는 역시 1969년 자신의 대통령 연임제한을 폐지하는 3선개헌을 강행하고 '대통령 독재'의 길로 들어섰다. 1971년 3선 대통령에 취임하더니 그는 10월 15일 전국 대학가에 위수령 선포로 민주화 학생운동 간부들을 대학 제적시킨 뒤 군대 강제 입영시켰으며, 이어 12월 이른바 국가비상사태를 선언했다. 유신 쿠데타의 전주곡이었다.4 당시 미국의 정

---

3 4.19 혁명을 유린한 5.16 군사 쿠데타에 관해서는 김재홍, "4월혁명을 유린한 5.16 군사 쿠데타," 2022년 4월 19일 유신50년군사독재청산위원회의 국회토론회 '4월혁명을 좌절시킨 군사 쿠데타와 헌정파괴'에서 주제 발표한 논문 참조.

4 박정희가 유신쿠데타의 전주곡으로 1971년 10월 15일 대학가 위수령과 12월 국가비상사태를 선언한 정치 상황에 대해서는 당시 민주화 학생운동의 간부들인 (사)71동지회의 문집에서 상세히 다루었다. 김재홍, "한국정치리더십의 세대별 변화와 정치문화," (사)71동지회 50년위원회 엮음, 『변혁의 시대 1971-2021: 한국사회 50년과 더불어』(서울: 동연, 2021).

론지 「뉴욕타임스」는 "오직 상상 속의 비상일 뿐"이라는 조롱어린 비판 기사를 실은 바 있다. 무언가 자신의 권력 강화를 시행하기 위한 공작적 위수령과 국가비상사태 선언이었음을 간파했던 것이다. 그 무엇은 바로 1년 뒤인 1972년 10월유신 쿠데타로 드러났다.

유신헌법은 명색이 민주국가로서 세계적으로 부끄러운 헌정을 연출했다. 권력집중형 대통령제의 대통령을 2,700여 명의 이른바 통일주체국민회의 대의원단이 1인 후보에 대해 찬반 흑백투표로 뽑았고, 임기 7년에 아무런 연임제한이 없어 종신 집권의 길을 열었다. 통일주체국민회의는 전국 각 지역에서 선출되는 2,000명 이상 5,000명 이하의 대의원으로 구성하는 헌법기관이었다. 민주국가의 헌법으로서 가관인 것은 주권의 수임 기관임을 규정하여 주권재민의 기본 이념을 말살한 헌정이었다. 명분은 통일정책에 대한 최고 심의 의결기관이라고 했으나 대통령 간접선거와 함께 국회의원 재적 3분의 1 후보 명단에 대해서 결정하는 정치적 수단으로 이용됐다.

유신헌법은 권력집중형 대통령 독재 체제 외에도 언론·출판·집회·결사의 자연권적 국민기본권을 제한할 수 있게 했고, 인권보호 장치인 구속적부심을 폐지했으며, 노동인권은 운위할 수도 없었다. 봉건 군주 시대의 통치 구조를 설계한 것이다.

이 같은 전근대적 독재 권력을 구조화한 유신헌법은 그 제정 절차가 위헌적일 뿐 아니라 반국민적이었다. 국민이 선출하지 않아 입법권을 가질 수 없는 박정희의 비상국무회의가 유신헌법안을 의결해 국민투표에 회부했다. 비상계엄이 해제되지도 않은 상황에서 국민투표 대상인 헌법안에 대해 찬반 토론이 계엄포고령에 의해 금지된 가운데 국민투표가 실시됐다. 군대와 관변단체 등에 95% 이상 찬성률을 만들어 내라는 공작적 지령 아래서 공개 투표, 찬성 강요 투표, 대리 투표가 자행됐다. 이 같은 유신 체제 선포는 해방 후 민주주의 이념과 원칙들을 배우고 내재화한 국민 신념과 상해 임시정부 이래 정립된 대한민국 건국 이념에 정면으로 반기를 든 '정치적 내란'이었다. 뿐만 아니라 유신 선포 당일 국회 국정감사 중이던 야당 의원 20여 명을 중앙정보부, 보안사, 헌병대 등에 불법 연행해 구금해 놓고 혹독한 고문 악행을 자행했다. 이때 고초를 당한 신민당 소속 강근호, 김경인, 김녹영, 김상현, 김한수, 나석호, 박종률, 이세규, 이종남, 조연하, 조윤형, 최형우, 홍영기 국회의원 등 13명은 1975년 2월 서울 국제호텔에서 기자회견을 열고 정보공작 기관의 고문 악행에 대해 공개 증언했다. 이들의 증언을 종합하면 국가 기관에 의한 체제 폭력이라는 비판을 해왔지만, 이 같은 국민의 대표에 대한 집단적 불법 폭력행사는 사실상 '폭동적 내란' 행태에 다름 아니다. 유신 쿠데타는 정치적 내란과 폭동적 내란의 요소를 갖춘 반국민적 내란이었다고 평가해도 지나치지 않다.[5]

IV. 전두환의 정치 군벌 하나회 내란과 80년 헌법
― 유신 2기 군사독재로 냉혹한 복고반동 자행

집권 세력의 사문서나 다름없는 유신헌법과 그 통치 체제는 1979

---

[5] 박정희의 유신쿠데타를 정치적 내란과 폭동적 내란의 성격으로 분석한 다음 논문을 참조. 김재홍, "유신 선포의 내란 성격에 관한 고찰," 유신청산민주연대 엮음, 『박정희 유신독재체제 청산: 한국현대사의 망령』 (서울: 동연, 2020), 133-154.

년 중앙정보부장 김재규에 의한 10.26 거사로 막을 내리는 듯했다. 그러나 박정희 정권 아래서 키워진 친위 장교 사조직과 그 수괴인 전두환 등 정치 군벌 하나회의 일련의 내란에 의한 국권 찬탈로 더 냉혹한 복고반동의 역사가 쓰여져야 했다.6 하나회 집단은 회원 외곽의 군 장교들을 직접적인 지원 세력과 협조적인 후원 세력으로 분류했다. 1979년 12.12 군사 반란에 이어 80년 5.18 광주시민항쟁 살상 진압에 이르기까지 일련의 내란을 주도한 이른바 신군부의 정체는 하나회와 그 지원 세력인 정치 장교 집단이었다. 4년제 육사 이전에 비정규 단기 육사 과정으로 양성된 장교들이 정치 군인 지원 세력으로서 하나회와 결탁해 신군부를 구성했다.7

전두환은 정치 군벌 하나회가 할거했던 군 보안사령부를 거점으로 삼아 12.12 군사 반란을 일으켜 군권을 장악했다. 하나회 장교들이 단편적 하극상을 넘어 직속상관을 총격 체포하는 패륜적 반란이었다. 그것이 내란 1단계였다. 전두환 집단의 군부 내 패륜 행위는 5.18 광주시민항쟁 진압에서 국민을 향한 발포와 참혹한 살상 행동으로 비화했다. 국권 찬탈을 위한 내란의 정점이었다. 내란으로 정권을 장악한 전두환은 이른바 5공헌법으로 개헌했으나 체육관 선거라는 시대어를 낳으며 대통령 간선제를 그대로 유지했다. 이들은 민심을 수습하기 위해 대통령 임기 5년에 단임제로 단축하고, 박정희 유신 체제와

---

6 박정희 유신 체제가 그 후 보수 정권들로 이어진 것에 대해 한국 민주화 시민혁명사에서 복고 반동으로 평가하고, 프랑스혁명이 나폴레옹 1세 및 3세에 의한 제정 독재 권력으로 후퇴했던 복고반동과 비교한 다음 글을 참조. 임헌영, "특별강연: 유신50년군사독재 청산의 역사적 의의," 2022년 10월 12일 유신50년청산군사독재청산위원회 · 민주화운동기념사업회 공동주최 '유신청산 실천대회' 자료집.

7 정치 군벌 하나회의 배태와 12.12 군사 반란에 관해서는 다음 책이 상세하게 다루었다. 김재홍, 『군 1: 정치 장교와 폭탄주』 (서울: 동아일보사, 1994).

차별화를 시도했다. 그러나 누가 보아도 전두환 정권은 박정희 유신 체제와 차별성 보다는 동질성이 훨씬 더 강했다. 유신청산민주연대가 여러 차례 토론회를 거치며 전두환 정권을 "유신 2기"로 규정한 이유 다. 전두환은 퇴임 후 '상왕부'와 같은 막후 권력을 꿈꾸기도 했으며 현행 87년 헌법 90조의 '국가원로자문회의'가 그런 잔재로 남아 있다. 국가원로자문회의 의장은 직전 대통령이 된다고 규정했으며, 시행을 위한 실정법까지 입법했었다. 그러나 그것이 전두환의 퇴임 후 상왕 부 음모로 꾸며진 것이라는 지적과 5공 청산에 밀려 실정법은 폐지됐 으며 헌법 조항은 사실상 사문화한 상태다.

V. 6월시민항쟁과 87년 개헌의 한계
― 유신헌법 ― 80년 헌법의 잔재 남긴 87년 헌법 고쳐 민 주 헌정 복원해야

　박정희 유신 체제보다 더 악독한 유신 2기 내란 정권으로 평가할 수 있는 전두환 독재 권력은 1987년 6월시민항쟁에 의해 무너졌다. 그들은 시민항쟁을 진압할 수 있는 군대와 경찰력을 장악하고 있었지 만, 당시 안기부에 앞서 정권의 핵심 친위대 노릇을 하던 보안사가 전두환에게 군 병력을 동원한 진압에 반대 의견을 냈다. 또다시 7년 전 광주시민항쟁에 대한 살상 진압의 트라우마를 딛고 강경 진압에 나서기란 인간의 한계를 벗어나는 행위였다.[8] 전두환 집단은 결국 이

---

8 1987년 6월시민항쟁에 대해 전두환 정권의 강경 진압 포기와 그 배경에 대해서는 당시 보 안사령관 고명승의 증언을 참조할 수 있다. 김재홍, "6.29 당시 보안사령관 고명승의 증언,"

른바 6.29 선언으로 시민항쟁에 굴복했다. 광주시민항쟁은 1980년 5월 전두환 내란 집단에 짓밟혔지만 그로부터 7년 만에 이렇게 6월시민항쟁이 무혈혁명으로 승리하는 한 배경으로 연결되는 것은 역사 연구에서 매우 중요한 맥락이라 할 수 있다.

6월시민항쟁의 승리 덕으로 87년 10월 전두환의 5공헌법이 개정 됐다. 그러나 그것은 여야 정치협상의 산물로 유신헌법의 잔재가 남 았던 전두환의 5공헌법을 온전히 해방 후 제헌헌법과 4.19 혁명 후 2공화국의 민주헌법으로 복원하지는 못했다. 시민사회와 학계 및 법조계가 지적해 온 '87년 체제의 한계'였다.

87년 체제의 문제점을 온존한 채 현행 헌법이 35년 이상 그대로 유지돼 왔다. 그동안 몇 차례 국회에서 개헌 논의가 있었지만 번번이 성공하지 못했다. 헌법 개정은 입법권을 가진 국회가 주도해야 하는 것이 당연하다. 후술하는 쿠데타 집단의 불법 기구에 의한 유사 입법 들을 전수 조사하여 개정 또는 폐지하는 것이 유신군사독재 청산에서 중심을 차지하는 법률과 제도의 청산이다. 그중에서도 유신헌법과 5공헌법의 잔재를 청산하지 못한 현행 87년 헌법을 개정해 온전한 민주 헌정으로 복원하는 일이 우선적인 과제다.9 헌법 개정은 논란이 많고, 국회에서 여야 합의가 가장 어려운 사안이다. 여야의 당권파 주류는 똑같이 모든 정치적 이슈를 흡인하는 블랙홀과도 같은 개헌을

김재홍, 『군부와 권력』(서울, 나남, 1992), 181-184.

9 유신 청산에서 피해자 중심의 명예 회복과 배·보상으로부터 보다 본질적인 법률-제도-기구에 대한 과거사 조사와 청산으로 새롭게 방향을 설정하고, 그 법률 청산의 우선순위가 87년 헌법의 개정이라는 담론에 대해서는 김재홍, "기조연설: 국회와 시민이 함께 유신군사독재 청산의 길을 걷다," 2022년 10월 12일 유신50군사독재청산위원회·민주화운동기념사업회 공동주최 '유신청산 실천대회' 자료집 『유린당한 국회, 시민과 함께 일어서다』 참조.

반기지 않는다. 초기에 개헌을 이슈화하기 위해서는 헌정사적 과제를 성취하려는 국회의장이나 헌법 개정 운동을 전개해 온 시민단체들이 견인해 나갈 수밖에 없을 것이다. 여기서 개헌 주도 그룹이 유의할 점은 헌법 개정의 내용에 대해서 주장하지 말고 추진 절차와 방법을 먼저 합의하도록 여건을 조성해야 한다. 먼저 공론의 장을 만든 뒤 거기서 개헌 내용을 논의하고 합의하도록 기획하는 것이 바람직하다. 그러지 않을 경우 개헌 이슈가 공론화 문턱을 넘지도 못한 채 논란만 벌이다가 좌절하고 말 위험성이 크기 때문이다.[10]

VI. 쿠데타 집단의 국회 해산 무효와 유사 입법 조사 결의안
― 국회 역사상 첫 과거사 청산으로 헌정 정상화 이루어야

국회는 마치 주인 없는 과객들의 연합체인 듯 보이며, 내부에서 책임감과 역사의식의 주체를 찾기 어렵다. 한 예로 국회 홈페이지를 보면 자체 역사 기록으로 채우지 못하는 공백기가 세 번이나 나온다. 가까이서부터 살펴보면 1980년 전두환 집단의 내란 직후와 1972년 유신 쿠데타 후 그리고 5.16 군사 쿠데타 후의 국회는 불법 해산당해 엄존해야 할 헌정사가 중단된 상처가 지워지지 않은 채 그대로 남아 있다. 국민의 대표 기구로 민주주의의 전당이어야 할 국회가 쿠데타

---

10 전문가 그룹과 일반시민이 함께 참여한 가운데 헌법 개정 운동을 전개해 온 단체는 대표적으로 2016년 발족한 '헌법 개정 국민주권회'를 꼽을 수 있다. 헌법 개정의 추진을 국회 개헌특위와 자문위원회 그리고 공론화위원회 등 절차와 방법에 대해 이 단체의 이상수 상임대표의 논술이 유용하다. 이상수, "국민참여 개헌과 공론화위원회," (서울: 헌법 개정국민주권자회의, 2022).

와 내란의 피해 당사자임에도 그런 과거사에 대해 단 한 번도 유감 표명을 한 적이 없다는 것은 유감이 아닐 수 없다. 국회는 이제라도 민주 헌정의 정상화와 국민 신뢰를 회복하기 위해서 쿠데타와 내란 집단에 의한 세 차례의 국회 해산이 무효임을 여야 합의로 결의해 선언해야 한다. 그와 함께 향후 어떠한 경우에도 국회 해산은 용인되지 않음을 천명해야 한다.

국회는 이와 함께 쿠데타와 내란 집단이 주권자인 국민 의사와 아무런 관계없이 입법권을 대신하게 한 쿠데타 기구들의 유사 입법에 대해 조사하고 개정 또는 폐지를 검토해야 한다. 1980년 국가보위입법회의와 1972년 비상국무회의 그리고 5.16 쿠데타 후 국가재건최고회의가 국민이 선출하지 않았기 때문에 국민 대표성도 입법권도 가질 수 없는 바로 그런 유사 입법기구다. 대한민국의 주권은 국민에게 있고 모든 권력은 국민으로부터 나온다는 불변의 헌법 제1조에 정면으로 반하며, 모든 권력을 총구로 찬탈한 쿠데타 집단에 의한 유사 입법을 전수 조사하여 헌정사의 정상화를 완성해야 한다. 국가보위입법회의와 비상국무회의가 입법한 유사 법률은 459개에 이르며 지금도 실정법으로 기능하고 있다. 현실적 경과조치 필요성까지 포함해서 법률의 타당성 등을 국회에 조사위원회를 설치해 심의 검토해야 한다. 보다 더 근본적 유신 청산을 법률과 제도와 기구 문제를 조사 검토하기 위해선 특별법 제정이 필요하다.[11] 이것은 또다시 많은 정치적 논쟁으로 시간이 소요될 것이다.

---

11 유신군사독재 청산을 위한 특별법 입법에 관해서는 송병춘, "유신청산특별법 입법 제안서: 유신독재 시기 헌법파괴 행위 진실규명과 잔재 청산을 위한 특별법," 2022년 3월 15일 유신50년군사독재청산위원회 주최 토론회 발표문을 참조.

그런 정치적 논쟁을 피하기 위해 유신50년군사독재청산위원회는 학계 및 법조계 전문가들과 함께 유사 입법에 대해 조사 연구하고 대표적인 개폐 대상으로 10개 법률을 우선 선정했다. 향토예비군법, 집위 및 시위에 관한 법률, 모자보건법, 군형법, 국가보안법 등이다. 여야 간에 무쟁점 법안처럼 합의하기 쉬운 것부터 단계적으로 청산해 나가기 위해서다. 민주 헌정에 걸맞지 않은 독소조항 등을 개정하거나 법 자체의 폐지를 검토해야 한다. 1961년 5.16 쿠데타 기구인 국가재건최고회의가 입법한 것은 무려 1,015개나 된다. 지금까지 실정법 체계의 근간을 이루어 왔다. 불법 기구에 의한 유사 입법 행위와 별개로 현실적 문제를 논의할 수 있을 것이다.[12]

과거 쿠데타와 내란 집단의 불법한 국회 해산이 무효며 그 유사 입법기구가 제정한 법률들에 대해 조사 검토할 것을 천명하는 국회 결의안이 현재 국회 운영위원회에 계류돼 있다. 유신50년군사독재청산위원회 공동대표인 인재근 의원이[13] 대표 발의하고, 125명 의원이 공동 서명했으며, 사후에 구두로 동참할 것을 다짐한 의원도 23명 이상에 달한다. 국회 재적의원 과반선을 사실상 넘긴 결의안이다. 이것이 국회의 첫 유신청산 결의안으로 헌정사에 기록될 수 있도록 우리 모두 힘을 모아 대처하기를 기대해 마지않는다.

---

12 유신 청산에서 법률과 제도에 대한 과거사 조사와 개폐 대상을 연구 검토한 다음 보고서 참조. 오동석, "유사입법기구 제·개정 법률 예비조사 보고," 2022년 10월 12일 유신50년 군사독재청산위원회·민주화운동기념사업회 공동주최 '유신청산 실천대회' 자료집.

13 2022년 1월 박정희 유신쿠데타 50주년을 맞아 유신청산민주연대는 국회의원들과 함께 '유신50년군사독재청산위원회'를 발족했으며, 학계 및 법조계 등의 전문가들과 매달 토론회를 벌여왔다. 이 위원회는 국회의원 공동대표로 이학영, 인재근, 이용선, 강은미, 양정숙 의원이 그리고 상임대표 김재홍과 시민단체 공동대표 김준범이 참여하고 있다.

제2부

사회-문화 전반에 드리운
유신군사독재의 폐해

유신의 아픈 추억을 넘어

박몽구

(시인, 긴급조치사람들 회원)

이 사람을 보라

목젖 너머 간절하게 숨겨둔 말

단 한번이라도 마음놓고 털어놓기 위하여

땀 흘려 일한 만큼

합당한 대가를 받는 세상을 위하여

그는 미련 없이 거짓의 책을 던졌다

앵무새들 넘치는 마이크 던지고

숨김 없이 다른 목소리 낼 수 있어야 한다고

파지가 된 신문을 불태웠다

제비 같은 식구들 입이 걸린 일터에서

죽음 같은 구타 끝에 빈손으로 쫓겨나면서도

몸을 던져 마침내 깨끗한 새벽을 연 사람

비록 육체의 시간은 속절없이 흘러갔지만
사십 년이 지나도 여전히 청년인
우리들의 아픈 자화상을 보라

겨레붙이들이 흘리는 피눈물 모른 체하면서
장부를 조작하여 비밀금고만 불리고
제국의 무자비한 무기가 갈라놓은 땅
하나로 만들 꿈이라곤 팽개친 채
제국의 충견이 되어 바쁘던 사람
총칼을 숨긴 방패 뒤에 숨어
제 살길만 도모하던 매국노들
가죽의자에서 끌어내린 지 40년
그 사이 세상은 얼마나 바뀌었는가

머리카락 흩날리던 가발공장 밀집지에서
매끄러운 구로 디지털 단지로 바뀌었지만
쥐꼬리만 한 월급은 여전하고
내 집 마련의 꿈은 더욱 시계 밖으로 멀어졌다
한 사람의 손가락 가리키는 대로 돌아가던 세상
검은 장막은 끌어내린 것도 잠시
동서의 장벽 더욱 높아지고
제국의 입김 더욱 은밀하고 뜨거워졌다
고춧가루 물고문 통닭구이 되어 망가진 청춘
돌려받을 길 코르크마개처럼 닫혀 있다

추억을 넘어 아픈 기억 더욱 깊어진 시간

내시가 되어 권좌를 떠받들던 벼슬아치

그 후예들은 이제 자리에서 내려와야 한다

일하지 않고도 갈수록 집을 늘리고

은밀하게 통장을 불리는 사람들

온몸을 다해 국토를 지키고

제국의 거친 발을 받아낸 사람에게

고개 숙이고 배상해야 한다

잘못 기록된 역사 바로잡는 데

아낌없이 청춘을 던진 증인들

깊은 상처 딛고 제자리로 돌아가야 한다

거짓 민주주의의 가면 벗기고

다 함께 잘 사는 대동세상

한라에서 백두까지 활짝 열어젖혀야 한다

유신 체제의 국가파시즘적 사회문화 정책

주강현

(전 제주대 석좌교수, 한국역사민속학회장)

I. 1970년대 유신 운동과 사회문화적 대응

'강요된 침묵의 세월'이었다. 역사를 복기하는 일은 그리 간단하지는 않다. 1970년대를 회고하고 이를 서술하는 일은 오늘을 사는 MZ세대 등에게는 전혀 다른 나라의 일들일 것이다. 그러나 역사는 단절적이지 않다. 1970년대의 박정희 신화는 박근혜로 이어졌고, 현재도 끝난 문제가 아니다. 1970년대는 1980년대와 그대로 연결된다. 그 분기점에 1980년 광주가 있다. 70년대와 80년대는 전혀 다른 시대가 아니었으며 장기 지속으로 이어졌다. 외려 80년대에 강압의 강도가 더해졌다.

본고는 전반적으로 70년대에 초점을 맞추며 1981년의 '국풍81'을 서술하는 데서 멈춘다. 추후 별도의 기회에 이후 부분에 관한 서술이 필요할 것이다.

유신 시대는 어찌 보면 해방 이후에 최초로 '우리 것'에 관한 관심, 즉 자민족문화에 관한 문화적 정체성을 일깨워준, 중요한 의미망을 지니는 민족문화운동이 시작된 시대이기도 하였다. 박정희 시대의 지배력은 공고한 듯 보였으나 일개 시인의 시가 던지는 화살에도 파열구가 열릴 정도로 공고한 것은 되었다. 원시적·야만적 탄압으로 대응했다는 것은 그만큼 정권의 자신감 결여를 의미하는 대목이기도 하였으며, 문화예술 분야의 반유신 운동이 장차 높은 수준으로 나아갈 것임을 예고한 것이기도 하였다.

작가 예술인은 특유의 감수성으로 시대를 예감했다. 한 노동자의 죽음을 바라보면서 작가 예술인들은 탁상물림만의 지식인적 정서가 갖는 한계를 뼈저리게 느끼는 계기가 되었다. 1970년에서 2년여가 흘러가면서 사태는 더욱 급작스럽게 휘몰아쳐 갔다. 광주 단지의 민중항쟁, 곳곳에서 벌어질 수밖에 없었던 노동 투쟁의 격화, 학원민주화 투쟁(소위 교련 반대 투쟁)의 확산, 종교 운동 및 민주화운동의 결집 등 걷잡을 수 없는 상황 그리고 1971년 선거에서의 사실상의 참패 등에 불안을 느낀 지배 체제는 위수령, 비상사태 선포에 이어 1972년 드디어 총체적 파쇼 체제인 유신 체제를 출범시킨다. 유신 선포로 인하여 잠시 숨죽인 듯 보였던 민중·민족 운동은 대학가에서 터져 나오는 저항의 목소리로 다시금 뜨겁게 일어섰다. 1974년에 이르면 민청학련사건, 언론인들의 노조 결성 및 자유언론 운동 등으로 다시 폭발적으로 솟아오른다. 긴급조치에 연속으로 맞물리면서 투옥을 반복하던 당 시대적 저항의 치열성을 보여주었다.

작가 예술인들은 사회과학자들과 조금 다른 방식으로 시대를 예감하고 시대에 저항하는 방식을 취한다. 그네들은 역시나 작품으로 말하기 시작하였다. 선험적으로, 이른바 '치고 나오기'도 하고, 매우 늦게서야, 그러나 사태의 진전을 지켜보면서 다가올 시대를 예감하는 전혀 다른 방식으로 당대를 알리기도 한다. 때로는 분석 틀에 매몰되는 사회과학자의 이론 틀에서 운동의 낭만성으로 비판의 대상이 되기도 하지만, 당대 운동은 문화운동뿐 아니라 모든 부문이 제한성을 지니고 있었다. 사회과학 일변도의 소아병과 편견은 낭만성 못지않은 해독이 되기도 하였다.

김지하의 〈오적〉이 반유신 운동의 개막을 알리는 전주곡 같은 것이었다면 기층 민중들의 고난과 투쟁에 관한 대서사시는 황석영의 『객지』 같은 작품에서 시작되고 있었다. 조세희의 『난장이가 쏘아올린 작은공』 같은 작품은 70년대가 거의 끝나갈 무렵, 기나긴 노동의 아픔들이 한 시대를 누를 만큼 누르던 시절에 세상에 나왔다. 70년대 유신 시대는 '문학의 시대'였으며 또한 활자가 무기가 되어 세상을 전복시키는 만큼 동시에 '출판의 시대'가 열리는 '전야제'이기도 하였다. 1980년대의 무수한 출판 운동의 밑거름은 70년대 유신 치하에서 성숙되어 갔다. 1970년대의 공간에서 비롯된 문학·출판 운동의 성과와 기반 없이 1980년대의 공간이 창조되기는 어려웠다.

1970년대 유신 체제는 역설적으로 민족 연희 운동의 발전에 교두보를 놓는 시대였으니 이는 이전의 문화예술과는 전혀 다른, 장르를 초월하되 전통의 복합적·총체적 예술 양식에 부합되는 민족문화에 기반을 둔 것이었다. 곳곳에서 탈춤이 추어졌으며, 그 탈춤은 창작 탈춤으로 전환되고 마당극, 마당굿으로 번져갔다. 광대들은 노동 현장으로 진출하기도 하였으며, 교회에서, 농촌에서, 공장과 야학에서 제한적 범위에서나마 공연을 했다. 광대들과 관중들이 모인 주변에는 으레 형사들과 전투경찰들이 모습을 드러내어 '한국식 공연 시위 문화'의 한 상징을 웅변해주었다. 70년대의 공간을 수놓던 수많은 연희 그리고 문화운동의 중심에는 그네들 '광대'들이 있었다. 그래서 70년대는 문화예술사적으로 황석영의 『장길산』이 암시하는 바, '광대들의 시대'이기도 하였다.

모든 분야에서 그러하듯이 당대의 유신 체제 내의 문화예술에 관하여 일정한 반성도 수행해야 할 것이다. 다수가 유신 체제의 문화 정책에 대하여 그토록 격렬하게 저항만 하였는가. 이 문제는 운동사 서술에서 반드시 짚고 넘어갈 필요가 있다. 운동의 담당 주체들이 벌인 운동의 양상과 지향점, 과정과 결과만 중요한 것이 아니라 당대 문화예술의 문화적 헤게모니의 재평가와 파쇼적 체제에서 양성·배양된 신 문화 권력이 유신 이후에, 심지어 오늘에까지 이어지는 뚜렷한 계승 현상까지도 주목해야 한다. 이러한 견지에서 볼 때 1970년대를 '저항의 시대'로만 서술하고 싶지만, 실상은 '불충분'하였다는 고백도 하지 않을 수 없다. 이러한 고백은 당대 문화예술 운동의 투쟁의 강렬함을 부정함이 아니라, 그 투쟁의 강렬함을 '갉아먹는' 또 다른 기득권적 양태가 문화예술계에 보다 강력하였음을 시사한다.

수많은 언론인이 쫓겨 나간 자리를 정권의 나팔수들이 차지하였고, 문화예술인들은 문예진흥기금을 비롯하여 정권의 '문화공보부'에서 나누어주는 부스러기 돈을 받아 가면서 침묵을 전가의 보도로 휘둘렀다. 저항이 분명히 존재하였으나 저항의 힘을 뛰어넘는 일상적 침묵, 보다 정확하게 말한다면 민중에 대한 배반의 시절이기도 하였다. 채광석은 다음과 같이 70년대의 정황을 설명하고 있다.

"축출·투옥·판금·폐간 등 물리적 억압에 의해 운동 당사자들은 운동 기반으로부터의 부단한 격리 그리고 그 기반의 파괴를 겪어야 했다. 제도 교육·매스미디어 상업주의적 소비문화 등을 통한 대중조작에 의해 일반 민중은 지배 체제의 이데올로기에 일방적으로 길들여져 민중·민족 운동으로부터 격리되었던 것이다. 이로 인하여 한국 사회는 갖가지 형태의 분산·이산이 행해졌다. 이들 분산·이산의 본질적 형태는 민중으로 하여금 그들의 참 인간으로서의 존재 양식인 역사적·사회적 주체로서의 인간으로부터 분단되어 허위적·비인간적 존재 양식인 객체로서의 인간, 물화된 인간으로 존재하게 만드는 것이었다."

이쯤에서 우리는 작금의 논란이 되고 있는 박정희 시대의 '회색지대'를 둘러싼 강압과 동의에 관한 논쟁을 환기할 필요가 있다. 다수가 유신 정권의 대중문화에 노출되었고, 노출될 수밖에 없는 조건이었다고 하더라도 혹독한 철권 통치를 감내하기 힘들어하고 저항하는 것은 당연한 일이었다. 비록 왜곡된 청년 문화를 즐기면서도 그 왜곡을 또 하나의 저항으로 바꿔낼 수밖에 없는 '환치'의 작업을 끊임없이 해내고 있었다. 억압이 있는 곳에 저항은 필연적이었다. 선진적 지식인이 아니라도 이른바 동아일보 백지 광고 사태를 비롯한 너무나도 유치하고 자명한 물리적·원시적 탄압에 대처하면서 시대를 예감하였다. 특히 감수성이 영민한 문화예술인들의 경우에게 유신 체제는 '시대를 창작'하는 거대한 감옥으로 다가왔다.

조희연은 한국 현대사를 억압과 저항이라는 틀로만 파악해온 기존 해석에 대한 문제 제기를 받아들이면서도 이 논리가 독재에 협력하거나 식민 지배를 지지한 사람들을 정당화시키는 결론으로 이어지는

데 반대하는 논지를 전개한 바 있다. 박정희 체제는 안정된 동의가 아니라 겨우 권력을 유지해나갈 정도였음을 주목하였다.[1]

일례를 든다면 유신 시대의 전통문화 분야의 세력들은 양대 축으로 확연하게 갈려져 있었음을 주목해야 한다. 그야말로 전통적인 권력 축은 해방 이전부터 식민 권력에 의지해온 축으로서 여전히 각종 제도적 유착을 통하여 자신의 근거지를 확보하고 있던 반면에 탈춤 등으로 새롭게 무장한 신진세력들, 대부분 청년학도들이거나 갓 졸업한 연배들로서 자신들의 구호와 선명성, 대담한 철학에 비하여 연소하였다. 전통문화에서의 기득권적 권력은 이러한 틈새를 이용하여 가능하였다. 1970년대의 각종 반공 궐기 대회나 유신 지지 대회에 고명하신 국악계·민속계의 원로들이 줄지어 서서 구호를 외치는 모습은 그네들의 문화 권력이 어떠한 대가로 주어졌는가를 분명히 보여주었다. '식민지 청산'은 논하면서도 이러한 '유신 문화예술인'들에 관한 올바른 정리를 지금껏 해내지 못하고 있는 셈이니 갖 '회색 이론'들이 난무할 수밖에 없는 저간의 사정이 이와 같은 것이다. 여하튼 이후에 당대의 유신 시대의 청년들은 1980년대로 접어들면서 변화된 판수에서 새로운 주역으로 문화예술 분야를 이끌게 된다.

유신 시대의 일반 문화예술 분야의 헤게모니는 이른바 순수·참여 논쟁에서 보여지듯 순수파의 득세로 특징 지워졌다. 음악·사진·건축·미술·무용 등 제반 예술 분야는 어차피 일부 예술가를 제외하고는 민중과 격리되어 있었으며 그 '순수성', 좀 더 정확하게 말하자면 세상의 현실로부터 일정한 거리두기를 반복하는 순수란 이름의 반리얼리

---

1 조희연, "박정희시대의 강압과 동의," 「역사비평」 (2004, 여름), 135.

즘 혹은 비리얼리즘적인 조건에 노정되어 있었다. 그나마 문학 분야는 조금 달랐다. 1970년대 벽두를 깨고 나온 김지하의 〈오적〉이나 황석영의 『객지』 그리고 70년대 말을 풍미한 조세희의 『난·쏘·공』 등은 문학 분야가 당대 문학예술 운동의 '전위'이자 문화적 헤게모니를 쥐고 있었음을 충분히 암시하고 있는 대목이다. 더 나아가 출판 분야의 진출은 「창작과 비평」을 비롯하여 유신 체제가 양산해낸 해직 교수를 비롯한 무수한 잠재적 필자군을 등에 업고 당대의 운동을 선도하는 힘으로 자라나고 있었다.

이상의 분석을 통하여 볼 때 반유신 운동에 있어 각 분야의 간극이 눈에 띈다. 동시에 유신 체제가 만들어낸 풍부한 자금의 잉여를 그야말로 '아무 생각 없이 누리는' 방식까지 포함한 일정한 회색지대가 존재했다. 그 회색지대란 것도 문화적 헤게모니를 쥘 정도의 것은 못 되었다. 오늘의 입장에서 너무 자주 망각하는 것 중의 하나는 중앙정보부의 존재이다. 문화예술인에게 이른바 중정은 '남산학교'였으니 무단 체포와 감금, 고문과 회유가 난무하였으며, 역으로 문화예술인 들에게 "강철은 어떻게 단련되는가"를 알려주는 민주주의 학교이기도 하였다. 중앙정보부는 대한민국 어느 곳에나 존재하였고 아무 때나 출몰하였으니 반유신 운동의 대척점에 그네들이 존재하고 있었음을 염두에 두어야 할 것이다. 정보부의 탄압과 감시를 통해서만 유신 정권이 유지될 수 있었음은 역설적으로 유신 정권이 국민적 동의를 얻지 못하고 있었음을 설명한다. 이른바 회색지대는 분명히 존재하였으나 그 회색지대의 창출과 유지에는 막대한 정보비가 소요되었으며, 중앙정보부식의 정보·경찰국가적 통제 없이는 불가하였음을 인식해야 할 것이다.

본고에서는 집중적으로 다루지 못하고 있으나 통일 문화 형성을 둘러싼 투쟁도 남한 및 해외에서 벌어졌음을 기록해 두어야 할 것이다. 가령 동백림 사건으로 촉발된 문화예술계를 둘러싼 논쟁, 그 논쟁의 중심에 있던 음악인 윤이상과 미술인 이응노 등에 관한 재평가도 반유신 운동의 지평에서 가능할 것이다. 통일혁명당 사건으로 귀결된 잡지 「청맥」으로 인한 파문들 그리고 「청맥」에 기고한 필자들이 이후에 문화예술계에서 한 일정한 역할 등 남북 관계에서 빚어졌던 통일 문화 형성의 한 과정도 70년대 반유신 문화예술 운동사에서 기록되어야 할 것이다.

II. 유신 체제의 국가 병영 동원 체제적 문화예술 정책

1. 유신 체제의 의사민족주의와 민족문화관

유신 체제는 박정희 시대의 '백미'이다. 왜 백미냐 하면, 1972년 자신이 선포한 유신헌법 선포로부터 1979년의 죽음에 이르기까지 최선을 다하여 정권을 보위하고자 했건만 스스로 제물이 되어 사라져 버린 '세계사적 시간'이기 때문이다. 1972년부터 1979년까지 유신 시대의 파쇼적 통치는 성공하지 못하였을 뿐더러 저항을 불러왔으며, 70년대 후반으로 갈수록 저항의 강도 역시 강해졌다. 유신 통치란 정보부의 직접 탄압이 없이는 존립 자체가 힘겨웠다. 왜냐하면 범국민적인 유신 반대 분위기가 형성되었던 시대였기 때문이다.

박정희의 의사민족주의(疑似民族主義) 및 유신과 일본식 문화 정책의 연관성은 폭압적 정책에 가려져 그동안 덜 주목받아왔다. 그는 의사민족주의, 즉 민족을 내세워야만 살 수 있는 태생적 약점을 지니고 있으되 철저히 군국주의가 내면화된 인물이었다. 박정희는 자신이 배운 법에 따라 명칭만이라도 메이지유신(明治維新)을 연상케 하는 10월유신(維新)을 선포하였으며, 새마을식 집단동원주의를 작동시켰다. 10월유신과 메이지유신은 시공간의 거리에도 불구하고 문화사적으로 한 궤를 이룬다. '총통제'로서의 1인 파쇼 체제를 구축하기 위하여 대만을 비롯한 여러 국가의 제도를 연구하였음은 분명하나 박정희의 뇌리에 한시도 떠나지 않았던 것은 '유신'의 원조들에 관한 생각이었을 것이다. 그가 철학자 박종홍을 불러들여 1968년에 국민교육헌장을 발표한 것도 유신 체제의 전야제 같은 행위였다.

한반도를 침략한 원흉의 뿌리가 바로 메이지유신의 주역들이다. 그러한 역사적 조건을 충분히 이해하고 있었을 박정희가 내놓고 유신이란 명칭의 폭압 체제를 선포한 것은 그로서는 의미 있는 행위였다. 메이지유신에서 사쓰마(薩摩), 죠슈(長州), 히젠(肥前), 도사(佐士) 등 네 지역에서 정치적 헤게모니를 잡고 있음이 확인된다. 메이지 유신의 핵심 중의 핵심은 이른바 삿쵸동맹(薩長東盟)이라는 사쓰마와 죠슈이다. 이네들은 모두 한반도 정벌을 부추긴 인물들인데, 정작 박정희가 가장 존경한 사람들이기도 하였다.[2] 가령 죠슈한 군부의 맹주였던 야마가타 아리토모(山縣有朋)를 주목하자.[3] 메이지 시대에서 다이쇼(大正) 시대에 걸쳐 육군 출신들은 야마가타의 위엄과 덕망을 견줄 자가 없는 것으로 비쳐졌으며 이른바 죠수벌(長州閥)을 형성했

2 주강현, 『제국의 바다, 식민의 바다』(웅진, 2005).
3 주강현, 『제국의 바다 식민의 바다』(웅진, 2005), 241-249.

다. 죠슈 출신은 이상할 정도로 군인이 많다. 야마가타는 1896년 5월 크레믈린궁에서 열린 러시아 황제 니콜라이 2세 대관식에 참여하여 러시아에 한반도를 38도선으로 분할하고자 제의한 육군 군벌의 수령으로 내각총리대신 또한 러일전쟁 당시에 전군 참모총장으로 전쟁을 지휘하였으며, 이후에 원로로서 정계를 막후 조정하였다. 1890년 수상을 할 당시에 "외교정략론"이란 의견서에서 '조선은 일본의 이익선(利益線)'이란 명언을 남기기도 했다. 그리하여 육군은 죠슈가 장악하고, 해군은 사쓰마가 장악한 역사가 열리게 된 것이다. 박정희가 가장 존경하던 사람 중의 하나가 바로 야마가타였다. 10월유신의 뿌리는 이 같은 사상적·역사적 뿌리를 지니고 있는 셈이니 '박정희가 친일이냐 아니냐' 식의 논쟁은 그 얼마나 허무한 것일까.

그런데 1950년대까지 거의 주목을 받지 못하던 민족문화 분야에 관하여 법적·제도적 장치를 비로소 마련한 이는 역설적으로 박정희 정권이었다. 이승만의 민족문화에 대한 인식은 천박하기 그지없어 자칭 '애국자'란 칭호에 걸맞지 않게 미국 문화 일변도의 지향점을 보여주었다. 그런 점에서 박정희는 달랐다. 1962년 문화재보호법이 제정된다.4이 법은 문화재 보호에 관한 기본법으로 오늘에 이르기까지 힘을 발휘한다. 문화재위원회가 설치되고, 유형문화의 국보 및 보물 지정, 무형문화재 지정 등이 법적 근거를 부여받는다. 제2조 2항에 "연극, 음악, 무용, 공예, 기술, 기타의 무형의 문화적 소산으로서 우리나라의 역사상 또는 예술상 가치가 큰 것"을 무형문화재로 규정하였다. 그렇다면 왜 '박정희 시대의 개막'과 더불어 이 법이 만들어졌을

---

4 「문화재보호법」 (1962. 1. 10.), 법률 제961호.

까? 박정희는 몇 가지 측면에서 의사민족주의적 태도를 견지하였던 것으로 여겨진다.5

대일본제국 관동군 장교 출신으로서 박정희는 외견상 민족주의를 강조하였다. 박정희 시대의 개막과 더불어 민족문화 정책의 기본 모법이라 할 수 있는 문화재보호법이 제정되었다. 이 법을 유심히 들여다보면 토씨만 바꾸었을 뿐 일본법을 송두리째 번역해서 들여왔음을 알 수 있다. 일본 법제도를 여과장치도 없이 졸속으로 들여와 우리의 법으로 둔갑시켜 문화재보호법으로 선포한다. 유신 시대에 박정희의 친일 잔재 미청산에 관해서는 늘 논란이 존재했지만, 문화재보호법이 일제 직수입품이라는 점에 관한 비판은 없었던 것 같다. 그 당시의 문화예술계의 비판 능력이 그 정도였을 것이다.

문화재법이 발효되자마자 1964년에 종묘제례악, 양주별산대 (1964), 남사당놀이, 갓일, 판소리, 통영오광대, 고성오광대이 먼저 지정되고, 이어서 1966년에 강강술래, 은산별신제, 진주삼천포농악, 1967년에 강릉단오제, 한산모시, 북청사자, 거문고산조, 봉산탈춤, 동래야유 등이 지정된다. 주목되는 것은 박정희 시대에 지정된 종목들 안에 탈춤 같은 놀이 종목이 다수를 차지한다는 점이다. 1970년대의 이른바 민속극 부흥 운동과 어떤 연맥 관계를 암시하는 대목이다.

2. 유신 체제의 총동원 체제적 민족문화관과 새마을운동

박정희는 군국주의 시대 '제국의 꿈'에서 한 번도 벗어난 적이 없

---

5 주강현, "무형문화정책, 왜 개혁되어야 하는가," 전통문화정책포럼 제2차 리포트 (1999. 1.).

다. 적어도 그의 시대 문화 정책에서는 분명히 그러하였다. 군사 쿠데타 이후에 '재건국민운동'을 추진하면서 이미 1970년대의 '병영국가', 이른바 유신 체제로 전환될 수 있는 통치 기반은 이미 만들어지기 시작한 것으로 여겨지며,[6] 이는 70년대의 새마을운동으로 직결된다.

"새벽종이 울렸네, 새 아침이 밝았네, 너도 나도 일어나 새마을을 가꾸세." 1970년대 전국의 농촌은 물론이고 도회지까지 새마을 노래가 메아리쳤고, '증산·수출·건설'을 내걸고 "우리도 한번 잘 살아보세"라며 깃발 들고 나아갔다. 방송에서 연일 "좋아졌네, 좋아졌어, 몰라보게 좋아졌어"를 틀어주었다. 일제 말기의 강제 동원풍을 연상케 하는 이 노래들은 당대의 문화적 정서를 설명해주고도 남는다. 1960년대 박정희 정권이 추진한 성장제일주의의 공업화 정책은 농업과 농민의 희생 위에서 가능하였으며 남부여대하여 이농하는 농민들로 농촌은 공동화현상이 극심해졌다. 1971년에 시작된 새마을운동은 농촌 문제 모순의 본질을 외면한 채 농민의 게으름을 탓하면서 오로지 농민의 근면·자조·협동 정신을 강요하였다. 황석영의 소설 『객지』에서처럼 농촌을 떠나 그야말로 객지로 떠돌아야 했으며, 윤흥길의 『아홉 켤레의 구두로 남은 사내』에서처럼 광주 대단지로 내동댕이쳐진 채로 '민란'에 휩싸이지 않으면 안 되었고, 그도 아니면 농촌의 딸들은 이른바 '공순이' 아니면 도심의 호스티스로 떠돌며 '별들의 고향'을 그리워해야 했다. 이같이 농촌이 와해돼 나가는 시점에 새마을운동이 바람을 일으켰다. 그리하여 1970년대는 '새마을'자가 붙지 않는 행사가 없을 지경에 이르렀으며, 이 70년대식 새마을운동은 전시

---

6 허은, "5.16군정기 재건국민운동의 성격," 「역사문제연구」 11집 (2003), 45.

행정의 표본으로 당대를 풍미하였다.

새마을 노래에 "초가집도 없애고"가 등장한다. 초가집은 두말할 것 없이 한반도에서 벼농사가 시작된 이래로 최고의 장기 지속적인 지붕 문화를 지탱해왔다. 초가집이라는 전통을 천하에 없는 낡은 문화로 규정하고 거풀을 훌러덩 벗겨 버리는 순간 그리고 그 대안으로써 여름에 덥고 겨울에 추운 슬레이트로 바꾸는 순간, 한국 건축사에서 지붕의 문화적 정체성이 일거에 사라졌다. 어느 건축가도 이러한 폭압에 저항하지 않았다. 당대 최고로 칭송받는 건축가가 남양동 대공분실을 설계하는 시대, 서울의 산동네마다 '와우아파트'가 들어서던 시대에 빚어졌던 일이다. 혹자는 슬레이트 업자들의 이권 혹은 수출길이 막힌 시멘트 사용처를 찾는 대안으로 새마을운동이 이루어졌다는 주장도 있을 정도로 관권과 자본의 힘이 전통을 갈아엎었다. 지붕이 일거에 벗겨지자 지붕의 문화적 정체성이 사라졌다. 이후에 한국 농촌의 지붕은 갖가지 지붕이 마구잡이로 들어서서 지붕의 정체성, 즉 건축에서의 문화적 정체성이 일거에 사라지는 후과를 남겼으며 오늘날에도 그 후과는 고스란히 남아 있다. 초가지붕을 대체하되 자생적으로 천천히 해나갔더라면 초가집의 정체성은 필경 다른 방식으로 전환을 거듭하면서 전통의 정체성을 이어갔을 터인데 유신 체제의 문화관은 대개 이런 식이었다.

새마을운동의 관제성은 일제의 군국주의 파시즘과 일맥상통하고 있다. 1932년 7월부터 1940년 12월까지 전개된 조선총독부 주도의 관제 농민운동이었던 조선 농촌진흥운동과 새마을운동은 하나의 맥으로 통한다.[7] 이들 운동은 각기 상이한 시대 배경 속에서 추진된 운동이므로 주체와 방법, 성격과 의미가 각기 다를 수밖에 없다. 하지만 국가 주도의 관제 국민 동원 운동이라는 점에서는 닮은꼴이다. 1930년대 군국주의적 노동력 동원책과 1970년대의 방식은 본질에서 다를 것이 없다. 진흥 운동 이래의 관제 국민 운동은 그것을 추진한 정권의 성격과 무관하게 대체로 동일한 정치적 의도를 담고 있는 '국민총동원운동'이었으며, 또 개혁 주체에 기여하기는커녕 도리어 시민사회의 성장을 저해한 일종의 대항 시민운동이었다.[8] 농촌새마을 운동은 비자립적 자본주의 발전을 도모하면서 농민들의 주체적 참여가 배제된 운동이었다.[9]

1970년대 농촌 새마을운동은 대통령을 최고 정점으로 해서 모든 정치 · 관료 조직을 동원하여 전국 농촌의 말단 리동까지 조직하여 수행한 모든 사업을 상징하는 대명사다. "새마을운동은 10월유신의 실천 도장" 혹은 "10월유신은 곧 새마을운동이다. 새마을운동이 10월유신이다"라는 박정희 자신의 표현에서 보듯이[10] 10월유신의 통치 방식인 대중 동원에 기초한 강압적 통치 방식이 농촌 지역 구석구석에까지 스며드는 과정이었다. 새마을운동이라는 이름하에 수행된 모든 사업은 권위주의적, 급진적, 대중 동원적, 관료주의적, 정치적 성격을 띠지 않을 수 없었다. 새마을운동은 옛것을 무조건 낡은 것 또는 헌 것으로 치고 버리는 속성이 강하였다. 마을의 종교의례나 민속놀이 등을 없앤 것이 대표적이었다. 근대화라는 미명 아래 자행된 이와 같은 '문화혁명'은 지역사회가 축적해온 공동체적 전통, 지역 아이덴티

---

7 『農村振興運動の全貌』, 朝鮮總督府 (1993).

8 지수걸, "일제의 군국주의 파시즘과 조선농촌진흥운동," 「역사비평」 (1999, 여름), 17.

9 한도현, "국가 권력의 농민통제와 동원정책 ― 새마을운동을 중심으로," 『한국농업 · 농민문제연구 2』 (연구사, 1989), 113-150.

10 "1973. 1. 12. 연두 기자회견", 『새마을운동』 (문화공보부편, 1973), 235.

티라는 또 다른 사회적 자산을 파괴하는 데 기여하였다.[11] 문화재관리국에서 민족문화를 보호해야 한다고 공문을 내려보내는 동안 보다 강력한 힘을 지닌 내무부에서는 강력하게 농촌의 전통문화를 파괴하고 있었으니, 유신 체제의 민족문화관은 이렇듯 이율배반적인 것이었다.

한편으로 유신 체제하의 동원 체제적 문화예술관의 대표격으로 주목되는 것은 전국민속예술경연대회(이하 민·경)였다. 민·경의 출발은 처음에는 소박하게 1958년 8월 13일부터 18일까지 6일간 정부 수립 10주년 행사로 장충단과 육군회관에서 시작되었다. 방송국에서 해설을 하였으며, 그 전통은 21세기까지 이어지고 있다. 덕수궁과 경복궁, 창경원(창경궁) 등 비교적 좁은 장소에서 열렸으니 애초부터 민·경이 거대 규모는 아니었다. 사라진 민속에 대한 그리움을 표했던 많은 이들이 덕수궁 마당에 몰려들었고, 거기서 예술적 감흥을 받은 이들도 많았다. 1960년대 이래의 탈춤 부흥 운동의 일꾼들도 이 마당에서 많은 교훈을 얻었다.

민·경은 7회 대회인 1960년대 중반부터 서울 남산야외음악당, 8회는 부산공설운동장 등 넓은 장소로 펼쳐지기 시작했다. 1967년부터는 지방 대도시를 순회하기 시작하였으며, 특히 1968년 공설운동장에서 300여 명의 안동고교생이 출연한 차전놀이가 대통령상을 받으면서 인원 동원의 대형화 바람이 불기 시작하였다. 초기에는 이후 국가 문화재가 된 민속 예술 기능 보유자들이 다수 이 대회를 통하여 발굴될 만큼 민속 예술을 이해하는 계층이 출연하였으나 제9회 대회

---

11 박진도·한도현, "새마을운동과 유신 체제," 「역사비평」(1999, 여름), 72.

에 이르면 단기 연습을 받은 학생이 전체 출연자의 80%를 차지할 정도로 동원 체제로 전환하였다. 그리하여 1970년대로 접어들면 민·경은 거대 매스게임화로 치닫게 된다.

대형화 바람은 군사 문화와 맞물린다.[12] 1960년대 이래의 산업화 전략은 '밀어붙이기식'으로 근대화를 완성하겠다는 방식이 통용되는 시대였다. 문화적으로는 '군사 문화 발상'이란 표현이 적절할 것이다. 현장에 뿌리를 내리게 하는 민속 전승 정책이 아니라, 매스게임이 펼쳐질 만한 큼직한 운동장에서 보여줄뿐더러 경쟁을 붙여 민중들의 축제인 민속놀이에 대하여 대통령상을 위시한 다양한 상과 상금을 수여한다는 경연 방식 자체는 다분히 권위주의적 '다중 동원 문화 정책'에서 한치도 벗어나질 않았다. 보무도 당당하게 정연하게 입장하여 줄지어 서는 개회식, 우승팀에게 상을 내리는 폐막식을 거행하는 전국체전과 형식 면에서 하나도 다를 게 없다. 오랫동안 이 분야의 심사위원을 겸해온 측에서도 자성하는 대목이기도 하다.[13]

민·경의 순기능이 없던 것은 아니다. 민속에 대한 관심이 멀어져 갈 때 대중의 관심을 이끌어 내고 주민 화합의 마당을 연출한 것 등은 순기능에 속한다. 그러나 차츰 경연화에 따른 상 타기 경쟁이 시작되면서 애초의 순박성과 화합성은 사라지고 오로지 치열한 '경쟁을 위한 경쟁'이 연출되었다. 갖가지 낭비와 외형적 화려함, 고증을 무시한 창작과 인원 동원, 주민 간의 갈등 심화, 잘못 연출된 작품이 고스란히

---

12 주강현, "전국민속예술경연대회의 개혁과 전망," 「전국민속예술경연대회 개선방안」 자료집 (한국문화정책개발원, 1998).

13 신찬균, "전국민속예술경연대회의 회고와 개선점," 「전국민속예술경연대회 개선방안」 자료집 (한국문화정책개발원, 1998).

문화재로 둔갑하여 민속의 정체성을 흐리게 하는 등 병폐가 심화되었다. 민·경이 안고 있는 문화적 황량함이란 50여 년 묵은 역사적 뿌리에서 연원되고 있음을 새삼 지적하지 않을 수 없다.[14]

이러한 시대에 대학가를 중심으로 탈춤 운동이 전개되고 시대적 의식을 연희에 담아 표출하기 시작한 것은 반유신 운동이란 관점에서 매우 정당한 것이었다. 동원 체제적·관제적 민속 부흥에 대항하면서 민속은 새롭게 정의되고 발현되고 있었다. 그러나 어떤 착종 현상도 피할 수 없던 시대적 한계였다.

3. 문화예술의 법치적 통제 시스템 구축과 유신 체제의 재생산 구조

1972년 문화예술진흥법이 제정된다.[15] 이듬해인 73년 3월 30일 한국문화예술진흥위원회를 창립한다. 같은 해 문공부는 문예진흥 제1차 5개년 계획이 1974년부터 시작되어 1978년까지 이를 완수하게 된다고 발표한다. 3대 목표를 정하였으니, ① 올바른 민족사관을 확립하고, ② 예술의 생활화 대중화로 국민의 문화 수준을 향상시키고, ③ 문화예술의 국제 교류를 적극화함으로써 문화 한국의 국위를 선양한다는 것이었다. 당시로서는 막대한 276억 원이 투입되었으니, 경제적 여건이 빈약한 문화예술계에 자본이 퍼부어짐으로써 일정한 문화예술 진흥을 할 수 있는 기반도 되었지만, 역설적으로 국가가 장악한 자본에 의하여 문화예술의 방향이 조정될 수 있는 여지를 열어놓았다. 실제로 1970년대 유신 치하에서의 문예진흥기금은 올바른 민주

---

14 주강현, 『21세기 우리문화』 (겨레신문사, 1999), 340-346.
15 「문화예술진흥법」 (1972. 8. 14.), 법률 제2337호.

시민 가치관을 가진 영역에는 쓰여지지 않았으며, 한반도에서 어떻게 하면 살아남고 출세할 수 있는가를 본능적으로 알고 있는 문화예술인들에게 집중적 · 선택적 · 편애적으로 쓰여졌다.

문예진흥기금은 준조세로서 '강제'로 설치된 것이 다름없었으니, 즉 "경연장 · 고궁 · 능 · 박물관 · 미술관 기타 대통령령으로 정하는 사적 및 사적지를 관람하거나 이용하는 자에 대하여 모금할 수 있다"고 규정하였다. 제1조의 목적에 "이 법은 문화예술의 진흥을 위한 사업과 활동을 지원함으로써 우리나라의 전통적인 문화예술을 계승하고 새로운 문화를 창조하여 민족문화의 중흥에 기여하게 함을 목적으로 한다"고 하였다. 제3조에는 "국가와 지방자체단체는 문화예술의 진흥에 관한 시책을 강구하고, 국민의 문화예술 활동을 권장하며 이를 적극 보호육성해야 한다"고 하였으며, 제4조에 이르러 "이러한 일을 수행하기 위하여 문화공보부장관 또는 지방자체단체장의 요청이 있을 때는 모든 기관이나 단체는 이에 협조하여야 한다"고 못 박았다. 문화예술진흥위원회는 위원장에 국무총리, 부위원장은 문화공보부장관과 예술원 회장, 위원은 내무부장관, 재무부장관, 문교부장관, 학술원 회장, 한국문화예술단체총연회 회장, 대한출판문화협회장, 문화재위원회위원장 등으로 하였다.

'준조세'로 거두어들인 '국민 성금'을 가지고 국민과 무관하게 지출하고 있었다는 결론에 도달한다. 왜냐하면 선택된 문화예술인, 그것도 유신에 찬동하는 이들에게만 쓰여졌으며, 그야말로 수요자 중심의 대다수 국민에 대한 배려는 없었다. 수요자 중심이란 단어 자체도 2000년대 들어와서야 본격적으로 쓰기 시작하였으니 '국민'은 이렇듯 자신들이 돈을 내고도 문화예술에서는 소외되었다. 구로공단의 여공들이 가리봉동의 삼류 극장에서 영화 한 편을 본 행위에 대해서도 철저하게 문예진흥기금을 거두어들였고, 시골 촌노가 본 영화에도 '준조세'는 거두었으나 정작 여공과 촌로들에게 어떤 문화예술적 혜택이 돌아간 적은 없었다.16

　왜 하필이면 유신헌법이 반포되기 불과 2달 전에 문예진흥법이 반포되었을까? 1960년대가 급격한 산업화의 길로 나섰다면, 문화 역시 일거에 '증산 수출 건설' 식으로 부흥시킬 수 있다는 발상이 매개되어 있다. 언뜻 보면 이렇게 해서라도 문화예술을 진흥시키겠다는 취지로 이해되지만, 일반 시민들의 강제적 모금에 의한, 가령 이른바 3류 극장의 극장표나 가난한 연극인들의 입장 수익에까지 간접세로 붙은 세금과도 같은 문예진흥기금은 기실 정권을 지지하거나 암묵적 침묵으로 일관하는 예술인과 작품에만 쓰여졌다. 당대의 흐름을 비판하는 예술이나 예술인에게 진흥기금이 돌아갈 여지가 없었으며, 시골 극장에서 표를 구매한 농민이나 구로동 공단가의 노동자에게 혜택이 돌아갈 리가 만무하였다.17 그보다 중요한 것은 유신의 개막과 더불어 문예진흥원의 설치는 문화예술에 관한 국가의 노골적 통제가 시작되었음을 알리는 측면으로 새롭게 해석되어야 한다. 그 자신 유신 체제에 적극 가담하면서 문화예술진흥원장을 역임한바 있는 문덕수는 이렇게 말하였다.

---

16 문예진흥기금에 관한 공정하고 올바른 시각은 이같이 준조세와 배분의 원칙에서 주어질 것이다. 이 법은 2000년대에 이르러서야 그 강제모금규정의 위법성으로 인하여 폐지되기에 이른다.
17 '문화복지'나 '찾아가는 문화', '수요자 중심의 문화' 등등이 등장한 것은 아주 최근의 일이다.

"50년대까지는 문인들에 의한 문단의 자주 관리 체제였으나 60년대부터 근대화와 급속한 경제발전에 따라 국가의 문예 중흥 정책이 요구되고, 이에 따라 문단도 크게 그 영향을 받기 시작한 것이다. 즉, 문단 관리에 국가의 정책이 작용하기 시작한 것이다. 이러한 추세는 북괴의 끊임없는 무력 도발, 남북 대화의 중단, 국가안보라는 민족적 차원에서 가속화되고 있다. 특히 1970년대에 들어와서는 문예진흥법에 의한 문예진흥원이 설립되어 창작기금·원고료 지원 등의 사업을 통하여 국가가 목표로 하는 문예 중흥 정책을 전담하게 된 것이다. 이와 같이 국가의 문예 정책 제시는 뚜렷한 환경적 특징이라 할 수 있다."[18]

문화예술인들이 비록 가난하기는 하였으나 '자주 관리 체제'였다가 1960년대에 '국가 관리'로 넘어왔으며, 1970년대에 접어들어서는 문예진흥기금에 복속되는 '국가 문예 정책'의 영향권에 놓이게 되었음을 자평하고 있는 대목이다. 국민에게 거두어들인 자금을 밑천 삼아서 국가가 직접적으로 문화예술을 지도 관리하겠다는 의도를 명백히 하게 되며, 반유신 문화예술 운동의 저항을 불러일으킬 것은 자명한 이치였다.

---

18 한국문화예술진흥원, 『문예총람』 (1976), 39.

III. 의사민족주의 문화관과 복고주의

1. 무형문화 복고주의 정책과 탈춤 운동의 연관 관계

군사정권으로 출발한 제3공화국은 '의사민족주의' 정책으로서 정권의 민족적 취약성을 보완할 양으로 문화재관리국을 창설하고 무형문화 정책을 구사하기 시작한다. 보다 근본적인 목적으로는 산업화의 대두에 따른 농촌 문화 근거지의 파괴, 무형문화의 소멸, 급격히 인멸해가는 무형문화를 계승시켜야 할 사회적 필요성이 요구되면서 무형문화 정책이란 개념이 처음으로 만들어진다. 그렇지만 그 법제적 기준을 일본 문화재법을 고스란히 복사해오는 방식으로 시급히 서두른 이면에는 정권 보위라는 이유가 강하게 도사리고 있었다. 그런데 시대가 경과한 지금의 입장에서 박정희 시대의 민족문화 정책을 유심히 들여다보면 대북 관계의 대응이라는 새로운 측면도 발견할 수 있다. 그동안 이러한 측면은 거의 간과되거나 무시되어왔다.

전쟁이 끝난 직후인 1954년 9월에 북한의 물질문화유물보존위원회에서『조선의 민간오락』이란 책을 통하여 일단 1차적으로 놀이의 개괄적 조사가 집대성된다. 편싸움 등 17개의 놀이가 정리되고 특히 봉산탈춤과 꼭두각시극의 대본이 채록 보고된다. 여기에 실린 봉산 대본은 당시 봉산탈의 거장인 봉산군의 고 리장산 옹이 구술한 것이고, 꼭두극은 황해도 신천군의 꼭두각시 조종사 고 양성룡 옹의 구술을 기초로 한 것이다. 동시에 과학원 물질문화사연구소에서 제작한 봉산탈춤과 유물보존회에서 제작한 꼭두의 사진을 싣고 있다. 즉, 봉산탈춤을 중심으로 다양한 탈놀이와 노래, 춤 등에 대한 조사 연구가 이루어지고 그 목적은 '우리 문화의 유래를 고찰하고, 사회주의적이면서도 민족주의적 내용을 가진 오락 형태를 창작할 수 있는 자료'로서 활용하기 위한 것이었다. 1955년 8월에 민속학 연구자들이 사리원을 방문하여 봉산 구읍을 현지 조사하고 서흥탈놀이에 대한 조사도 이루어진다. 1955년 가을에는 기록영화 〈봉산탈춤〉이 영화화되어 많은 예술인들의 관심을 끌게 된다(1987년에 다시 재편집되어 상영됨). 물론 북청 지방의 다양한 민속놀이들도 이때에 조사가 이루어진다. 이후 60년대 초반까지 300여 종 이상의 놀이가 조사되며『조선의 민속놀이』(사회과학원 민속학연구실)란 책으로 1차 집대성된다.[19]

해방 당시를 기준으로 할 때, 북에도 지역마다 많은 민속놀이가 전승되고 있었다. 특히 탈놀이 유산이 많아 강원도의 통천탈놀이, 함경도의 북청사자놀이, 봉산, 사리원, 황주, 안악, 재령, 송화, 은율, 장연, 신천, 해주, 강령, 금산, 추화, 송림 등 황해도탈놀이가 일부 전승되고 있었다. 꼭두각시극으로는 장연 꼭두각시극이 유명했다. 이 밖에도 황해도의 장연 시절윷놀이, 평남 온천의 봉죽놀이, 함경도의 돈돌라리와 달래춤, 북청의 관원놀이, 종성의 방천놀이 같은 향토색 짙은 놀이들이 다수 있었다.[20]

당시 1950년대와 60년대 초반의 북한에서의 연희 연구를 주도하던 김일출[21]의 연구 성과는 남한 쪽의 연구자에게도 '비밀리에' 전달되었다. 좀 더 정확하게 말하자면 이북에서의 연구 성과가 남쪽에서 부당하게 '표절'이 이루어진 것이다. 부당한 표절을 주도적으로 수행

---

19 주강현, 『북한민속학사』(이론과 실천사, 1992).
20 사회과학원 민속학연구실, 『조선의 민속놀이』, 1964.
21 김일출, 『조선민속탈놀이연구』(과학원출판사, 1958).

한 이가 남쪽에서의 무형문화재 정책을 이끌었다. 북한에서 주목한 탈춤들이 당연히 남쪽에서도 주목되었다. 이북에서의 탈춤 연구가 곧바로 남한에서의 탈춤 연구를 추동시키는 힘이 되었다고 비약할 수는 없지만, 이북에서의 연구 성과가 고스란히 남쪽으로 수정·보완·확대된 채 반복되었으며 그러한 주도 세력들이 문화재 정책을 이끄는 주도 세력이기도 하였으며, 당시 탈춤에 관심이 있던 학생층에도 역으로 영향을 주고 있었음을 기록에 남겨둘 필요가 있다.

가령 1970년대에 출발한 탈춤 운동의 길이 두 가지로 갈려 나감을 알 수 있다. 전통적인 탈춤에 머무는 갈래, 새로운 창작의 길로 나가는 갈래로 나뉜다. 통계상으로 일치하는 대목은 아니지만, 전자의 경우에 훗날 본의 아니게 체제 순응적인, 단순 전통 연희자의 길로 나아간 대목이 적지 않다. 심지어 전두환 정권이 마련한 '국풍81'에까지 출연하는 세력들이 나타난다. 이로써 탈춤은 민주화의 길과는 전혀 무관하게 된다. 반면에 마당극 운동으로 보다 한 걸음 나아간 세력들은 애초부터 연극반 출신의 연극 지향적인 컬러를 지니고 있었으며, 훗날 민족극 운동의 씨앗을 뿌린 이들이었으나 막상 전통 탈춤과는 무관하게 된다. 탈춤의 복고적·기능주의적 접근에 반론을 제기한 이들일 것이다.

1962년에 문화재보호법이 제정·공포된다. 2년 뒤인 1964년에 중요무형문화재 제1호가 지정되면서 「문화재보호법」 제1조(목적)는 "이 법은 문화재를 보존하여 민족문화를 계승하고, 이를 활용할 수 있도록 함으로써 국민의 문화적 향상을 도모함과 아울러 인류 문화의 발전에 기여함을 그 목적으로 한다"고 규정되어 있다. 이 법에 따르면 무형문화재 정책의 목표를 ① 원형 보존, ② 민족문화의 계승, ③

활용과 문화 향상으로 정리될 수 있다. 이처럼 문화재 정책이 가동되기 시작하였지만, 전근대 사회의 전통적 문화 층위가 와해된 상태에서 새로운 층위를 모색하는 일은 쉽지 않았다. 중앙 문화와 지방 문화가 균형을 이루면서 존재했던 균형감도 깨진 상태에서 오로지 중앙 집중 문화 방식으로 문화 정책이 구사되기 시작하였다. 읍치 문화가 지녔던 향촌 문화의 독자성이 와해된 상태에서 무조건적인 '중앙 문화 따라하기' 풍조만이 성행했다. 군사정권의 중앙 집중적 속성은 문화적 중앙 집중도를 더욱 조장하였다. 따라서 짧은 시간 내에 '투망식' 건수식으로 무형문화재를 지정하고, 전국민속예술경연대회를 운동장에서 여는 방식 같이 군사 문화적인 '속도감'이 창출되었다. 속도와 효율성은 증산 '수출' 건설 시대의 화두였으며, 무형문화 정책에도 예외 없이 적용되었다.

1970년대의 지방 군소 도시에서는 다양한 형태의 새로운 향토 축제가 선보였는바 미인뽑기대회, 글짓기대회 따위의 천편일률적인 행사로 그득 찼을 뿐 어떤 지역적 전통성은 찾아보기 어려웠다. 이 같은 기형적인 전통은 사실 일제 시대에 조장되었으며, 해방 이후에 촉진되었고, 군사 정부 아래서 적극 권장되었다. 그 결과 21세기 초까지도 지방 곳곳에서 이루어지는 거개의 지역 축제들은 천편일률적인 내용물과 관에 의한 획일적인 프로그램이 선보일 뿐, 우리 문화의 자생력을 이어주는 문화적 전통성은 약하다. 일본이 마쯔리라는 지방 축제를 현대화하면서 전통과 현대의 접목을 꾀하는 사례와 대비된다. 이러한 모순들이 1970년대에 대략적으로 완성되었다.

1960, 70년대 무형문화 전문가 집단은 양으로도 적었으며, 그나마 소수의

전문가가 무형문화 정책을 독점하였고, 독점의 피해는 21세기 초까지에 이르고 있다. 당시에 정부가 수행한 복고주의적 무형문화 정책이 얼마나 민중의 삶과 무관한가는 문화재관리국과 내무부의 입장이 판연하게 다른 데서 판단된다. 내무부가 주도한 새마을운동으로 상징되는 전통문화의 파괴와 문화 부서의 문화재 보호라는 무형문화재 정책은 상반되는 이중성을 보여주었다. 개발과 전승이란 양립할 수 없는 이중적 잣대가 제3공화국만큼 극명하게 드러난 적이 없었다. 한편에서는 탈춤 등을 지정하면서 민중의 삶의 정신적 지주인 서낭당 등은 미신 타파라는 이름으로 철저하게 분쇄되었다. 대학에서의 일부 진보적인 탈춤 운동의 맥은 분명히 다음과 같이 선언·비판하고 있었으나 실제 대안에서는 성공하지 못한다.

원형 보존이라는 이름 아래 탈춤을 박제화된 골동품으로 만들어 민속극으로서의 현장적이고 민중적인 성격을 마멸시키면서 자생적인 발전의 길을 막고 오히려 민속을 일반 민중의 생활에서 격리시켰으며 관 주도형인 관제 문화 속에 민속을 편입시키고 말았다는 비난을 회피할 수가 없을 것이다.22

대학 탈춤이 정부의 문화 정책에 대하여 위와 같이 비판하였음은 분명하지만, 마을의 당산나무 등이 베어 넘겨지는 상황에서 다분히 '연극적 주제'에 함몰되었던 인식의 한계로 인하여 민중의 거대한 잠재적 민족문화의 저수지였던 당굿 등이 파괴되어나가는 현실에 대해서는 침묵으로 일관하였다. 탈춤 운동을 이끈 주체들이 연희라는 매개물에 지나치게 몰두함으로써 빚어진 제한성이자 민족 문화 전체를

---

22 채희완, "70년대 문화운동 ─ 민속극운동을 중심으로," 『문화와 통치』(민중사, 1983), 302.

아우를 수 있는 안목을 갖추지 못한 데서 비롯된 시대적 제한성이었다. 분명한 사실은 도시의 지식인들만 모든 민속이 사라진 것으로 판단하고 있었을 뿐이다. 당시 정황으로 볼 때 전국 곳곳에 여전히 다양한 민속이 존재하였다. 탈춤 부흥 운동의 역군들조차 마을 단위 현장에서 당시까지는 여전히 수많은 민속놀이와 당산굿 등이 이어지고 있었음을 간과하고 있었다. 민중의 축제를 읽어내기에는 지나치게 지식인적 한계에 머물고 있었다. 1960, 70년대 '지식인 탈춤 운동'의 한계이기도 하다.

2. '국풍81'의 의미망
: 70년대식의 결산과 80년대식 대동제로 방향 전환

1981년 여의도 벌판에는 이상한 침묵이 흐르고 있었다. 여의도광장의 아스팔트 주변에 들어선 고층빌딩 전면에 '국풍(國風)81'이란 거대한 플래카드가 나부끼고 있었다. 팔관회도 아닌데 때아닌 나라 바람이 묘한 적막 속에 몰아치고 있었다. 돌연 요란한 꽹과리 부대의 신호음에 따라 만장을 앞세운 풍물패가 행렬 지어 지나갔고, 탈춤 패거리 그리고 무수한 전통 연희패가 광장을 채웠다. 무형문화의 뛰어난 예능인들이 전국에서 긴급 소집되었으며, 정당한 출연료를 받은 만큼 성심성의껏(?) 축제를 준비하였다.[23]

무형문화 전문가들은 이들 계획을 방조하고 인원을 동원하는 데 협조를 아끼지 않았다. 한국방송공사에서는 국풍에 관한 학문적 이론

---

23 주강현, 『21세기 우리문화』(한겨레신문사, 1999), 340.

정립을 위하여 많은 학자에게 연구를 의뢰하였다. 동원된 '순진한 학자'들이 정치 권력의 의도를 몰랐던 탓일까. 1981년 5.18을 앞두고 5월 8일과 14일 두 차례에 걸쳐 국학 관계 학술강연회와 세미나를 열었다. 그 결과 『국풍론』이란 책이 발간되었으니, 연세대 김동욱 교수의 국풍론 권두 논문을 비롯하여 조동일("전통예술의 발전적 계승"), 지춘상("민속놀이의 활성화 방안"), 이두현("민속극의 기능과 그 계승방향"), 한만영("한국전통음악의 원류"), 김한식("실학사상과 근대의식"), 이택휘("정신문화의 변용과 그 방향") 등의 글이 한 권으로 묶여서 전국 공공도서관과 대학에 무료로 배포되었으며, 일반에게는 200원에 판매하였다. 대개 일반적인 수준의 학술논문 초록 수준으로 발표에 임하였으나 김동욱 교수와 같이 적극적 신국풍론을 제기한 이도 있었다.[24]

더구나 '국풍81' 행사 한 번으로 학문이 일률적으로 정렬을 가다듬을 수는 없는 노릇이니만큼 이런 문제를 장기적인 차원에서 지원하면서 매스콤을 통하여 국민적 각성을 촉구하는 것도 필요하고도 충분한 여건이라고 여겨지는 바이다. 과거의 국학이 학자의 사재에서 고독한 분투로 이루어졌다면, 국풍 운동이 학자의 서재를 뛰쳐나와 국민 사이에서 여론화하는 것은 이제까지 고독한 행군에 지친 학자를 고무하는 데 필요하다고 보는 바이다. 이런 성공의 예를 우리는 일본에서 볼 수 있다. 일본은 매스미디어와 출판사가 학자를 이끌어가는 형편이다.

거의 대부분의 민속학자나 국악자들이 어쩌면 한 명의 예외도 없

---

24 한국방송공사, 『國風論』 (한국방송공사, 1981), 20.

이 전두환 정권의 파쇼 문화예술 대전에 동참하고 '들러리' 혹은 자진하여 앞장을 섰다. 광주학살과 강압적 군사정권 아래서 그 당시에 학자들이 서재를 뛰쳐나와 관제 언론과 결합하여 무엇을 하겠다는 것이었을까. 이택휘는 새로운 민족문화 형성을 위하여 민족 구성원의 의식 구조를 점진적으로 변화시킬 수 있는 장기적인 사회화 과정을 촉구하면서 의도적 · 조직적 변용을 추진해야 함을 역설하였다. 정신적 기조의 변용을 추진해야 하며, 정신 문화의 변용은 건전한 사회화를 통해 성취될 수 있다고 믿었다. 당시 박정희가 세운 한국정신문화원은 유신 체제 이론의 거점이었으며,[25] 지금도 그 잔재를 완전히 씻지 못하고 있다.

이 같은 시대적 침묵 속에서 때아닌 화려한 전통의 축제를 치른 것이다. 곳곳에는 방패를 든 전투경찰들이 축제의 주역들을 옹호하고 보위하였다. '국풍81'은 그렇게 시작되었다. 여의도광장 복판에 서서 모두들 전율하였다. 말로만 들었던 국가 파시즘, 파시즘의 축제란 이런 것이었다.

국풍은 1970년대가 일구어낸 연희 운동에 대한 정권적 차원에서의 반대급부, 즉 방어책의 일환으로 급조된 것이었다. 허문도 등은 연희 운동의 실체를 너무도 잘 알고 있었기에 그러한 방어책을 구사한 것이다. 서울대 출신으로 꼭두극 등에 관심이 많았던 허술 등이 전두환 정권에 가담한 것도 모두 이 같은 저간의 사정을 반영하고 있다. 불행하게도 1970년대에 확산된 일군의 탈춤꾼들이 다수 이들 국풍81

---

25 가령 정신문화연구원의 정간물인 「정신문화」 2호(1979)에 실린 "'제9대 대통령 취임사," "박대통령 신년사," 5호(1979)의 "고 박정희 대통령 영전에 고하는 글" 같은 사례를 분석해 볼 필요가 있다.

에 동원되고 자발적·반자발적으로 동참하였음을 기록해 둘 필요가 있다. 반유신 운동의 진지로서, 민주화운동의 한 방편으로서 탈춤이나 마당극 등을 택하였던 일군의 세력이 있었다면, 반대로 탈춤의 형식 논리에만 매몰되고 국가 관리 체제에 놓여있는 이른바 관제 탈춤의 맥락에서 한치도 벗어나지 못하면서 복고주의의 늪에 매몰된 다른 일군의 세력이 존재했음을 국풍81은 스스로 웅변해주었다. 이제 70년대 탈춤 부흥 운동은 역사적 소임을 다하고 1980년을 기점으로 대략 두 세력으로 분화되었음을 알려주는 계기이기도 하였다. 국풍81은 역설적으로 지난 1960, 70년대의 연희 운동이 다른 길을 갈 수밖에 없음을 스스로 폭로시켜 주었다.

1980년대 초반부터 6.29가 열리는 공간까지 대동제, 추모제, 광주항쟁 출정식 등 다양한 이름으로 거리와 광장에서 이루어졌던 다양한 종합적 문화운동은 한 시대를 풍미하는 중요한 의미를 지닌다. 대학가에서는 "축제에서 대동제로"라는 슬로건을 선보였으며, 노동 현장 등으로 확산되었다. 령 걸괘 그림 같은 형식의 예술을 선보였으며, 민중적 장례라는 이름의 대규모 장례 의례 역시 당 시대를 반영하는 것이었다. 이 부분에 관해서는 전혀 별도의 연구가 필요한 대목이다. 1980년대 전반을 장식하여 6.29까지 이어진 거리와 광장의 문화적 기재들은 1970년대와 80년대를 이어주는 접목 부분이기도 하다.

IV. 맺음말: 미완의 과제들

1970년대는 국가 폭력을 상징되는 지배 권력의 자의적 폭력과 광기, 야만의 세월을 의미했다. 반공주의에 포획된 자유민주주의, 감옥의 전성 시대를 구가하던 반공주의 체계화 시대, 그리하여 전 사회의 병영화와 폭력적 군사 문화의 사회화가 이루어지던 침묵의 사회였다.[26] 그렇다면 당대의 운동사는 운동단체 소속이나 명망가들만의 잔치였던가. 감옥에 끌려가는 것도 학력순이었고 벼슬이었던가. 운동에 관한 보다 열려진 지평에서는 당대에 처해있던 현실을 다시 볼 필요도 있을 것이다.

학교는 연일 휴교를 밥 먹듯 하였으며, 1970년대 학번의 일과란 일단 입학하고 나면 곧바로 '데모'로 돌입하고, 연이어 휴교령으로 집에서 놀게 되는 반복성이었다. 경제적 부의 축적이 일천한 상태에서 학생들이 일할 곳은 마땅하지 않았다. 공장에는 '공돌이', '공순이'란 이름의 새로운 '부족'이 본격적으로 출현한 마당에 철야는 물론이고 산재조차도 제대로 보상 받지 못하는 처지에서 '노동 문화' 따위의 이름은 언감생심 꿈도 못 꾸고 '시다의 꿈'만 꾸어야 할 상황이었다.

문학예술인 중에도 새로운 세상을 희구하는 작업에 몰두하는 이들이 있었고, 70년대 후반에 이르면 본격적으로 노동 현장으로 들어간 이들이 양산되었지만, 당대는 우리가 생각하듯이 그렇게 '투쟁'에만 함몰되지는 않았다. 모든 사람이 사회과학 서적을 읽었고 투쟁이 일상사였다고 서술할 수는 결코 없다. 어느 시대에나 선도와 후진은

---

26 조연현, "군사독재와 반공주의 그리고 '우리 안의 군사문화'," 「기억과 전망」 (2003, 가을), 118-135.

있는 법이었다. 운동사의 관점에서는 역시나 문화 투쟁의 시대였지만, 보편적으로는 문화 소비의 시대를 열었으며 침묵의 문화로 일관한 측면도 인정해야 할 것이다. 당대의 보다 보편적인 문화는 역시나 통기타나 생맥주 문화 혹은 '별들의 고향'류의 호스티스 및 창녀들 이야기였다. 유신 시대의 개막 당시에 요란하던 청년 문화론의 실체는 사회적 저항을 호도시키는 또 다른 전략이기도 하였다. 당시의 억압된 사회적 분위기를 호도하기 위하여 언론이 주도했던 왜곡된 형태의 소비문화이기도 하였으니 많은 문화예술인이 이를 통하여 돈과 명예를 얻었다.

첫째, 강압 통치의 제한성이다.

외견상 물리적 폭압에 의하여 저항보다는 일상의 삶에 전념하는 이들이 다수였다고는 하지만 1970년대란 공간에서의 반유신 운동은 일부의 유신 추종 세력을 제외하고는 대부분 국민의 지지와 성원을 받고 있었다는 점이다. 현실적인 삶이 남루하고 체제에 온존하는 것처럼 보이지만, 실제로 반유신의 정신은 전일적으로 사회를 관통하고 있었다는 정서의 문제를 인식해야 할 것이다. 1970년대 말기로 갈수록 사회적 모순관계가 극심해지고, YH사건에서 보여지듯이 노동 문제가 극단적으로 불거지면서 이를 바라보는 사회의 눈은 전면적으로 여공들을 지지하고 있었다는 사실에서 반유신 운동의 지지와 성원을 확인할 수 있을 것이다. 『객지』와 『난장이가 쏘아올린 작은공』이 불후의 스테디셀러로 읽히고 있었고, 「창작과 비평」이 신문 이상의 위력을 가지고 판매되고 있었으며, 김민기의 노래가 음유시인의 노래처럼 구전으로 번지고 있었던 시대이기도 하였다. 이러한 당대의 이중적 측면을 두루 고려하면서 당대의 이면적 주제와 표면적 주제를 두루 살펴보아야 할 것이다.

둘째, 문화예술 관료 집단의 형성과 고착화이다.

1972년 유신이 선포된 이후에 이듬해의 공연예술계에는 갑자기 국가주의를 칭송하고 새마을운동과 새로운 국민의 자세를 강조하는 '건전 드라마'가 유행하기 시작하였고, 각종 음악회와 목사님들의 조찬 기도회가 줄을 이었으며, 스님들의 목탁 소리가 낭자하였다. 이 부끄러운 일에 관한 치밀한 행적 조사와 역사적 기록은 아직 이루어진 적이 한 번도 없다. 문화예술계에서 유신 체제를 적극적 혹은 소극적으로 지지한 이들은 관료 집단과 지식인들이었다. 관료들은 유신 체제의 문화예술 정책을 생산하고, 집행하고, 자본을 분배하고, 감독하는 일까지 떠맡았다. 무소불위의 권력을 지니고 있었다.

아무도 훗날 유신 시대의 행위에 대하여 반성하지 않았다. 당시 문화재관리국, 국립박물관 등 곳곳에도 오로지 '직업'이란 이름으로 유신 체제를 암묵적 지지하는 이들이 다수였다. 대학 강단을 장악한 이들도 학문이란 이름으로 유신 이데올로기를 재생산하는 데 여념이 없었으니 분명한 현실이었다. 가령 한국 철학의 중심으로 손꼽히던 철학자였던 박종홍(1903~1976)이 국민교육헌장을 기초하면서 철학과 권력의 퇴행적 결합을 해버린 사례에서 당대 지식인의 모습을 읽어낼 수 있을 것이다.[27] 어느 누구도 제대로 된 반성을 하지 않았다. 1970년대의 풍경이었고, 이후의 연속되는 풍경이었으니 현하 '박정

---

27 홍윤기, "박종홍 철학연구 ─ 철학과 권력의 퇴행적 결합," 「역사비평」 2001 여름, 161-213.

희 신드롬'의 배후에는 이 같은 세력들이 밑바탕에 깔려 있는 셈이다. 반유신 운동사 서술의 과정 못지않게 이들 유신의 대열에 나선 이들에 관한 역사 서술도 춘추대의를 위하여 필요할 것이다.

셋째, 검열관으로 나선 동업자들이다.

동업자들이 주동이 된 방송윤리위원회, 신문윤리위원회, 도서-잡지-주간신문윤리위, 공연윤리위 등은 막강한 힘을 휘두르며 문화예술을 통제하였다. 영화의 가위질은 일상적이었고, 자기검열의 장치들이 움직였다. 제작자들은 두말할 나위도 없었다. 검열 장치는 중앙정보부와 경찰 같은 보안부서들은 물론이고 공보부의 해당 책임자들과 말단 공무원들, 각종 위원회를 장악한 자체 검열단들 그리고 각종 윤리위원회에 적극·소극적으로 가담하여 검열관으로 나선 동업자들이 존재하였다. 그네들 동업자들의 손에 의하여 작품이 잘리기도 하고, 공연 불허를 받기도 하였다.

무서운 검열관들은 정보부를 필두로 하여 간첩단까지 만들어 낸 '보이지 않는 손들'이었다. 가령 1974년 2월 5일 도하 신문에는 "문인 지식인 간첩단 적발 사건"이 전면으로 도배를 한다. 드디어 간첩이 출현함으로써 당대의 마녀재판이 시작된다. 그해 4월 3일 민청학련 사건이 벌어진다. 긴급조치 시대, 이른바 긴조 시대가 열린 것이다. 더 무서운 검열관들은 이런 행위를 지켜보면서 공산주의 정치 선동꾼으로 내몬 문화예술인들의 조직이 존재했다는 점이며, 좀 더 무서운 검열관들은 재갈 물린 언론의 자발적 충성이었다. 이후에 블랙리스트 사건 등으로 다시 재연된다. 흑역사에는 마침표가 없기 때문이다.

넷째, 자기검열 장치의 내재화와 일상화이다.

1971년은 제7대 대통령선거를 앞두고 '중단없는 전진'을 외치는 체제 안정론과 파쇼 독재 권력 사회로 나가는 것을 내버려 둘 수 없다는 민주 사회 위기론이 바야흐로 충돌하고 있었다. 그렇지만 역사 서술이 그렇듯 진보라는 관점에서만 서술할 수는 없을 것이다. 그해 6월 24일부터 7월 4일까지 열린 국제펜대회에서 감옥으로 끌려간 김지하 석방 운동은커녕 '놀아나는 침묵'으로 일관한다. 한국펜클럽은 아예 김지하가 '정치 선동꾼'이라는 추태까지 부렸다. 문학평론가 조연현 등은 일찍이 정권과 어우러지며 정권을 지탱하고 문학의 진보적 흐름을 역행하고 있었다. 한국 문인들은 1970년대부터 시작된 새마을운동을 찬양하는 시를 쓰거나 새마을 지도자 연수를 받는 문인들도 줄서기 시작하였으며, 그네들 중에는 후일 자유실천문학 운동에도 이름을 걸어놓아 양수겸장을 노리기도 하였다.[28]

이러한 기대 효과는 곧바로 자기검열이라는 사전 제어 장치로 작동하였으니 무서운 검열관은 민중들 가슴에 들어차 버렸던 것이다. 이것이 유신 체제의 조건이었고, 파쇼의 힘이었으며, 이를 뛰어넘어 인간의 자존심을 내건 싸움을 걸어간 것이 당대의 문화예술 운동이었다. 슬프게도 그것은 자기 소모적이고 불필요한 낭비와 희생을 요구하는 것이기도 하였으니, 유신 체제란 이처럼 반인간적·반역사적 범죄의 시대이기도 하였다.

---

28 박태순은 자실문예사(www.minjak.or.kr)를 쓰면서 이 대목에서 차마 더 이상 쓸 수 없노라고 하였다.

다섯째, 통금과 애국가, 장발과 스커트로 압축되는 병영 문화의 지속이다.

유신 시대의 문화적 상황은 '통금 시대의 문화'란 상투적인 표현이 가능할 것이다. 국가와 법이 정한 테두리에서 통금 사이렌이 울리면 도심은 정적으로 접어들었다. 자정부터 새벽 4시까지 통금을 깰 수 있는 특권을 부여받은 차만이 오가는 통금의 시대에 문화적 환경 역시 '통금의 문화' 그 자체였다. 그 통금은 1982년 1월 5일에야 독재 정권의 '주어진 시혜'로 풀렸다. 기나긴 통금의 시대는 애국의 시대이기도 하였다. 자발적 애국이 아닌 동원 체제적·국가주의적 애국의 결과는 코미디였다. 가령 당대 극장의 풍경은 엄숙한 학교와도 같았다. 극장에 가면 영화를 보기 전에 문화영화를 한 편 보고 애국가가 나오면 모두 기립해야 했다. 아무리 저질 영화를 보러 갔어도 문화영화를 통하여 문화인이 되던 시절이었다. 성적 호기심으로 야한 영화를 보러 왔다가도 애국가를 들으면 민족과 국가를 위하여 예의를 갖추어야 했고, 예의의 절차가 끝나면 다시 야한 영화의 세계로 접어들었으니 그 어색함은 이루 말할 수 없었다. 길 가던 사람들도 애국가가 들리면 모두 멈추어 섰으니 시내 중심가가 정지 상태였다. 민방위 사이렌은 그 극치였으니 병영국가에서 모두들 '동작 그만' 하는 코미디 배우가 되고 말았다.

하지 말라는 것은 다 재미있고 더 하고 싶은 법이다. 장발에 대한 저항의 심리가 존재하였으니 목덜미를 덮은 머리카락을 보존하기 위해 어두운 뒷골목으로 숨어들었다. 경찰은 곤봉과 함께 가위와 심지어 바리깡을 들고 다니면서 장발족을 사냥하였다. 아예 70년대 말에는 파출소로 끌려와 밤을 새운 뒤에 통행금지 윤락행위 위반녀와 함께 즉결에 넘겨지기도 하였다. 경찰뿐 아니라 당대 어른들도 장발을 싫

어하였다. 장발이 민주화의 목적과는 전혀 상관이 없던 것이고, 미국 히피문화의 잔영을 받아들인 것이라고 치부는 할 수 있어도 머리를 지키고자 하는 젊은이들의 도망 다니기를 그렇듯 한심한 것으로 보는 서술에는 동의할 수 없다. 장발 그 자체가 저항 그 자체는 분명히 아니지만, 머리를 자르는 국가 훈육 주임과 자유 청년의 대립에서 병영국가를 거부하는 문화적 층위는 분명히 엿보인다. 가수 윤복희가 귀국하면서 처음 유행시켜 열풍처럼 뒤덮었던 미니스커트 역시 무릎 위 15센티는 위법이었다. 경찰관이 자를 들고 다니면서 젊은 여성의 허벅지를 재던 시절이 지나가자 핫팬츠가 유행하였는데, 실은 미니스커트보다 더 짧았다. 그럼에도 불구하고 일부 단속 논의는 나왔으나 미니스커트보다는 관대하였다. 치마는 길이를 재고, 바지는 아무리 짧아도 봐줄 수 있다는 병영국가의 논리 속에 미적 감각이라거나 문화예술 정책이 가능할 수 없었다. 박정희 시대가 만들어 낸 코미디였으니, 찰리 채플린이 희극으로 풍자하였듯이 독재란 언제나 코미디와 연결되는 법이었다.

유신군사독재 아래에서의 분단 고착과 그 뒤
─ 적대적 공존의 분단 체제 성립과 선택적 북풍의 무한 반복

홍윤기

(동국대학교 명예 교수)

I. 문제 제기: '유신 50년 청산', 이미 끝난 얘기 아닌가?

2019년 이래 유신청산민주연대('유청연')는 지금까지 주로 유신 피해자 관점에서 시도되었던 유신 청산의 방식과 방향과 약간 각도를 달리하여 국회-시민사회-연대를 인적 기반으로[1](그 명확한 시점으로 특정되는 시일을 기점으로 하면 1972년 10월 17일 박정희의 '대통령 특별 선언'서부터 혹은 이 특정 시점으로 수렴되는 과정의 시작점인 1961년 5월 16일 박정희의 군사 쿠데타서부터─공식적으로는 6.29 선언으로 매듭지어진─ 1987년 6월항쟁에 이르는) 15년 또는 26년의 세월 동안 대한민국의 국가 통치 기구와 국민 생활을 전체주의적으로 지배하고자 했던 '유신군사독재 체제'의 잔재들을 구조적으

---

1 김재홍(2022), 12.

로 그리고 법제적으로 청산하고자 노력하였다. 그런데 여기에서 '유신군사독재 체제'라고 했을 때 그것이 명시적으로 존립하였다고 인지되는 시기 안에는 자신의 독재적 통치 방식을 바로 그 '유신'이라는 이름으로 직접 명명한 당시 대통령 박정희가 1979년 10월 26일 격살 당하기까지의 이른바 '제4공화국 시기'와 그 이후 같은 해 12.12 군사 반란을 통해 군부 세력을 결집하여 5.18 시민학살을 비롯하여 감시와 고문을 공공연히 자행하였던 전두환 신군부의 소위 '5공 시기'가 연이어 공존한다.

이 시기를 보는 사람에 따라서는, 특히 5공 측 인사들은 자신들이 정의 사회 구현과 사회 정화라는 명분 아래 박정희 시대의 부정부패분 자 척결과 범죄자의 완전 소탕 그리고 특히 대통령 7년 단임제를 확립 했다는 점을 내세워 스스로를 박정희와 구별 짓는다. 하지만 이들이 국가 통치의 실권을 장악하기 위해 5.16과 똑같은 유형의 12.12 쿠데 타를 감행하고, 박정희가 마련한 '통일주체국민회의'를 통해 독재적 권한을 행사하는 대통령직을 찬탈하고, 그 뒤 국가 중심부에서 시민 사회 저변까지 깔렸던 박정희의 통치 기반을 고스란히 인수하여 박정 희의 이름과 사진만 지운 채 신군부를 기반으로 박정희식 전체주의적 독재 통치를 계속하였다는 점에서 전두환의 통치는 박정희 유신과 질적으로 구별되는 점이 전혀 없으며, 오히려 박정희식 유신군사독재 체제에서 축적되었던 독재 권력을 학살, 감시, 고문의 국가 테러 형태 로 무자비하게 실현하여 그 잔혹함을 극대화시켰다는 점에서, 냉소적 으로 표현하자면, 박정희 유신의 완성이라고 할 수 있다. 이에 '유청연' 은 박정희가 직접 가동한 박정희 통치기의 유신을 '1기 유신' 그리고 전두환이 이어받아 그 잔혹함을 완성한 5공 시기를 '2기 유신'으로

시기적으로는 구별하되 체제의 질적 동질성을 부각하는 유신 청산 담론을 정립한다.[2]

  '유청연'은 박정희-전두환 2기에 걸친 '유신군사독재 체제'에 대해 당대의 정치적 · 경제적 · 사회적 경험과 삶 그리고 학술적 연구 성과를 총괄하는 것을 전제로 이 체제의 작동 구조와 각종 정책 그리고 특히 권력 기관의 작동 방식을 분석하면서, 특히 그것이 공식적으로 종식된 1987년 6월 이래 한 세대를 이어온 민주화 과정에서 다방면으로 꾸준히 그 청산 작업이 진행되었으면서도 유신이 종식된 지 35년이 지난 현재에도 여전히 남아 있는 유신 잔재를 포착하여 그 악영향을 입증하고 학문적 · 사회적으로 새로이 자각시키면서[3] 유신에 대한 포

---

2 김재홍(2021).
3 유신청산민주연대(2020) 차례

  1부 | 박정희 독재 시기체제의 성립과정, 조건 그리고 그 성격
  1. 홍윤기 ─ 사라진 국회 그리고 박정희 유신독재체제가 강점한 '무법국가'의 출현: 기획자, 협력자, 피해자의 포진과 한국사회구성에서 암적 억압기제의 밀집성형
  2. 김재홍 ─ 유신 선포의 내란 성격에 관한 고찰
  3. 임지봉 ─ 제헌 헌법의 정신에 비추어 본 유신헌법

  2부 | 박정희 유신 체제의 반민주적 통치 행태: 정보정치, 고문정치에 기반한 전체주의적 국가 폭력체제의 발암과 기생세력의 전이
  4. 한홍구 ─ 유신 시대의 통치기구 중앙정보부의 역할
  5. 오동석 ─ 유신 시대의 입법 통치기구 개혁과제
  6. 임영태 ─ 유신 시대 국가 폭력, 사법부의 역할과 책임-오욕과 굴욕으로 얼룩진 유신사법부의 실상

  3부 | 박정희 유신 체제 잔재의 대중적 청산: 피해자 구제와 사법정의 회복
  7. 김재홍 ─ 박정희의 정치적 유산과 그 청산
  8. 정호기 ─ 이행기 정의를 넘어선 과거사 청산
  9. 권혜령 ─ 긴급조치 관련 피해자 구제방안과 사법불법 청산
  10. 이정일 ─ 긴급조치 피해자 관련 손해배상 소송의 최근 동향

4부 | 박정희 유신 체제의 전이와 재발을 위한 면역적 청산: 과거사 청산의 국제적 범형과
　　대한민국에서의 진행상황
11. 김누리/홍윤기 ― 전후 독일 나치 청산의 역사와 68혁명의 의의
12. 송충기 ― 나치 사법부의 불법 판결들의 전후 청산
13. 이장희 ― 전환기의 사법정의 수립을 위한 인권법과 국제법적 조치들
14. 이종구 ― 과거사 청산과 사법부의 탈성역화
15. 송병춘 ― 유신독재와 국가 폭력 청산을 위한 입법적 과제

유신청산민주연대(2022) 차례

제1부 | 유신과 5공화국 청산의 전망
김재홍 | 전두환의 유신 2기 독재 정치 ― 정치 군벌 '하나회', 12·12 군사 반란으로 국권
　　찬탈
오동석 | 박정희 '4공화국'과 전두환 '5공화국'의 헌법적 연속성 및 불법성
홍윤기 | 유신독재 체제의 구조적 청산과 K-데모크라시의 전망
　　　　― 외국 청산 사례와의 비교 평가와 '대한민국 이행기 정의'의 완성
권영숙 | 권위주의 체제의 발전주의 유산과 노동 존중 민주주의의 가능성

제2부 | 부마항쟁에서 광주항쟁까지
김재홍 | 1980년 '서울의 봄'의 좌절과 정치 군벌 하나회의 정권 찬탈
오제연 | 서울의 봄과 민주화의 좌절 ― 기층 대중의 불만과 민주정치 세력의 한계
김재홍 | 박정희-전두환의 유신 군부독재(1971~1987) 해부
　　　　― 그 잔재 청산을 위한 경험적 고찰
김경례 | 5·18 광주의 시민 저항과 여성들 그리고 그 이후의 현실
윤상철 | 광주를 넘어 시민 주권 실현을 향한 대한민국 민주화의 현실과 진로

제3부 | 유신독재의 물리력 ― 사법부(검찰·법원)와 군대(계엄령)
오동석 | 유신독재 시대 계엄령과 위수령의 불법성
한상희 | 권위주의 체제에서의 법원의 역할 ― 통치술로서의 사법 판단
서보학 | 유신독재와 검찰의 역할 ― 유신 시대(1971~1987) 검찰은 무엇을 했는가
송병춘 | 긴급조치 시대 법원의 유신독재 방조 행위
김춘수 | 한국 현대사와 계엄

제4부 | 유신 체제 유지와 극복의 양대 축 ― 재벌 경제와 노동운동
장상환 | 박정희의 민주화운동 신화와 재벌 공화국의 명암
서아현 | 유신 시대의 노동 통제와 여성 노동운동 ― 1979년 YH사건을 중심으로
김영곤 | 노동자의 유신독재 청산 과제
　　　　― 1970년대 원풍모방노조와 청계피복노조 활동을 중심으로

괄적이고도 최종적인 청산을 위한 국회 결의와 그에 상응하는 '유신청산특별법'(가칭)을[4] 제안했다. 그러면서 이런 작업의 결과 2000년대 세 번째 십년기의 대한민국의 국가 구조 안에 유신의 잔재들이 제대로 인지되지 않은 채 잠복하여 작동하는 법률들이나 정책이 남아 있다는 점을 밝혀낸 것은 '유청연' 그리고 그와 연계한 학자들 및 시민 활동가들이 이룩한 대한민국 과거사 인식의 쾌거라고 할 수 있다.[5] 심지어 현재 적용되는 실정법 가운데에도 과거 유신 시대 매듭마다 설치되었던 유사 입법기구가 의회 논의 없이 발포하였던 조항들이 마치 어둠 속의 바퀴벌레처럼 매복하고 있음을 낱낱이 밝혀내기도 하였다.[6] 그런데 이렇게 수술 메스를 대는 듯이 예리하고 미시적이면서도, 천체망원경을 놓고 보듯이 광범하고도 포괄적인 관찰과 분석에도 불구하고 유청연의 이런 작업들을 냉소적으로 응대할 여지는 엄존한다.

  — 무엇보다 2기 유신 뒤 10년의 시차를 두고 유신의 군부 측 핵심 실세들이 숙청되어 국가 권력권에서 배제되었고 이로써 반민주 실세들에 대한 인적 청소는 완료된 것 같아 보인다.
  — 그리고 탈독재의 「대한민국헌법 제10호」는 대한민국 역사 103년 동안 최초로 한 세대를 넘어 35년 동안 "자유롭고도 민주적인 헌정 기본질

---

4 송병춘(2020).

5 "유신50년군사독재청산위원회"(2022b).

6 오동석(2022)과 하승수(2022)는 '1기 유신' 때의 비상국무회의나 '2기 유신' 때 국보위에서 의회 동의 없이 무단으로 발포한 조항이 여전히 유효한 조항으로 암장되어 있는 대표법으로 "1. 향토예비군법, 2. 노동조합법 및 노동관계조정법, 3. 집회 및 시위에 관한 법률, 4. 국민투표법, 5. 모자보건법, 6. 공직선거법, 7. 정당법, 8. 국가보안법, 9. 군형법, 10. 군사법원법" 등을 적시하고 있다.

서"를 구현하여 사실상 국정을 안정화시키는 방식으로 작동하였고,
— 이런 국가구조의 틀 안에서 지난 3년간 전지구적(global) 위기를 조성
한 코로나 팬데믹 상황에서 전국가적(nation-wide) 대응 태세를 관철
시키는 유능한 민주주의(competent democracy)의 한 경지를 보였다.

사태가 이런데도 아직 유신 잔재가 문제가 되는가? '유신군사독재
체제'는 그것이 선포되고 정립된 1972년 10~12월서부터 세면 이미
50년, 즉 반백 년이 지났고, 그것이 끝난 1987년을 기준으로 놓고
보아도 이미 한 세대가 넘는 35년 전의 일이다.

그런데 2021년 기준으로 경제적으로는 세계 경제 10대국 반열에
오르고, 영미권 경제 전문지 「이코노미스」가 작성한 "세계민주주의
지수"에 따르면 아시아에서는 단 세 나라에만 해당되는 '완전한 민주
주의'(full democracy)를 구현한 국가들, 즉 대만(8위), 한국(16위),
일본(17위) 가운데 하나로 간주되면서 일본보다도 한 등급 높은 것으
로 측정된7 대한민국에서 반백 년 전에 있었다가 한 세대 전에 사라진

---

7 이 신문의 '이코노미스트 정보분석기구'(EIU)는 '선거 절차 및 다원주의'(electoral proc-
   ess and pluralism), '시민의 자유권리'(civil liberties), '정부의 기능'(functioning of
   government), '정치 참여'(political participation), '정치 문화'(political culture)의
   다섯 가지 범주에 대한 지수에 따라 '민주주의 지표'를 수량화하였다. 이 범주들에서 각 나라
   들은 10점 만점으로 측정된 지표에 따라 '완전한 민주주의'(Full democracies), '흠결 있
   는 민주주의'(Flawed democracies), '혼성 체제'(Hybrid regimes), '권위주의 체
   제'(Authoritarian regimes)로 분류된다. 이 지수 산출에서 전통적으로 선진 민주주의 국
   가로 간주되어 왔던 프랑스, 미국, 이탈리아, 벨기에 등은 '흠결 있는 민주국가군'으로 하락
   되어 있고, '완벽한 민주국가군' 안에서도 영국, 오스트리아 등의 서유럽 국가는 순위가 일본
   보다 아래였다. '완벽한 민주국가군' 가운데 중화민국, 즉 대만보다 앞서 있는 최상위권 민주
   국가에는 노르웨이를 1위로 하여 뉴질랜드, 핀란드, 스웨덴, 아이슬란드, 덴마크, 아일랜드
   등의 순서로 북유럽 국가들이 전부 포함되었다. 이상 WIKIPEDIA, "Democracy Index"
   (https://en.wikipedia.org/wiki/Democracy_Index last edited on 3 April 2022,

과거의 '유신군사독재 체제'의 잔재가 여전히 작동하고 있다고 주장한다면 누가 그대로 믿을 것인가?

그러나 대한민국의 민주주의와 경제가 최상급의 평가를 받았던 2021년을 지나 그다음 해인 2022년이 되면서 대한민국의 국가와 국민은 2021년까지의 성취와는 전혀 다른 모양의 정치와 사회 상황을 마주하게 된다. 득표율 0.73%의 차이로 승패가 갈린 결과 정부 집권자가 교체되면서 조금 전까지도 잘 작동되는 것으로 여겨졌던 '대한민국 민주주의'가 그 활기와 효능성을 상실한다는 느낌이 압도적으로 전 국민을 사로잡고 있다.

그렇다면 2021년까지는 '완전한 민주주의'를 구현하고 있다고 국제적으로 인정받을 정도로 안정되게 가동했던 '대한민국 민주주의'에 어떤 문제가 생겨났는가? 그 문제 중에서도 경제위기와 안보 위기가 가장 뚜렷한데, 이런 상황에서 반백 년 전에 발생하여 한 세대 전에 종식된 '유신군사독재 체제'의 잔재를 청산한다는 것이 얼마나 현실성(actuality)을 갖는 문제인가? 어쨌든 21세기 세 번째 십년기를 경과하고 있는 현재 대한민국은 학살, 감시, 고문이 국가의 대국민 통치 방식으로 일상화되어 있었던 그런 전체주의적 테러 국가는 아닌 것이다.

이런 문제와 대면하면서 필자는 2022년 말 현재 대한민국이 직면하는 위기 국면에 관하여 반백 년 전의 유신 체제를 인과적으로 연관지어 그 잔재의 위력을 체감하는 것은 대단히 어렵다고 하더라도 적어도 한 가지 경우, 즉 안보 위기에 있어서만큼 대한민국은 박정희 유신

---

at 00:30 (UTC)) 및 위키백과, "민주주의 지수" (https://ko.wikipedia.org/wiki/%EB%AF%BC%EC%A3%BC%EC%A3%BC%EC%9D%98_%EC%A7%80%EC%88%98 2022년 2월 27일 (일) 10:08에 마지막 편집).

으로 1972년에 고착된 '적대적 공존' 프레임 안에서의 '선택적 북풍'의 향방에 갇힌 이래 거기에서 여태껏 단 한 걸음도 내딛지 못했다는 점을 논증하고자 한다.

II. 일어나지 않은 전쟁에 대한 위기의식의 작동 방식
: '웃음질과 손가락질과 주먹질의 엇박자'를 극명하게 체감시키는 실제에 대한 사고실험에서 극명하게 확인되는 것, 즉 '적대적 공존'의 존립 조건에 기반한 '선택적 북풍'

필자의 소견에 따르면 유신이 아무리 반백 년 전의 먼일이라고 하더라도 21세기 세 번째 십년기 현재에도 가장 절실하게 체감되는 유신 잔재 하나는 단지 잔재가 아니라 양측에게 엄연한 정치·외교적 불변 조건으로 확실하게 엄존하는데, 그것은 지난 50년 이래 대한민국과 북한 각자 손가락은 상대방을 가리키면서도 주먹은 자기 안에다 휘두르는 방식으로 끊임없이 반복되는 각자의 안보 위기 담론이다. 양측에서 유통되는 이 담론의 핵심 언명은 아주 간단명료한데, 대한민국 안보 위기는 그 다양한 표현들을 일관되게 관통하는 단 하나의 진술 즉, "6.25 때처럼 북한이 쳐들어온다"로 요약된다. 이에 반해 북한의 안보 담론은 주어만 바뀐 채 "6.25 때처럼 미제와 그 앞잡이인 남조선 괴뢰 도당들이 쳐들어온다"라는 진술로 반복된다. 그런데 분명한 것은 이럴 때 전쟁의 위기에 상응하는 위협은 각자의 내부로 향한다.

1972년의 박정희 유신 이래 남북한의 독재 세력들은 상대방이 자기네에 쳐들어온다고 상대방을 가리켜 손가락질을 하면서도 정작 그 손가락을 뭉쳐서 휘두르는 주먹질은 자기네 안에 있는 반대파들을 가격하는 일을 지난 반세기 동안 끊임없이 되풀이해 왔다. 그러면서 어쩌다 이 독재자들끼리 직접 얼굴을 마주 댈 일이 있으면 마치 오래된 고향 친구라도 되듯이 웃음질을 마다하지 않았다. 이렇게 '마주보면 웃음질, 담 넘어서는 손가락질, 자기네 식구에게는 주먹질'이라고 요약되는 위기 담론 안에서 웃음질과 손가락질과 주먹질의 의미를 헷갈려 담 넘어 사는 식구나 이웃에게 진짜 웃어보려고 하다가 엄한 주먹질을 당하는 경우가 한두 번이 아닌 가운데서도 정말 다행스러운 것은, 각기 독재자들이 위기라고 고함치는 그대로와는 전혀 반대로 이 와중에 지난 50년 동안 남북한 사이의 전면전은 전혀 일어나지 않았다는 것이다.

이렇게 웃음질과 손가락질과 주먹질의 엇박자를 가장 극명하게 보여주는 다음 세 가지 언술에서 유신 체제의 잔재 정도가 아니라 남북한 분단 체제의 양면적 작동 방식을 실감시키는 실제 사례로서 그것을 앞에 놓고 사고실험을 해 보자. 이 실험의 문제는 이렇다. 즉, 다음의 세 편지는 누가 썼을까?

1. 실제적 사고 실험: 다음의 세 편지는 누가 썼을까?

편지 1(1985년)

"주석님이 40년 전에는 민족해방운동으로 그리고 평생을 조국과 민족을 위해 애써오신 충정이 넘치는 말씀을 하셨다."

"주석님께서는 광복 후 오늘날까지 40년에 걸쳐 조국과 민족의 통일을 위하여 모든 충정을 바쳐 이 땅의 평화 정착을 위해 애쓰신 데 대해, 이념과 체제를 떠나 한민족의 동지적 차원에서 경의를 표해 마지않는다."

"김일성 주석의 생각 그 하나하나가 나의 생각과 거의 동일하다."

편지 2(2007년)

"김정일 위원장님과 인식을 같이하고 있습니다."

편지 3(2005년)

위원장님께 드립니다.

벌써 뜨거운 한낮의 열기가 무더위를 느끼게 하는 계절이 돌아왔습니다. 더운 날씨에도 위원장님은 건강히 잘 계시는지요?

위원장님을 뵌 지도 3년이라는 세월이 흘렀습니다. 그동안 저에게는 많은 변화가 일어났지만 위원장님의 염려 덕분에 잘 지내고 있습니다.

위원장님이 약속해주신 사항들은 유럽-코리아재단을 통해서 꾸준히 실천해나가고 있습니다.

한민족의 하나됨과 진한 동포애를 느끼게 했던 '2002년 북남 통일축구경기'를 비롯해서 북측의 젊은이들이 유럽의 대학교에서 공부할 수 있도록 지원하는 '북측 장학생 프로그램' 등 다양한 계획들이 하나씩 실천되고 있습니다.

다만 아쉬운 점은 '보천보 전자악단의 남측 공연' 및 평양에 건립을 추진했던 '경제인 양성소' 등이 아직까지 실현되지 못하여 안타까움을 느끼고 있습니다.

저의 의견으로는 이런 부분들을 협의해가기 위해서 유럽-코리아재단의 평양사무소 설치가 절실하며 재단 관계자들의 평양 방문이 자유로와질 수 있도록 하였으면 하는 바램입니다.

그동안 유럽-코리아재단을 통해서 실천되었던 많은 사업들을 정리해서 문서로 만들었습니다. 위원장님께서 살펴보시고 부족한 부분이나 추가로 필요하신 사항들이 있으시면 말씀해주시기 바랍니다.

아울러 재단과 북측의 관계기관들이 잘 협력해서 사업을 추진할 수 있도록 관련기관에 위원장님의 지시를 부탁드립니다.

북남이 하나되어 평화와 번영을 이룩할 수 있도록 저와 유럽-코리아재단에서는 다양한 활동을 추진하고 있습니다.

이러한 사업들이 성과를 맺는 날이 곧 올 것이라고 확신합니다.

모든 어려움들을 극복하고 꾸준히 사업을 추진하여 위원장님과의 약속한 사항들이 빠른 시일 내에 이루어지길 희망합니다.

또한 위원장님의 건강을 기원하며 다시 뵙기를 바랍니다.

2005년 7월 13일

2. 북한, 불변의 외간체로서 대한민국 정치에서의 부동의 상수항

'편지 1'은 1985년 당시 대통령이었던 전두환이 북한의 주석 김일성으로부터 친서를 받고 보낸 응답에서 쓴 어구들로서 전두환의 보좌관이었던 박철언 장관의 회고록 『바른 역사를 위한 증언: 5공, 6공, 3김시대의 정치 비사』에서[8] 소개된 것들이다. 박철언 장관의 회고록에서 소개했던 이 편지가 문득 공론장에 올라온 계기는 2013년 6월 25일 보수언론들이 NLL(북방한계선) 문제를 다룬 2007년 정상회담 대화록 발췌본 공개와 관련해 '편지 2'에 나온 대로 "(김정일) 위원장

---

8 박철언,『바른 역사를 위한 증언: 5공, 6공, 3김시대의 정치 비사. 1/2』(서울: 랜덤하우스중앙, 2005.)

님과 인식을 같이하고 있다"는 노무현 전 대통령의 표현을 일제히 제목으로 뽑아 노 대통령이 북의 김정일 위원장에 대해 "굴종 회담"을 했다고 비난한 것이었다. 당시 새누리당 서상기 의원은 이 기사가 나기 5일 전인 6월 20일 국가정보원으로부터 발췌본을 받아 열람한 뒤 "처음부터 끝까지 비굴과 굴종의 단어가 난무했다"고 주장한 것이 발단이 됐다. 서상기 의원의 이 비난은 "맥락을 무시하고 단어만 따와서 굴종 회담이라고 주장하는 것은 차치하더라도. 정상 간 회담에서 필요한 '외교적 언사'의 존재마저 무시하고 있다"는 지적을 받았는데, 노 대통령의 이 언사는 이른바 6공의 황태자라는 별명이 있었던 박철언 장관이 소개한 5공 대통령 전두환의 언술에 비하면 이른바 그 굴종의 정도가 훨씬 약한 것이었음에도 불구하고 노 대통령에 대해서는 "굴종 회담" 논란을 일으킨 보수 언론과 새누리당은 거의 아첨에 가까운 전두환의 언사에 대해서는 일언반구의 비난, 아니 비판조차 제기하지 않았다.

당시 대한민국의 이른바 보수 세력이라고 통칭되는 쪽의 이중잣대는 경희대 이택광 교수로부터 날카롭게 비판되었는데, 이 교수는 "전두환 친서는 적국의 '수괴' 김일성에게 '조국과 민족의 통일을 위하여' 노력하면서 '평화 정착을 위해' 애썼다고 감언이설을 늘어놓고 있다"며 "여기에 대한 김일성의 화답이 '평양에 자주 오시라'는 것이었다니, 노무현 전 대통령을 나무랄 명분이 없다"고 말했다. 이 교수는 "외교문서를 공개하지 말아야 할 이유를 이번에 남재준 국정원장은 확실히 보여줬다. 정치는 실종되고 선동만이 판을 치게 될 것이다. 그 효과가 과연 경제문제를 우선순위로 해결해야 할 박근혜 정부에게 이득일까? 두고 보면 알 일이다"고 말했다.[9]

그런데 '편지 3'을 보면 더 심각해진다. 이 편지가 처음 공개된 것은 2016년 최순실 게이트가 불거지자 당시 여당이었던 새누리당이 "송민순 회고록"을 빌미로 노무현 정부가 대북 접촉에서 보인 태도를 또다시 친북 굴욕적이라는 식으로 공격하자 당시 박지원 국민의당 비상대책위원장이 "2002년 당시 박근혜 야당 대표가 평양에 가서 김정일과 나눈 대화 내용을 잘 알고 있다"고 반박하였는데, 추미애 더불어민주당 원내대표도 "SNS를 보면 국민은 박 대통령이 김정일 위원장을 만난 접촉 경로는 무엇이며 4시간 동안 무슨 이야기를 나눴는가. 당시 박 대통령이 방북해서 김 위원장에 대해 온갖 칭송을 늘어놓았는데 그게 뭐냐고 묻는다"라고 거들었다.[10]

하지만 이런 논란에 대해 당시 인터넷 신문 「프레시안」은 비교적 진보적인 논조로 다음과 같이 논평했다.

이 편지는 외국 국적의 재단 관계자를 통해 전달됐기 때문에 남북교류협력법상 신고 대상이 되는 '한국민의 북한 주민 접촉'에 해당하지도 않고, 내용 역시 평이한 남북 교류 협력 사업 관련 내용에 불과하다. 남북 교류가 활발했던 김대중-노무현 정부 당시의 분위기를 회고하게 한다. 일부 야당 정치인 등이 이에 대해 '이적 행위', '김정일에게 굽신거리며 아첨', '간첩

---

9 이상 이 단락의 기술은 전적으로 위의 책과 CBS윤지나 기자의 기사, 「노컷뉴스」 NLL 발언 파문 전두환도 굴종? "김일성은 평생 조국과 민족 위해 애써"」(2013-06-25 16:00. https://www.nocutnews.co.kr/news/1057471)에 의거하였다.

10 정용인, "(단독) '박근혜 유럽코리아재단 MB국정원이 사찰했다'," 「경향신문」 (입력: 2016. 12. 17. 13:40, 수정: 2016. 12. 21. 14:16, https://www.khan.co.kr/national/national-general/article/201612171340001).

▲ 2002년 북한 방문 당시 5월 13일 저녁 백화원초대소에서 열린 만찬장으로 들어오고 있는 박근혜 유럽코리아재단 이사와 김정일 국방위원장. 바로 뒤에 입장하는 인사들은 신희석 아태정책연구원 이사장, 장 자크 그로하, 지동훈 유럽코리아재단 이사장(왼쪽부터)이다(경향신문 자료사진).

죄' 등의 언사를 동원해 비난하기도 했지만, 실정법 위반도 아닌 사안에 대해 이런 반응을 하는 것은 아무리 대상이 박 대통령이라 한들 색깔론적 공세에 불과하다는 비판을 낳을 것으로 보인다. 다만 박 대통령을 중심으로 하는 '반공 보수' 세력들이 그간 북측과의 교류 협력 자체를 죄악시하고 불온시해온 것에 비춰 볼 때, 편지에 등장하는 일부 문구가 이들 '박근혜 지지 세력'에게는 실망감을 안겨 줄 소지가 다분하다는 해석이 나온다. 예컨대 박 대통령은 편지에서 자신이 "위원장님의 염려 덕분에 잘 지내고 있다"고 했으며, 재단의 남북교류 사업에 대해 "위원장님께서 살펴보시고 부족한 부분이나 추가로 필요하신 사항들이 있으시면 말씀해 주시기 바란다"고 말했다. 또 "재단과 북측 관계 기관들이 잘 협력해서 사업을 추진할 수 있도록 관련 기관에 위원장님의 지시를 부탁드린다"고 하거나 "위원장님의 건강을 기원"하기도 했다. 편지의 마지막 인사말은 "다시 뵙기를 바랍니다"였다. '남북' 대신 '북남'이라는 표현을 쓰기도 했다.11

하지만 박근혜의 언사에 심히 실망스러웠을 것이라고 추정되는 '반공 보수' 세력은 박근혜의 언사에 대해 아무런 시비도 걸지 않았는데, 그 직전 당시 야당 대표였던 문재인이 이런 편지를 쓴 줄 알고 엄청난 비난을 쏟았던 것과는 전혀 배면적인 태도였다. 당시 「경향신문」은 2016년 3월 「주간경향」이 입수한 (박근혜의 2002년 방북 이후 대북 접촉을 담은) 유럽코리아재단의 내부 문서 중에서 나온 앞의 '편지3'을 공개했으며, 이 중에는 북한 측이 '박근혜 이사'에게 보낸 답신도 들어 있었다고 밝혔다. 이 보도는 "이 편지는 여러모로 현재까지 알려지지 않은 박근혜 당시 유럽코리아재단 이사의 행적을 담고 있었다. 재중 동포 강향진이라는 인편을 통해 북한에 편지를 보냈으며, 편지는 일회성이 아니라 여러 차례 보냈다"고 하면서 "지금까지도 찾아보면 「주간경향」 기사 외에서 전혀 언급되지 않는 이 강향진이라는 여성은 도대체 누구일까"라는 의문을 제기하였다.

이런 경우 대한민국 국내법상 아주 민감한 문제는 18대 대통령 출마 직전까지 '유럽코리아재단'의 이사였고 2002년 방북 당시 한나

11 곽재훈, "박근혜, 김정일에 보낸 2005년 편지 뒤늦게 공개 〈주간경향〉 입수·보도… '북남이 하나돼 평화·번영 이록'," 「프레시안」 (2016. 12. 18. 15:32:12, 2016. 12. 18. 15:32:37, https://m.pressian.com/m/pages/articles/146365#0DKW).

라당 대표이기도 했던 박근혜가 어떻게 이렇게 공공연히 대북 접촉을 할 수 있었고, 그 과정에서 어떤 얘기가 오갔는지에 대해 대한민국 정부 통일부 측에 어떤 보고도 행하지 않았을 뿐만 아니라 그 내막이 알려진 바도 없었다는 것이다. 우선은 만약 이런 식의 접촉을 한국 정치계에서 진보권에 해당하는 조직이나 인사가 실행했다면 보수 정당이나 보수 언론 쪽에서 국가보안법을 거론하면서 엄청난 적색 소동을 벌였을 것은 분명했지만, 이 편지의 발송자가 박근혜인 것으로 밝혀지면서 전혀 아무런 문제 제기나 비난도 없었다. 이런 사태에 대해 당시 통일부 대변인은 "당시 유럽코리아재단 측에서 포괄적으로 남북 접촉 승인을 받았기 때문에 문제될 것은 없으며, 어떤 내용의 서신이 오갔는지는 보고되지 않았다"고 밝혔는데, 이 재단의 이사장이었던 장 자크 그로하는 프랑스 국적의 기업인으로, 박근혜의 2002년 방북에 동행한 인사이지만 한국 국적이 아니기 때문에 당국에 북한 주민과 접촉할 때 신고해야 하는 남북교류협력법상 신고 대상이 아니라는 유권 해석을 내렸다.

그리고 또 하나 주목할 것은 2002년 아무 소리 없이 방북하고 교류하고 했던 일이 내내 잠잠하고 있다가 어떤 연유로 10여 년이 지난 시점에 부상하게 되었느냐 하는 점이다. 놀라운 것은 박근혜에 대해 이런 조사를 행한 것은 한나라당 내부에서 박근혜와 경쟁자였고 당시 대통령이었던 MB 측의 국정원이었다는 점이다. 다음 대선에서 박근혜가 정권을 잡을 것에 대비해 MB 쪽에서 박근혜의 '약한 고리'라고 생각되는 그녀의 미스테리한 대북 접촉에 대해 세세하게 조사하고 문제가 될 만한 경로는 모두 차단하고자 했다는 것이다.[12]

3. '적대적 공존'을 공통 기반으로 하는 '선택적 북풍'
: 일어나지 않는 전쟁에 대한 내부용 위기의식의 지속

이런 점들에서 분명히 확인되는 것은 북한이라는 존재의 변화나 제압에 대해 남한 쪽은 그것을 추구할 어떤 수단이나 의지도 갖지 못한 채 도리어 남한 내부의 갈등에서 임의의 상대방을 제압하기 위해 자의로 끌어들이는 일종의 외간체(外間體)로, 오히려 남한 쪽 형세를 조작한다는 것이다. 그 결과 대한민국 안에서 북한은 불변의 상수항으로서 우리가 그쪽을 변화시키거나 추동하는 것이 아니라, 반대로 그쪽이—앉은 자리에서— 보수와 진보를 넘나들면서—굳이 의도한 것도 아닌데— 이쪽을 조작할 수도 있는 위치에 놓여지게 되었다는 것이다.

바로 이렇게 적대하는 상대방에 대한 위기의식은 끊임없이 부각시키고 경우에 따라서는 조장하기도 하면서도, 기묘하게도 조장하는 적대성에 상응할 만큼 상대방을 근본적으로 절멸시키거나 제압하려는 엄두는 내지 않는 상태에서 그 적대성의 직접적 방향은 자기 쪽 내부의 필요에 따라 임의로 내부의 반대파를 겨냥하여 위력적인 탄압을 가하는 데 적용하는 것을 필자는 '적대적 공존'의 존립 조건에 기반한 '선택적 북풍'이라고 규정한다.

그런데 적대적 상대방과의 관계를 적대적 공존으로 끌어가는 것은 그 적대적 상대방도 이런 관계를 수용하고 있을 경우에만 지속 가능한데, 북한 역시 남한 대한민국에 대해 적대성을 유지하지만, 그

---

12 앞의 정용진 기사 참조.

적대성은 어떤 경우에도 상대방에 대한 적극적 절멸이나 패퇴를 시도하지 않을 경우에만 그리고 그 선 안에서만 자기의 존립을 보장받는다는 것을 충분히 의식하고 모든 적대적 행동의 전제로 고려된다. 따라서 이 조건 안에서는 서로에 대한 적대성은 결코 직접적인 공격으로 발전하지는 않는다.

그 결과 대한민국과 북한은 6.25 휴전 이래 공식적으로 전쟁 상태가 종료되지 않았으면서도 직접적인 전쟁은 재연되지 않은 비전투 상황을 여태껏 누려 왔는데, 바로 이렇게 공격으로 전화되지 않는 선에서 공존하면서 적대성을 유지하는 가운데 적대성에 잠재된 위기의식은 내적으로만 시연하여 내부의 반대파를 제압하는 데에만 선택적으로 적용하는 이 구조는 바로 1972년 12월 27일 같은 날, 같은 시각에 남한은 유신 체제, 북한의 유일 체제로 남북한 공히 상대방의 '1인 지배'를 상호 인정함으로써 남북한 분단 체제의 기본구조로 완전히 고착되었다. 그 이래 남북한 사이에 전쟁은 일어나지 않았다. 그러나 일어나지 않는 전쟁에 대한 실질적 대비와 위기의식은 일단은 한번 겪었던 전쟁으로 인한 불신 때문에 그리고 이런 위기의식이 남북한 내부의 기득권 세력의 지배 권력 공고화에 유리함으로 인해 끊임없이 내부 정치에 호출된다.

III. 1972년 12월 27일, 남북한 분단 체제 고착의 바로 그 날까지의 진행 과정
: 상대방의 '1인 지배'에 대한 상호 인정을 공통 기반으로 하는 박정희 유신 체제와 김일성 유일 체제 성립의 역사적 과정과 조건

바로 이렇게 규정되는 '남북한 분단 체제'의 성립 과정은 대한민국에서는 바로 '박정희 유신군사독재 체제'의 성립 과정과 한 치의 틈도 없이 일치한다. 즉, 적대적 공존에 기반하여 비전쟁 상황을 유지하면서 상대방에 대한 공격성은 내부를 향해 선택적으로만 적용하는 '남북한 분단 체제'는 '유신 체제에 대한 박정희 기획'에 정확하게 포함되어 있으며, 이 기획의 착안과 관철 과정에 대해서 필자는 이미 다른 기회에 국내·국제 정치의 맥락에서 본 인과적·역사적으로 논술했던 유신 체제의 성립 과정을 글자 한 자 교정하지 않고 그대로 '남북한 분단 체제'의 성립 과정으로 복기하여 관련된 해설만 추가하겠다.13

박정희가 삼선개헌의 성공에 따라 치러진 1971년 4월의 7대 대통령 선거에서 상대방인 김대중 후보에 신승하여 세 번째 임기에 들어가던 시기를 전후하여 대한민국과 그 주변에서 일어난 사태들을 3중 요인별(국제 요인, 대북 요인, 국내 요인)로 연대순으로 정렬하여 분석해 보면,14 동남아시아에서 베트남전이 지속적으로 격화되고 있음에도 불구하고 1960년대 초반에서 70년대 전반까지 국가 간 관계를

---

13 다음의 기술은 전적으로 졸고(2020), "5. [사라진 국회] 왜 하필 '국회 해산'이었던가?: 박정희 결정의 다중 요인들(국외 요인, 대북 요인 그리고 국내 요인) 중에 '국회가 사라져야 했던' 필연적 요인이 있었을까?'" 중 48-53쪽을 옮겨온 것이다.

14 위의 글, 39-47. 3중 요인별 사태들을 조밀하게 재구성한 "[도표1] 유신 독재체제로 끌고 간 3중 요인별 사태 추이".

국제적으로 규정짓던 동서냉전의 조건이 그 중심 국가인 미국과 소련 양쪽 진영 내부에서 심각하게 침식되고 있었음을 분명히 인지할 수 있다.

그런데 당시 대통령 박정희나 북한의 행보를 보면 1968년 1.21 사태를 비롯하여 1971년 전반에 이르기까지 상대방 내부 깊숙이까지 상대방으로부터 무력적 위협을 느낄 수 있는 군사 정세가 전개된 것은 분명했다. 그리고 6.25 동란이 종전(終戰, end of war)도 아니고 휴전(休戰, ceasefire)으로 어정쩡하게 매듭지어지고, 채 십 년도 넘지 않은 1960년대 초에 1년을 사이에 두고 4.19 혁명을 통해 제2공화국을 성립시켰으면서도 5.16 쿠데타라는 헌정 중단 사태를 겪은 대한민국에서 '북한의 침략 위협'이라는 말은 대한민국 시민들 사이에서 여전히 조건반사적 공포를 야기시킴으로써 국민들의 민주적 의사 표현 그리고 기득권 적폐나 사회적 폐습에 대한 항거 의지를 약화 내지 무력화시키는 데 정치적으로 상당한 효능을 발휘하고 있었다.

특히 '반공'(反共, anti-com)은 일제강점기와 민족 분단 체제를 거치면서 시대마다 형성된 반민족적 매국 세력이나 적폐 세력이 대한민국 국가와 사회의 기득권 지배 세력으로 뿌리를 내리는 과정에서 이들을 불의한 세력으로 보아 이해관계를 같이 할 수 없는 국민적 의지를 정신적으로 제압하는 데 결정적으로 유리하게 작용할 이데올로기를 제공하였다. 반공 이데올로기의 외적 표적으로서 '북한'이라는 실체가 선공함으로써 벌어진 6.25라는 전면 전쟁의 체험 그리고 휴전협정에도 불구하고 휴전선 전방과 후방의 시민 생활에 직접적 위협을 가하는 북한 측의 무력 도발은, 남북한 양쪽 민중들의 시야에서 무력 도발을 가하는 북한 측이나 그것을 수세적으로 당하는 쪽에 서는 듯한 남한 측 등 양쪽 지배 세력의 정치적 동기와 의도가 미묘하게 변화하는 추세를 차단하고 있었다.

상당 기간 세월이 지나면서 1970년대 국내외 역사에서 다음과 같은 사실은 확실하게 읽혀졌다.

당시 미국과 소련 양쪽으로 '양극화'되어 있던 동서냉전은 서방 국가들의 시민적 기반이 선진적으로 민주화되면서 각국 정부들의 대외정책 방향이 탈냉전화되고, 단일 대오를 이루던 현존사회주의 진영 내에서 소련과 중공(中共)15 사이에 무력 충돌을 불사한 갈등이 표출되면서 국제관계의 형세는 급격하게 '다극화'되었다. 동남아시아에서는 베트남전이 여전히 지속되고 있음에도 불구하고 1968년을 정점으로 하여 중소분쟁을 기점으로 미국은 소련의 힘을 일정 정도 억제할 수 있는 한 국제적 차원에서 더 이상 냉전 또는 열전 형태의 대결을 추구하지 않겠다는 의지가 뚜렷해지고 있었고, 그 점에서 한국전쟁 이래 20년간 동결되어 있었던 중국과의 관계 개선을 통해 소련의 위세를 억제하겠다는 전략적 구도를 짜고 있었다. 핑퐁 외교 그리고 닉슨 대통령의 보좌관 키신저의 중국 방문 등이 성사되면서 확인된 미국 및 중국의 의지와 그에 따른 외교적 움직임이 충분히 감지된 1971년을 넘기면서 적어도 외교적 차원에서 미국과 중국이 직접 주도하거나 개입하여 한반도에서 전쟁이 벌어질 위협·요인은 현저하게 감소하고 있었다.

---

15 대륙 중국, 즉 '중화인민공화국'은 미국에 대항하여 북한을 지원한다(抗美援朝)는 명분으로 한국전쟁에 개입하여 미국과 전쟁을 벌이면서 대한민국 입장에서는 북진 통일을 방해한 숙적으로 간주되어 노태우 정권 때 대한민국과 정식으로 수교하기(1992) 이전에는 '중공'(中共)으로 비하되었다.

그리고 남북 사이에도 1968~1970년 사이에 이루어진 도발과 국지적 무력 대결 국면을 넘어 1971년부터 미국과 중국 사이에 화해 국면이 본격적으로 전개되자 남북한 당국은 1971년 9월의 적십자 회담을 시발로 하여 1972년 7.4 남북공동성명을 성사시키면서 한국전 휴전 이후에도 휴전선 지역에서 빈번했던 국지적 충돌조차 의도적으로는 더 이상 벌이지 않겠다는 상호 확인이 이루어졌다. 남북 사이에 적십자 회담을 통한 이산가족 상봉이 부분적으로 이루어지고, 남북공동선언으로 평화통일의 분위기까지 조성시킨 당시 남북한 최고 지도자들의 '속마음'이 남북한 양측 국민 또는 민중들에게 전달된 '겉표현'과 확연히 달랐다는 것은[16] 세월이 지나면서 드러난 당시 원천자

---

16 "우드로윌슨센터가 발굴한 1970년대 남북 7.4 성명 이후 상황을 담은 루마니아 외교문서에는 북한이 남북 대화를 추진한 속셈과 국제사회를 상대로 남한 정부를 고립시키려 했던 이른바 '평화·선전 공세'의 진면목이 잘 드러난다. 즉, 북한이 남북 대화를 통해 박정희 정권의 기반을 흔들어 야당 진영의 집권을 도우려 했음을 입증하는 외교 문서가 공개됐다. 그 문서들 안에는 "남측과의 대화를 통해 남한 대중들에 혁명적 영향을 미치고 있다. 아울러 남한 괴뢰도당을 국내는 물론 국제적으로 고립시키고, 혼란 상황으로 몰아넣고 있다. 우리의 평화 공세가 이룩한 또 다른 큰 성과는 남한에 미군이 주둔할 어떤 명분도 없다는 점을 알릴 수 있었다. 7.4 공동성명서에서 우리가 남한을 침공할 의사가 없음을 선언했기 때문이다. 7.4 공동성명은 '남북의 통일은 외세의 간섭 없이 자주적이고 평화적인 방법으로 민족대단결의 원칙으로 이뤄야 한다'고 천명했다"는 말이 나오고, "남한 혁명운동가들이 지하에서 그들의 활동을 전개해나갈 때 솔직히 현재의 상황은 이전에 비해 매우 우호적이다. 남북공동조절위와 남북적십자대화 등의 대화 채널에 남한의 노동자, 농민, 학생, 지식인, 야당 세력 등 북한에 동정적인 세력의 참여를 유도하고 있다" 그리고 "남북적십자회담이 개최된다고 하니까 일부에서는 통일이 무르익어 가는 줄 알고 있는데, 이산가족 찾기라는 그 자체로서는 흥미가 없습니다. 그러니까 적십자회담을 통해서 합법적 외피를 쓰고 남조선으로 뚫고 들어갈 수 있는 길이 트일 것 같으면 회담을 좀 끌어보고 그럴 가능성이 보이지 않을 것 같으면 남조선 측에서 당장 받아들일 수 없는 '반공법 철폐', '정치활동의 자유'와 같은 높은 요구 조건을 내걸고 회담을 미련 없이 걷어치워야 하며, 회담이 진행되는 기간 이 회담장을 우리의 선전 무대로 이용해야 합니다"라는 등 이런 평화 무드를 북한 측의 통일전선 전략에 활용할 수 있으리라고 믿는 발언들이 기재되어 있다(나무위키, "7.4 남북공동성명," https://namu.wiki/w/7.4%20%EB%82%A8%EB%B6%81%20%EA%B3%B5%EB%8F%99%20%EC%84%B1%EB%AA%85, 최근 수정 시각: 2020. 9.

료들에서 다양하게 입증되지만, 지금까지 나온 자료들에 근거해서 판단해 보자면 1972년 당시로서는 확신할 수 없었던 다음의 핵심적 사실이 남북한 양측 최고지도자인 박정희-김일성 사이에 공유되었던 것만은 분명하다고 추정된다. 즉,

첫째, 대한민국의 박정희 대통령이나 북한의 김일성 수상이 상대방 체제의 붕괴에 대해 평화통일 아니면 적화통일 등 그 어떤 전략적 의도를 갖고 있었든, 6·25와 같이 상대방에 대한 전면전(全面戰) 또는 그에 준하는 무력 대결만은 한반도 분단관리 전략의 선택항(option)에서 완전히 배제한다는 것이고, 양측 사이에 자신들의 이런 뜻은 확실하게 전달되었다는 것이다.[17]

둘째, 박정희, 김일성 양자는 서로를 치명적으로 공격하지 않기로 하면서도 각자의 지배구역 즉 남한 및 북한 내부에서 상대방을 '임재하는 내부 적대자'(present internal antagonist)로 전면적으로 재생산하면서도 그 내부에만 국한된 상대방 체제에 대한 적대적 행태는 방임하는 '상호방관적 적대성의 내향적 전면화'(inward totalization of mutuallly bystanding antagonism)를[18] 통해 각자 '전체주의적 일인 통치

---

28. 13:01:38).

17 1972년 5월 평양을 비밀 방문한 당시 이후락 중앙정보부장이 당시 김일성 수상에게 불려가 예정에 없던 심야 회동을 했을 때 김 수상이 1.21 사태에 대해 명확하게 사과하고, 당시까지만 해도 휴전선에서 빈발했던 양측 병사들 또는 요원들 사이의 무력 충돌을 줄이자고 한 대화 내용은 "7.4 남북공동성명" 2호 조항에 다음과 같이 명시되었다. 즉, "쌍방은 남북 사이의 긴장 상태를 완화하고 신뢰의 분위기를 조성하기 위하여 서로 상대방을 중상 비방하지 않으며 크고 작은 것을 막론하고 무장 도발을 하지 않으며 불의의 군사적 충돌 사건을 방지하기 위한 적극적인 조치를 취하기로 합의하였다"(이 글 말미에 첨부한 공식 문건 3 참조).

18 상대에 대한 적대성을 체제 운영의 기축으로 삼고 있으면서도 그렇게 적대시하는 상대에

체제'(totalitarian one-man ruling system)를 구축하고, 이것을 암묵적으로 양해한 것으로 추정되었다.

결론적으로 이와 같은 상황 전개가 알려주는 바는 3중 요인의 측면을 검토할 때 1972년까지 전개된 국제 요인과 대북 요인의 측면에서는 그 어떤 국방상의 비상조치나 국회 해산까지 감행해야 할 명백하고도 현전하는 비상사태(clear & present emergency)가 발생할 여지는 전혀 실존하지 않았다는 것이다. 이미 1971년 12월 20일 발간된 미국 시사주간지 「타임」(*TIME*)은 당시 박정희 대통령의 10.26 국가비상사태 선언에 대하여 그 선언이 상정하는 "비상사태"란 일종의 "상상"(想像)으로서 당시 한국의 정세에서 비상사태가 조성되었다는 "증거는 전혀 없다"(No evidence)고 단언하였다. 이렇게 전혀 비상사태가 아닌 국내외 상황임에도 불구하고 박 대통령이 "국가비상사태"를 "선언"하자 그 선언은 "자기 나라 사람들(즉, 한국인)뿐만 아니라 한국의 동맹들도 경악시켰다."[19]

─────────────────

대해서는 방관했던 대표적 사례는 박정희 격살 후 신군부가 집권하는 과정에서 자행한 12.12 군사 쿠데타와 5.18 민주화운동 당시 광주항쟁 현장에 대한민국 군대의 상당 병력이 휴전선 또는 주둔지를 비우다시피 한 상황이 조성되었음에도 "북한군은 아무런 특이 동향을 보이지 않았다"는 사실이다.

19 "올 대선에서 3선을 위해 뛰면서 한국의 박정희 대통령은, 북한은 남한에 또 다른 공격을 준비할 태세를 갖추었다고 반복해서 경고했다. 따라서 그의 말에 따르면 '현 상황은 한국전쟁 전야를 상기시킨다'는 것이다. 지난주 그의 동맹국들뿐만 아니라 자기 국민들까지 경악시켰던 조치를 취하면서 그는(그의 말에 따르면) '우리나라가 사망에 임박할 정도의 심각한 상황에 직면하고 있기' 때문에 '국가비상사태를 선포'했다. 그 과정에서 그는 이미 고도로 통제되고 있는 민주주의에 대한 그의 개인적 장악력을 재차 강화했다. 하지만 그 어떤 증거도 없다! 비상사태 선포는 계엄령 가기 직전에 딱 그 수준에 멈추는 것이다." (Running for a third term earlier this year, South Korea's President Chung Hee Park warned repeatedly that North Korea was poised for another attack

그렇다면 이렇게 그 어떤 비상사태도 없는 국제 관계와 대북 관계는 당시 대한민국 대통령 박정희에게 그리고 북한의 내각 수상 김일성의 권력 활동과 정책에 어떤 영향을 미쳤을까? 우리가 추적한 바에 따르면, 그 결과만 놓고 볼 경우 이러한 국제 관계와 대북 관계는 박정희와 김일성에게 거의 같은 영향을 미쳤던 것 같다. 왜냐하면 남북한의 두 독재자는 단 하루의 차이도 없이 1972년 12월 27일 같은 날 같은 시각 '유신 체제'와 '유일 체제'라고 하는 전체주의적 일인 지배 체제를 동시에 출범시켰기 때문이다.

이 점은 1968~72년의 연대기에서 명확하게 확인되는데, 남한의 박정희 대통령은 1972년 10월 17일 19시 계엄령을 선포하여 헌법의 효력을 정지시키고 정당 및 정치 단체들의 활동을 중지시키면서 국회를 해산하고, 비상국무회의가 의결한 개헌안을 1972년 11월 21일 국민투표로 통과시켜 이 헌법, 즉 '유신헌법'에 따라 12월 15일 통일주체국민회의 대의원을 선출하고, 12월 23일 자신이 단독후보로 나선 '통일주체국민회의' 대의원 회의에서 대한민국 제8대 대통령으로 선출되었으며, 12월 27일 유신헌법을 선포함과 동시에 대통령 취임식을 거행하여 '대한민국 제4공화국'을 만들어 냈다.

그리고 대한민국 제4공화국이 출범한 바로 그날 1972년 12월 27일 북한은 헌법을 개정해 이른바 '사회주의헌법'을 선포하고 그에 따

---

on the South. "The situation", he said then, "is reminiscent of the eve of the Korean War." Last week, in a move that startled his allies as well as his coun-trymen, he declared a "state of national emergency" because, he said, "our country is confronted with a grave situation." In the process, he reinforced his personal grip on an already highly controlled democracy. No Evidence. The emergency declaration stopped short of martial law"("SOUTH KOREA: Imaginary Emergency," *TIME* (Monday, Dec. 20, 1971).

라 신설된 주석직에 당시 내각 수상 김일성이 취임함으로써 '유일 체제'를 출범시켰다. 결국 벌어진 사태로만 추론하면 남한에서는 '유신 체제', 북한에서는 '유일 체제'를 만들어 내기 위해 "남북 정권이 비밀리에 교섭하며 국제 정세를 이용"하였다는 비판을 면치 못할 상황이 전개되었다.[20] 우연의 일치일 수는 있겠지만 '10월유신'이 선포되기 반년 전부터 당시 남북한 최고지도자 사이에 최고 신임을 받는 이들이 오갔고, 휴전선에서의 적대 행위 종식이 공약되는 '7.4 공동성명'의 파격성을 감안하면, 대한민국의 '유신(독재) 체제'와 북한의 '(수령) 유일 체제' 사이에 무력적 상호 적대 관계를 종료하겠다는 선언은 사실상 '성격이 상이한 두 독재체제의 공생 체제', 나아가 상대방에 대한 적대성은 내향적으로만 적용하고 빈번하게 물리적 충돌로 귀결할 가능성이 있는 상호 적대성은 상호 방관성으로 교체하여 내적 필요성에 따라 상호관계를 이용할 수 있도록 하는 그런 방식의 분단 체제 관리가 정착된 것을 표징한다.[21]

따라서 '박정희 유신 체제'(그리고 '김일성 유일 체제') 성립의 직접 원인은, 남한의 경우 당시 국제 관계나 대북 관계에서 그 형성 계기를 찾을 수 없이 박정희 개인에게 닥친 개인적 차원의 정치적 위기 그리

---

20 나무위키, "7 · 4남북공동성명," 앞의 글.

21 2011년 3월 14일 연세대 박명림 교수는 프레스센터에서 열린 5.16 쿠데타(5.16 군사정변) 50년 학술대회에서 미 국무부 자료를 제시했다. 이 자료에는 "한국은 박 대통령의 10월 17일 유신 계엄령 의도, 집권 연장과 체제 강화 계획에 대해 미국에 알리기도 전에 평양에 통지했다"라고 적시돼 있다. 이 자료에 대해 박 교수는 "국가안보와 안정이 유신 쿠데타의 명분이었지만, 유신이 평양 정권의 양해 아래 진행되었을 가능성을 담고 있다"고 해석했다(이용욱· 김진우· 강병한 기자 정리, "[5.16 쿠데타 50년 학술대회] '朴정권, 10월유신 선포 북한에 미리 알렸다'," 『경향신문』. 입력: 2011. 3. 14. 20:21, http://news.khan.co.kr/kh_news/khan_art_view.html?artid=201103142021245&code=910100#csidx1264664095513c4af52a8895a467162).

고 북한에서는 중소분쟁으로 흐트러진 사회주의권 단일대오의 와해에 따른 체제 존립의 외적 환경 취약화에 대하여 당시까지 비교적 성공적으로 진행되었던 북한 경제의 산업화와 조선로동당의 인민장악력을 극대화시켜 1인 지배자를 정점으로 전체주의적으로 내부 결속을 공고히 하려는 의도에서 찾아질 수 있을 것이다. 이렇게 각기 달리 동기 지워진 박정희 유신 체제와 김일성 유일 체제는 각기 유신헌법과 사회주의헌법 안에 남북한 각각의 국가 체제를 규율하는 최고 규범들을 장착시켰다.

IV. '유신 체제'와 '유일 체제'를 매개적 계기로 고착된 '적대적 공존을 기반으로 한 남북한 분단 체제'의 구조와 작동 방식

남한의 박정희 유신 체제가 스스로를 국가 최고 권력으로 정립하고자 했을 때 그것을 구현하는 유신헌법은 '박정희 1인'이 그 누구의 방해나 간섭도 받지 않고 영구적으로 권력을 잡을 수 있도록 국민주권마저도 관리할 수 있도록 짜여졌는데, 그 내용적 특성은 다음과 같다.

1. 대통령 직선제 폐지 및 헌법상 주권 행사를 위임받은 '통일주체국민회의'를 통한 간접 선거 — 국민주권의 장악
2. 국회의원의 1/3을 대통령 추천으로 통일주체국민회의에서 선출 — 입법부 장악
3. 대통령에게 헌법 효력까지도 일시 정지시킬 수 있는 긴급조치권 부여

— 국민 일상의 직접적 감시와 통제

4. 국회 해산권, 법관 임명권, 법률 거부권 등 대통령이 가질 수 있는 권한을 늘려 대통령이 3권 위에 군림할 수 있도록 보장 — 3권을 1인 대통령에게 집중

5. 대통령의 임기를 6년으로 연장하고, 연임 제한을 철폐하여 종신 집권을 가능케 함 — 영구 종신 집권

결국 유신헌법은 박정희 '오직 한 사람을 위해' 대한민국 국가를 영구적으로 전체주의적으로 통치할 수 있도록 하는 '민주주의 제로' (zero-democracy)의 구조를 장착하였다. 이에 반해 북한의 "조선민주주의인민공화국 사회주의헌법"은 다음과 같은 특징적 내용들을 구비하였다.

1. 조선민주주의인민공화국을 "자주적인 사회주의 국가"로 규정해 혁명 단계가 인민민주주의 혁명 단계에서 사회주의 혁명 단계로 넘어왔음을 명확히 함.

2. "조선민주주의인민공화국의 수부(首部, 수도)는 서울시다"라는 조문에서 '서울'을 '평양'으로 바꿈.

3. 조선로동당의 우월적 지위 명시.

4. 사회주의적 소유제도의 확립.

5. 주체사상의 헌법 규범화.

6. 국가주석제 도입 및 권한 강화.

7. 집단주의 강조.

8. 최고인민회의 상임위원회를 최고인민회의 상설회의로 개편하고 내각

을 정무원으로 개편.

이런 특징들 중에 가장 핵심적인 것은 "주체사상"을 헌법 서문(序文)에서 북한의 지도이념으로 최고점을 찍게 했다는 점인데, 이로 인해 그 뒤에 나오는 국가 운영과 관련된 모든 요인들이 주체사상의 하부 요인으로 해석되게끔 헌법이 하향 직립적으로 짜여졌다는 것이다. 그것을 도표화하면 다음과 같다. 즉,

자주적 사회주의 국가
↓
주체사상 = 김일성 = 국가주석
↓
조선로동당
↓
최고인민회의 상설회의
↓
정무원
↓
집단주의적 사회주의적 소유제

↑★평양★↑

이 두 체제의 공존은 두 체제 사이에 어떤 갈등이나 긴장이 발생하더라도 두 독재자 자신들의 정권 운명을 전면적으로 걸어야 하는 전면전을 피한다는 것을 최우선적 목표로 삼아 남북한 사이에서 일어나는 모든 위기가 이 최우선 목표 안에서 관리되도록 하는 것을 분단 관리의 원칙으로 하면서 각자의 체제 내부에서 일어나는 일에 대해서는 실질적 간섭을 하지 않는다는 암묵적 약속하에 가능하였다. 이와 같

은 양측의 위기 관리 원칙이 가장 잘 관철된 사례는 두 독재자가 두 눈 시퍼렇게 통치하던 1976년 8월 18일 오전 10시에 일어난 이른바 '판문점 도끼 만행 사건'이었다.

남북 판문점 공동경비구역에서 유엔군 측이 시계를 가리는 미루나무를 베려고 하자 북한 측 경비병들이 나서 벌목을 시도한 미군 병사 2명을 도끼로 찍어 살해하는 만행을 범했다. 이에 미국은 '폴 버니언 작전'을 발동하여 본래 벌목하고자 했던 미루나무를 기어코 베어버렸는데, 당시 경비 병력으로 같이 투입되었던 한국군 특전사 병사들은 조선인민군 초소 4개에 난입하여 실내를 완전히 파괴하였다. 그런데 북측은 이런 낌새를 눈치채고도 자기네 초소의 병사들을 철수시키고 국군 측이 초소를 박살내는 파괴 행위로 보복을 벌이는 동안 일체 나서지 않고 방임하였다. 또한 당시 국군 측의 특전사 결사대는 북한군이 특전사의 공격에 대항해 무력 대응을 할 경우엔 북한군을 과감히 사살한다는 계획을 세우고 있었다. 다만 "먼저 북한군을 사살하지는 말라"는 명령이 내려져 있었다. 즉, 북한군을 구타하고 초소를 파괴하다가 북한군이 발포하면 바로 응사해서 사살하도록 되어 있었다. 그러나 북한군이 처음부터 저항 없이 무조건 도망가기만 해서 교전은 발생하지 않았다.[22]

---

22 "미국 측이 나무를 자르는 동안, 심지어 한국 특전사 대원들이 초소에 침입해 불을 지르고 온갖 난장판을 만들고 있을 때도 대응은커녕 초소를 비우고 도망쳤다. 김정일 주도설을 제기했던 신경완의 증언에 의하면, 미군 장교를 죽일 정도로 막 나갈 것을 예상하지 못한 상태에서 미군 장교를 둘이나 살해했다는 보고가 상부에 올라가자 김정일을 포함한 수뇌부에서도 난리가 났다고 한다. 김정일은 즉각 철수하라는 명령을 내렸고, 미군 장교가 북한군에게 죽었다는 소식을 듣고 기절초풍한 김일성이 노발대발하면서 이런 짓을 왜 했느냐고 질책했다. 이에 김정일은 '미국의 의식적인 도발이다. 저들이 전쟁을 일으키려고 도발했다'는 뻔뻔한 거짓 보고를 올렸다. 당 비서들은 차마 김정일이 시켰다는 말은 못 하고

그런데 국가 체제를 이렇게 일원적으로 일사불란하게 전체주의적으로 결속시키면, 일단 대외적으로는 명백하게 현전하면서 대면해 오는 외압에 대해서는 충돌 순간 동안 강고한 저항력을 발휘할 수 있으나 그런 외압이 장기화된다든가 아니면 그 반대로 외압이 잠복하여 모호한 대립상태가 지속될 경우, 나아가 외압 자체가 사라질 경우 자체적으로 응집된 결속력은 우선은 자기 보존의 관성을 계속 유지하게 되는데, 이 경우 애초에 확보했던 결속력의 수준을 넘어서는 자기 변화를 도모하기가 대단히 어려워진다.

더구나 이런 결집력이 1인 지배자에 의해 장악된 상태에서 생성되었다면 그 결집력의 계기가 된 외압이 사라지거나 현격히 이완된다고 하더라도 그 1인 지배자가 자신이 장악한 결속력을 자진 해소하거나 다른 형태로 변형시키도록 허용하는 일은 역사상 참으로 드물게 나타나는 현상이다. 오히려 그 반대로 위기의 시기에 결집시킨 결집력을 자신의 독점권력으로 영유하기 위해 그것을 가능하게 했던 위기 상황에 대한 의식을 인위적으로 재조성하는 경우가 허다하게 나타나고, 이런 점에서 남북한 사이의 군사적 긴장은 양측의 독재자들에게 자기 정당화의 유용한 근거를 제공한다. 세종연구소의 이종석 연구위원은 남북한의 긴장된 대결 상태를 "분단을 자기 조건으로 한 분단 체제"의 성립으로 규정하고,[23] 남북한의 "정권 담당자들이 (내부적으로 _ 필

인민무력부 놈들이 미쳐서 그랬다고 보고했다. 김일성은 극대노하여 인민무력부장 최현을 불러서 심하게 질책하고, 김정일의 죄를 뒤집어쓴 최현은 역시나 작전국장을 불러서 책벌했다고 한다. 미국의 보복 작전이 준비되었다는 보고를 접하자 김일성은 '사람이 죽었으니 유감을 표명하라. 푸에블로호 사건 때도 미국이 사과를 하지 않았는가?'라는 면피성 지시를 내렸다." 나무위키, "판문점 도끼 만행 사건"(https://namu.wiki/w/%ED%8C%90%EB%AC%B8%EC%A0%90%20%EB%8F%84%EB%81%BC%20%EB%A7%8C%ED%96%89%20%EC%82%AC%EA%B1%B4, 최근 수정 시각: 2022. 11. 25. 20:46:50.).

자 주) 정권 안정화를 위해 분단조건을 의도적으로 이용하는 경우가 빈번"하다고 하면서 그 형태를 다음 다섯 가지로 분석하여 각기 실제적으로 일어난 사건들을 지적하였다.[24]

첫째, 상대방에 대한 경계심리를 자극해서 정권 안정화에 이용하는 방법 — 사례: 1986~1987년의 '평화의 댐 사건'(북한의 수공 전략으로 과장·왜곡해서 반독재 민주화 투쟁의 열기를 냉각시키려고 시도).

둘째, 반대 세력에게 상대방과의 연계 내지 내통 혐의를 조작해서 모함하는 경우 — 사례: 1956년 북한의 '8월 종파사건'('반종파 투쟁' 과정에서 분단 상황 이용).

셋째, 통일 지향적 언술을 통한 정권 안정화 또는 정변 시도 — 사례: 1972년 박정희의 10·17 대통령 비상사태 선언("통일에 대비"한다는 명목을 앞세워 정치체제의 폭력적 변화를 시도하여 유신군사독재 체제를 구축).

넷째, 분단이 야기한 긴장 상황을 정권의 경제발전 기치로 전용 — 사례: 1960년대 북한에서 분단 구조 아래에서 대외 환경과의 긴장으로 발생한 각종 이슈들을 본격적인 생산력 증진의 동기로 이용("남조선 형제들을 구원하기 위하여 더 많이 증산하자"[25]).

다섯째, 쌍방 체제의 취약점 비난을 통한 자기 정통성 확인 — 사례: 계속되는 북한의 남한 비방 방송이나 남한 언론이나 공기관에서 빈번히 등장

---

23 이종석(1994), 149.

24 위의 글, 150-151.

25 1960년 11, 12월에 「로동신문」에 실렸던 대표적 기사들의 제목들로 "남녁땅 형제들을 구원하는 불타는 마음으로"(비닐론 공장 건설자들, 1960. 11. 28.) 등. 위의 글, 151, 각주 12에서 재인용.

하였던 '북한 주민들의 참혹상' 또는 북한 정권의 잔혹함 선전 등.

이와 같이 의도적으로 상대방을 이용하는 경우가 빈번했지만, 이쪽에서 의도할 수 있는 선을 벗어난 범위에서 벌어진 "상대방의 자극적인 행동이 반사적으로 정권 안정화를 돕는 형태"가 나타나면서[26] (사례: 1960년대 북한에서 시도한 남조선 혁명노선에 의해 남한 내 지하조직으로 '통일혁명당' 결성 시도) 보통 '북풍'(北風)이라고 통칭되는 이런 류의 북한 행태로 인해 정치적으로 이득을 보아왔다고 믿는 남한 쪽의 반공 보수 인사들이 이제 선거를 통한 정권교체가 반복되는 민주정치의 경쟁판에서 유권자의 표심을 끌기 위해 북한 통치부를 매수하여 인위적으로 북풍을 조성하려는 시도를 자행하는 경우가 나타난다.

가장 대표적인 사례로는 1998년 제15대 대통령 선거에서 새정치국민회의 김대중 후보를 떨어뜨리기 위해 한나라당 이회창 후보의 관련자들이 북한에 국지도발을 일으켜 달라고 부탁하여 터진 총풍 사건이었다. 다시 말해서 반공을 외치며 종북몰이를 하던 이들이 정권 유지를 위해 남방한계선(DMZ)을 향해 총을 쏴달라고 한 셈이었다.[27] 이것은 박정희와 김일성이 깔아놓은 '적대적 공존 관계에 기반한 남북한 분단 체제'에서 그 한 축을 이루는 인적 세력은 일부 무너졌어도 이 분단 체제의 구조 자체와 그 구조에서 이득을 본다고 믿는 후속 세력이 계속 이어져 왔음을 보여준다. 즉, '박정희 유신 체제'와

---

26 위의 글, 152.
27 나무위키, "흑금성 사건" (최근 수정 시각: 2022-11-30 19:33:52. https://namu.wiki/w/
   %ED%9D%91%EA%B8%88%EC%84%B1%20%EC%82%AC%EA%B1%B4).

'김일성 유일 체제'의 동시적 접점에서 구조화된 '남북한 분단 체제'는 당사자인 박정희와 김일성은 각기 다른 시기에 사망하였지만, 그들이 자기 개인 권력의 영구 유지를 위해 짜놓은 '적대적 공존에 기반한 선택적 적대'의 구조는 남북한 양측 내부에 거기에 기대어 기득권을 유지하는 지배 세력의 기반으로 여전히 작동하고 있고, 이 점에서 상당한 민주화를 달성한 남측 대한민국의 시민들은 적어도 남북 관계에 있어서만큼은 21세기 세 번째 십년기를 경과하는 현재에도 '박정희-전두환의 유신군사독재 체제'가 구조 지은 '분단 체제'의 프레임 안에서 단 한 발자국도 벗어나지 못했을 뿐만 아니라, 이 체제는 분단 체제의 다른 한 축인 유일 체제의 직접적 계승자가 '핵보유국의 국제적 인정'을 국가 최고 목표로 고수하는 새로운 현실 앞에서 오히려 그 강고함을 더해가고 있다.

V. 유신 청산의 최종 목표: '남남갈등'을 극복하여 '남북한 분단 체제'를 넘을 수 있는 'K-데모크라시' 역량의 극대화를 통한 '핵무기 무의미화'의 예감

분명히 자신들의 영향권 안에서 1인 영구 독재를 지속하는 것이 최우선 목표이기는 했지만, 박정희 유신 체제와 김일성 유일 체제를 매개로 구축된 남북한의 적대적 공존 관계는 그것이 확실하게 성립된 1972년 이래 50년 동안 남북한 사이의 전면전 재발을 원천적으로 자제하는 남북한 자체의 자율 규제 원칙이 의식적으로 작동해 왔다는 긍정적 효과 하나는 분명히 있었다. 그러면서도 그것은 변치 않고,

최근 서해 공무원 피살 사건에서 보듯이 남북한 내의 기득권 적대 세력에 대한 내적 억압 기제로 여전히 작동하고 있다.

이런 분단 체제라는 저주로 인한 악순환을 벗어나려고 한다면 당장 없앨 수 없는 저주 자체를 없애려고 하기보다는 일단 저주에 걸려 고통받는 당사자 자신이 저주에 대한 내구력을 길러내야 할 것으로 보인다.

일단 분단 체제의 한쪽 당사자인 남측 대한민국은 분단 체제로 인해 이쪽 사회 안에서 발생하는, 보통 '남남갈등'이라고 불리는, 남한 내 자체 갈등부터 극복할 수 있도록 '대한민국 민주주의', 즉 'K-데모크라시'의 역량을 보다 극대화시켜야 할 것이다. 그러면서 국제적으로 사실상 실패 국가(failed state)로 취급받는 북한에 대해 지금까지 양쪽 기득권 세력 또는 이산가족, 좀 더 넓히자면 통일 운동 참여자 정도에 국한되었던 남북한 시민 간의 직접 교류 접촉면을 각자의 생활에 의미를 가질 정도로 확대·심화시킬 방안을 마련해야 할 것이다. 가까이 만나지 않고 서로의 변화를 기대한다는 것은 불가능한 일이다. 바로 이렇게 남북한 시민 간의 접촉면을 획기적으로 넓혀 가면, 각기 한쪽은 핵 보유 그리고 다른 쪽은 전면적 핵 폐기를 고수하는 북한과 미국의 대립 사이에서 '핵의 무의미화'를 추구할 수 있는 남북한 시민 사이의 폭넓은 공감대가 창출될 수 있는 가능성이 높아질 것이다(이런 점에서 보면 대북 제재의 대상도 아니었던 개성공단 폐쇄는 이런 시도가 결실을 맺을 수 있었을 기한을 엄청나게 순연시킨 참으로 애석한 정책 착오였다).

하지만 독재자들이 남긴 모순의 파편들 안에서도 희망의 유리 조각은 골라낼 수 있을 것이다. 이런 점에서 필자는 국정의 최고 책임자

를 직선(直選)하는 시민 주권자가 주기적으로 폐해 권력을 필터링
해 왔던 'K-데모크라시'의 역사적 잠재력에 다시 한번 큰 기대를 걸
어본다.

참고자료

姜英雲 選.『최후의 金載圭』(서울: 民潮社, 1988).

건국대학교 통일인문학연구단.『분단체제를 넘어선 치유의 통합서사. 통일인문학연구총서 21』(서울: 선인, 2015).

공제욱 엮음.『국가와 일상: 박정희 시대』(파주: 한울아카데미, 2008).

권보드래· 천정환.『1960년을 묻다: 박정희 시대의 문화정치와 지성』(서울: 천년의상상, 2012).

권보드래 외.『1970 박정희 모더니즘: 유신에서 선데이서울까지』(서울: 천년의상상, 2015. 4.).

금수재(錦繡齋) 편저.『6737일간의 혁명: 1961.05.16~1979.10.26. 박정희 탄생 100돌 헌정서』((재)박정희대통령기념재단, 2017).

김대곤.『김재규의 혁명: 역사가 감추려 한 진실을 쫓다』(서울: 필요한책, 2016).

김상민 엮음.『박정희시대와 한국 대중문화: 체험자와의 대화. 국제한국학연구소 학술총서 007』(서울: 선인, 2012).

김석준.『미군정 시대의 국가와 행정: 분단국가의 형성과 행정 체제의 정비』(서울: 이화여자대학교 출판부, 1996).

김성보· 김예림 공편.『분단시대의 앎의 체제. 연세국학총서109』(서울: 혜안, 2016).

김영수. "유신 체제의 지배적인 이데올로기와 이데올로기적 동원 정책", 안병욱 외(2005). 217~275.

김재홍.『박정희 유전자. 우리는 왜 박정희 유전자와 싸워야 하는가』(서울: 개마고원, 2012. 10.).

_____. "전두환의 유신2기 통치 — 정치 군벌 '하나회' 12.12 군사 반란으로 국권찬탈", 유신50년청산위원회 발족 토론회(2021. 12. 8.).

_____. "국회와 시민이 함께, 유신군사독재 청산의 일을 걷다. 기조연설" 유신50년군사독재청산위원회(2022a). 12-18.

김종엽.『분단체제와 87년체제』(파주: 창비, 2017).

김창수. "한미관계, 종속과 갈등", 한국정치연구회(1998). 329-359.

김행선.『박정희와 유신 체제』(서울: 선인, 2006).

박영자. "남북 1인 지배체제: 유신 체제와 유일체제", 안병욱 외(2005). 277-338.

박철언. 『바른 역사를 위한 증언: 5공, 6공, 3김시대의 정치 비사. 1/2』(서울: 랜덤하우스중앙, 2005).

백낙청. 『분단체제 변혁의 공부길. 창비신서124』(서울: 창작과비평사, 1994).

백낙청 외. 『변화의 시대를 공부하다: 분단체제론과 변혁적 중도주의』(파주: 창비, 2018. 6.).

송민순. 『빙하는 움직인다: 비핵화와 통일외교의 현장』(파주: 창비, 2016).

송병춘. "유신독재와 국가 폭력 청산을 위한 입법적 과제", 유신청산민주연대(2020). 421-436.

송승종. 『(미국 비밀해제 자료로 본) 대통령 박정희 ─ 5·16에서 유신헌법까지』(성남: 북코리아, 2015. 6.).

안병욱. "유신 체제와 반유신 민주화운동. 총론", 안병욱 외(2005). 13-46.

안병욱 외. 『유신과 반유신. 민주화운동 연구총서. 역사편4』. 민주화운동기념사업회 편(서울: 선인, 2005. 12.).

역사문제연구소 편. 『분단 50년과 통일시대의 과제』(서울: 역사비평사, 1995).

오동석. "유사입법기구 제·개정 법률 예비조사 보고", 유신50년군사독재청산위원회 (2022a). 21-46.

오철우. 『천안함의 과학 블랙박스를 열다. 분단체제 프레임 전쟁과 과학 논쟁』(서울: 동아시아, 2016).

유시민. 『나의 한국현대사. 1959-2014, 55년의 기록』(파주: 돌베게, 2014. 8., 초판6쇄 / 2014. 7., 초판1쇄).

유신50년군사독재청산위원회(2022a). "유린당한 국회, 시민과 함께 일어나다. 유신 50년 군사독재청산 실천대회"(2022. 10. 12., 국회 의원회관 제2 소회의실).

_____(2022b). "유신50년 군사독재 청산 활동과 향후 과제. 2023년 활동 방안 구상 (토론회 자료집)"(2022. 11. 22. 10:00, 국회의원회관 제1세미나실).

유신청산민주연대 엮음. 『박정희 유신독재체제 청산: 한국 현대사의 망령』. 김누리 ·홍윤기 외 지음 (서울: 동연, 2020. 12.).

_____. 『박정희 유신독재와 전두환 군사독재. 유신청산 50년의 현재와 미래』. 권영 숙·홍윤기 외 지음 (서울: 동연, 2022. 6.).

이종석. "남북한 독재체제의 성립과 분단구조 ─ 남한 유신 체제와 북한 유일체제의 비교", 역사문제연구소(1995). 145-164.

주승현(연구책임). 『분단체제의 성격과 통일문제 논쟁』, 미래한국재단 편(서울: 미래 한국재단, 2019).

프랑크, 뤼디거.『북한. 전체주의 국가의 내부관점』(서울: 한겨레출판, 2020. 9.).

_____.『북한여행 ― 유럽 최고 북한통의 30년 탐사리포트』. 안인희 옮김(서울: 한겨레출판, 2021. 6.).

하승수. "불법기구에 의한 악법청산과 정치관계법, 지방자치법 개혁", 유신50년군사독재청산위원회(2022b). 25~30.

한국정치연구회 편.『박정희를 넘어서. 박정희와 그 시대에 대한 비판적 연구』(서울: 푸른숲, 1998. 3., 초판3쇄 및 1쇄).

한홍구.『유신. 오직 한 사람을 위한 시대』(서울: 한겨레출판, 2014.2. 초판3쇄 / 2014.1., 초판1쇄).

허은.『냉전과 새마을: 동아시아 냉전의 연쇄와 분단국가체제』(파주, 창비, 2022. 3.).

홍성찬 외.『해방후 사회경제의 변동과 일상생활. 분단체제하 남북한의 사회변동과 민족통일의 전망1. 연세국학총서104』(서울: 혜안, 2009).

홍윤기. "사라진 국회 그리고 박정희 유신독재체제가 강점한 '무법국가'의 출현: 기획자, 협력자, 피해자의 포진과 한국사회구성에서 암적 억압기제의 밀집성형", 유신청산민주연대 편(2020). 17-132.

강제 징집, 그 아픔의 기억을 넘어 역사로 나아가기 위하여

조종주
(강제징집녹화 · 선도공작 진상규명추진위원회 사무처장)

1. '다른 미래'

'강제징집녹화 · 선도공작 진상규명추진위원회'(이하 '강녹진')는 총과 탱크를 앞세워 무력으로 국가 권력을 찬탈한 전두환 군사 반란 세력으로부터 '강제 징집, 녹화 · 선도 공작'을 직접 겪었던 피해 당사자들이 모여 만든 단체입니다. 강제 징집은 '서울의 봄'을 주도했던 청년 학생들과 광주학살의 진상을 밝히려는 청년 학생들을 체포하여 그중 다수의 학생들을 1980년 9월 4일에 '강제 입영 조치'한 것이 시작입니다. 물론 그 전에 박정희 때도 강제 징집은 있었지만, 전두환 정권의 강제 징집과 녹화 · 선도 공작은 분명히 그 전과 다른 모습을 보입니다. 전두환 시기의 강제 징집은 단순한 격리가 아니라 '녹화'라는 목적의식을 분명하게 세우고 체계적이고 광범위하게 진행되었습니다. 그리고 결국에는 수많은 희생자들이 발생하게 됩니다.

우리는 그때 우리가 왜 그런 일을 겪어야 했는지 그 내막과 진실을 반드시 밝히겠다는 염원을 마음에 품고 살아왔습니다. 그렇지만 막상 그 염원을 풀기 위해서는 수십 년 동안 마음속 깊이 숨겨 봉인해 두었던 아픈 기억들을 다시 끄집어내야 합니다. 이것이 한편으로는 우리를 매우 힘들고 불편하게 합니다.

'강녹진' 활동을 시작한 후 저는 현재와 미래를 고민하며 살아가야 하는 우리가 과거의 경험과 기억에 얽매어 그 상처를 떠나지 못하고 계속 과거를 맴돌고 있는 건 아닌가 하고 생각하기도 했습니다. 그렇지만 1980년대 강제 징집, 녹화·선도 공작의 피해 당사자로서 우리는 우리의 단편적이고 주관적인 기억들을 모아 객관화하고, 더 나아가 그 객관화한 기억들을 역사로 세워야 한다는 것을 잘 알고 있습니다. 그리고 그것이 우리가 짊어진 업보이자 숙명임을 피하지 않으려 합니다.

강제 징집, 녹화·선도 공작에 대한 진실을 밝히기 위해 노력하는 것은 '과거에 얽매임'이 아닙니다. 이것은 우리가 겪었던 경험에 대한 기억을 역사에 새겨 우리의 자식들, 후손들에게 과거를 뛰어넘는 '다른 미래를 열어주기 위함'입니다. 우리는 기억해야 하고, 그 기억을 기록해야 하는 책임이 있습니다. 개인의 경험들을 기억하고 증언하고 기록하여 이를 역사로 세워내야 할 소명이 있습니다. 우리의 이 아픈 기억들이 모여 역사가 되고, 그 역사가 더 나은 '다른 미래'를 열어줄 열쇠가 될 것이라고 믿고 있습니다. 이러한 믿음을 바탕에 두고 우리의 '슬픈 이야기'를 시작할까 합니다.

2. 진리를 외치는 사람들

삼천만 잠들었을 때 우리는 깨어

배달의 농사 형제 울부짖던 날

손가락 깨물며 맹세하면서

진리를 외치는 형제들 있다

밝은 태양 솟아오르는 우리 새 역사

삼천리 방방골골 농민의 깃발이여

찬란한 승리의 그 날이 오길

춤추며 싸우는 형제들 있다

우리가 당시 즐겨 불렀던 노래 중 하나인 〈농민가〉입니다. 선배들
로부터 배웠던 이 노래를 단순하고 반복적인 몸동작을 하며 같이 불렀
지요. 이 노래의 가사에 묘사된 진리를 외치는 사람들이 그때 우리의
모습입니다. 청년 학생이었던 우리는 진리를 외치는 사람들, 새로운
세상과 다른 미래를 위해 찬란한 승리를 꿈꾸며 춤추며 싸우는 그런
사람들이고 싶었습니다.

꽃잎처럼 금남로에 뿌려진 너의 붉은 피

두부처럼 잘려나간 어여쁜 너의 젖가슴

오월 그날이 다시오면 우리 가슴에 붉은 피 솟네

왜 쏘았지 왜 찔렀지 트럭에 싣고 어디 갔지

망월동의 부릅뜬 눈 수천의 핏발 서려있네

오월 그날이 다시오면 우리 가슴에 붉은 피 솟네

이 노래도 80년대 초에 우리가 많이 불렀던 노래 〈오월가〉입니다. 광주의 아픔과 분노가 너무나 선명하게 드러나는 노래이지요. 이 전의 노래들이 대체로 낭만과 따뜻한 동지애가 넘치는 노래들이었다면 이 노래는 처절함과 아픔, 비통함, 직설적인 분노가 솟구쳐 나오는 피의 노래였습니다. 70년대와 달라진 분위기를 확연하게 보여주는 이 노래, 참 많이도 불렀습니다. 부를 때마다 많이 아파했고요. 당시의 광주에 함께하지 못한 안타까움을 가슴 속에, 목소리에, 움켜쥔 두 주먹에 가득 담아 불렀지요. 진리를 외치는 청년 학생이라면 이 노래를 피를 토하는 심정으로 부르지 않을 수가 없었어요. 당시의 우리에게는 광주가, 이 노래가 바로 우리가 추구해야 할 진리였습니다. 왜 찔렀는지, 왜 총을 쏘았는지, 우리 누이와 형제는 거기서 왜 그렇게 쓰러져 가야 했는지 그것을 온 천하에 명명백백하게 밝히는 것이 우리가 짊어진 사명이었습니다.

강제 징집 피해자 인터뷰를 진행하면서 피해자분들에게 강제 징집 될 당시 학생운동의 주요 이슈가 무엇이었는지 물었습니다. 이 질문에 대해 모든 분이 한결같이 "당시에 가장 중요한 이슈는 전두환 군사독재 정권 타도, 광주학살 진상규명이었다"라고 대답했습니다.

우리 청년학생운동은 자랑스러운 과거를 갖고 있습니다. 우리의 역사 곳곳에는 청년학생운동의 자랑스러운 흔적과 기록들이 담겨 있습니다. 우리는 진리를 외친 덕분에 희생과 고통을 당해야 했지만, 우리의 희생과 헌신이 있었기에 결국에는 민주를 쟁취하고, 광주학살의 진상을 밝히는데 기여하고, 전두환, 노태우를 법정에 세울 수 있었습니다. 우리는 찬란한 승리의 그날이 오길 기다리며 춤추며 싸웠던 형제들이었습니다.

3. 우리라고 전두환 군사독재 정권이 무섭지 않았을까

우리가 '강제 징집'되어 군에 끌려간 시기는 1980년 9월 4일에서 1984년 사이입니다. 이때는 전두환 정권의 폭압이 절정일 때였지요. 광주민주화운동을 탱크, 헬기와 공수특전단을 투입하여 무자비하게 진압한 전두환 일당은 말 그대로 공포 그 자체였지요. 당시 서울지역의 대학에는 탱크가 교문을 가로막고 있었고 총을 든 군인들이 교문을 지키고 출입을 통제하기도 했으니 누구나 전두환 정권에 저항하는 것이 당연히 두려울 수밖에 없던 때였습니다.

그렇지만 우리가 고등학교와 대학을 다녔던 바로 그때는 제왕적 권력으로 국가를 통치하려 했던 박정희가 거대한 국민적 저항에 부딪혀 몰락하던 시기였습니다. 더 강력한 권력만이 정권을 유지하는 비결이라고 생각했던 박정희와 그 측근들, 그 '절대 권력'의 몰락을 직접 보고 겪었던 것이 우리가 고등학생 혹은 대학생 때였습니다. 덕분에 우리는 '잘살아보세'보다는 '민주주의의 정립'을 먼저 생각하는 것이 보편적 가치인 시대를 살았습니다. 우리가 그렇게 된 것은 앞 세대 선배님들 덕분이었습니다. 우리의 대학 시절은 '절대 권력'을 넘어 '절대 폭력'이었던 전두환 군사정권 시대였습니다. 전두환 정권의 폭력성은 가히 상상을 초월했지만, '절대 권력'의 붕괴를 보았던 우리에게 그 폭력성은 결코 넘지 못할 산이 아니었습니다. 더 어려운 시기에 더 소수의 힘으로 '절대 권력'에 저항했던 분들이 계셨고, '민주주의'는 승리한다는 확신이 있었기 때문에 두려움을 떨쳐내고 양심에 따라 '절대 폭력'에 저항할 수 있었습니다.

청년 학도들이여! 그대들의 어깨에 나라의 운명이 달려 있나니

오랜 세월이 지난 지금에 와서 생각해보면 그때 우리가 두려움을 극복하고 전두환 정권에 저항할 수 있었던 것은 '청년학생'이라면 당연히 가져야 할 정의감, 불의에 대한 분노, 우리 '청년학생'들이 나서지 않으면 광주학살의 진상이 묻힐 수밖에 없다는 절박함 등이 아니었을까 하는 생각을 합니다. 1929년 광주학생항일운동, 이승만 독재 정부를 몰아낸 4.19 혁명, 박정희를 끝장낸 부마항쟁 등 학생운동의 전통과 자랑스러움이 우리 가슴속에 깊이 자리하고 있었고 그 자부심과 정의감이 우리가 두려움을 이기고 저항할 수 있었던 원동력이 되었을 것입니다.

당시 우리의 심정은 아마도 "청년 학도들이여! 그대들의 어깨에 나라의 운명이 달려 있나니" 이런 것 아니었을까요?

4. 끌려간 사람들

징병제(徵兵制, Conscription)는 국가가 국민을 대상으로 해당 국가를 방위할 의무를 강제로 부여하는 제도이다. 관련 법령에서 정하는 일정 연령 이상의 국민들은 반드시 징병 검사를 실시해야 하고, 군인으로 일정 기간 복무해야만 한다. 대한민국이 대표적인 징병제 시행 국가이다.

'징병제'라는 단어 자체에 이미 강제성을 내포하고 있다 보니 우리가 사용하는 '강제 징집'이라는 단어 자체로는 우리가 겪은 것을 정확하게 담아내기 어렵습니다.

징집의 절차와 과정의 불법성, 의도의 비도덕성을 모두 망라하는 적절한 단어가 있으면 좋겠지만 이는 차후의 숙제로 하고 일단은 우리가 오랜 기간 사용해 왔던 '강제 징집'이라는 단어로 당시의 사건을 표현하겠습니다.

당시에 군에서는 우리를 '특수학적변동자'라고 불렀습니다. 군에서 우리를 관리하는 신상 카드에는 붉은색으로 '특수학적변동' 혹은 '특변'이라는 도장이 상단에 찍혀 있었습니다. 군에서 우리를 지칭하는 용어라 심리적인 거부감이 있기는 하지만 우리가 겪었던 불법적인 (특수한) 징집 과정, 근무했던 군부대와 보안사의 '특별한' 관리 등을 생각할 때 '특수학적변동자'라는 말이 우리의 '특별했던' 상황을 설명하는 적절한 용어라는 생각이 들기도 합니다.

예비 검속, 어느 날 갑자기 사라진 친구들

"엊그제까지 모여서 친하게 지내던 친구 셋이 개학하는 날 갑자기 사라졌어요. 우리는 깜짝 놀랐지. 수업에도 안 들어오고, 연락도 안 되고 그냥 갑자기 감쪽같이 사라졌으니까. 한참 지나서야 군에 끌려갔다는 걸 알았지. 이상했어요"(김경남, 경북대학교 사학과 교수, 강제 징집 피해자 노명식·최낙선·조종주의 친구).

'강제 징집' 피해자들의 증언과 자료를 통해 강제 징집 시기를 파악해보면 당시 강제 징집이 일상적으로 이루어지긴 했지만, 특히 개학 전후로 많이 이루어졌다는 것을 알 수 있습니다. 시위나 집회에 참여한 사실이 채증되거나 체포된 경우 혹은 특정 사건에 관련되긴 했지만 실정법상 구속 사유에 해당이 안 될 경우 격리 차원에서 즉시 강제 징집하기도 했고, 시위나 집회, 시국 관련 사건 등에 연루된 사실이 직접 드러나지 않았지만 정보 경찰이나 기관 등이 학내 상황과 '운동권' 학생들의 동향을 감시, 파악하는 정보 수집 활동을 통해 조금이라도 연루가 의심될 경우 그 내용을 근거로 학생들의 '소요'를 예방한다며, 학기 시작 전이나 개학 초기에 학교 당국과 병무청, 경찰이 협력하여 합법을 가장한 '불법'으로 학생(우리)들을 '강제 징집'하기도 했습니다.

석원호 교수(81년 4월 강제 징집, 경북대학교)는 '강녹진' 광주컨퍼런스 발표문에서 "녹화·선도 공작은 불의한 권력의 정신적 예비 검속"이라고 이야기했는데 실제로 강제 징집은 전두환 정권에 비판적인 학생들을 '예비 검속'하여 학교와 사회로부터 격리 수용한 것이라고 보는 것이 적절한 것 같습니다. 야만적이고 불법적인 예비 검속이 1950년 전쟁 당시에만 있었던 것이 아니라 1980년대에도 우리에게 자행되었던 것이지요.

대통령 산하 의문사진상규명위원회와 국방부 과거사진상규명위원회에서 조사 활동을 담당했던 염규홍 씨는 지난 2020년 11월 3일 국회 의원회관에서 있었던 '강제징집녹화·선도 공작 진실규명을 위한 토론회'에서 "강제 징집은 군 징병 제도를 악용한 명백한 불법구금이며, 녹화·선도 공작은 불법구금한 학생들을 대상으로 자행된 고문 행위였다"고 그 성격을 규정하였습니다.

당시 강제 징집 사례들을 보면 특이한 사건들이 몇 가지 눈에 띄는데 '문무대 사건'이라고 불리는 고려대 학생 109명, 외국어대학교 학생 50명이 한꺼번에 강제 징집된 사건, 5사단에서 전방 입소 교육후 교육장에서 시위를 했다는 이유로 15명의 서울대학교 학생들이 동일 부대로 강제 징집된 사건 등이 있습니다. 이 사건들에 대해서는 보다 더 자세하게 조사가 이루어져 그 진상이 밝혀져야 할 것으로 생각됩니다.

끌려간 사람이 현재 드러난 우리뿐일까?

1988년 국방부는 '특수학적변동자' 인원이 1981년부터 1983년까지 합계 447명이며, 이 중 265명에게 '녹화 사업'을 실시했다고 밝히고 있으나 이는 의도적으로 축소한 것으로 보입니다. 이후 2007년 '국방부과거사진상규명위원회'의 보고서에 따르면 '강제 징집'은 1980년부터 1984년까지 진행되었고, 그 수는 1,152명, '녹화 사업'은 강제 징집자 중 921명을 포함하여 1,192명에게 실시된 것으로 파악되고 있습니다. 강녹진에서는 '국방부과거사진상규명위원회' 보고서의 숫자와 명단을 1차 근거로 하고 있으나 2020년 12월에 출범한 2기 진실·화해를 위한 과거사정리위원회가 현재 진행하고 있는 강제 징집, 녹화·선도 공작에 대한 조사가 끝나면 강제 징집과 소위 '녹화 사업'의 실체가 더 확실하게 드러나고 '국방부과거사진상규명위원회'의 보고서 내용에 비해 실제 피해자 수가 더 증가할 것으로 예상됩니다.

최근에 설훈 의원실을 통해 당시 보안사령부에서 관리한 강제 징집, 녹화·선도 공작 피해자 2,417명의 명단이 공개되었으나 명단의 중복 여부나 입대 시기 등 기타 확인과 분류 과정이 이루어지지 않아 공식화하기에는 이른 감이 있으며, 강제 징집과 녹화·선도 공작의 진실을 규명하기 위해 이 명단에 대한 공식적인 확인 과정이 반드시 있어야 할 것으로 보입니다.

'선도 사업' 피해자들

당시 강제 징집과 녹화 공작 사실이 사회에 알려지고 이에 대한 부정적인 여론이 커짐에 따라 강제 징집은 공식적으로는 84년을 마지막으로 폐지가 됩니다. 그렇지만 파악된 바에 따르면 강제 징집과 녹화 공작은 형식적으로만 폐지되고 담당 부서만 바뀌어 안기부와 경찰, 보안사가 상호 협력 체계를 구축하여 이전보다 오히려 더 치밀하고 광범위하게 진행된 것으로 보입니다. 우리는 이것을 '선도 공작'이라고 부릅니다. 이 '선도 공작'은 88년 이후까지 장시간 계속된 것으로 보이며 이 과정에서 역시 희생자가 발생하였습니다. 이 선도 공작의 피해자 역시 강제 징집 피해자 규모보다 작지 않습니다.

그들은 왜 우리를 끌고 갔을까

우리 강제 징집 피해자들은 40년이 지난 지금까지도 우리가 왜 끌려가야 했는지, 우리가 그때 왜 그런 일을 겪어야 했는지를 궁금하게 생각하고 있습니다. 물론 논리적으로 그 당시에 우리가 끌려갈 수밖에 없었던 이유를 설명하기는 그리 어렵지 않고, 우리 역시 잘 알고 있습니다. 전두환 군사독재 정권은 군사정변을 통해 국가 권력을 탈취했고, 그러다 보니 정권의 기반이 취약할 수밖에 없었고, 이를 덮기 위해 군을 동원하여 강압적으로 통치할 수밖에 없었고, 국민들에게 공포감을 조성하기 위해 속죄양으로 광주를 선택해서 광주민중항쟁을 무자비하게 탄압했고, 우리 청년 학생들은 불의에 대한 분노와 본래의 정의감으로 이를 바로잡기 위해 두려움을 떨치고 일어나 외쳤고, 이에 위기의식을 느낀 전두환 정권이 우리를 격리시켜 사상 개조를 통해 권력에 순응하도록 만들고 싶었고 등등입니다.

그렇지만 같이 강제 징집되어 녹화 공작을 당한 친구, 동지, 선배, 후배가 그 과정에서 목숨을 잃었고, 그 사실을 알고 군 생활을 하면서 '나도 언제 끌려가 삶과 죽음의 경계에 내몰릴지 모른다'는 위기의식을 갖고 살아야 했던 우리는 지금까지도 우리가 왜 그런 일을 겪어야 했는지 분노하고 아파하고 있습니다. 여기에서 우리에게 진실규명이라는 과제 외에 또 다른 과제가 주어집니다. 그 과제는 "우리의 몸과 마음에 깊이 새겨져 지금까지 우리를 괴롭히고 있는 분노와 아픔, 그 트라우마를 어떻게 극복할 것인가"입니다. '국가 트라우마' 센터 설립과 관련한 법률(안)이 21대 국회에 제출되어 있는 것으로 알고 있습니다. 그 내용을 보면 각 광역시도별로 '국립 트라우마 센터'를 두고, 국가 폭력으로 인한 피해자들을 상담하고 그 상처를 보살피는 것으로 알고 있습니다. 우리 '강녹진'도 해당 법안의 통과에 관심과 노력을 기울이고 있습니다.

5. 끌려가서 우리는

박정희 정권 때도 '강제 징집'이 있었지만, 전두환 정권 때의 강제 징집은 그 전과 궤를 완전히 달리합니다. 다음 자료는 당시 보안사령부에서 발행한 녹화 담당관 교육 자료 표지와 목차입니다. 이 내용만 봐도 당시 군사정권과 보안사령부의 사회 인식 수준이 얼마나 천박한지 여실히 드러나고, 그들이 소위 '녹화 사업'을 통해서 무엇을 획책했는지 잘 알 수 있습니다.

표지를 보면 特殊學變者審查醇化活用(특수학변자심사순화활용), 綠化擔當官教育用(녹화담당관교육용), 國軍保安司令部(국군보안사령부)라 되어 있습니다.

이 자료는 국군보안사령부에서 특수학적변동자들을 심사, 순화, 활용하기 위해 녹화 담당관(심사 장교)을 교육하기 위한 자료로 생산된 것임을 알 수 있습니다.

실제로 이 자료는 당시 심사 장교들에게 배포되었고, 교육 자료로 활용되었습니다.

여기서 녹화는 정신 개조를 뜻하며, 순화는 정신 개조의 완료, 활용은 정신 개조가 완료된 대상자들을 목차에서 보이는 학원, 대학, 종교계, 노동계 등에 침투시켜 정보를 수집하기 위한 일명 '프락치'로 활용하는 것을 뜻합니다.

개인별 차이는 좀 있지만 당시 소위 '녹화 사업' 대상이 되었던 사람들은 당사자인 우리가 잘 알고 있는 대로 녹화 과정에서 협박, 구타, 고문, 회유를 당했고, 친구, 동지에 대한 배신을 강요당했습니다. 삶과 죽음의 경계에 내몰린 이런 피할 수 없는 상황에서 우리는 누구나 죽음을 생각하지 않을 수 없었으며, 굴욕과 모멸감, 자괴감 속에서 씻을 수 없는 상처를 받을 수밖에 없었습니다. 현재 '강녹진'에서 진행하고 있는 피해자 인터뷰가 1차 완료되면 그동안 언론을 통해 간간이 알려

特殊學變者審查醇化活用

（綠化擔當官教育用）

國軍保安司令部

특수학변자 심사 순화 활용(녹화 담당관 교육용) 표지

목   차

Ⅰ. 학원제 좌경의식화 실태

  1. 학원의식화의 근원적 배경 ························ 6

  2. 좌경의식 구조 ····································· 7

  3. 좌경의식화의 제 요인 ························· 9

  4. 대학생의 의식화 과정 및 탐독서적········· 12

  5. 재경 주요대학의 특성 및 의식화활동 실태··· 15

  6. 학원, 종교, 노조계와 상호관련 실태········· 28

Ⅱ 종교계 좌경의식화 실태

  1. 불순세력 교계침투 체계도 ················· 33

  2. 해방신학의 역사적 고찰 ··················· 35

  3. 국내 좌경의식화 체계도 ··················· 41

  4. 좌경의식화 양상 ·························· 42

  5. 종교와 학원 상호 관련성 ················· 44

  6. 학원관련 종교조직 실태 ················· 46

  7. 당면문제 ······························· 50

  8. 대   책 ································· 52

특수학변자 심사 순화 활용(녹화 담당관 교육용) 목차 1

Ⅲ. 노조계 좌경의식화 실태

1. 노조계 의식화 배경 57

2. 노조계 의식화 변천과정 57

3. 외부 불순세력 노조계 침투 전술 59

4. 좌경의식화 활동 실태 60

Ⅳ. 특수학변자 심사 순화활용 방법

1. 최근 문제학생 및 종교인의 의식성향 65

2. 최근 학원계 시위의 특징 66

3. 특수학변자 심사 순화활용 방법 68

Ⅴ. 용 어 해 설

특수학변자 심사 순화 활용(녹화 담당관 교육용) 목차 2

졌던 그 추악한 내용이 낱낱이 공개될 것입니다. 이를 통해 아직도 자신들의 행위를 인정하지 않고 있는 가해 당사자들을 단죄하고 왜곡된 진실이 바로잡히는 계기가 되기를 간절히 바랍니다.

삶과 죽음의 경계에서 고민하며 고통받았던 기억들은 피해 당사자인 우리에게 아픈 기억이고 떠올리기 싫은 기억일 수도 있습니다. 그렇지만 우리의 기억이 모아져 물줄기가 되고, 그 물줄기가 역사가 될 수 있습니다. 우리의 후손들에게는 우리가 겪어온 어두웠던 역사가 아닌 '다른 미래'를 열어주어야 합니다. 다른 미래를 위해 우리는 우리의 기억을 역사로 기록해야 합니다. 미래는 기억하는 자들의 것이라고 믿습니다.

6. 그 후로도 우리는

강제 징집과 녹화 공작을 겪은 이후 우리의 삶은 그 질곡을 고스란히 몸에 새길 수밖에 없었습니다. 그리고 그 아픔의 흔적들은 우리의 삶 곳곳에서 여실히 드러납니다. 폐쇄 공간에 대한 공포증, 분노조절장애 등 여러 증상을 토로하는 분들이 계십니다. 이 아픔들은 이 사회가 함께 나서서 극복해 가야 할 것들입니다. 그렇지만 이러한 아픔에도 불구하고 우리의 삶은 어떠했을까요?

삶의 형태들은 다양하게 분화되었지만 우리는 다양한 삶의 현장 곳곳에서 모범적인 삶을 살아왔습니다. 우리의 삶은 그 어려운 순간들을 참고 견뎌내면서 더 굳건해졌습니다. 우리는 학교에 복학을 했거나 노동운동을 했거나 혹은 다른 활동의 장에서 보다 더 나은 사회를 만들어 가기 위해 훌륭한 역할을 해냈습니다. 우리의 삶은 그 과정에서 어떠한 어려움을 겪더라도 우리의 의지로 그 어려움을 자양분 삼아 더 나은 삶을 열어갈 수 있다는 것을 증명하고 있습니다.

광주학살의 진실을 알리기 위해, 광주학살의 주범 전두환 일당을 타도하기 위해 감옥에 끌려가거나 군대에 끌려가는 불이익을 감수했던 우리들입니다. 희생과 헌신을 당연하게 생각했던 우리들입니다. 우리가 없었다면 광주학살의 주범 전두환 노태우를 법정에 세울 수 있었을까요? 86, 87년의 그 뜨거웠던 항쟁은 그렇게 타오를 수 있었을까요?

우리의 20대는 참으로 자랑스러웠습니다. 살아남은 자로서의 소임을 충분히 잘 수행해낸 자랑스러운 우리들입니다.

7. 우리는 왜 아직도 분노하는가

앞서 이야기했지만 우리는 '다른 미래'를 위해 우리의 기억을 역사로 이어가야 할 책임이 있습니다. 박정희가 낳고 키운 5공, 그렇지만 청출어람, 박정희 때와 분명히 다른 '5공', 유신이 아직도 청산 과제이듯 '5공' 역시 청산 과제로 우리 앞에 놓여있습니다. 전두환 정권을 등에 업고 성장한 종교, 언론, 교육, 사법 등의 기득권 세력들은 아직도 굳건하게 그 자리를 지키고 있습니다. 강제 징집, 녹화·선도 공작의 진실규명은 5공 잔재를 밝히고 청산하는 것과 그 궤를 같이합니다. 5공 시대의 강제 징집, 녹화·선도 공작은 헌법 가치를 훼손하고, 민주적 절차와 질서를 무너뜨리고, 인권을 유린한 대표적인 국가 폭력 행위입니다. 아직 청산되지 못한 5공 잔재가 우리를 분노하게 합니다. 우리 강녹진은 아직도 온존하고 있는 5공 잔재 청산에 적극적으로 앞장서야 합니다. 우리를 군에 끌고 갔던 그리고 녹화 공작을 기획하고 우리를 가해했던 그들, 그들은 아직도 어느 곳에서 '행복하게' 잘 살고 있습니다. 우리는 그때의 상처를 아직도 아파하고 있는데 그들은 아직도 우리 사회를 좌지우지하며 우리를 빨갱이들이라고 지칭하며 역사의 시계를 과거로 되돌리려 하고 있습니다. 우리는 분노할 권리와 의무가 있습니다. 우리는 분노해야 합니다.

8. 기억을 넘어 역사로

2020년 12월 10일, 2기 진실·화해를 위한 과거사정리위원회(진실화해위원회)가 출범했습니다. 2기 진실화해위원회에서 현재 '강제징집 녹화·선도 공작' 사건을 조사 중에 있습니다. 사실관계를 가릴 수 있는 자료들이 다른 사건들에 비해 많이 남아 있고, 이전에 조사한 결과물들이 있어서 다른 사건들에 비해 상대적으로 덜 어려운 과정이 될 것 같습니다. 조사가 끝나고 해당 사건이 '국가 폭력에 의한 피해' 사건으로 결정이 나면 국가와 가해자들에게 그 결과에 따른 법적 책임을 묻는 절차가 진행될 것입니다.

우리는 가해자에게 책임을 묻는 조치와 별도로 그들의 죄악상을 기록으로 남겨 우리의 기억을 역사화하는 과정을 진행할 것입니다. 우리가 진행하는 모든 활동의 본질은 우리가 경험했던 불행한 기억을 역사로 세워내기 위한 것입니다. 기억을 역사화하려는 우리의 노력은 정의롭고 공정하게 진행될 것이며, 우리의 아픈 과거가 다시는 되풀이되지 않게 하기 위한 필사의 노력이 될 것입니다. 사필귀정, 오랜 시간이 흘러도 잘못을 저지른 자들에 대해 반드시 그 죄를 물어 단죄

해야 합니다. 그것이 역사를 바로 세우는 것입니다. 우리는 우리 후손들의 '다른 미래'를 위한 것입니다.

저는 우리 '강제 징집, 녹화·선도 공작' 사건의 피해자들을 믿습니다. 그리고 진실을 밝히기 위해 묵묵히 같은 길을 가고 있는 '현대사의 수많은 피해자'들을 믿습니다. 우리가 가는 이 길이 비록 어렵고 뼈에 시리도록 아프고 먼 길이지만, 우리가 힘을 모아 함께 간다면 결국에는 좋은 결과가 있을 것입니다.

"우리가 가면 길이 됩니다."

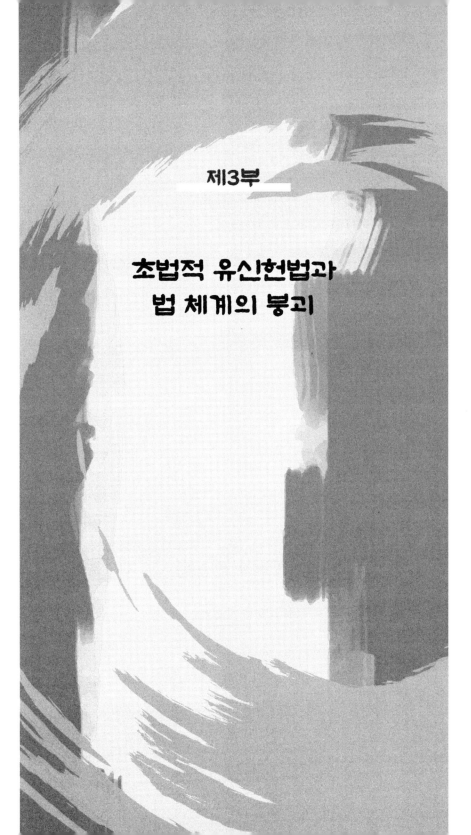

제3부

초법적 유신헌법과
법 체계의 붕괴

유신헌법은 검찰공화국을 내장했다

오동석

(아주대 법학전문대학원 교수)

I. 서론

유신헌법은 검찰의 전횡이 발호할 수 있는 환경이 되었다. 헌법파괴의 긴급조치는 박정희 유신 독재의 수단으로서 다른 한편 법치의 안에 검찰의 재량, 즉 자의적인 권력 행사의 씨앗을 심었다. 1987년 민주화는 법치의 민주화를 동반하지 못함으로써 법치와 함께 권력의 재량을 확장하는 길로 이어졌다. 지금의 잘못된 법 만능주의는 사법의 정치화보다 훨씬 강력하게 검찰의 권력을 집적했다. 지금도 수많은 고소와 고발은 민주적 또는 법적 통제 장치 없는 속에서 검찰 또는 경찰의 권력을 호출하고 있다. 문재인 정권의 국정과제 1호 '적폐 청산'은 실패했다. 오랜 독재 정권의 잔재로서 권력 기구를 총괄한 국가 시스템의 개혁이 아니라 개별 국가 기구의 단편적 개편에 그쳤기 때문이다.

II. 공안 기구의 연결망

'공안'은 공공의 안녕과 질서를 뜻한다. '공공'은 국가나 사회의 구성원 또는 그 구성원들에게 관계되는 다양한 사항을 의미한다. 공공의 안녕과 질서는 생명의 존속과 유지 그리고 박탈로부터 안전, 삶의 안정과 안전, 내·외의 공격으로부터 안전, 재산의 유지와 안전 등을 포함한다. 공안은 그 개념상 국가 또는 정부의 존재 이유다. 그런데 한국 사회에서 공안은 통상적인 의미와 좀 다르다. '공안 탄압'(여정민, 2008: 90-93), '공안정국'(송호창, 2008: 395-405), '공안 통치'(김삼웅, 2013: 36-51; 황병주, 2013: 52-70; 이창언, 2013: 71-84; 한상희, 2017: 22-239), '공안 체제'(한홍구, 2017: 16-40) 등으로 쓰였다. 그것은 민주주의 형식으로서 입헌주의 또는 법치주의를 벗어난 정국, 통치, 체제를 의미했다. 문재인 정부의 과제 중 핵심 요소 중 하나가 공안 체제의 해체였다.

공안 기구는 국가 기관과 공공 기관을 광범위하게 포함한다. 그렇지만, 통상 공안기관은 국가 또는 사회 구성원의 안녕과 질서를 유지하는 데 직접적으로 관여하는 국가 기구다. 경찰, 검찰, 국가정보원, 군이 대표적이다. 법원과 헌법재판소는 공안 기구 법 집행의 적법성 또는 적정성을 통제하는 주요 기구다. 공안 기구의 문제는 이들 사법부와도 연계될 수밖에 없다. 문재인 정권에서 공안 기구 개혁이 중요한 까닭은 박근혜 정권 아래에서 대한민국 국가 체제의 심각한 문제점이 공안 기구에서 결정적으로 드러났기 때문이다. 공안 체제를 확 뜯어고치지 않고서는 "이게 나라냐?"고 외쳤던 국민에게 응답하지 않은 것이다. 문재인 정권은 정권의 사활을 걸고 공안 기구를 개혁했어야 했다. 그렇게 하지 못했다면 박근혜 정권과 단절한 것이 아니다. 민주공화국을 회복한 것이 아니다(오동석, 2018: 102).

문재인 정권은 국가 권력(폭력)이라는 폭탄을 해체하지 못하고 이리저리 수선만 해서 돌려막기를 했다. 국가 기구 개혁은 그 권력을 감축하는 시늉에 불과했다. 오히려 그 총량은 증가했다. 검찰의 권력은 경찰과 공수처가 나눠 가졌다. 경찰은 수사 권력에 더하여 정보 권력까지 장악했다. 국가정보원은 전통적인 수사 권력은 잃었지만, 과거 국가 범죄의 행적은 유야무야되었고, 우주를 향한 정보 권력을 얻었으며, 사이버 권력을 획득하여 경제 영역을 비롯한 민간 영역의 지배력을 확장하려 호시탐탐 노리고 있다. 군대는 성폭력과 의문사 등 사건이 빈번했음에도 군사법원의 지배력 일부를 상실했을 뿐 이런 저런 기구와 제도를 얻었다. 검찰은 전 검찰총장이 대통령이 되자 국가 기구 전반에 걸쳐 전직 검사를 배치함으로써 통치력을 얻었고, 그 대통령이 경찰을 통제할 수 있는 칼자루를 쥐려 한다. 전 정권을 향해 칼날을 겨눔으로써 다시 고토까지 회복하려 한다. 윤석열 정권은 틈만 나면 문재인 정권을 비교 대상으로 삼아 상대적 우위를 점하려 한다. 문재인 정권을 평가할 새 없이 적폐 청산의 대상이 되었다. 적폐의 물길은 더 거세질 전망이다.

III. 이중국가론과 유신헌법

입헌주의 또는 헌법주의는 국민의 기본권을 보장하고 국가 권력의 분립을 규정한 헌법에 따라 통치하는 정치 원리다. 입헌주의 또는 헌법주의를 바탕으로 작동하는 국가가 입헌국가 또는 헌법국가다. 그러나 국가는 헌법의 규범대로 작동하지는 않는다. 입헌국가가 예정한 규범은 항상 불화하면서 그 허약함을 드러내는 경우가 많다. 헌법 규범의 실효성(實效性)은 헌법 자체로서 보증할 수 없다.

이중국가(Doppelstaat, dual state)는 에른스트 프랭켈(Ernsr Fraenkel)이 1940년 출판한 책에서 사용한 용어다(Fraenkel, 1974). 이중국가라는 개념은 나치스의 국가, 사회주의 국가에서 '조치(措置) 국가'(Maßnahmenstaat)와 규범 국가의 병존을 표현한 것이다. 조치 국가는 파시즘 국가의 헌법 체제를 설명한다. 조치 국가라는 용어는 유신헌법의 긴급조치에 해당한다. 일본어 번역본은 '대권(大權) 국가'라고 옮겼으며(Fraenkel, 1996), 영어판은 'prerogative state'로 옮겼다(Fraenkel, 2006).

[그림 1] 기존의 이중국가 이해 도식

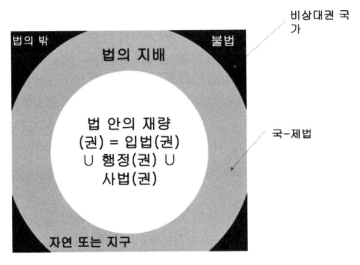

[그림 2] 2차원적 법치주의 이해 도식

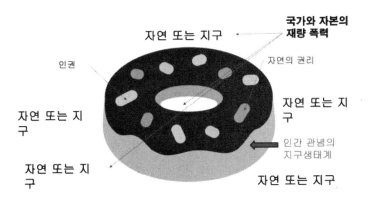

[그림 3] 3차원적 법치주의 이해 도식

　'조치 국가'는 곧 '명령 국가'다. 명령 국가는 법규범이 아니라 권력
자의 명령에 의존한다. 명령은 초헌법적인 긴급명령 또는 비상명령을
의미하는 동시에 합법의 틀 안에 있는 '행정명령'1을 의미하기도 하는

점에서 이중적 의미다. 이 글에서의 가설은 이중국가가 입헌국가의 예외적 상태가 아니라 입헌국가에 내재한 속성이라는 것이다. 긴급명령과 행정명령은 뫼비우스의 띠처럼 연결되어 있다. 입헌국가는 모순적이게도 긴급명령 체제를 전제한다. 이것은 이른바 '규범 국가' 또는 법치주의 국가 안의 행정명령 체제와 연동된다. 이른바 입헌국가의 정상성(正常性)은 비상시 긴급명령 체제의 잠복과 행정명령에 따른 평시 체제 유지에 근거하며 헌법 규범은 독립 변수가 아니라 명령 국가의 종속 변수다. 국가는 결국 법이 아닌 정치적 또는 행정적 명령으로 지배하고 통치한다.

이중국가론에 대한 오해는 명령 국가와 규범 국가의 병존을 말하면서도 양자를 구별하면서 심지어 대립적으로 보는 것이다. 이런 관점은 규범 국가를 억압하는 명령 국가를 비판하고 규범 국가의 승리를 기원함으로써 '명령 없는 법치'의 환상을 재생산한다. 그러나 이른바 '정상적' 입헌국가는 초헌법적 명령의 잠복일 뿐이고 또 그것이 잠복하는 만큼 입헌국가는 '법 안에 있으면서 동시에 법 밖에 있는' 자유재량의 행정명령을 확장한다. 헌법 규범의 공백이 넓기 때문에 다양한 양태의 국가 권력은 자유롭게 명령적으로 작동할 수 있다. 풀란차스가 말했듯이 근대 국가가 사적 영역을 침해하는 것에는 법적인 또는 원리적인 제한이 없다. 국가가 창출하는 사적인 것과 공적인 것의 분리는 권력의 무한한 전망을 드러낸다. 이중국가는 입헌국가와 이중국가가 아니라 '명령의 이중국가' 또는 '이중의 명령 국가'다.

유신헌법은 박정희가 종신 집권을 위해 국회를 해산하고 내란을

---

1 오늘날에는 행정명령보다 행정규칙을 사용함으로써 그 발톱을 숨긴다.

통해 개정한 헌법이다. 헌법까지 유린한 독재자는 무소불위의 폭력을 휘두른다. 유신헌법을 창출하고 그것을 강화한 과정은 법의 내부와 외부를 넘나드는 국가 권력의 폭력을 경험하게 한다(문형래, 2009: 56).

IV. 유신헌법 이중국가의 현실

유신헌법에서 대통령은 국민이 직접 선거하여 선출하지 않고 통일주체국민회의 대의원이 선출한다. 대통령은 대의원 200명 이상의 추천이 필요하다. 재적 대의원 과반수의 지지를 얻으면 당선된다. 통일주체국민회의 대의원들은 실질적으로 친정부 성향의 인물들이 선출될 수밖에 없는 구조다. 통일주체국민회의가 대통령의 뜻에 반하거나 다른 결정을 내리는 것은 실질적으로 불가능하다(문형래, 2009: 63).

대통령과 국회의원 선출 방식을 변경하여 국민의 주권은 실질적으로 대통령에게 이전한다. 대통령은 입법권과 법의 적용 및 해석 권한을 독점한다. 언제든 원하는 법을 제정할 수 있다. 긴급조치를 선포할 수 있다. 모든 권한 행사의 근거는 오직 대통령 개인의 '인식과 의지'다. '권력의 인격화와 법과 제도의 의인화'다. '권력의 안정화와 항구화'다. 대통령은 법으로 규정되었지만 법 밖에 있는 존재다. 법 안에서 대통령에 반대하는 사람이나 집단은 허락되지 않는다. 법 밖에 있는 사람은 법 안으로 들어오도록 강요받는다(문형래, 2009: 67). 권력자는 폭력적으로 정치적 반대자를 헌법 또는 법의 이름으로 탄압한다.

긴급조치는 검찰의 권력을 강화했다. 예를 들면 긴급조치 제2호 제12항은 "비상군법회의 관할 사건에 관하여 체포, 구속, 압수, 또는 수색을 함에 있어서 관할관의 영장이 필요한 경우에는 검찰관이 이를 발부한다"고 함으로써 수사 기관인 검찰관이 스스로 영장을 발부하도록 했다. 국민의 신체의 자유 및 그 제한에 대한 헌법적 보장인 영장주의를 전면적으로 배제했다. 긴급조치 제2호 제11항의 단서는 형사소송법의 구속 기간을 준용하는 군법회의 규정의 적용을 전면 배제했다. 군 사법기구는 물론 검찰이 신체의 자유를 존중하는 풍토가 자리를 잡을 수 없었다. 군검찰관은 군법무관과 검사 중에서 대통령이 임명한다.

유신 독재 아래에서 검찰은 준사법기관은 고사하고 공익의 대변구실도 못 하는 법의 파괴자였다. 공판조서가 사실과 다르게 기록되는 일도 있었다. 공안 사건은 피고인의 진술에 대한 해석과 판단이 특히 중요하다. 공판조서는 증거로 인정하므로 판결에 영향을 미치기 때문에 심각한 문제였다.

강신옥 변호사는 김지하 등 민청학련 사건 관련자 11명을 변론하던 중이었다. 그는 법정에서 "법은 정치의 시녀이며 권력의 시녀이다. 검찰관이 애국 학생을 내란죄, 긴급조치 위반 등으로 사형에서 무기를 구형하는 것은 사법살인 행위"라는 내용의 변론을 했다. 그 결과 구속되어 1974년 9월 1심에서 징역 10년, 자격정지 10년의 형을 받고 대법원에서 확정되었다. 1988년 3월에서야 대법원에서 무죄판결을 받았다. 당시 변호인들은 공판 2~3일 전까지도 진술서의 사본을 열람할 수 없었다. 가택연금 탓에 법정에 출석할 수 없게 한 상태 또는 증인신문의 일시와 장소를 통지받지 못한 상태에서 검찰 측 증인들이 증언을 했다. 변호인들은 검찰 측 증인에 대한 반대신문을 하지 못했다. 피고인들의 무죄를 입증할 수 있는 증인들은 증언 기회조차 얻지 못했다. 관련자들의 접견권도 일정 기간 동안 금지했다. 중앙정보부 수사관이 서울구치소에 상주하며 피의자들에 대한 감시를 했다(문형래, 2009: 117). 중앙정보부, 군, 검찰, 경찰 모두 독재자의 단순 하수인이었다.

헌법과 의회까지 장악한 독재자는 1973년 1월 25일「검찰청법」을 개정하여 검사의 임명과 보직에 관한 권한을 법무부 장관을 통하지 않고 직할 행사한다. 유신 시대 중앙정보부가 위세를 떨쳤지만, 군과 검찰과 경찰 역시 대통령의 심복으로서 충성 경쟁을 벌였다. 이제 남은 것은 사법부였다.

그런데 유신헌법은 사법부의 권한도 약화했다. 대통령은 모든 법관의 임명권을 가진다. 대통령은 국회의 동의하에 대법원장을 임명한다. 대법원 판사들 역시 대법원장의 제청으로 대통령이 임명한다. 대법원장이 갖고 있던 법관 임면권을 대통령에게 이전했다. 국회가 대통령의 의사에 종속한 상황에서 사법부 또한 대통령에 복속된다. 검찰의 기소권에 대한 통제 수단으로서 재정신청 제도가 제대로 작동하기 어려웠다. 박정희 정권은 재정신청 제도마저 무력화했다. 1973년 1월 25일 개정 이전의「형사소송법」제260조 제1항은 "고소인 또는 고발인은 검사로부터 공소를 제기하지 아니한다는 통지를 받은 때에는 그 검사소속의 고등검찰청에 대응하는 고등법원에 그 당부에 관한 재정을 신청할 수 있다." 그러나 개정 이후에는 "형법 제123조 내지 제125조의 죄에 대하여 고소 또는 고발을 한 자는 검사로부터 공소를 제기하지 아니한다는 통지를 받은 때에는 그 검사소속의 고등검찰청에 대응하는 고등법원에 그 당부에 관한 재정을 신청"하는 것으로 유명무실하게 축소되었다.

박정희는 1973년 3월 31일 자신에게 반발했던 상당수 판사들을 재임용에서 탈락시켰다. 이 중 상당수의 판사는 1971년 사법파동에서 적극적인 역할을 했거나 민감한 시국 사건에서 청와대나 중앙정보부의 의사에 반하는 판결을 내린 법관이었다. 1971년은 서울형사지방법원에서 정권의 뜻과 다른 판결이 많았다. 1971. 6. 22. 국가배상법에 대한 위헌 판결이 내려졌다. 군 복무 중 사고를 당한 군인 또는 군속의 국가배상청구권을 제한하는 조항을 위헌이라고 판단한 것이다. 가장 극단적으로 나타난 사법부를 향한 겁박은 1971년 7월 28일 서울형사지방법원 항소3부 재판장에 대해 서울지검 공안부 검사가 구속영장을 신청한 것이다. 이 구속영장은 서울형사지방법원 유태홍 수석부장판사가 두 차례나 기각했다. 당시 판사들은 정권 차원의 보복으로 인식하고 전국 판사 415명 중 150여 명 판사가 사직서를 제출했다. 그러나 1개월 만에 법원의 자체 수습 형식으로 끝났다(문형래, 2009: 68).

합법적 절차에 따라 제정한 법의 집행에서도 그 자체로 폭력일 가능성은 높다. 법의 안에 있다고 인식하는 재량은 자의적일 수 있고 법의 통제를 받지 않는다. 검찰의 경우 기소 독점도 문제지만, 기소 편의주의에 따라 권력을 얼마든지 휘두를 수 있기 때문이다. '편의'라는 말은 그 일상적 용어와 의미가 다르다고 하지만, 국가 편의주의와 크게 다를 바 없는 자의성의 본모습을 보여준다. 오히려 모든 국가 권력의 힘은 재량에서 나온다.

인권을 침해하는 법률을 거리낌 없이 제정하는 행태는 국회의 입법 재량이다. 차별금지법도 제정하지 못하는 국회의 무능력도 입법자의 재량이다. 거액의 금전을 뇌물로 주고받은 정치인이나 재벌은 구속영장을 청구하거나 발부하지 않으면서도 작은 금전만으로도 구속영장을 청구하거나 발부하는 것도 검찰 또는 법원의 재량이다. 평화적 생존권을 기본권으로 인정했다가 판례를 변경하여 부정하는 것도 헌법재판소의 재량이다. 국가 권력을 이용해 범죄를 저지른 전직 대통령에 대해 검사장으로서 구속영장을 신청했던 이가 대통령이 되어 바로 그 범죄자를 은근슬쩍 풀어주는 것도 재량이다. 긴급조치를 비롯한 독소를 담은 유신헌법은 법적·제도적·인적·문화적인 재량 권력을 각종 공안 기구에 장착하게 했다. 인권·민주·법치 그리고 국민에 대한 응답과 책임 없는 권력 기구와 행정 관료 풍토를 퇴적했다. 검찰은 군과 비밀정보기관 또는 경찰 등과 돌아가며 권력 다툼을 벌이는 것일 뿐이다. 유신 독재 이래의 공안 기구 카르텔을 깨기 위한 혁신은 아직 시작하지 못했다.

V. 결론

재량을 법으로 충분히 통제할 수 있다는 것 자체가 환상이다. 법 아닌 것이 함께 작동해야 한다. 그리고 공안 기구의 개혁은 공안 기구가 발호할 수 있는 공안 법제의 개혁을 전제로 해야 한다. 국가보안법과 집시법 등 국민의 기본적 인권을 침해할 수 있는 여지가 넓은 동시에 심지어 '내부의 적'으로 간주하는 '악법'을 개폐해야 한다. 과거 국가 범죄를 저질렀던 개별 사안의 해소가 아니라 일반 의사로 전화하여 국가 권력의 총량을 줄이면서 국가 시스템을 개혁해야 한다. 개별 사건만 풀어내는 법조인 정치인이 아니라 인권의 터전 위에 국민 일반의 의사를 일궈내는 정치가이자 법의 제정과 해석, 적용을 아우르는 민주주의적 법치주의자가 필요하다.

참고문헌

김삼웅. 『공안통치의 원조 이승만. 내일을 여는 역사』. 2013.

문형래. "법에 내재된 정치와 폭력에 관한 연구: 유신체제 형성과 인혁당재건위 사건을 중심으로." 석사학위논문, 성공회대학교 NGO대학원, 2009.

송호창. "'신공안정국'의 법리적 해석: 법치주의의 탈을 쓴 전횡." 「황해문화」 61(2008): 395-405.

여정민. "'백골단' 부활에서 사이버 공안탄압까지: '정말로 이런 적은 없.었.다'," 「민족 21」 90(2008): 90-93.

오동석. "공안 기구 개혁의 현황과 과제. 촛불항쟁과 사회운동의 전망 II." 박근혜정권 최진비상국민행동기록기념위원회 주최. 학술 심포지엄(2018. 5. 19.), 102-115.

이창언. "전두환·노태우 정권과 공안통치."『내일을 여는 역사』. 2013.

한상희. "공안의 헌정사와 그 통치술."「황해문화」 (2017, 여름): 220-239.

한홍구. "적폐청산의 시발점, 공안체제의 해체."「황해문화」 (2017, 여름): 16-40.

황병주. "박정희 체제의 대중정치와 공안통치."『내일을 여는 역사』(2013).

Fraenkel, Ernst. *Der Doppelstaat*, Frankfurt am Main: Europäische Verlagsanstalt, 1974.

Fraenkel, Ernst/Clark, N. J. 옮김. *The dual state: a contribution to the theory of dictatorship*. The Lawbook Exchange, 2006.

Fraenkel, Ernst/中道壽一 옮김. 二重國家. 東京: ミネルヴァ書房. 1994.

Poulantzas, Nicos/박병영 옮김. 『국가·권력·사회주의』. 백의, 1994.

불법 입법기구가 제정한
정치 관계법과 그 위헌성

송병춘

(변호사)

　민주주의 사회에서 국가는 정당을 그 구성 요소로 삼아 성립한다.
대한민국헌법 역시 제1장 총강 제8조에서 "①정당의 설립은 자유이
며, 복수정당제는 보장된다. ②정당은 그 목적·조직과 활동이 민주적
이어야 하며, 국민의 정치적 의사형성에 참여하는데 필요한 조직을
가져야 한다"라고 규정하고 있다. 정당은 국민(제2조)과 영토(제3
조), 평화통일(제4조), 국제평화 유지와 국군(제5조), 조약과 국제법
규(제6조), 공무원(제7조) 등과 함께 국가 형성 및 존립을 위한 필수
적 요소로 인정되고 있는 것이다.

　정당법, 정치자금법, 공직선거법을 정치 관계 3법이라고 한다. 정
치개혁의 필요성을 말할 때 흔히 소선거구제-승자독식의 국회의원
선거 제도에 주목하는데, 사실은 정당법이 정치 관계법들의 중심에
있는 법률이며, 정당 설립의 자유와 시민의 일상적 정치활동을 사실

상 봉쇄하고 있는 정당법이야말로 정치개혁의 최우선 순위에 있는 법률이라고 할 것이다.

현행 정당법은 제2조(정의)에서 "정당이라 함은 국민의 이익을 위하여 책임있는 정치적 주장이나 정책을 추진하고 공직선거의 후보자를 추천 또는 지지함으로써 국민의 정치적 의사형성에 참여함을 목적으로 하는 국민의 자발적 조직"이라고 정의하고 있다.

그러나 역사적으로 우리나라 정당이 '국민의 자발적 조직'이었던 적이 있었던가 의문을 품지 않을 수 없다. 정당법을 필두로 정치자금법, 공직선거법은 오히려 국민의 정치 참여에 대한 '3중 차단 장치'라고 비난받을 정도로 국민의 정치적 의사 형성과 새로운 정치 세력의 성장을 가로막고 있는 실정이다. 기성 정치권이 이를 개혁하기는커녕 오히려 개악을 되풀이해 온 것도 여느 정당을 막론하고 국민을 구경꾼으로 전락시키면서 기득권에 안주하고 있기 때문이다.

국민의 정치 참여를 차단하는 정치 관계법 중 가장 먼저 제정된 것은 정당의 조직과 정치운동을 규제하는 법령이다. 정당에 관한 법령 중 대한민국에서 최초로 등장한 법률은 미군정청이 1946년 2월에 발령한 「정당에 관한 규칙」이다. 이 법령은 1960년 「정치운동에 관한 법률」이 제정되기 전까지 정당의 등록과 회계·재정 운영 등을 규제하는 실정법으로서 작용했다. 1958년 진보당을 해산한 근거 법령이 바로 「정당에 관한 규칙」이었다.

「정당에 관한 규칙」은 4.19 혁명 후 1960년 「정치운동에 관한 법률」이 제정·공포되면서 폐기되었는데, 사실 「정치운동에 관한 법률」은 6.25 전쟁 중 이승만 정권이 폭력을 동원하여 국회를 압박하던 1952년 4월 16일에 처음 국회에서 의결되었으며, 이승만 대통령의 거부권 행사(1953. 5. 30. 재의결) 및 공포 거부로 인하여 시행되지 못하고 있다가 4.19 혁명 직후인 1960년 10월에야 비로소 공포된 법률이다.

당시의 국회는 이 법이 "이승만 정권 당시 관권에 의하여 정치운동의 자유가 강압되고 폭력배가 횡행하여 정치운동의 자유를 보장하기 위하여 제정되었다"고 하였다. 동 법의 제1조(목적)은 '정치운동을 자유롭고 공정하고 평온하게 전개시킴으로써 민주정치의 실천을 보장하는 것'이었다.

이 법률은 관권이 직접적으로 또는 폭력배 등을 동원하여 선거운동을 포함한 정치활동에 광범위하게 개입하던 당시의 정세 속에서 아직 권위주의적인 국가 체제에 완전히 편입되지 않은 국회가 자구책으로서 마련한 것이었다. 1963년 10월 25일 국가재건최고회의에서 폐지되었다.

현행 정당법은 1962년 12월 31일 국가재건최고회의에서 제정되었으며, 정당의 설립 요건,[1] 즉 정당 설립의 문턱을 크게 높이고 당원의 자격을 폭넓게 제한하였다. 창당발기인과 당원이 될 수 있는 자격을 국회의원 선거권을 가진 자로 규정하면서 "공무원, 국영기업체 및 정부가 주식의 과반수를 소유하는 기업체의 임원과 다른 법률에 의해서 정치활동이 금지된 자"는 제외하였다.

1946년의 「정당에 관한 규칙」에서는 정당의 당원만이 정치자금을 기부할 수 있었다. 또한 1963년에 제정된 정당법 제35조는 개인이나 법인·단체도 정치자금을 기부할 수 있도록 하였는데, 노동조합만

---

1 국회의원 선거구 1/3 이상의 지구당, 5개 시·도에 분산, 각 지구당마다 50인 이상 당원 등의 요건.

은 금지되었다. 「정치자금에관한법률」은 1965년 2월 9일 처음 제정되었는데, 당시에는 법인·단체가 중앙선거관리위원회에 기탁하는 정치자금만 규제하였다. 당시에 기탁된 정치자금은 기탁자가 지정한 경우에는 그 비율에 따라, 그렇지 않으면 국회의원 의석수 비율에 따라 배분하도록 하였다. 박정희 정권이 비공식적으로 기업가들로부터 정치자금을 수수하던 관행을 합법화하고, 일부를 야당에게도 나누어 주는 선심을 쓴 것이라고 할 수 있다.

위 「정치자금에관한법률」은 1980년 12월 31일 국가보위입법회의에서 정치자금의 종류를 당비, 후원금, 기탁금, 보조금 등으로 나누어 규제하도록 개정되었고, 2004년 3월 12일 개인만 정치자금을 기부할 수 있도록 개정되었다.[2]

I. 정당법의 연원

1. 「정당에 관한 규칙」: 미 군정법령 제55호

— 정당의 설립 요건을 규제하지 않으며, 단지 등록만을 요구하였다.
— 당원만 정치자금을 기부할 수 있었다.

> 제1조 (정당의 등록 — 등록 의무자, 등록사항 등)

---

2 제12조 (기부의 제한) ①외국인, 국내·외의 법인 또는 단체는 정치자금을 기부할 수 없다. ②누구든지 국내·외의 법인 또는 단체와 관련된 자금으로 정치자금을 기부할 수 없다. (전문 개정 2004. 3. 12.)

제2조 (정당관리규정 — 정당 사무소, 당 자금·회계)

제3조 (당원) 가. 무자격자
법률상 공직에 처할 자격을 상실한 자는 하인이든지 정당에 당원이 됨을 불허함.
외국의 국적을 둔 자는 당원이 됨을 불허함.
은밀 입당은 위법이 됨.
당원 이외 타 출처로 오는 기부 또는 직접 간접의 재정상 원조는 결코 합법적으로 수락할 수 없음.
차 금령을 공모하여 범한 자는 차 법령에 위반됨.

II. 「정치운동에 관한 법률」

「정치운동에 관한 법률」은 이승만 정권하에서 일상적인 정당 활동, 선거운동 등을 관권 및 폭력으로부터 보호하기 위하여 야당이 주도하여 만든 법률로서, 경찰, 검찰 또는 군무의 직에 있는 공무원으로서 정치운동 종사자를 협박하거나 금품 공여 또는 관직, 리권(이권) 약속 기타 방법으로 유혹하는 것을 금지하였다.

제2조 본법에서 **정치운동**이라고 함은 다음에 열기한 것을 말한다. 단 국가보안법 제1조에 저촉되는 정치운동을 제외한다.
1. 정당의 조직확장 기타 그 목적달성을 위한 운동
2. 국회의원 기타 지방의회의 의원으로서의 행동
3. 제4조에 규정된 공무원선거운동

제3조 본법에서 정당이라 함은 공보처에 등록된 것으로서 정치운동을 목적으로 조직된 단체를 말한다.

> 제4조 본법에서 공무원선거라고 함은 대통령, 부통령, 국회의원, 지방의회의 의원, 시·읍·면장 기타 법률로써 선거할 것으로 규정된 모든 공무원의 선거를 말한다.

III. 정당법

정당법은 군사 쿠데타 세력이 불법 입법기구인 국가재건최고회의에서 1962년 12월 31일 제정하였으며, 1963년 1월 1일 시행되었다.

당시 정당법은 정치자금을 포함하여 정당에 대한 종합적인 규제 장치들을 담고 있었다. 특히 당원의 자격을 폭넓게 제한하였는데, 공무원이 그 권한과 지위를 이용하여 정치운동에 개입하는 것을 금지하는 것이 아니라, 공무원 개인의 시민적 자유권으로서 일체의 정치적 의사 표현과 정치적 결사 자체를 금지하였다.

가. 당원의 자격

> 제17조 (당원의 자격) 국회의원선거권이 있는 자는 누구든지 당원이 될 수 있다. 그러나 각령으로 정하는 공무원과 국영기업체 및 정부가 주식의 과반수를 소유하는 기업체의 임원과 다른 법률에 의하여 정치활동이 금지된 자는 예외로 한다.

나. 정당의 설립 요건

> 제25조 (법정지구당수) 정당은 국회의원선거법에 의한 지역선거구총수의 3분의 1이상에 해당하는 지구당을 가져야 한다.
>
> 제26조 (지구당의 분산) 전조의 규정에 의한 지구당은 서울특별시, 부산시와

> 도중 5이상에 분산되어야 한다.
>
> 제27조 (지구당의 법정당원수) 지구당은 50인 이상의 당원을 가져야 한다.

다. 정치자금

> 제33조 (재산상황 등의 보고 등) ①정당은 그 재산 및 수입·지출에 관한 명세서를 매년 12월 31일 현재로 익년 2월 15일까지 중앙선거관리위원회에 제출하여야 한다.
> ②전항의 명세서에는 기부·찬조 기타 재산상의 출연을 한 자에 관하여는 그 기재를 요하지 아니한다.
> ③제1항의 보고서를 받은 중앙선거관리위원회는 그 요지를 공표하여야 한다.
>
> 제35조 (기부수령의 금지) 정당(創黨準備委員會를 包含한다)은 다음 각호에 해당하는 자로부터 기부·찬조 기타 재산상의 출연을 받지 못한다.
> 1. 외국인·외국법인 및 외국의 단체 그러나 대한민국 국민의 주도하에 있는 외국법인 및 외국의 단체는 예외로 한다.
> 2. 국가 또는 공공단체
> 3. 국영기업체·정부직할 또는 감독하의 단체·정부가 주식의 과반수를 소유하는 기업체
> 4. 금융기관 또는 금융단체
> 5. **노동단체**
> 6. 학교재단
> 7. 종교단체

IV. 정치자금법

1965년 제정된 「정치자금에관한법률」은 지정 또는 비지정으로 기업등이 중앙선거관리위원회에 정치자금을 기탁할 수 있도록 하였

다. 1966년부터 1971년까지 중앙선거관리위원회에 기탁된 금액이 총 2억9천만 원이었는데, 이 중 56.4%가 민주공화당에게, 42.9%가 신민당에게 배분되었다.

기탁자가 법인 특히 상장 주식회사인 경우 국민이 주인이므로 그 재산의 일부가 일방적으로 특정 정당의 정치자금으로 기부되는 것은 문제라고 할 수 있다. 더욱이 재벌 기업들이 합법적으로 정치자금을 기탁하면서 영향력을 행사하고 있는 데 반해 노동단체 등의 정치자금 기탁은 금지되었다.

1980년 12월 31일 동 법률이 국가보위입법회의에서 전면 개정되면서 당비, 후원회, 국고보조금에 대한 규정이 새로이 도입되었다.

국고보조금은 기성 정치 세력이 담합하여 국고보조금을 배분하면서 현재의 독점적 기득권 정치 구조에 안주하도록 만들었다. 적어도 정당 국고보조 액수는 정당들의 자구 노력과 그 성과에 비례해서 정해져야 할 것이다. 또한 국고보조금의 지출에 대한 철저한 감사가 제도화되어야 한다.

제25조(보조금의 계상) ①국가는 정당에 대한 보조금으로 최근 실시한 임기만료에 의한 국회의원선거의 선거권자 총수에 보조금 계상단가를 곱한 금액을 매년 예산에 계상하여야 한다. 이 경우 임기만료에 의한 국회의원선거의 실시로 선거권자 총수에 변경이 있는 때에는 당해 선거가 종료된 이후에 지급되는 보조금은 변경된 선거권자 총수를 기준으로 계상하여야 한다. 〈개정 2008. 2. 29.〉
이하 생략

제26조(공직후보자 여성추천보조금)
　〈개정 2006. 4. 28.〉
제26조의 2(공직후보자 장애인추천보조금)

[본조신설 2010. 1. 25.]
제26조의 3(공직후보자 청년추천보조금)
[본조신설 2022. 2. 22.]

제27조(보조금의 배분) ①경상보조금과 선거보조금은 지급 당시 「국회법」 제33조(교섭단체)제1항 본문의 규정에 의하여 동일 정당의 소속의원으로 교섭단체를 구성한 정당에 대하여 그 100분의 50을 정당별로 균등하게 분할하여 배분·지급한다.
이하 생략

제28조(보조금의 용도제한 등) ①보조금은 정당의 운영에 소요되는 경비로서 다음 각 호에 해당하는 경비 외에는 사용할 수 없다.
  1. 인건비
  2. 사무용 비품 및 소모품비
  3. 사무소 설치·운영비
  4. 공공요금
  5. 정책개발비
  6. 당원 교육훈련비
  7. 조직활동비
  8. 선전비
  9. 선거관계비용
  이하 생략

V. 선거법

국민의 자발적 정치적 의사 형성을 방해하는 선거법의 독소조항 중 대표적인 것은 선거운동 기간에 대한 규제와 사전선거운동의 금지이다.

현행 「공직선거법」 제58조 제1항은 선거운동을 "당선되게 하거나 당선되지 못하게 하기 위한 행위"라고 정의하면서 이어서 "선거에 관한 단순한 의견의 개진·의사의 표시·입후보와 선거운동을 위한 준비 행위 또는 통상적인 정당활동은 선거운동으로 보지 아니한다"라고 하고 있다.

「공직선거법」은 선거운동은 선거운동 기간에만 할 수 있게 제한 하고 있는데, 선거운동이라는 것이 그 성질상 일상적인 정치활동과 구별되기 어렵기 때문에 이는 일상적인 정치활동(시민적 자유로서의 정치적인 의사 표현의 자유 일체)을 사전선거운동이라는 명목하에 금지하는 데 악용되어 왔다. 예컨대 법원은 사전선거운동 금지 규정 에 따라 시민단체가 학교 무상급식을 시행을 위하여 특정 정당과의 정책 협약식을 추진한 것, 무상급식을 정책으로 수용하는 정당을 지 지하겠다는 입장 발표 등이 모두 사전선거운동에 해당한다고 판시하 였다.

1963년 1월 16일 국가재건최고회의에서 제정된 「국회의원 선거 법」에서는 "선거운동은 이 법에 규정된 이외의 방법으로는 이를 할 수 없다"고 선언하였다. 법률이 헌법상 보장된 기본권을 전면적으로 폐지하고 스스로 권리를 창설하는 초입헌주의적 발상이었다. 이 조문 은 1994년에 기존의 대통령선거법, 국회의원선거법, 지방의회선거 법을 통합한 현행 공직선거법이 제정될 때까지 존속하였다. 현행 공 직선거법은 선거운동에 대한 초헌법적이고 포괄적인 규제를 개별적 인 규제로 전환하였다. 그러나 이러한 변화는 명목상의 것이고, 선거 운동에 대한 규제 조항이 무려 70여 개에 이르고 있다.

선거운동 기간을 제한하고 사전선거운동을 금지하며, 선거운동 을 할 수 있는 자를 후보자와 선거운동원 등으로만 제한한 선거법은 1958년 제정된 「민의원의원 선거법」이었다. 1956년 제3대 대통령

선거에서 진보당의 선전에 크게 위협을 느낀 이승만 정권과 보수 정당들이 새로운 정치 세력의 대두를 막기 위해 선거운동을 규제하는 법률을 제정하기에 이른 것이라고 한다.

「민의원의원 선거법」(1958. 1. 25. 제정)

제43조 (정의) ① 본법에서 선거운동이라 함은 당선을 얻거나 얻게 하거나 얻지 못하게 하기 위한 행위를 말한다.
②단순한 선거에 관한 의견의 개진은 선거운동이 아니다.

제44조 (선거운동의 기간) 선거운동은 당해 후보자의 등록이 끝난 때로부터 선거일전까지에 한하여 이를 할 수 있다.

제45조 (선거운동을 할 수 없는 자) ① 후보자 또는 본법에 의한 선거사무장이나 선거운동원이 아닌 자는 선거운동을 할 수 없다.

선거운동을 할 수 있는 자를 후보자 또는 선거사무장, 선거운동원 등에 한정하고 일반 시민과 당원의 선거운동마저 금지하였던 위 조항은 1994년 3월 16일 「공직선거및선거부정방지법」이 개정될 때까지 존속하였다.[3]

VI. 정당법을 비롯한 정치 관계법의 위헌성

현행 정당법과 정치자금법은 그 태생 자체가 위헌인 1963년 정당법에 그 연원을 두고 있다. 헌법이 총강 부분에 정당에 관한 규정을

---

3 「공직선거및선거부정방지법」 제60조 (선거운동을 할 수 없는 자) ①다음 각호의 1에 해당하는 자는 선거운동을 할 수 없다. 1. 대한민국 국민이 아닌 자. 이하 생략.

둔 이유는 정당이 국민, 영토, 공무원 등과 더불어 국가 형성을 위한 필수적 요소임을 웅변하는 것이다.

그러나 우리나라 정당은 정부를 구성하는 데 있어서, 즉 공무원을 지휘·통솔하는 공직자를 선출한다거나 국가의 주요 정책을 결정하는 데 있어서 오히려 국민의 자발적 참여를 배제하는 매우 폐쇄적인 조직이라고 하지 않을 수 없다.

정당의 당원은 이미 기득권을 거머쥔 당권파의 동원 대상일 뿐 공직 후보자의 추천이나 정강·정책의 수립 등에서 주인 역할을 하지 못한다. 또한 정치 교육 내지 민주시민 교육은 본래 정당의 몫이라고 할 것인데, 중앙당이나 지구당에서 당원 대회나 교육 훈련을 시행하는 경우를 전혀 찾아볼 수 없다. 정당 사무 직원의 인건비, 정책 개발 및 조직 활동비 등 정당 운영을 위한 정치자금 역시 전혀 당원들에게 의존하지 않는다. 정치자금은 정치인 개인이 사적 네트워크를 이용하여 모금하는 후원금이나 정당에 대한 국고보조금으로 충당된다.

정당의 운영은 기왕에 공직에 진출한 기득권 정치 세력에 의해 독점되고, 신진 정치인은 당권파의 영입에 의해서 채워질 뿐이다. 영입된 정치 신인이 전략 공천으로 입당과 동시에 후보가 된다거나 여론 조사나 국민 경선 등의 방법으로 사실상 당원의 의사와 관계없이 후보로 선출되는 것이 일반적이다.

발기인 및 당원의 자격 제한, 지구당 조직의 수나 규모 등에 대한 과도한 규제, 정치자금의 모금과 기부에 대한 규제, 선거운동 기간 및 방법에 대한 과도한 규제 등으로 정치 관계 3법은 국민의 정치적 의사 형성 참여에 대한 3중의 차단 장치라고 하지 않을 수 없다.

규제 일변도의 정치 관계법은 청년 정치인, 새로운 정치 세력의 정치권 진입을 봉쇄하는 효과를 가진다. 새로운 정치 세력, 정당이나 정치인은 정당법과 선거법, 정치자금법 등에 의하여 손(조직)과 발(정치자금) 그리고 입(선거운동 방법)이 모두 묶여 있는 형국이다.

군사 쿠데타와 지방자치의 말살·왜곡

— 민주화 이후에도 5.16 쿠데타 이전으로 회복되지 못한 지방자치

하승수

(변호사, 공익법률센터 농본 대표)

I. 글을 시작하며

1949년 7월 4일 대한민국 역사상 최초의 지방자치법이 공포됐다. 당초에 1949년 3월 9일 국회를 통과했던 지방자치법 개정안이 이승만 대통령의 거부권 행사로 인해 국회에서의 재논의를 거쳐 우여곡절 끝에 지방자치법이 제정된 것이다.[1]

제정된 지방자치법에서는, 광역지방자치단체는 도와 서울특별시로 하고, 기초지방자치단체는 시·읍·면으로 했다. 그러나 시·읍·면장은 주민직선이 아니라 의회에서 무기명투표를 통해 간접선거로

---

[1] 당초에 국회 본회의를 통과한 지방자치법에서는 지방자치단체의 장중 서울특별시장과 시·읍·면장은 직접 주민이 선거하도록 하고, 도지사는 그 도 내의 도·시·읍·면의 의원이 선거하도록 규정하고 있었다.

선출하고(재적의원 3분의 2 이상 출석, 출석의원 3분의 2 이상 득표자가 당선), 서울특별시장과 도지사는 대통령이 임명하는 형태의 불충분한 지방자치였다.[2]

당시에 농촌 지역의 군(郡)은 지방자치단체가 아니었고, '도'의 하부단위였다. 그리고 인구 50만 이상의 시에 구(區)를 두게 했다. 구역시 지방자치단체는 아니었다. 군수와 구청장은 국가공무원으로 임명하게 되어 있었다. 그리고 동·이(里)장은 동·이민이 선거로 뽑도록 했다.

이렇게 지방자치법이 제정됐지만, 지방의회 선거는 이런저런 평계로 연기되다가 1952년에야 최초의 지방의회 선거가 실시되었다.[3] 1952년 4월 25일 시·읍·면의회 선거가 먼저 실시되고, 같은 해 5월 10일 도의회 의원 선거가 실시된 것이다. 당시에 선출한 시·읍·면의회 의원의 숫자는 지금의 기초지방의원보다 훨씬 많았다. 17개 시에서 378명의 시의원, 72개 읍에서 1,115명의 읍의원, 1,308개 면에서 1만6,051명의 면의원을 선출하였다. 예를 들어 당시에 충남 논산지역만 해도 면·읍의회 의원 정수가 195명이었다(당시 논산군은 지방자치단체가 아니었고, 면과 읍이 지방자치단체였다).

그리고 1956년 2월 13일 지방자치법이 개정되어 시·읍·면장 선거가 간접선거에서 직접선거로 바뀌었다. 그래서 1956년 8월 8일 시·읍·면장과 시·읍·면의회 선거를 동시에 실시했다.

---

2 그나마 1949년 12월 15일 지방자치법이 개정되어 지방의회가 성립될 때까지 시장은 대통령이, 읍·면장은 도지사가 임명하도록 바뀌었다.

3 당시에 이승만 대통령은 대통령 재임을 위해 개헌을 추진했고, 국회가 반발하자 국회를 압박하고 이승만지지 세력을 동원하기 위해 미뤄왔던 지방선거를 억압적인 분위기에서 일방적으로 실시하였다.

그런데 이승만 정권은 1958년 각급 지방자치단체장을 임명제로 바꾸는 지방자치법 개정을 추진해서 12월 24일 개정안을 국회에서 폭력적으로 통과시켰다. 당시에 이승만 정권은 농성 중인 야당 의원을 300명의 무술 경관을 동원해서 끌어낸 후 국가보안법 개정안과 함께 날치기 통과시켰다.[4] 지방자치를 후퇴시킨 입법이었다. 그에 따라 시·읍·면장이 임명제로 전환됐고, 동·이장도 임명제로 바뀌었다.

1960년 4.19 혁명 이후 다시 지방자치법이 개정됐다. 당연히 서울특별시장, 도지사, 시·읍·면장, 동·이장 주민직선제가 부활했다.[5] 그에 따라 1960년 12월에 1주일 간격으로 광역지방의원(특별시·도의회 의원), 기초지방의회(시·읍·면의회 의원), 광역단체장, 기초단체장을 선출하는 선거가 실시됐다.

비록 시행착오는 있었다고 하나 이대로 갔다면 한국의 지방자치는 자리를 잡아나갔을 것이다. 그런데 1961년 5. 16. 군사 쿠데타가 일어났다. 군사 쿠데타 세력은 군사 쿠데타 당일인 5월 16일 포고 제4호로 지방의회를 해산시켰다. 그리고 5월 22일에는 국가재건최고회의 포고 제8호로써 "지방의회의 의결을 요하는 사항은 읍·면에 있어서는 군수, 시에 있어서는 도지사, 서울특별시와 도에 있어서는 내무부장관의 승인을 얻어 시행한다"라고 발표했다. 그리고 그 이후에 본격적인 지방자치 말살 작업에 들어간다.

그리고 1987년 민주화 이후에도 군사 쿠데타 세력에 의해 말살·

---

4 서중석, 『한국현대사(개정증보판)』(웅진지식하우스, 2013), 166.

5 그 이전인 1960년 6월 15일 시행된 2공화국 헌법 제97조 제2항에서는 "지방자치단체의 장의 선임 방법은 법률로써 정하되 적어도 시, 읍, 면의 장은 그 주민이 직접 이를 선거한다"라고 규정했다.

왜곡된 지방자치는 온전히 회복되지 못하고 지금에 이르렀다. 읍·면의 자치권, 동·이장 주민직선제는 아직도 회복되지 못하고 있다.

이 글에서는 5.16 군사 쿠데타와 그 이후의 과정을 통해 지방자치의 말살·왜곡이 어떻게 진행되어 왔는지를 살펴보고, 지금의 시점에서 온전한 모습의 지방자치를 회복하기 위한 과제에 대해 살펴보고자 한다.

II. 5.16 군사 쿠데타와 지방자치의 말살·왜곡

1. 국가재건비상조치법

군사 쿠데타 세력은 5월 26일 국가재건최고회의라는 불법 기구를 구성하고, 그 첫 번째 법률안으로 「국가재건기본법안」을 국가재건최고회의 법무위원장 명의로 제안했다. 그리고 6월 6일 제15차 본회의에서 법률의 명칭을 「국가재건비상조치법」으로 수정하여 가결했다.

이는 6월 6일부터 시행되었는데, 그 제24조(헌법과의 관계)를 보면 "헌법의 규정 중 이 비상조치법에 저촉되는 규정은 이 비상조치법에 의한다"라고 하여 스스로 헌법을 부정하는 반(反)헌법적인 법임을 밝히고 있었다.

그리고 제20조에서 지방자치단체장 임명제를 도입하는 것으로 했다. 이를 통해 민주적인 지방자치는 불법적인 군사 쿠데타 세력에 의해 말살되기 시작한다.

2. 동·이장 임명에 관한 임시조치법

　지방자치단체장 임명제 이후에 군사 쿠데타 세력은 동·이장도
임명제로 하는 조치에 착수한다.

　5. 16. 군사 쿠데타 이전의 지방자치법 제146조 제4항에서는 동장
과 이장은 주민이 직접 선거로 선출하고, 임기는 2년으로 하도록 규정
하고 있었다. 동과 리는 지방자치단체가 아니라 그 하부조직이지만,
동장과 이장은 주민직선으로 선출하게 한 것이다.

　이는 조선 후기 이후부터 마을 단위에서 주민들이 자치적으로 대
표자를 뽑고 있던 것을 법제화한 것으로 볼 수 있다.[6]

지방 자치법 (5.16 군사 쿠데타 이전의 지방자치법)

제146조 군에 군수, 구에 구청장, 동, 리에 동, 리장을 둔다.
　　　　군수는 도지사의 추천으로 내무부장관을 경유하여 국무총리가 임명
　　　　한다.
　　　　구청장은 서울특별시에서는 시장의 추천으로 내무부장관을 경유하

---

6 조선 후기에는 농촌 마을 주민들이 마을 대표자를 선출하는 것이 광범위하게 이뤄졌다. 기
　록에 의하면, 간도, 연해주 등으로 간 유이민들도 직접 선거로 대표자를 선출해서 자치를
　시행했다고 한다.

여 국무총리가 임명하고 기타의 시에서는 도지사의 승인을 얻어 시장
이 임명한다.
동, 리장은 동, 리주민이 직접 선거한다.
동, 리장의 임기는 2년으로 한다.
동, 리장의 선거권, 피선거권에 관하여는 제52조와 제53조를 적용하
고 선거에 관한 절차는 도 또는 서울특별시 규칙으로 정한다.

　　그런데 군사 쿠데타 세력이 보기에는 동장과 이장을 주민직선으
로 선출하는 것을 그대로 둘 수 없다고 판단했을 것이다. 그래서 국가
재건최고회의 내무위원장 명의로 6월 21일 「동·이장 임명에 관한
임시조치법안」을 제안하고 6월 24일 국가재건최고회의 11차 본회의
에서 통과시켜 6월 29일 공포한다.

　　그 제안 이유를 보면, "국가재건비상조치법에 의하여 각급 자치단
체의 장의 임명제가 채택됨에 따라 현행 지방자치법상 선거제로 되어
있는 동·이장(洞·里長)도 잠정적으로 임명제로 하여 지방행정의
신속한 처리를 기하기 위해 제안하는 것임"이라고 되어 있었다.

　　이에 의해 지방자치법상 선출직이었던, 동·이장은 임명직으로
전락하게 된다.

동·이장 임명에 관한 임시조치법

동, 이장은 지방자치법 제146조 제4항과 동조 제5항의 규정에 불구하고 소할시·읍·
면장 또는 구청장이 임명한다.
① 본법은 공포한 날로부터 시행한다.
② 본법 시행당시 재임중인 동, 이장은 본법의 규정에 의하여 임명된 것으로 간주한다.

---

3. 지방자치에 관한 임시조치법

군사 쿠데타 세력은 일단 선거를 통해 선출된 지방의회를 해산하고 지방자치단체장과 동·이장을 임명직으로 전환하는 조치를 취한 후에 보다 체계적으로 지방자치를 말살하기 위한 조치를 취한다. 그것이 「지방자치에 관한 임시조치법」이다.

「지방자치에 관한 임시조치법」은 1961년 7월 11일 국가재건최고회의 내무위원장에 의해 제안됐다. 그리고 8월 30일 제38차 국가재건최고회의 본회의에서 가결되었고, 9월 1일 공포되어 10월 1일부터 시행되었다.

그 내용을 보면,

첫째, 지방자치단체의 종류에서 읍·면을 없애고 군(郡)을 지방자치단체의 종류로 규정했다. 이로써 읍·면이 가지고 있던 자치권은 사라지게 되었고, 군의 하부 행정조직으로 전락하게 되었다. 이는 선거를 통해 구성된 국회가 보장한 지방자치권이 군사 쿠데타 세력에 의해 박탈당한 것으로 볼 수밖에 없다. 그리고 읍·면이 보유하고 있던 재산도 군으로 귀속되었고, 읍·면의 사무 역시 군수와 군으로 귀속되었다.

둘째, 주민직선으로 뽑던 읍장, 면장을 군수가 임명하는 임명직으로 바꾸었다. 지방자치단체로서의 지위를 상실한 읍·면에는 더 이상 지방의회를 두지 않아도 되게 되었다.

셋째, 주민이 선거로 선출하던 동·이장도 임명직으로 바뀌었다. 1950년대에 서울에서 실시됐던 동장선거는 역사 속으로 사라졌고, 농촌 마을의 이장도 법적으로는 읍·면장이 임명하는 임명직으로 바

꿰었다(실질적으로 마을 총회에서 선출하더라도 형식적으로는 임명 절차를 거쳐야 한다).

지방자치에 관한 임시조치법

제1조 (목적) 본법은 혁명과업을 조속히 성취하기 위하여 지방자치행정을 더욱 능률화하고 정상화함으로써 지방자치행정의 건전한 토대를 마련함을 목적으로 한다.

제2조 (지방자치단체의 종류) ① 지방자치단체는 대별하여 다음의 2종으로 한다.
　1. 도와 서울특별시
　2. 시와 군
　②도와 서울특별시는 정부의 직할하에 두고 시, 군은 도의 관할구역내에 둔다.

제3조 (군의 명칭과 구역) 군의 명칭과 구역은 인구 10만내외로 재획정할 때까지는 종전에 의한다.

제4조 (읍, 면) ①군에 읍, 면을 둔다.
　②읍, 면의 명칭과 구역은 종전에 의하고 이를 폐치, 분합할 때에는 법률로써 정한다.
　③읍, 면의 직제는 군의 규칙으로써 정한다.

제5조 (사무의 계승) 법령의 규정에 의하여 읍, 면장 또는 읍, 면의 권한에 속하였던 사항은 각각 군수 또는 군이 이를 계승한다.

제6조 (행정기구) 지방자치단체의 행정기구는 도와 서울특별시에 있어서는 각령으로써 정하고 시, 군에 있어서는 내무부장관의 승인을 얻어 당해 자치단체의 규칙으로써 정한다.

제7조 (지방자치단체에 배치하는 공무원과 정원) ①시, 군에는 각령의 정하는 바에 의하여 국가공무원을 둘 수 있다.
　②지방자치단체에 배치하는 지방공무원의 정원은 내무부장관의 승인을 얻어 당해 자치단체의 규칙으로써 정한다.

제8조 (읍, 면재산의 귀속) 읍, 면의 일체의 재산과 공부는 소속군에 귀속한다.

제9조 (읍, 면장과 동, 리장) ①읍, 면장은 군수가 임명한다. 읍, 면에 출장소장을 두는 경우에도 또한 같다.
　②동, 리장은 시, 읍, 면장 또는 구청장이 임명한다.
　③동, 리장의 정수에 관하여는 당해 자치단체의 조례로써 정한다.

제10조 (의회의결사항의 승인) 지방자치법중 의회의 의결을 요하는 사항은 도와 서울특별시에 있어서는 내무부장관의, 시와 군에 있어서는 도지사의 승인을 얻어 시행한다.

제11조 (지방자치법과의 관계) 지방자치법중 본법에 저촉되는 규정은 본법의 규정에 의한다.

제12조 (시행령) 본법 시행에 관하여 필요한 사항은 각령으로써 정한다.

부칙 〈제707호, 1961. 9. 1.〉

① 본법은 단기4294년 10월 1일부터 시행한다.
② 본법 시행당시 재임중인 읍, 면장과 읍, 면의 출장소장 및 동, 리장은 본법에 의하여 임명된 것으로 간주한다.
③ 읍, 면의 조례와 규칙은 그에 해당하는 군의 조례와 규칙이 제정될 때까지 그 효력을 가진다.
④ 수복지구임시 행정조치법 제4조의 규정은 그 효력을 정지한다.
⑤ 이 법은 지방자치법이 개정, 공포됨으로써 폐지된다.
⑥ 지방세법중 읍, 면이라 함은 군을, 읍, 면장이라 함은 군수를 말하고, 읍, 면세를 군세로 한다.
⑦ 국가재건최고회의포고 제8호와 법률 제638호 동,리장임명에관한임시조치법은 폐지한다

그 후 「지방자치에 관한 임시조치법」은 몇 차례 개정된다. 1962년 3월 21일 개정을 통해 읍·면장을 군수의 보조기관으로 했다.7 이는 민주적 자치 단위로서의 읍·면의 흔적을 완전히 지워버리고, 지방 관료 조직에 편입시키는 것이었다.

---

7 당시에 읍·면장을 일반직 지방공무원으로 보하도록 했다가 이후 1963년 12월 14일 개정을 통해 읍장과 면장은 군수가 임명하되 별정직으로 하는 것으로 바꾸었다. 그리고 시행령을 통해 읍장과 면장은 "주민의 신망이 두텁고, 3년 이상의 행정 경력을 가진 자 중에서 임명"하도록 했다.

III. 헌법 개정을 통한 지방자치 말살의 고착화

이처럼 군사 쿠데타 세력은 불법적인 포고와 국가재건비상조치법,「동·이장 임명에 관한 임시조치법」,「지방자치에 관한 임시조치법」을 통해 지방의회를 해산하고, 지방자치단체장을 임명직화했으며, 읍·면의 자치권을 박탈했고, 선출직이던 동·이장을 임명직화하는 등의 폭거를 저질렀다.

그러나 이런 조치들은 임시조치법의 형태를 취했기 때문에 이를 고착화하려면 추가적인 조치가 필요했다. 그래서 군사 쿠데타 세력은 1962년 12월 26일 헌법을 개정하면서 지방자치단체장의 선거 관련 규정을 삭제했고, 부칙을 통해 "이 헌법에 의한 최초의 지방의회의 구성시기에 관하여는 법률로 정한다"라는 규정을 신설했다. 그리고 법률을 제정하기 위한 조치를 취하지 않음으로써 사실상 지방자치 말살을 고착화했다. 또 1972년 유신헌법에서는 부칙 제10조를 통해 "이 헌법에 의한 지방의회는 조국통일이 이루어질 때까지 구성하지 아니한다"라고 함으로써 사실상 지방자치를 실시하지 않겠다는 뜻을 분명하게 했다.

군사 쿠데타 세력이 이렇게 지방자치를 어떻게든 말살하기 위해 애쓴 이유는 '민주주의의 학교'라고 불리는 지방자치가 부활될 경우 풀뿌리에서부터 군사독재에 대한 저항이 일어날 것을 우려했기 때문일 것이다.

유신헌법

제10조 이 헌법에 의한 지방의회는 조국통일이 이루어질 때까지 구성하지 아니한다.

그리고 군사 쿠데타 세력과 그 후예들은 이후에도 지방자치 부활에 부정적이었다. 그래서 1980년 5공화국 헌법에서는 "지방의회를 재정자립도를 감안하여 순차적으로 구성"하고 "지방의회의 구성시기는 법률로 정한다"고 규정했다.

1987년 민주화 이후에도 지방자치의 부활은 지지부진했다. 1987년 6공화국 헌법에서는 지방자치단체의 종류를 법률로 위임하고, 지방의회와 지방자치단체장의 선임 방법을 법률에 위임했다. 1988년 4월 6일 지방자치법이 개정됐지만, 지방자치단체의 장은 선거에 의해 선출하되 따로 법률로 정할 때까지는 정부에서 임명키로 했다. 지방의회 의원 선거에 관한 사항은 별도로 지방의회 의원 선거법을 새로 제정하기로 했다.

1989년 12월 30일에는 다시 지방자치법을 개정하여 지방의회 의원 선거를 1990년 6월 30일까지 실시하도록 하는 등 지방자치의 실시 일정을 정했지만, 실행되지 못했다.

1990년 12월 31일 지방자치법을 또다시 개정하여 지방의회 선거는 1991년 6월 30일 이내에 실시하도록 하고, 지방자치단체장 선거는 1992년 6월 30일 이내에 실시하도록 지방자치의 실시 시기를 조정했다. 그에 따라 지방의회 선거는 1991년 부활했지만, 지방자치단체장 선거는 다시 연기됐다. 그리고 1995년 지방자치단체장 선거까지 실시됨으로써 "지방자치가 부활됐다"는 표현을 쓰게 되었다.

그러나 이렇게 부활되었다는 지방자치는 1961년 군사 쿠데타 세력에 의해 말살된 지방자치를 온전하게 부활한 것이 아니었다. 군사 쿠데타 세력에 의해 빼앗겼던 읍·면의 자치권은 전혀 회복되지 못했다. 선출직이었다가 임명직화된 동·이장도 여전히 임명직으로 남아 있다.

Ⅳ. 지방자치의 온전한 회복을 위한 과제

민주화 이후에 지방자치를 부활시키면서, 읍·면 자치를 부활시키지 않고, 군(郡) 단위 자치를 유지한 것은 군사 쿠데타 세력에 의해 자행된 지방자치 말살 조치를 일정 부분 용인한 것이나 다름없다. 그래서 지금도 읍·면은 군의 하부 행정조직으로 되어 있다. 읍장과 면장은 군수가 임명하는 공무원들이 돌아가며 맡고 있다. 읍·면에 주민자치회나 주민자치위원회가 있지만, 실제로 결정할 수 있는 권한은 별로 없다. 농촌 지역에서도 군청에 모든 권한과 예산이 몰려 있다. 지역 내에서의 중앙집권 체제이다.

이런 구조가 농촌 지역의 어려움을 심화시켰다고 볼 수 있다. 농촌 지역에서 생활과 생산이 이뤄지는 기본 단위라고 할 수 있는 읍·면이 스스로 결정할 수 있는 것이 별로 없는데, 어떻게 농촌 지역이 활력을 가질 수 있겠는가? 이것이야말로 지방 소멸의 진정한 원인이다.

예를 들어서 면에 있는 학교가 사라질 위기에 놓였을 때에 면이 할 수 있는 권한이 없다. 학교는 교육청 소관이고, 학교를 살리기 위해 필요한 사업 예산도 군청에 가서 따 와야 한다.

면에 주민들이 반대하는 시설이 들어오는데, 면장은 아무 권한이 없다. 인·허가는 군청에서 하기 때문이다.

인구가 줄어들고 고령화되고 있는 면 지역에서 청년들을 유치하려고 해도 주택을 제공하고 일자리를 제공할 예산과 권한이 없다. 이런 상태에서 어떻게 국토 면적의 73%를 차지하고 있는 면 지역이 활력을 가질 수 있겠는가?

또한 농촌은 도시와는 달리 주거·소비뿐만 아니라 생산·경제

활동까지 지역 내에서 이뤄진다. 그런데 같은 군내에서도 서로 떨어진 읍·면의 경우에는 여러 상황들이 너무 다르다. 이렇게 이질적인 읍·면을 묶어서, 그것도 주민 참여를 보장해가면서 지역 문제를 결정해 나가기는 어렵다. 현실적으로 농촌 지역의 특성에 맞는 자치를 하면서 실질적으로 주민들이 의사결정에 참여할 수 있는 범위는 현재의 읍·면 정도이다. 아직도 단위 농협들이 면·읍 단위로 구성되어 있는 경우가 많은 것을 보더라도 그렇다.

지방자치단체마다 세우는 발전 계획도 군청에서 세우다 보니 읍·면은 대상화가 된다. 그러다 보니 주민들도 모르는 서류상의 계획이 나오기 쉽다. 지금 군(郡)에서 결정되는 하향식의 사업들은 관행적으로 이뤄지는 개발 사업, 선심성 사업, 일회성 사업들이 많으며, 지역에 장기적으로 도움이 되지 않는 경우가 많다. 그러다 보니 농촌 지역, 특히 면 지역의 인구 감소와 고령화 현상은 더욱 심해지고 있다. 이런 현실을 극복하려면 읍·면의 자치권 회복이 필수이다. 읍·면의 상황에 맞게 인구 대책도 세우고, 교육·주택·의료·복지·문화·환경 대책들을 수립하여 '삶의 질'을 개선해 나가야 한다.

이런 읍·면의 자치권 회복은 단지 면장, 읍장을 선거로 뽑는다는 것만 의미하지 않는다. 자치권이 보장되어야 한다. 즉, 자치입법권·자주조직권·예산편성권·도시계획권이 보장되어야 한다. 이를 위해서는 군사 쿠데타 세력에 의해 박탈된 지방자치 단체로서의 지위가 회복되어야 하는 것이다.

지금의 읍·면은 그런 권한이 없고, 그야말로 하부 행정조직에 불과한 실정이다. 그러니 읍·면의 특성을 살린 지역 비전을 수립하고 주체적인 계획을 수립·추진하기가 어렵다. 따라서 농촌을 살리기 위해서는 읍·면의 자치권부터 회복하는 것이 필요하다. 이것은 60년 이상 유지되어 온 5.16의 잔재를 청산하는 일이기도 하다.

구체적으로는 읍·면을 기초 지방자치 단체로 전환하되 읍장·면장이나 읍·면 의회의 구성 방식은 각 읍·면이 기본 조례로 정하도록 할 수 있을 것이다. 인구가 적은 읍·면의 경우에는 주민 총회가 많은 것을 결정하게 할 수도 있다. 필요하다면 몇 가지 권력 구조 유형을 제시해서 각 읍·면이 선택하게 할 수도 있을 것이다.

만약 전국의 모든 읍·면을 동시에 기초 지방자치 단체로 전환하는 것이 어렵다면, 주민 투표를 통해 찬성하는 곳부터 먼저 전환하게 할 수도 있을 것이다.

이런 얘기가 무척 낯설 수도 있다. 그 이유는 일부 군인들의 쿠데타로 인해 제대로 된 지방자치를 잃어버린 지 61년이나 되었기 때문이다. 그러나 언제까지 군사 쿠데타의 잔재 아래에서 살 것인가?

지방자치 선진국도 농촌 지역에서는 우리의 읍·면 정도를 지방자치의 단위로 하고 있다. 독일의 게마인데(Gemeinde), 스위스의 코뮌은 농촌 지역에서는 우리의 읍·면 정도이다. 스위스에는 인구가 1천 명이 안 되는 기초 지방자치 단체도 많다.

일본의 경우에도 비록 통합해서 숫자가 많이 줄어들기는 했지만, 여전히 농촌 지역 기초 지방자치는 우리의 면·읍 정도인 정(町)·촌(村) 단위에서 하고 있다.

농촌 지역에서의 읍·면 자치는 세계적으로 보편적인 모델인 것이다.

한편 군사 쿠데타 세력에 의해 임명직화된 동장·이장도 선출직으로 회복되어야 한다. 동장·이장을 임명직화한 것은 그야말로 풀뿌리까지도 관이 지배하는 체제로 바꾼 것이다. 그런데 이것 역시 민주화 이후에도 계속 유지되고 있다. 지금도 지방자치법 시행령 제81조 제2항에서 농촌 지역 이장은 해당 지방자치단체의 규칙으로 정하는 바에 따라 읍장·면장이 임명하도록 하고 있다. 동장 역시 임명직이다.[8]

그러나 비록 법적으로는 농촌 마을의 이장이 임명직으로 바뀌었지만, 오래전부터 내려오던 마을 자치의 전통이 사라진 것은 아니었다. 그래서 지금도 농촌 지역 마을에서는 관례적으로 이장을 선출하고, 특별한 일이 없으면 면장, 읍장이 이를 인정해서 이장을 임명하고 있는 것이다.

그러나 마을에 첨예한 현안이 생기면, 법적으로 이장이 임명직으로 되어 있는 것이 큰 문제가 되기도 한다. 예를 들어 마을에 주민 다수가 반대하는 개발 사업이 벌어지려고 하고, 지방자치 단체가 이를 강행하려고 하는 경우가 있을 수 있다. 그런 경우에는 주민 다수가 반대 입장에 있는 주민을 이장으로 뽑았을 때, 행정에서 이런저런 핑계를 대며 이장 임명을 거부하거나 지연시키는 경우가 있다.

꼭 이런 갈등이 없더라도 마을 자치를 제대로 하려면 농촌 마을 이장을 임명직으로 하고 있는 지방자치법 시행령의 개정이 필요하다. 이장은 5.16 쿠데타 이전처럼 선출직으로 되돌려져야 한다. 그것이 현실에도 맞다.

또한 도시 지역 동장의 경우에도 주민직선제를 부활하는 등의 조치를 검토해야 한다. 동장을 임기가 있는 선출직으로 하고, 동별로 설치되고 있는 주민자치회의 역할을 강화함으로써 동 단위에서도 준자치라고 할 수 있을 정도로 주민자치를 활성화시켜야 한다.

---

8 지방자치법 제132조 제2항은 "동장은 일반직 지방공무원으로 보하되, 시장·군수 또는 자치구의 구청장이 임명한다"라고 규정하고 있다.

정리하자면 농촌 지역의 경우 읍·면의 자치권을 부활시키고 이장을 선출직으로 회복하는 것이 필요하고, 도시 지역의 경우 동장 주민 직선제를 부활시키는 것이 필요하다. 그것이 군사 쿠데타 세력에 의해 왜곡된 지방자치를 온전하게 회복하는 길이다.

불법 입법기구의 입법 불법

오동석

(아주대학교 법학전문대학원 교수)

I. 서론

2022년 10월은 유신 독재의 본격적인 기점인 1972년 10월 17일 19시 '10.17 비상조치'가 있은 지 딱 50년이 되는 달이다. 한국 헌정사에서 유사 입법기구는 유신 전의 국가재건최고회의, 유신 시기의 비상국무회의 그리고 유신 후 시기의 국가보위입법회의가 있다. 세 기구 모두 국회를 해산하고 설치한 불법적인 입법기구다. 국가보위입법회의는 1980년 헌법 부칙에 근거를 두고 있지만, 비상계엄 전국 확대와 1980년 5.18 내란[1] 및 그에 따른 국회 해산의 결과이므로 그 헌법적 정당성을 인정할 수 없다.[2]

---

1 대법원 1997. 4. 17. 선고 96도3376 판결.

2 이동과 1988: 19; 이희훈, 2007: 145; 방승주, 2008: 258; 김순양b, 2022: 15; 한국민족문화대백과, https://terms. naver.com/entry.naver?docId=571932& cid=46626& categoryId=46626, 검색: 2022. 10. 10.

국회 홈페이지 '국회의 역사'에서 보듯이 세 개의 위헌 입법기구의 활동은 국회의 해산에 따른 국회 활동의 공백 기간(1961. 5. 19.~1963. 12. 16., 1972. 10. 18.~1973. 3. 11., 1980. 10. 28.~ 1981. 4. 10.)이다.[3] 그 기간 중 비상국무회의(1972. 10. 23.~1973. 2. 26.)의 법률안 안건은 270건이었다. 법률 제정이 58긴, 법률 개정이 203건 그리고 법률 폐지가 9건이었다(이철호, 2002: 68). 국가재건최고회의(1961. 5. 19~1963. 12. 16.)의 법률안 안건은 1,162건이었는데, 1,015건을 가결했다(이철호, 2002: 62). 국가보위입법회의(1980. 10. 29.~1981. 3. 31.)는 법률안 189건 중 제정 법률안 37건을 처리했다(김순양, 2022b: 19).

비상국무회의 그리고 국가보위입법회의와 국가재건최고회의에서 제정 또는 개정한 법률 조항들 그 자체는 상당 부분 국회의 입법을 통해 또는 헌법재판소의 위헌 결정을 계기로 하여 입법적으로 해소된 면이 있다. 그러나 구체적인 법률 조항 또는 그 내용 중에는 솎아지지 않은 채 민주주의 시대의 구석진 자리를 여전히 차지하고 있는 것들이 있다.

가장 큰 문제는 국회가 이러한 위헌적 입법기구를 불법으로 선언하거나 관련 법률에 대한 조사를 통해 그 불법성을 바로 잡지 않았다는 것이다. 2022년 9월 26일 '유신군사독재 시기 국회 강제해산의 무효 선언과 유사 입법기구가 제·개정한 법률의 조사·검증 및 개정·폐지를 촉구하는 국회 결의안' 제출은 꼭 필요한 일이었다. 인재근 의원의 대표 발의와 125명 의원의 공 동발의로 모두 126명 의원이

---

3 대한민국 국회 〈https://www.assembly.go.kr/portal/main/contents.do?menuNo=600111〉, 검색일: 2022. 10. 10.

서명했다.4 위헌적 기구의 불법 입법을 청산하는 일은 민주적 헌정사의 회복이라는 관점에서 매우 중요하다. 이 글은 유신50년군사독재청산위원회에 유사 입법기구 제·개정 법률 예비조사 결과를 보고하는 글이다.

II. 유사 입법기구의 입법 목록

1. 비상국무회의

비상국무회의 제정 법률은 57건이다(이철호, 2001: 90).「건널목개량촉진법」,「고압가스안전관리법」,「공공차관의 도입 및 관리에 관한 법률」,「공무원교육훈련법」,「관광진흥개발기금법」,「국민투표법」,「국민투표에 관한 특례법」,「국영방송사업특별회계법」,「국토이용관리법」,「국회사무처리에 관한 임시특례법」,「국회의원선거법」,「국회의원수당 등에 관한 법률」,「군복 및 군용장구의 단속에 관한 법률」,「군사기밀보호법」,「군사시설보호법」,「군수조달에 관한 특별조치법」,「군인자녀교육보호법」,「기술개발촉진법」,「기술용역육성법」,「기업공개촉진법」,「농수산물도매시장법」,「농지의

---

4 「국제뉴스」 2022. 9. 26. https://www.gukjenews.com/news/articleView.html?idxno=2558621〉;「뉴스워커」 2022. 9. 26. http://www.newsworker.co.kr/news/articleView.html?idxno=174670;「대한뉴스」 2022. 9. 26. http://www. dhns. co.kr/news/articleView.html?idxno=291700;「미래일보」 2022. 9. 26. http://hkmd.kr/mobile/article.html?no=68188;「오마이뉴스」 2022. 9. 26. http://www.ohmynews.com/NWS_Web/View/at_pg.aspx?CNTN_CD=A0002867 558, 검색: 2022. 10. 10.

보전 및 이용에 관한 법」, 「대통령특별선언에 따른 헌법 개정안의 공공 등에 관한 특례법」, 「모자보건법」, 「물가안정에 관한 법률」, 「병역법 위반 등 범죄처벌에 관한 특별조치법」, 「병역의무의 특례규제에 관한 법률」, 「비상국무회의법」, 「산림개발법」, 「서울특별시 및 경기도의 관할구역 변경에 관한 법률」, 「선거관리위원회법」, 「선거관리위원회에 관한 특례법」, 「소액사건심판법」, 「수출업자신용보증법」, 「시 설치와 군의 폐지·병합에 관한 법률」, 「의료기사법」, 「인삼 및 인삼제품 규제에 관한 법률」, 「인장업단속법」, 「임시수입부가세법」, 「입목에 관한 법률」, 「전기사업법」, 「전화세법」, 「정부투자기관관리법」, 「종묘관리법」, 「주택개량촉진에 관한 임시조치법」, 「주택건설촉진법」, 「지방소방공무원법」, 「통일주체국민회의법」, 「통일주체국민회의대의원선거법」, 「특정지구개발 촉진에 관한 임시조치법」, 「한국교육개발원육성법」, 「한국방송공사법」, 「한국원자력연구소법」, 「한국종합화학공업주식회사법」, 「헌법위원회법」, 「형사소송에 관한 특별조치법」, 「화재로 인한 재해보상과 보험가입에 관한 법률」이다.

법률명 그대로 유지 법률(19건)

「건널목개량촉진법」 [법률 제2462호, 1973. 2. 5., 제정] ~ [법률 제14839호, 2017. 7. 26., 타법개정]

「고압가스안전관리법」 [법률 제2494호, 1973. 2. 7., 제정] ~ [법률 제18269호, 2021. 6. 15., 일부 개정]

「공공차관의 도입 및 관리에 관한 법률」 [법률 제2519호, 1973. 2. 16., 제정] ~ [법률 제17339호, 2020. 6. 9., 타법개정]

「공무원교육훈련법」[법률 제2461호, 1973. 2. 5., 제정] ~ [법률 제12844호, 2014. 11. 19., 타법개정]

「관광진흥개발기금법」[법률 제2402호, 1972. 12. 29., 제정] ~ [법률 제18376호, 2021. 8. 10., 일부 개정]

「국민투표법」[법률 제2559호, 1973. 3. 3., 폐지제정] ~ [법률 제14184호, 2016. 5. 29., 타법개정]

「국회의원수당 등에 관한 법률」[법률 제2497호, 1973. 2. 7., 제정] ~ [법률 제15711호, 2018. 6. 12., 일부 개정]

「군복 및 군용장구의 단속에 관한 법률」[법률 제2457호, 1973. 1. 30., 제정] ~ [법률 제15497호, 2018. 3. 20., 일부 개정]

「군사기밀보호법」[법률 제2387호, 1972. 12. 26., 제정] ~ [법률 제13503호, 2015. 9. 1., 일부 개정]

「농지의 보전 및 이용에 관한 법률」[법률 제2373호, 1972. 12. 18., 제정] ~ [법률 제4823호, 1994. 12. 22. 타법개정]

「모자보건법」[법률 제2514호, 1973. 2. 8., 제정] ~ [법률 제18612호, 2021. 12. 21., 일부 개정]

「물가안정에 관한 법률」[법률 제2599호, 1973. 3. 12., 제정] ~ [법률 제17817호, 2021. 1. 5., 일부 개정]

「선거관리위원회법」[법률 제2445호, 1973. 1. 20., 폐지제정] ~ [법률 제17893호, 2021. 1. 12., 타법개정]

「소액사건심판법」[법률 제2547호, 1973. 2. 24., 제정] ~ [법률 제7427호, 2005. 3. 31., 타법개정]

「임시수입부가세법」[법률 제2568호, 1973. 3. 3., 제정] ~ [법률 제9900호, 2009. 12. 31., 일부 개정]

「입목에 관한 법률」[법률 제2484호, 1973. 2. 6., 제정] ~ [법률 제11303
호, 2012. 2. 10., 일부 개정]

「전기사업법」[법률 제2509호, 1973. 2. 8., 폐지제정] ~ [법률 제18504호,
2021. 10. 19., 일부 개정]

「주택건설촉진법」[법률 제2409호, 1972. 12. 30., 제정] ~ [법률 제6852
호, 2002. 12. 30., 타법개정]

「화재로 인한 재해보상과 보험가입에 관한 법률」[법률 제2482호, 1973.
2. 6., 제정] ~ [법률 제16272호, 2019. 1. 15., 타법개정]

법률명 개칭 후 유지 법률(6건)

「국토이용관리법」[법률 제2408호, 1972. 12. 30., 제정] ~ [법률 제6655
호, 2002. 2. 4., 타법폐지] ~ 「국토의계획및이용에관한법률」(약칭: 국
토계획법)[시행 2003. 1. 1.] [법률 제6655호, 2002. 2. 4., 제정] ~ [법률
제18310호, 2021. 7. 20., 타법개정]

「국회의원선거법」[법률 제2404호, 1972. 12. 30., 폐지제정] ~ [법률 제
4739호, 1994. 3. 16., 타법폐지]

「군사시설보호법」[법률 제2388호, 1972. 12. 26., 제정] ~ [법률 제8852호,
2008. 2. 29., 타법개정] ~ 「군사기지 및 군사시설 보호법」(약칭: 군사
기지법)[시행 2020. 8. 28.] [법률 제16568호, 2019. 8. 27., 타법개정]

「기술용역육성법」[법률 제2474호, 1973. 2. 5., 제정] ~ 「엔지니어링산업
진흥법」(약칭: 엔지니어링산업법)[법률 제17344호, 2020. 6. 9., 타법
개정]

「의료기사법」[법률 제2534호, 1973. 2. 16., 제정] ~ [법률 제4431호,

1991. 12. 14., 일부 개정] ~「의료기사 등에 관한 법률」(약칭: 의료기사법)[시행 2020. 12. 15.] [법률 제17643호, 2020. 12. 15., 일부 개정]

「인삼 및 인삼제품 규제에 관한 법률」 [법률 제2427호, 1972. 12. 30., 제정] ~ [법률 제3019호, 1977. 12. 19., 일부 개정] ~「인삼산업법」 [법률 제18534호, 2021. 11. 30., 일부 개정]

다른 법에 편입되어 폐지 법률(17건)

「국민투표에 관한 특례법」 [법률 제2349호, 1972. 10. 23., 제정] ~ [법률 제2559호, 1973. 3. 3., 타법폐지]

「국영방송사업특별회계법」 [법률 제2398호, 1972. 12. 28., 제정] ~ [법률 제2418호, 1972. 12. 30., 타법폐지]

「기술개발촉진법」 [법률 제2399호, 1972. 12. 28., 제정] ~ [법률 제10708호, 2011. 5. 24., 타법폐지]

「기업공개촉진법」 [법률 제2420호, 1972. 12. 30., 제정] ~ [법률 제3946호, 1987. 11. 28., 타법폐지]

「농수산물도매시장법」 [법률 제2483호, 1973. 2. 6., 제정] ~ [법률 제2962호, 1976. 12. 31., 타법폐지]

「병역법 위반 등의 범죄처벌에 관한 특별조치법」 [법률 제2455호, 1973. 1. 30., 제정] ~ [법률 제3696호, 1983. 12. 31., 타법폐지]

「병역의무의 특례규제에 관한 법률」 [법률 제2562호, 1973. 3. 3., 제정][5] ~ [법률 제4685호, 1993. 12. 31., 타법폐지]

---

5 이 법은 병역의무에 관한 특례를 규제함으로써 병역의무를 공평하게 부과하여 국방력의 강화에 기여하게 함을 목적으로 한다(법 제1조).

「산림개발법」 [법률 제2432호, 1972. 12. 30., 제정] ~ [법률 제3232호, 1980. 1. 4., 타법폐지]

「수출업자신용보증법」 [법률 제2356호, 1972. 12. 8., 제정]6 ~ [법률 제2695호, 1974. 12. 21., 타법폐지]

「정부투자기관관리법」 [법률 제2477호, 1973. 2. 6., 제정] ~ [법률 제3690호, 1983. 12. 31., 타법폐지]

「종묘관리법」 [법률 제2555호, 1973. 2. 26., 제정] ~ [법률 제5024호, 1995. 12. 6., 타법폐지]

「지방소방공무원법」 [법률 제2502호, 1973. 2. 8., 제정] ~ [법률 제3042호, 1977. 12. 31., 타법폐지]

「한국교육개발원육성법」 [법률 제2616호, 1973. 3. 14., 제정] ~ [법률 제5733호, 1999. 1. 29., 타법폐지]

「한국방송공사법」 [법률 제2418호, 1972. 12. 30., 제정] ~ [법률 제6139호, 2000. 1. 12., 타법폐지]

「한국원자력연구소법」 [법률 제2443호, 1973. 1. 15., 제정] ~ [법률 제8077호, 2006. 12. 26., 타법폐지]

「헌법위원회법」 [법률 제2530호, 1973. 2. 16., 제정] ~ [법률 제4017호, 1988. 8. 5., 타법폐지]

「형사소송에 관한 특별조치법」 [법률 제2549호, 1973. 2. 24., 제정]7 ~

---

6 이 법은 수출업자의 채무를 보증함으로써 수출지원금융을 원활히 하고 수출산업의 육성과 국제수지의 개선을 도모함을 목적으로 한다(법 제1조).

7 이 법은 형사소송의 지연을 방지함으로써 형사 피고인의 신속한 재판을 받을 권리를 보장함을 목적으로 한다(법 제1조). 제2조에 따르면, "형사소송에 있어서 법원은 제1심에서는 공소가 제기된 날로부터 6월 내에, 항소심 및 상고심에서는 항소 또는 상고가 제기된 날로부터 각 4월 내에 판결을 선고하여야 한다. 다만, 피고인이 구속되어 있는 사건에 있어서는 그러하지 아니하다."

[법률 제3361호, 1981. 1. 29., 타법폐지]

형식적 폐지가 필요한 법률(7건)

한시적 법률이거나 다른 법률에 흡수된 것으로 보아야 하거나 오랫동안 방치되었으므로 형식적으로 폐지해야 하는 법률이다.

「국회사무처리에 관한 임시특례법」[법률 제2394호, 1972. 12. 28., 제정]8

「군수조달에 관한 특별조치법」[법률 제2540호, 1973. 2. 17., 제정]9 ~

　　[법률 제3441호, 1981. 4. 13., 타법개정]

「비상국무회의법」[법률 제2348호, 1972. 10. 23., 제정]10

「서울특별시 및 경기도의 관할구역 변경에 관한 법률」[법률 제2596호,

---

8 이 법은 1972년 10월 17일부터 1972년 11월 21일 국민투표로 확정된 헌법에 의한 국회의 최초의 집회일까지(이하 "國會解散期間"이라 한다)에 있어서 국회의장이 행할 공무원임면과 국회예비금관리·지출에 관하여 국회법 및 국회사무처법에 대한 특례를 규정함을 목적으로 한다(법 제1조). 부칙에 따라 이 법은 1972년 10월 17일부터 1972년 11월 21일 국민투표로 확정된 헌법에 의한 국회의 최초의 집회일까지 효력을 가진다.

9 이 법은 군수업을 합리적으로 지도 육성하고 조정함으로서 효율적인 군수물자의 조달에 기여하게 함을 목적으로 한다(법 제1조). "군수업"은 군수물자를 생산(제조, 가공, 조립 및 정비하는 것을 말한다. 이하 같다)하거나 연구 개발하는 업을 말한다(법 제2조 제1호). "군수물자"는 군용에 공하는 다음의 물자 중 정부에 의하여 지정된 것을 말한다(법 제2조 제2호). 즉, "가. 군용규격이 정하여진 물자, 나. 군용에 전용하는 물자, 다. 군이 제조 또는 수리를 지도하는 물자, 라. 군사용으로 연구 개발중이거나 연구개발의 필요가 있다고 인정되는 물자, 마. 군사기밀이 요구되는 물자"다. 군수업체에서 군수물자의 생산에 종사하는 자의 노동쟁의에 관하여는 이를 노동쟁의조정법 제4조 제1항의 규정에 의한 공익사업으로 본다(법 제18조).

10 비상국무회의의 법률적 근거를 마련한 법률이다. 부칙에 따라 이 법은 1972년 10월 17일부터 1972년 11월 21일 국민투표로 확정된 헌법에 의한 국회의 최초의 집회일까지 효력을 가진다.

1973. 3. 12., 제정]

「시 설치와 군의 폐치분합에 관한 법률」 [법률 제2597호, 1973. 3. 12., 제
정]11

「주택개량촉진에 관한 임시조치법」 [법률 제2581호, 1973. 3. 5., 제정]
~ [법률 제2968호, 1976. 12. 31., 타법개정]

「특정지구개발 촉진에 관한 임시조치법」 [법률 제2436호, 1972. 12. 30.,
제정]12 ~ [법률 제2850호, 1975. 12. 31., 일부 개정]

명시적으로 폐지된 법률(8건)

「군인자녀교육보호법」 [법률 제2429호, 1972. 12. 30., 제정] ~ [법률 제
4143호, 1989. 12. 21., 폐지]

「대통령특별선언에 따른 헌법 개정안의 공고 등에 관한 특례법」 [법률 제
2351호, 1972. 10. 26., 제정] ~ [법률 제9565호, 2009. 4. 1., 폐지]

「선거관리위원회에 관한 특례법」 [법률 제2350호, 1972. 10. 23., 제정] ~
[법률 제17884호, 2021. 1. 5., 폐지]

「인장업단속법」 [법률 제2384호, 1972. 12. 26., 제정] ~ [법률 제5648호,
1999. 1. 21., 폐지]

「전화세법」 [법률 제2615호, 1973. 3. 14., 제정] ~ [법률 제6299호, 2000.
12. 29., 폐지]

---

11 경기도에 안양시와 성남시, 부천시를 설치하는 내용의 법률이다. 따로 폐지 법률이 없다.
현행법령에서 검색이 되지 않는다.

12 이 법은 개발촉진지구에 있어서 건축되는 건축물과 그 대지의 취득 및 양도 등에 관한 조세
의 면제, 자금의 융자 기타 필요한 사항을 규정함으로써 도시의 건전한 발전과 국민생활의
안정에 기여하게 함을 목적으로 한다(법 제1조).

「통일주체국민회의대의원선거법」[법률 제2352호, 1972. 11. 25., 제정] ~ [법률 제15328호, 2017. 12. 26., 폐지]

「통일주체국민회의법」[법률 제2353호, 1972. 12. 6., 제정] ~ [법률 제15634호, 2018. 6. 12., 폐지]

「한국종합화학공업주식회사법」[법률 제2364호, 1972. 12. 9., 제정] ~ [법률 제6554호, 2001. 12. 29., 폐지]

2. 국가재건최고회의

1) 국가재건최고회의 제정 법률 목록(예시)

「가축밀도살특별처벌령」[국가재건최고회의령 제40호, 1961. 6. 6., 제정] ~ [법률 제1363호, 1963. 6. 26., 타법폐지]

「가축보호법」[법률 제306호, 1954. 1. 23., 제정] ~ [법률 제1363호, 1963. 6. 26., 타법폐지]

「감찰위원회법」[법률 제590호, 1961. 1. 14., 제정] ~ [법률 제1286호, 1963. 3. 5., 타법폐지]

「경비계엄하 군사재판에 관한 특별조치령」[국가재건최고회의령 제34호, 1961. 6. 1., 제정] ~ [법률 제1198호, 1962. 12. 5., 타법폐지]

「구법령 정리에 관한 특별조치법」[법률 제659호, 1961. 7. 15., 제정] ~ [법률 제10164호, 2010. 3. 22., 폐지]

「국민운동본부직원법」[법률 제1524호, 1963. 12. 16., 제정] ~ [법률 제1654호, 1964. 8. 14., 타법폐지]

「국민운동에 관한 법률」[법률 제1523호, 1963. 12. 16., 제정] ~ [법률 제

1654호, 1964. 8. 14., 타법폐지]

「국유재산의 현물출자에 관한 법률」[법률 제1430호, 1963. 11. 1., 제정]~
[법률 제9401호, 2009. 1. 30., 타법폐지]

「근로자 단체 활동에 관한 임시조치법」[법률 제672호, 1961. 8. 3., 제정]~
[법률 제1329호, 1963. 4. 17., 타법폐지]

「긴급통화조치법」[법률 제1088호, 1962. 6. 9., 제정]~[법률 제17141호,
2020. 3. 31., 폐지]

「동·이장 임명에 관한 임시조치법」[법률 제638호, 1961. 6. 29., 제정]~
[법률 제707호, 1961. 9. 1., 타법폐지]

「반공법」[법률 제643호, 1961. 7. 3., 제정]~[법률 제3318호, 1980. 12.
31., 타법폐지]

「임산물 단속에 관한 법률」[법률 제635호, 1961. 6. 27., 제정]~[법률 제
3232호, 1980. 1. 4., 타법폐지]

「재건국민운동에 관한 법률」[법률 제622호, 1961. 6. 12., 제정]~[법률
제1523호, 1963. 12. 16., 타법폐지]

「정치활동정화법」[법률 제1032호, 1962. 3. 16., 제정]~[법률 제9144호,
2008. 12. 19., 폐지]

「중앙정보부법」[법률 제619호, 1961. 6. 10., 제정] ~ [법률 제2590호,
1973. 3. 10., 일부 개정]

「중앙정보부직원법」[법률 제1355호, 1963. 5. 31., 제정]~[법률 제1511
호, 1963. 12. 14., 일부 개정]

「특수범죄처벌에 관한 특별법」[법률 제633호, 1961. 6. 22., 제정]

2) 국가재건최고회의 개정 법률 목록(예시)

「감사원법」,「공무원 비위조사에 관한 임시특례법」,「공무원 파면 및 기타 징계」,「공무원훈련법」,「국가공무원법」,「국군조직법」,「국회도서관법」,「국회사무처법」,「국회의원선거법」,「군인사법」,「근로기준법」,「긴급금융조치법」,「노동조합법」,「노동쟁의조정법」,「농업협동조합법」,「대통령선거법」,「대한석탄공사법」,「몰수금품 등 처리에 관한 임시특례법」,「병역법」,「부정축재처리법」,「사회단체 등록에 관한 법률」,「수도방위사령부설치법」,「신문 등 및 정당 등의 등록에 관한 법률」,「심계관 및 감찰위원회 징계법」,「심계원법」 등이다.「집회 및 시위에 관한 법률」 등이다.

3. 국가보위입법회의

국가보위입법회의 제정 법률은 37건이다.

「경상남도사무소의 소재지 변경에 관한 법률」

「광명시 등 시 설치와 시·군 관할구역 및 명칭 변경에 관한 법률」

「교정시설경비교도대설치법」

「국가보위입법회의법」 [법률 제3260호, 1980. 10. 28., 제정]

「국정자문회의법」

「국회의원선거법」

「노사협의회법」

「농어민후계자육성기금법」

「농·어촌보건의료를 위한 특별조치법」

「대구직할시 및 인천직할시 설치에 관한 법률」

「대통령선거법」 [법률 제3331호, 1980. 12. 31., 제정]

「독점규제 및 공정거래에 관한 법률」

「사회보호법」 [법률 제3286호, 1980. 12. 18., 제정] ~ [법률 제7656호,
   2005. 8. 4., 폐지]

「사회복지사업기금법」

「새마을운동조직육성법」

「세무대학설치법」

「소송촉진등에 관한 특례법」

「언론기본법」 [법률 제3347호, 1980. 12. 31., 제정] ~ [법률 제3977호,
   1987. 11. 28., 폐지]

「온천법」

「외무공무원법」

「원호기금법」

「정치풍토 쇄신을 위한 특별조치법」 [1980. 11. 5. 제정][13]

「주식회사의 외부감사에 관한 법률」

---

13 대통령 소속의 정치쇄신위원회가 "1968년 8월 16일부터 1980년 10월 26일까지의 기간
   중 정치적·사회적 부패·혼란에 현저한 책임이 있다고 인정되는 자"를 심사·공고하고,
   공고된 자는 별도의 적격판정을 받지 않는 한 원칙적으로 1988년 6월 30일까지 정치활동
   을 할 수 없으며, 다만 그 전이라도 대통령은 임의로 대상을 지정하여 정치활동 금지를
   해제(해금)할 수 있도록 하였다. 김영삼·김대중·김종필을 비롯한 주요 구 여·야권 정치
   인과 재야인사를 통틀어 835명의 정치활동이 금지되었다. 그중 268명은 11월 25일 적격
   판정을 받아 구제되었는데(당시의 용어로 '재심구제') 이들 중 약 130명은 민주정의당·
   민주한국당·한국국민당의 창당준비위원이나 발기인이 되거나 1981년의 제11대 총선에
   서 이들 정당의 국회의원 후보로 공천을 받았다. 정부는 새로운 정당 체제에 대한 순응을
   조건으로 정치활동의 재개 여부를 결정할 권한을 독점하였다(최호동, 2020: 19-20).

「주택개발촉진 등에 관한 특례법(주택개발촉진법)」

「주택임대차보호법」

「축산업협동조합법」

「축산업협동조합임원 임면에 관한 임시조치법」

「형의 실효 등에 관한 법률」

「평화통일정책자문회의법」

「학교급식법」

「한국과학기술원법」

「한국기술개발주식회사법」

「한국방송광고공사법」,

「한국원호복지공단법」

「한국전기통신공사법」

「한국전력공사법」

「한국청소년연맹육성에 관한 법률」

제정 법률 외에도 노동쟁의조정법[시행 1963. 4. 17.] [법률 제1327호, 1963. 4. 17., 전부개정] 등 법률 개정이 있었다.

III. 대표적인 청산 대상 법률

국회는 유사 입법기구, 즉 위헌적 입법기구에서 제·개정한 법률을 계속해서 개정했다. 그러나 위헌성을 치유하고 그에 상응하는 조치를 담은 내용의 법률 개정은 아니었다. 당시의 법률 조항을 바로잡는 일은 미래 지향 관점에서 적극적인 입법 개선이 필요하다.

1. 정치 관계법

유사 입법기구는 헌법적 · 민주적 정당성의 부재를 은폐하려고 기존 정치인의 손발을 묶는 한편 국민의 입과 귀를 차단하는 내용의 개악을 했다.

1) 「국민투표법」

비상국무회의가 제정한 「국민투표에 관한 특례법」 [법률 제2349호, 1972. 10. 23., 제정] ~ [법률 제2559호, 1973. 3. 3., 타법폐지]의 핵심 내용은 유신헌법에 대한 국민투표에서 비판 여론을 봉쇄하기 위한 것이다. 제3조에서 「국민투표법」 [법률 제2144호, 1969. 9. 18., 폐지제정] 중 일부 규정을 적용하지 않게 한 것이다. 예를 들면 제6장 국민투표에 관한 운동(법 제28조 내지 제45조), 투표소 참관 · 투표 비밀 보장 · 개표 관리 등(법 제59조 및 법 제71조)이다. 그 대신 제9조는 "누구든지 국민투표의 대상이 되는 사항에 대한 찬성 또는 반대를 위하여" 일정한 행위를 하지 못하도록 하면서 "다만, 국민투표의 대상이 되는 헌법 개정안의 제안이유와 내용에 대한 설명 · 해열 및 계몽은 찬성 또는 반대를 위한 것으로 보지 아니한다"고 함으로써 일방적으로 유신헌법안을 홍보할 수 있게 하는 것이었다.

제9조(국민투표에 관한 운동의 금지특례) 누구든지 국민투표의 대상이

되는 사항에 대한 찬성 또는 반대를 위하여 다음 각호의 행위를 하지 못한다. 다만, 국민투표의 대상이 되는 헌법 개정안의 제안이유와 내용에 대한 설명·해열 및 계몽은 찬성 또는 반대를 위한 것으로 보지 아니한다.

1. 불특정 또는 다수인에 대한 연설 및 연설을 고지하기 위한 벽보의 작성, 첨부, 전단의 살포와 구두로 전언하는 행위
2. 선전벽보를 첨부하거나 현수막, 입간판, 표찰, 광고탑, 광고판, 기타 시설 및 사람의 착용물을 게시 또는 착용하는 행위
3. 방송 또는 간행물을 통하여 허위사실을 선전하거나 사실을 왜곡 선전하는 행위
4. 방송이나 간행물을 경영, 편집, 취재 또는 집필하는 자에게 금품, 향응, 기타 이익을 제공하거나 제공할 의사의 표시, 또는 약속을 하여 찬성 또는 반대의 보도, 평론 등을 게재하게 하거나 방송하게 하는 행위
5. 서명이나 날인을 받는 행위
6. 금품이나 음식물 또는 이익을 제공하거나 제공할 것을 약속하는 행위
7. 호별 방문하여 찬성이나 반대를 권유하는 행위
8. 대오를 조직하고 가로를 행진하거나 연호하는 행위
9. 특정인의 신분·경력 또는 인격에 관하여 허위의 사실을 진술 또는 유포하거나, 공연히 사실을 적시하여 개인의 인신공격을 하는 행위

이후 비상국무회의의 「국민투표법」(1973. 3. 3. 법률 제2559호)은 국민투표에 관한 운동을 광범위한 사유로 제한했다.

제28조 (국민투표에 관한 운동의 제한) 누구든지 국민투표의 대상이 되는

사항에 관한 찬성 또는 반대를 위하여 다음 각호의 1에 해당하는 행위를 하지 못한다.

1. 불특정 또는 다수인에 대한 연설 및 연설을 고지하기 위한 벽보의 작성·첩부, 전단의 살포와 구술로 전언하는 행위
2. 선전 벽보·현수막·입간판·표찰·광고탑·광고판 기타 시설을 작성, 첩부, 게시하거나 사람의 착용물을 착용하는 행위
3. 방송이나 간행물 기타 인쇄물을 통하여 찬성 또는 반대의 의견을 표시하거나 허위사실을 선전하거나 사실을 왜곡 선전하는 행위
4. 방송이나 간행물을 경영·편집·취재 또는 집필하는 자에게 금품, 향응 기타 이익을 제공하거나 제공할 의사를 표시 또는 약속하여 찬성 또는 반대의 보도·평론 등을 게재하게 하거나 방송하게 하는 행위
5. 서명이나 날인을 받는 행위
6. 금품이나 음식물 또는 이익을 제공하거나 제공할 것을 약속하는 행위
7. 호별로 방문하는 행위
8. 대오를 조직하고 가로를 행진하거나 연호하는 행위
9. 특정인의 신분·경력 또는 인격에 관하여 허위의 사실을 진술 또는 유포하거나 공연히 사실을 적시하여 인신공격을 하는 행위
10. 확성장치 또는 녹음기를 사용한 행위

현행 「국민투표법」 [법률 제14184호, 2016. 5. 29., 타법개정] 제27조는 국민투표에 관한 "운동은 이 법에 규정된 이외의 방법으로는 이를 할 수 없다"고 규정하고 있다. 이하 제28조(운동을 할 수 없는 자)에서 제48조(특정인 비방의 금지)까지 국민투표에 관하여 일정

한 방법만 허용하고 있다. 선거법처럼 원칙적으로 자유, 예외적으로 제한하는 방식으로 규정함이 타당하다. 그리고 금지 또는 제한하는 국민투표 운동 방식이 오늘날 민주주의 사회에서 적절한지 검토가 필요하다.

2)「공직선거법」

(1) 개정 대상 예시

가) 국회의원 선거 후보자의 순서

1961. 4. 28. 일부 개정「국회의원선거법」제96조 제3항은 "선거구선거위원회는 후보자등록 마감 후 2일 이내에 후보자 또는 대리인의 참석하에 후보자의 인쇄순위를 추첨에 의하여 결정한다"고 규정하고 있다.

1963년 8월 6일 국가재건최고회의 개정「국회의원선거법」제95조 제2항은 "기호는 투표용지에 인쇄할 정당의 순위에 의하여 1·2·3등으로 표시하여야 하며 정당과 지역구후보자의 성명은 한글과 한자를 병기하여야 한다"고 개정했다. 추첨제로 복원할 필요가 있다.

나) 기탁금 제도

비상국무회의에서 전면 개정된「국회의원선거법」(1973. 3. 12. 법률 제2603호)에서 거액의 기탁금 제도(당시 정당 추천 200만 원, 무소속 300만 원, 당시 법 제32조)[14]를 도입했다. 기탁금을 낮출 필요가 있다.

(2) 선거운동의 자유 보장 확대

가) 국가재건최고회의의 선거운동 제약

1963년 8월 6일 국가재건최고회의 개정 「국회의원선거법」 제33조는 "선거운동은 이 법에 규정된 이외의 방법으로 이를 할 수 없다"고 기본권 행사를 법률이 정한 방식에 가둠으로써 선거운동의 자유를 과잉 제한했다.

현행 「공직선거법」 제58조 제2항은 "누구든지 자유롭게 선거운동을 할 수 있다. 그러나 이 법 또는 다른 법률의 규정에 의하여 금지 또는 제한되는 경우에는 그러하지 아니하다"고 규정함으로써 선거운동 자유 원칙, 예외적인 금지 또는 제한의 방식으로 개정이 이뤄졌다.

그러나 비록 불법 입법기구에 의해서 개악된 것은 아니지만, 학자들이 정치적 표현의 자유에 대한 과잉 제한이라고 평가하는 조항들이 여전히 산재한다. 독재 정권에 대한 투쟁 속에서 민주화를 성과를 일궈낸 국민의 민주적인 의식을 고려하지 않은 전근대적 조항들이다.

예를 들면 호별 방문 금지(김학진, 2017: 167-204)가 대표적이다. 돈을 쓰거나 권력을 이용하거나 하는 부정한 선거운동 방법이라기보다는 발로 뛰면서 자신을 알릴 수 있는 방법이다. 후보자의 호별 방문에 따라 유권자가 성가시다고 느낄 수 있지만, 민주주의를 위해 감수해야 할 민주시민의 몫이다. 선거의 공정성은 민주성 위에 터 잡

---

14 제32조 (기탁금) ① 후보자등록을 신청하는 자는 등록신청시에 300만 원을 대통령령이 정하는 바에 따라 관할선거구선거관리위원회에 기탁하여야 한다. 다만, 정당의 추천을 받아 후보자등록을 신청하는 자는 200만 원을 기탁하여야 한다. ②제1항의 기탁금은 체납처분이나 강제집행의 대상으로 하지 못한다.

아야 한다. 공정성이 민주주의를 질식케 해서는 안 된다. 선거 공정성의 우위는 선거관리위원회와 검찰의 권력을 강화한다.

1948년 12월 23일 일부 개정 법률 제17호 「국회의원선거법」 제29조는 "등록한 의원후보자는 자유로이 선거에 관한 선전을 할 수 있음"이라고 규정했다. 한국전쟁 중이던 1951년 6월 2일 일부 개정 법률 제204호 「국회의원선거법」 제42조의 2는 "의원후보자는 선거운동을 하기 위하여 선거인을 개별로 방문할 수 없다"는 호별 방문 금지 조항을 신설했다. 김학진(2017: 173)은 호별 방문 금지 규정의 등장을 추적하여 일본의 1925년 보통선거법 제98조 "누구라도 투표를 얻거나 얻으려고 하거나 또는 얻게 하지 않으려는 목적으로 호별 방문을 할 수 없다"라고 규정한 것을 찾아냈다.

현재 「공직선거법」의 호별 방문 제한 규정은 다음과 같다.

제106조(호별 방문의 제한) ①누구든지 선거운동을 위하여 또는 선거기간 중 입당의 권유를 위하여 호별로 방문할 수 없다.
②선거운동을 할 수 있는 자는 제1항의 규정에 불구하고 관혼상제의 의식이 거행되는 장소와 도로·시장·점포·다방·대합실 기타 다수인이 왕래하는 공개된 장소에서 정당 또는 후보자에 대한 지지를 호소할 수 있다.
③누구든지 선거 기간 중 공개 장소에서의 연설·대담의 통지를 위하여 호별로 방문할 수 없다.

법 제106조 제1항과 제3항을 위반하면 법 제255조(부정선거운동죄)에 해당하여 3년 이하의 징역 또는 600만 원 이하의 벌금에 처한다.

나) 국가보위입법회의의 선거법 개악

국가보위입법회의의 「대통령선거법」(1980. 12. 31. 제정)은 미국식의 선거인단 체제를 모방한 것처럼 보이지만 선거인이 어느 대통령 후보에게 투표할지가 사전에 공표되지도 않고 또한 유권자가 일단 선출된 선거인의 의사를 구속하는 법률상·사실상의 제약이 없었다. 후보가 선거인단으로부터 얻는 득표율은 선거인을 선출한 국민의 의사와 완전히 절연되었다(최호동, 2020: 20).

국가보위입법회의는 제11대 총선을 2개월 남겨두고 「국회의원선거법」을 개정했다(1981. 1. 29. 폐지제정). 이 법률은 한 지역구에서 2명의 국회의원을 선출하는 중선거구제를 취한 점에서 유신 체제의 국회의원선거법과 유사하나 유신헌법이 국회 의석의 1/3을 여당과 별도의 전위조직인 유정회에 배분했던 것과 달리 유신 이전의 '전국구' 제도를 부활하였다. 전체 의석(276석)의 1/3인 92석을 전국구 의석으로 하되 그 중 2/3(61석)을 제1당에게 일괄 배분하고, 나머지 31석만을 여타 정당이 득표율대로 배분받도록 하였다. 국회 내의 '안정적 다수 형성'이 그 명분이었다. 유신 체제에서 박정희가 통일주체국민회의 의장으로서 국회의원 정수의 1/3을 사실상 임명할 수 있었다면, 전두환은 민정당 총재로서 공천권의 행사를 통해 국회의원 정수의 2/9(=1/3×2/3)를 사실상 임명하면서 여당 조직에 대한 장악력을 높일 수 있게 되었다. 더구나 위 법률은 총선의 시기를 "의원의 임기만료일 전 180일로부터 20일까지에 실시한다"고만 규정하고 그 구체적인 날짜를 "늦어도 선거일 전 180일에 대통령이" 공고하도록 규정함으로써(제96조), 선거 시기에 관한 정보를 독점하는 여당이 그 준비에 있어 절대적으로 유리하도록 했다(최호동, 2020: 21).

다) 공직선거법의 선거운동 조항 비교

선거운동 조항 비교

1950. 4. 12. 폐지제정	1960. 6. 23. 제정	국가재건최고회의 /비상국무회의	현행 공직선거법
		제31조(정의)	제58조(정의 등)
			제58조의 2(투표참여 권유 활동)
	제35조(선거 운동의 기간)	제35조(선거운동 의 기간)	제59조(선거운동 기간)
		제33조(선거운동 의 한계) 선거운동 은 이 법에 규정된 이외의 방법으로 이를 할 수 없다.	
제36조 국가, 지방 자치단체의 공무 원과 각급선거위 원회의 위원과 직 원은 선거운동을 할 수 없다. 단, 국 회의원과 지방의 회의원은 예외로 한다. 본법 제29조 제2 항제2호 또는 제3 호 해당단체원은 단체의 명의로써 선거운동을 할 수 없다.	제36조(선거 운동을 할 수 없는 자)	제34조(선거운동 을 할 수 없는 자)	제60조(선거운동을 할 수 없는 자)
제42조 누구든지 국민학교, 중등학 교의 생도 또는 20 세미만의 소년등 에 대한 특수관계	제41조(학 생, 미성년자 의 선거운동 금지)		

를 이용하여 선거 운동을 할 수 없다.			
	제49조(규정 외 문서, 도서 등의 금지)		
	제50조(탈법 방법에 의한 문서, 도화의 금지)	제46조(탈법방법 에 의한 문서·도화 의 금지)	
제37조 누구든지 의원후보자를 위 하여 단순한 연설 회를 자유로이 개 최할 수 있다.	제51조(합동 연설회) 제55조(개인 연설회)	제48조(합동연 설회) 제52조(후보자에 의한 연설회) 제53조(정당에 의 한 연설회)	제79조(공개장소에서 의 연설·대담)
제41조 학교 기타 공공시설은 대통 령령의 정하는 바 에 의하여 선거운 동을 위한 연설장 으로 사용을 허가 하여야 한다.	제58조(연설 금지장소)	제56조(연설금지 장소)	제80조(연설금지장 소)
	제59조(확성 기와 자동차 등 의 사용제한)	제57조(확성장치 와 자동차등의 사 용제한)	제91조(확성장치와 자 동차 등의 사용제한)
	제63조(신 문, 잡지등의 불법이용의 제한)	제61조(신문, 잡 지등의 불법이용 의 제한) 제63조(신문·잡 지의 통상방법외 의 배부금지)	제93조(탈법방법에 의 한 문서·도화의 배부· 게시 등 금지) [한정위헌, 2007헌마 1001, 2010헌바88, 2010헌마173·191(병 합), 2011. 12. 29. 공 직선거법(2010. 1. 25. 법률 제9974호로 개정 된 것) 제93조 제1항의 '그 밖에 이와 유사한 것'

			에, '정보통신망을 이용하여 인터넷 홈페이지 또는 그 게시판·대화방 등에 글이나 동영상 등 정보를 게시하거나 전자우편을 전송하는 방법'이 포함되는 것으로 해석하는 한 헌법에 위반된다.] [2017. 2. 8. 법률 제14556호에 의하여 2016. 9. 29. 헌법재판소에서 위헌 결정된 제93조 제1항 제1호 중 제60조의 3 제2항 제3호를 개정함.] [단순위헌, 2018헌바357, 2022.7.21, 공직선거법(2010. 1. 25. 법률 제9974호로 개정된 것) 제93조 제1항 본문 중 '광고, 문서·도화 첩부·게시'에 관한 부분은 모두 헌법에 합치되지 아니한다. 위 법률 조항들은 2023. 7. 31.을 시한으로 입법자가 개정할 때까지 계속 적용된다.] [헌법불합치, 2017헌바100, 2022.7.21, 공직선거법(2010. 1. 25. 법률 제9974호로 개정된 것) 제93조 제1항 본문 중 '벽보 게시, 인쇄물 배부·게시'에 관한 부분

			은 모두 헌법에 합치되지 아니한다. 위 법률 조항들은 2023. 7. 31.을 시한으로 입법자가 개정할 때까지 계속 적용된다.]
	제66조(호별 방문금지)	제65조(호별 방문 금지)	제106조(호별 방문의 제한)
	제76조(사전 운동의 제한)		

3) 「정치자금법」

국가보위입법회의의 「정치자금에관한법률」은 1980년 헌법에 신설된 국고보조금 제도를 규정했다. 처음으로 당비를 정치자금으로서 법제화하는 한편 후원회 기부금·기탁금 등으로 정치자금의 출처를 양성화·다원화했다. 그러나 후원·기탁은 기명으로만 할 수 있었기 때문에 실제 운용에 있어서 야당에 대한 후원·기탁은 불이익을 수반할 것이라는 우려로 인해 기피되었다. 야당은 여전히 수입을 주로 당비에 의존해야 했고, 여야 간의 재산상 격차는 좁혀질 수 없었다(최호동, 2020: 20-21).

4) 「정당법」

「정당법」은 1962년 12월 31일 국가재건최고회의가 법률 제1246호로 제정하여 1962년 12월 31일부터 시행되었다.[15] 제3조 제1항은

---

15 국가보위입법회의는 「정당법」을 개정하였다(1980. 11. 25.). 새 법률은 정당 활동에 대

"정당은 수도에 소재하는 중앙당과 국회의원지역선거구를 단위로 하는 지구당으로 구성한다"고 하여 중앙집권적인 정당 제도를 수립했다. 제19조 제2항은 둘 이상 정당의 당원이 되지 못하게 금지했다. 제25조에 따라 정당은 국회의원선거법에 의한 지역선거구 총수의 1/3 이상에 해당하는 지구당을 가져야 한다. 정당은 제25조(법정지구당수), 제26조(지구당의 분산), 제27조(지구당의 법정당원수)의 요건을 구비하지 못하면 등록이 취소된다(법 제38조 제1항). 제42조에 따라 "정당이 판결로 해산된 때에는 그 정당의 대표자 및 간부는 해산된 정당의 강령(또는 基本政策)과 동일하거나 유사한 것으로 정당을 창당하지 못한다." 지역정당 설립이 가능하도록 개정이 필요하다.

2. 군 관련 법제

군에서의 사망 사고 등 사건은 물론 최근에는 성폭력 등 사안이 적지 않게 드러나고 있다. 오랜 군사독재 시기를 거치면서 군내는 물론 사회에서도 권위주의적 군사문화가 퍼져 있는 만큼 군사제도의

한 규제 조항으로 ① 당원자격이 없는 자가 정당 활동에 관여하는 행위를 형사처벌의 대상으로 하고(제42조의 2), ② 신민당이나 민주공화당과 같이 1980년 헌법의 시행으로써 해산된 정당의 명칭은 다시 사용할 수 없도록 하였으며(제43조, 부칙 제2항), ③ 다른 한편 해산된 정당의 잔여재산 처분에 관하여 이를 "당해 정당과 유사한 목적을 가진 정당이나 단체"에 기부할 수 있도록 하는 조항을 신설했다(제41조). 특히 이 조항은 새로 창당될 여당이 구 공화당의 자산 일체를 무상양도 받는 근거로 원용되었는데, 여당은 막대한 물적 자산과 더불어 '재심 구제'를 조건으로 하여 구 공화당의 주요 조직관리자를 당원으로 포섭함으로써 그 인적 조직도 신속하게 흡수하여 성장하였고, 당의 재산에서도 1986년 제1야당인 신한민주당에 비해서는 43.8배, 1987년의 통일민주당에 비해서는 무려 253.5배를 보유할 수 있었다(최호동, 2020: 20).

정비가 필요하다. 특히 군인의 인권을 보장함으로써 군내의 입헌민주주의를 재정립할 필요가 있다.

1) 「군형법」

「군형법」은 국가재건최고회의에서 제정했다[법률 제1003호, 1962. 1. 20., 제정]. 비상국무회의도 「군형법」을 개정했고[법률 제2538호, 1973. 2. 17., 일부 개정], 국가보위입법회의도 「군형법」을 개정했다[법률 제3443호, 1981. 4. 17., 일부 개정]. 국가보위입법회의는 일정한 범죄를 범한 내외국인에 군형법의 적용 범위를 확대했다. 일반 형법을 적용하는 것으로 복원할 필요가 있다.

국가재건최고회의가 군형법 제47조(명령위반)에서 "정당한 명령 또는 규칙을 준수할 의무가 있는 자가 이를 위반하거나 준수하지 아니한 때는 2년 이하의 징역이나 금고에 처한다"고 규정한 이래 지금까지 유지되고 있다. 위헌 논란이 있었지만, 헌법재판소는 합헌으로 결정했다. 법률을 개정하여 이 조항의 적용 범위를 명확히 하여 최소한 평시에라도 군에서의 법치주의를 정립할 필요가 있다.

그리고 국가재건최고회의 제정 군형법 제92조(추행)에서는 "계간 기타 추행을 한 자는 1년 이하의 징역에 처한다"고 규정하여 위헌 논란이 있었다 현재 2013년 4월 5일 개정에 따라 제92조의 6(추행)에서 "항문성교나 그 밖의 추행을 한 사람은 2년 이하의 징역에 처한다"로 개정되었다. 여기에서 "항문성교나"를 삭제할 필요가 있다. 강간이나 추행을 처벌하는 것으로 충분하기 때문이다.

2) 「군사법원법」

국가재건최고회의는 현재 군사법원의 전신인 군법회의를 설치하는 법률인 「군법회의법」을 제정했다[시행 1962. 6. 1.] [법률 제1004호, 1962. 1. 20., 제정]. 신분적 재판권을 군형법 적용 신분 취득 전의 죄까지 확장하고(법 제2조 제2항), 계엄법에 따른 재판권을 가졌다(법 제3조). 법관 아닌 군인의 심판관으로서 재판부 구성(법 제22조), 관할관의 재판관 지정(법 제30조), 관할관의 검찰사무 지휘(법 제39조) 및 검찰관 임명(법 제41조), 장기적 구속기간(2월)과 2차 연장(총 6개월, 법 제132조), 비상계엄 시 제2편제3장(상소) 규정 배제(법 제525조), 관할관의 확인과 감경 및 형 집행 면제(법 제526호) 등 군사법원제도는 입헌민주주의와 거리를 두고 군사 통치적 성향이 강했다. 비상국무회의는 1973년 2월 17일 형사피의자의 구속적부심사제도를 폐지했다.

군대에서 성폭력 사건이 드러나자 2021년 9월 24일 「군사법원법」을 일부 개정했다[시행 2022. 7. 1.] [법률 제18465호, 2021. 9. 24., 일부 개정]. 성폭력 관련 범죄에 한정하여 일반 법원에서 관할할 뿐이다(법 제2조 제2항). 그러나 평시에는 군사법원을 설치하지 않고 전시에만 군사법원을 설치하는 내용의 전면 개정이 필요하다. 전시 아닌 평시임에도 불구하고 군은 권력 분립 원칙을 위배하여 사법권을 관장하는 것이기 때문이다. 오히려 평시에는 군대의 징계 제도를 법치화하여 징계 법원을 설치할 필요가 있다.

3) 「군사기밀보호법」

「군사기밀보호법」의 경우 비상국무회의에서 1972년 12월 26일 제정했다. 군사상 기밀 개념은 다음과 같다.

제2조(군사상의 기밀의 범위) ① 이 법에서 "군사상의 기밀"이라 함은 그 내용이 누설되는 경우 국가안전보장상 해로운 결과를 초래할 우려가 있는 다음 각호에 게기하는 사항 및 이에 관계되는 문서·도화 또는 물건으로서 제4조의 규정에 따라 군사상의 기밀이 해제되지 아니한 것을 말한다.

1. 군사정책·군사전략·군사외교 및 군의 작전계획과 이에 따르는 군사용병에 관한 사항
2. 군의 편제·장비 및 동원에 관한 사항
3. 군사 정보에 관한 사항
4. 군의 운수 및 통신에 관한 사항
5. 군용물의 생산·공급 및 연구에 관한 사항
6. 군의 중요 부서의 인사에 관한 사항
7. 향토예비군의 편제·장비 및 동원에 관한 사항

현행 「군사기밀보호법」의 군사기밀 개념은 다음과 같다.

제2조(정의) 이 법에서 사용하는 용어의 뜻은 다음과 같다.

1. "군사기밀"이란 일반인에게 알려지지 아니한 것으로서 그 내용이 누

설되면 국가안전보장에 명백한 위험을 초래할 우려가 있는 군(軍) 관련 문서, 도화(圖畵), 전자기록 등 특수매체기록 또는 물건으로서 군사기밀이라는 뜻이 표시 또는 고지되거나 보호에 필요한 조치가 이루어진 것과 그 내용을 말한다.

2. "군사기밀의 공개"란 군사기밀 내용을 적법한 절차에 따라 공개할 것을 결정하여 비밀 취급이 인가되지 아니한 일반인에게 성명(聲明)·언론·집회 등을 통하여 공표하는 것을 말한다.

3. "군사기밀의 제공 또는 설명"이란 제8조에 따라 군사기밀의 제공 또는 설명의 요구를 받았을 때에 그 요청자 등에게 적법한 절차에 따라 군사기밀을 인도(전자적 수단에 의한 송부를 포함한다) 또는 열람하게 하거나 군사기밀의 내용을 말로 전달하는 것을 말한다.

[전문 개정 2015. 9. 1.]

제6조는 "군사상의 기밀을 부당한 방법으로 탐지하거나 수집한 자는 10년 이하의 징역이나 금고에 처한다"고 규정했다. 헌법재판소 (89헌가104, 1992. 2. 25.) "군사기밀보호법(1972. 12. 26. 법률 제2387호) 제6조, 제7조, 제10조는 같은 법 제2조 제1항 소정의 군사상의 기밀이 비공지의 사실로서 적법절차에 따라 군사기밀로서의 표지(標識)를 갖추고 그 누설이 국가의 안전보장에 명백한 위험을 초래한다고 볼 만큼의 실질사치를 지닌 경우에 한하여 적용된다고 할 것이므로 그러한 해석하에 헌법에 위반되지 아니한다"는 한정합헌 결정을 통해 위헌 결정을 했다. 그에 따라 제11조 "군사기밀을 적법한 절차에 의하지 아니한 방법으로 탐지하거나 수집한 사람은 10년 이하의 징역에 처한다"[전문 개정 2011. 6. 9.]고 개정이 이뤄졌다.

제7조는 "군사상의 기밀을 탐지하거나 수집한 자가 이를 타인에게 누설한 때에는 1년 이상의 유기징역이나 유기금고에 처한다"고 규정했다. 헌법재판소[89헌가104, 1992. 2. 25.]는 "군사기밀보호법 (1972. 12. 26. 법률 제2387호) 제6조, 제7조, 제10조는 같은 법 제2조 제1항 소정의 군사상의 기밀이 비공지의 사실로서 적법절차에 따라 군사기밀로서의 표지(標識)를 갖추고 그 누설이 국가의 안전보장에 명백한 위험을 초래한다고 볼 만큼의 실질사치를 지닌 경우에 한하여 적용된다고 할 것이므로 그러한 해석하에 헌법에 위반되지 아니한다"는 한정합헌 결정을 통해 위헌 결정을 했다.

제10조는 "우연히 군사상의 기밀을 지득하거나 점유한 자가 이를 타인에게 누설한 때에는 5년 이하의 징역이나 금고에 처한다"고 규정했다. 헌법재판소[89헌가104, 1992. 2. 25.]는 "군사기밀보호법(1972. 12. 26. 법률 제2387호) 제6조, 제7조, 제10조는 같은 법 제2조 제1항 소정의 군사상의 기밀이 비공지의 사실로서 적법절차에 따라 군사기밀로서의 표지(標識)를 갖추고 그 누설이 국가의 안전보장에 명백한 위험을 초래한다고 볼 만큼의 실질가치를 지닌 경우에 한하여 적용된다고 할 것이므로 그러한 해석하에 헌법에 위반되지 아니한다"는 한정합헌 결정을 통해 위헌 결정을 했다. 그에 따라 제12조 "① 군사기밀을 탐지하거나 수집한 사람이 이를 타인에게 누설한 경우에는 1년 이상의 유기징역에 처한다. ② 우연히 군사기밀을 알게 되거나 점유한 사람이 군사기밀임을 알면서도 이를 타인에게 누설한 경우에는 5년 이하의 징역 또는 5천만 원 이하의 벌금에 처한다"[개정 2014. 5. 9.] [전문 개정 2011. 6. 9.]고 개정이 이뤄졌다.

4)「예비군법」

국가재건최고회의는「향토예비군설치법」을 제정했다[시행 1961. 12. 27.] [법률 제879호, 1961. 12. 27., 제정]. 제2조에서 "예비군은 향토방위와 병참선경비 및 후방지역피해통제의 임무를 수행한다"고 규정했다. 현행「예비군법」제2조에는 "3. 무장 소요(騷擾)가 있거나 소요의 우려가 있는 지역에서 무장 소요 진압(경찰력만으로 그 소요를 진압하거나 대처할 수 없는 경우만 해당한다), 4. 제2호 및 제3호의 지역에 있는 중요시설·무기고 및 병참선(兵站線) 등의 경비"가 포함되어 있다. 예비군은 전시 예비 전력이므로 평시 임무 부여는 적절치 않으며, 그 임무가 경찰력의 보충 물리력인 점에서는 실질적 군을 치안 질서에 활용하는 것이어서 사실상 계엄이다. 동원 중 예비군은 군형법의 적용을 받는다. 이 조항은 삭제하는 것이 타당하다.

3.「노동조합 및 노동관계조정법」

1) 개정 방향과 '노란봉투법'

헌법의 근로권과 근로3권을 보장하기 위해 유사 입법기구의 입법을 청산함과 아울러 오늘날 상황에 걸맞게 노동관계법의 개정이 필요하다. 특히 교사와 공무원에 대하여 원칙적으로 노동조합을 자유롭게 결성하는 단결권 보장을 원칙으로 하되, 군인이나 경찰 등 매우 일부 공무원에 대하여 단체행동권을 인정하면서 제한하는 정도의 개정이 바람직하다.「공무원의 노동조합 설립 및 운영 등에 관한 법률」제6조

제2항을 개정하여 교정·수사 업무 공무원 내용을 삭제함으로써 노동조합에 가입할 수 없는 공무원의 범위를 최소화할 필요가 있다.

특히 이른바 '노란봉투법', 즉 노조의 파업으로 발생한 손실에 대한 사측의 손해배상을 제한하는 법률 개정이 긴급하고 절실하다. 1953년 제정 「노동쟁의조정법」 제12조(손해배상청구에 대한 제한)에 따르면, "사용자는 쟁의행위에 의하여 손해를 받았을 경우에 노동조합 또는 근로자에 대하여 배상을 청구할 수 없다"고 규정했다. 그런데 1963년 국가재건최고회의 개정 「노동쟁의조정법」 제8조(손해배상 청구에 대한 제한)에서 "사용자는 이 법에 의한 쟁의행위로 인하여 손해를 받은 경우에 노동조합 또는 근로자에 대하여 그 배상을 청구할 수 없다"고 '개악'했다. 이러한 개악 내용은 현행 「노동조합 및 노동관계조정법」 제3조(손해배상 청구의 제한)로 이어져 "사용자는 이 법에 의한 단체교섭 또는 쟁의행위로 인하여 손해를 입은 경우에 노동조합 또는 근로자에 대하여 그 배상을 청구할 수 없다"라는 규정이 남아 있다. 사용자는 모든 쟁의행위에 따른 손해에 대해 배상을 청구할 수 없도록 법률 개정이 필요하다. 그것이 헌법 제33조가 보장하는 단체행동권을 제대로 법률로써 구현하는 일이자 헌법적 정의를 회복하는 일이다.

2) 단결권

국가재건최고회의 「노동조합법」에서는 먼저 단결권을 제한했다. 1953년 3월 8일 제정 「노동조합법」 제6조(노동조합조직가입의 제한)는 "근로자는 자유로 노동조합을 조직하거나 또는 이에 가입할 수 있다. 단, 현역군인, 군속, 경찰관리, 형무관사와 소방관사는 예외로 한다."고 규정하고 있었다.

1963년 4월 17일 전부개정 노동조합법은 제8조 단서에서 "다만, 공무원에 대하여는 따로 법률로 정한다"고 개정했다. 제12조(정치활동의 금지) "① 노동조합은 공직선거에 있어서 특정정당을 지지하거나 특정인을 당선시키기 위한 행위를 할 수 없다"는 조항을 신설했다.

유신 시기 노동조합법에서는 노동조합 조직에 관하여 종전의 산업별 노조 체제를 전제·지향하고 있던 '전국적인 규모를 가진 노동조합'과 '산하노동단체'라는 표현을 삭제함으로써 기업별 또는 사업장별 노조 체제로의 전환을 사실상 가능하게 했다(이철호, 2001: 98).

국가보위입법회의가 1980년 12월 31일 일부 개정한 「노동조합법」은 제12조의 2(제3자 개입금지)를 신설했다. "직접 근로관계를 맺고 있는 근로자나 당해 노동조합 또는 법령에 의하여 정당한 권한을 가진 자를 제외하고는 누구든지 노동조합의 설립과 해산, 노동조합에의 가입·탈퇴 및 사용자와의 단체교섭에 관하여 관계당사자를 조종·선동·방해하거나, 기타 이에 영향을 미칠 목적으로 개입하는 행위를 하여서는 아니된다"는 조항이다. 그 위반에 대해서는 3년 이하의 징역 또는 500만 원 이하의 벌금에 처한다고 규정했다(법 제45조의 2).

제13조(노동조합의 설립)에서는 기업별 노동조합으로 전환했다. "① 단위노동조합의 설립은 근로조건의 결정권이 있는 사업 또는 사업장단위로 근로자 30인 이상 또는 5분의 1 이상의 찬성이 있는 설립총회의 의결이 있어야 한다. 다만, 특수한 작업환경에서 근로하여 사업장단위 노동조합의 설립이 부적합한 근로자의 경우에는 대통령령이 정하는 바에 따라 단위노동조합을 설립할 수 있다"고 규정했다.

3) 단체교섭권

유신 시기의 「국가보위에 관한 특별조치법」 제9조는 단체교섭권 등의 규제와 관련하여 제1항에서 "비상사태하에서 근로자의 단체교섭권 또는 단체행동권의 행사를 미리 주무관청에 조정을 신청하여야 하며, 그 조정결정에 따라야 한다"고 규정했다(법 제9조 제1항). 한편 「국가비상사태하의 단체교섭권 등 업무처리요령」(노동청예규 제103호)에 의하여 단체교섭권과 단체행동권이 전면적으로 부정되었다(이호철, 2001: 97).

4) 단체행동권

비상국무회의 「노동쟁의조정법」에서는 공익사업의 범위를 확대하고, 쟁의행위를 하기 전에 전국 규모의 노동조합의 사전 승인과 노동위원회의 적법 여부 심사를 받도록 하고, 알선서 · 조정서 · 중재결정의 효력을 단체협약과 동일한 것으로 했으며, 노동쟁의에 대한 긴급조정제도를 신설했다(이철호, 2001: 60-61).

국가보위입법회의도 기본권 중에서 특히 노동자의 단체행동권을 헌법에서부터 강력하게 제약했다. 헌법 개정심의위원회는 국회 개헌 특위에서 전혀 규정한 바 없었던 근로자의 단체행동권 전반에 대한 개별적 법률 유보("단체행동권의 행사는 법률이 정하는 바에 의한다") 규정을 신설했다. 여기에 더하여 단체행동권을 법률로써 제한하거나 아예 부인할 수 있다고 헌법상 특정하는 대상을 국가 · 지방자치단체 · 국공영기업체 · 방위산업체 · 공익사업체 또는 국민경제에 중대한 영향을 미치는 사업체 일체로 유신헌법에서보다도 넓혔다. 국가공무원이나 지방공무원 중에서 종래 단체행동권을 인정받던 '사실상 노무에 종사하는 공무원'조차도 쟁의행위를 원천적으로 할 수 없게 하였다.

4. 표현의 자유 관련 법제

1) 「집회 및 시위에 관한 법률」

1962년 12월 31일 국가재건최고회의는 「집회 및 시위에 관한 법률」이 「집회에 관한 법률」을 대체하여 제정·공포했다. 오늘날 국가보안법과 함께 악법의 대명사로 악명 높은 집시법 시대의 시작이었다.

예를 들면 제4조(옥외집회 및 시위의 신고 등)는 "① 옥외에서 집회 또는 시위를 주최하고자 하는 그 목적, 일시(所要時間을 包含한다. 以下 같다), 장소, 참가예정인원과 주최자의 주소, 성명 및 시위방법을 기재한 신고서를 옥외집회 또는 시위의 48시간 전에 관할경찰서장에게 제출하여야 한다. 단, 2 이상 경찰서의 관할에 속하는 경우에는 경찰국장에게 제출하여야 한다"고 규정했다. 제4조 제1항의 규정에 위반하거나 그 집회 또는 시위를 신고한 내용과 다르게 실행한 자는 2년 이하의 징역 또는 4만 원 이하의 벌금, 구류 또는 과료에 처한다(법 제17조).

1960년 7월 1일 제정 법률 제554호 「집회에 관한 법률」은 제1조에서 "집회를 주최하려는 자는 그 목적, 시일, 장소, 회합예상인원과 주최자의 주소, 성명을 기재한 신고서를 늦어도 집회의 24시간 전에 소할 경찰서장에게 제출하여야 한다. 단 종교, 학술, 체육, 친목에 관한 집회와 정당, 단체 등의 역원회 또는 이에 준하는 집회는 예외로 한다"는 규정을 두고 있었지만, 제3조 벌칙에서 "제1조의 규정에 위반한 자는 2만 원 이하의 벌금에… 처한다"고 규정할 뿐이다. 사전 신고 위반으로 징역형까지 규정한 것은 과잉의 기본권 침해 조항이다.

1980년 12월 18일 개정된「집회및시위에관한법률」은 규제의 대상이 되는 시위의 장소를 "공중이 자유로이 통행할 수 있는 장소"에서 일체의 옥외장소로 넓히면서 "공공의 안녕질서 유지에 관한 단속법규에 위반하거나 위반할 우려가 있는 집회 또는 시위", "현저히 사회적 불안을 야기시킬 우려가 있는 집회 또는 시위", 나아가 그러한 집회 또는 시위를 "예비·음모하거나 선전 또는 선동"하는 행위까지 모두 금지·처벌의 대상으로 추가했다. 1988년도『검찰연감』의 통계에 따르면 집시법에 따라 1980~1987년간 기소된 건수는 모두 2,907건이고, 특히 1981~1983년 사이에는 기소율이 75%를 상회하였다(최호동, 2020: 16).

2)「국가보안법」

1961년 5월 19일 '군사혁명위원회'는 포고령 제18호를 발표하여 공산 활동의 철저한 규제를 선언했다. 국가재건최고회의는 1961년 7월 3일「반공법」을 제정했다. 반공법은 그 적용 대상을 국가보안법에 규정된 반국가단체 중 공산 계열의 노선에 따라 활동하는 단체로 한정한 다음, 그러한 반국가단체에 가입하거나 가입할 것을 권유한 자는 7년 이하의 징역에 처하도록 했다. 가장 큰 특색은 찬양·고무 등 죄의 신설이다(법 제4조, 이철호, 2001: 57).

제4조 (찬양, 고무 등)

① 반국가단체나 그 구성원의 활동을 찬양, 고무 또는 이에 동조하거나 기타의 방법으로 반국가단체를 이롭게 하는 행위를 한 자는 7년 이하의 징역에 처한다. 이러한 행위를 목적으로 하는 단체를 구성하거나 이에 가입한 자도 같다.

② 전항의 행위를 할 목적으로 문서, 도화 기타의 표현물을 제작, 수입, 복사, 보관, 운반, 반포, 판매 또는 취득한 자도 전항의 형과 같다.

③ 전항의 표현물을 취득하고 지체 없이 수사, 정보기관에 그 사실을 고지한 때에는 벌하지 아니한다.

④ 제1항, 제2항의 미수범은 처벌한다.

⑤ 제1항, 제2항의 죄를 범할 목적으로 예비 또는 음모한 자는 5년 이하의 징역에 처한다.

이 조항은 국가보위입법회의에서 1980년 12월 31일 「반공법」을 폐지하면서 「국가보안법」 전부개정을 통해 「국가보안법」에 들어왔다.

제7조 (찬양·고무 등)

① 반국가단체나 그 구성원 또는 그 지령을 받은 자의 활동을 찬양·고무 또는 이에 동조하거나 기타의 방법으로 반국가단체를 이롭게 한 자는 7년 이하의 징역에 처한다.

② 국외공산계열의 활동을 찬양·고무 또는 이에 동조하거나 기타의 방법으로 반국가단체를 이롭게 한 자도 제1항의 형과 같다.

③ 제1항 및 제2항의 행위를 목적으로 하는 단체를 구성하거나 이에 가입한 자는 1년 이상의 유기징역에 처한다.

④ 제3항에 규정된 단체의 구성원으로서 사회질서의 혼란을 조성할 우려
  가 있는 사항에 관하여 허위사실을 날조·유포 또는 사실을 왜곡하여
  전파한 자는 2년 이상의 유기징역에 처한다.

⑤ 제1항 내지 제4항의 행위를 할 목적으로 문서·도화 기타의 표현물을
  제작·수입·복사·소지·운반·반포·판매 또는 취득한 자는 그 각항에
  정한 형에 처한다.

⑥ 제1항 내지 제5항의 미수범은 처벌한다.

⑦ 제1항 내지 제5항의 죄를 범할 목적으로 예비 또는 음모한 자는 5년 이
  하의 징역에 처한다.

또한 개정 국가보안법은 불고지죄를 포함한 대부분의 국가보안법
위반사건에 대하여 사법경찰관 단계에서 1차, 검사단계에서 2차의
구속기간 연장을 할 수 있게 구속기간을 확장했다. 헌법재판소는
1992년 4월 14일 국가보안법[1980. 12. 31. 법률제3318호, 개정
1991. 5. 31. 법률제4373호] 제19조 중 제7조 및 제10조의 죄에 관한
구속기간 연장 부분은 헌법에 위반된다고 단순 위헌 결정을 했다(90
헌마82).

현행 「국가보안법」은 헌법재판소의 한정합헌결정을 거쳐 여전히
찬양·고무죄를 규정하고 있다.

제7조(찬양·고무 등)

① 국가의 존립·안전이나 자유민주적 기본질서를 위태롭게 한다는 정을
  알면서 반국가단체나 그 구성원 또는 그 지령을 받은 자의 활동을 찬양·
  고무·선전 또는 이에 동조하거나 국가변란을 선전·선동한 자는 7년

이하의 징역에 처한다. <개정 1991. 5. 31.>

② 삭제 <1991. 5. 31.>

③ 제1항의 행위를 목적으로 하는 단체를 구성하거나 이에 가입한 자는 1년 이상의 유기징역에 처한다. <개정 1991. 5. 31.>

④ 제3항에 규정된 단체의 구성원으로서 사회질서의 혼란을 조성할 우려가 있는 사항에 관하여 허위사실을 날조하거나 유포한 자는 2년 이상의 유기징역에 처한다. <개정 1991. 5. 31.>

⑤ 제1항·제3항 또는 제4항의 행위를 할 목적으로 문서·도화 기타의 표현물을 제작·수입·복사·소지·운반·반포·판매 또는 취득한 자는 그 각항에 정한 형에 처한다. <개정 1991. 5. 31.>

⑥ 제1항 또는 제3항 내지 제5항의 미수범은 처벌한다. <개정 1991. 5. 31.>

⑦ 제3항의 죄를 범할 목적으로 예비 또는 음모한 자는 5년 이하의 징역에 처한다. <개정 1991. 5. 31.>

현재 국가보안법상 반국가단체 가입과 찬양고무죄 등 조항이 헌법재판소에 계류 중이다. 헌법재판소의 결정과 무관하게 국가보안법 관련 조항을 개정할 필요가 있다.

3) 언론 관계법

국가보위입법회의는 종전의 「신문-통신등의등록에관한법률」, 「언론윤리위원회법」 그리고 「방송법」을 통폐합하여 1980년 12월 31일 「언론기본법」을 제정했다. 이 법은 신문·방송·잡지 등에 대한 종합규

제 입법이다. 정기간행물·방송의 표현물 내용이 위법한 경우 이를 압수할 수 있다. 그리고 신문 등 정기간행물에 대하여 발행 시설 기준을 도입하여 이를 갖추지 못한 언론사는 등록 거부·취소의 대상이 되도록 규정했다. 언론사에 "폭력행위 등 공공질서를 문란케 하는 위법행위를 고무·찬양"해서는 아니된다는 공적 책임을 부과하면서 이를 "반복하여 현저하게" 위배한 내용의 정기간행물은 등록 취소·발행 정지의 대상으로 했다. 더욱이 방송 편집인·편성 책임자 등이 "정당한 사유 없이 범죄를 구성하는 내용의 공표를 배제하지 아니한 때"에도 처벌의 대상이 되도록 하였다(최호동, 2020: 16).

5. 평등권 등 인권 관련 법 ―「모자보건법」을 중심으로

1) 개요

1973년 2월 8일 비상국무회의 제정「모자보건법」[법률 제2514호, 1973. 2. 8., 제정] [법률 제18612호, 2021. 12. 21., 일부 개정]은 여성이 배우자의 동의를 얻어 인공임신중절수술을 할 수 있음을 규정하면서 매우 제한적인 사유를 규정했다. 이러한 조항은 여성의 재생산에 관한 자기결정권을 침해한다. 헌법재판소는 인공임신중절을 처벌하는 형법 제269조 제1항 등이 헌법에 합치하지 않는다는 결정을 했다(헌재 2019. 4. 11. 2017헌바127). 아직「모자보건법」관련 조항의 개정이 이루어지고 있지 않다. 헌법재판소에 따르면, "모자보건법상의 정당화사유에는 다양하고 광범위한 사회적·경제적 사유에 의한 낙태갈등 상황이 전혀 포섭되지 않는다." 따라서 배우자의 동의 내용을 삭제함은 물론 인공임신중절수술의 사유를 전면 삭제하여 여성의 자기결정권에 맡겨야 한다. 인공임신중절을 해서는 안 되는 매우 예외적인 사유를 규정하는 방식을 고려할 수 있지만, 그러한 사유를 포괄하기 쉽지 않다. 부득이하다면 임공임신중절수술을 제한하는 규정을 예외적으로 두되, 제재를 가하는 규정만큼은 절대적으로 두어서는 안 된다.

2) 문제 조항과 현재 조항 비교

비상국무회의가 1973년 2월 8일 법률 제2514호로 제정하여 1973년 5월 10일부터 시행한 인공임신중절수술 조항은 다음과 같다.

제8조 (인공임신중절수술의 허용한계)
① 의사는 다음 각호의 1에 해당되는 경우에 한하여 본인과 배우자(사실상의 혼인관계에 있는 자를 포함한다. 이하 같다)의 동의를 얻어 인공임신중절수술을 할 수 있다.
　　1. 본인 또는 배우자가 대통령령으로 정하는 우생학적 또는 유전학적 정신장애나 신체질환이 있는 경우
　　2. 본인 또는 배우자가 대통령령으로 정하는 전염성질환이 있는 경우
　　3. 강간 또는 준강간에 의하여 임신된 경우
　　4. 법률상 혼인할 수 없는 혈족 또는 인척간에 임신된 경우
　　5. 임신의 지속이 보건의학적 이유로 모체의 건강을 심히 해하고 있거나 해할 우려가 있는 경우
② 제1항의 배우자의 동의에 있어서 배우자가 사망·실종·행방불명 기타

부득이한 사유로 인하여 동의를 받을 수 없는 경우에는 본인의 동의만으로 그 수술을 행할 수 있다.

③ 제1항의 경우에 본인 또는 배우자가 심신장애로 의사표시를 할 수 없는 때에는 그 친권자 또는 후견인의 동의로서, 친권자 또는 후견인이 없는 때에는 부양의무자의 동의로서 그 동의에 갈음할 수 있다.

2021년 12월 21일 일부 개정한 법률 제18612호 「모자보건법」은 다음과 같다.

제14조(인공임신중절수술의 허용한계)

① 의사는 다음 각 호의 어느 하나에 해당되는 경우에만 본인과 배우자(사실상의 혼인관계에 있는 사람을 포함한다. 이하 같다)의 동의를 받아 인공임신중절수술을 할 수 있다.

　　1. 본인이나 배우자가 대통령령으로 정하는 우생학적(優生學的) 또는 유전학적 정신장애나 신체질환이 있는 경우

　　2. 본인이나 배우자가 대통령령으로 정하는 전염성 질환이 있는 경우

　　3. 강간 또는 준강간(準强姦)에 의하여 임신된 경우

　　4. 법률상 혼인할 수 없는 혈족 또는 인척 간에 임신된 경우

　　5. 임신의 지속이 보건의학적 이유로 모체의 건강을 심각하게 해치고 있거나 해칠 우려가 있는 경우

② 제1항의 경우에 배우자의 사망·실종·행방불명, 그 밖에 부득이한 사유로 동의를 받을 수 없으면 본인의 동의만으로 그 수술을 할 수 있다.

③ 제1항의 경우 본인이나 배우자가 심신장애로 의사표시를 할 수 없을 때에는 그 친권자나 후견인의 동의로, 친권자나 후견인이 없을 때에는

부양의무자의 동의로 각각 그 동의를 갈음할 수 있다.

[전문 개정 2009. 1. 7.]

3) 평가

인공임신중절을 제한된 사유에서만 허용하고 배우자의 동의를 얻게 함으로써 여성의 재생산에 관한 자기결정권을 침해한다. 인공임신중절을 처벌하는 형법 제269조 제1항 등이 헌법에 합치하지 않는다는 헌법재판소의 결정(헌재 2019. 4. 11. 2017헌바127) 이후에도 「모자보건법」 관련 조항의 개정이 이루어지고 있지 않다.

헌법재판소에 따르면, "모자보건법상의 정당화사유에는 다양하고 광범위한 사회적·경제적 사유에 의한 낙태 갈등 상황이 전혀 포섭되지 않는다." 헌법재판소는 다음과 같은 예를 든다.

예컨대 학업이나 직장생활 등 사회활동에 지장이 있을 것에 대한 우려, 소득이 충분하지 않거나 불안정한 경우, 자녀가 이미 있어서 더 이상의 자녀를 감당할 여력이 되지 않는 경우, 상대 남성과 교제를 지속할 생각이 없거나 결혼 계획이 없는 경우, 혼인이 사실상 파탄에 이른 상태에서 배우자의 아이를 임신했음을 알게 된 경우, 결혼하지 않은 미성년자가 원치 않은 임신을 한 경우 등이 이에 해당할 수 있다.

이러한 사유를 구체화하여 예시하기보다는 여성의 판단과 자기결정에 맡기는 법률 개정이 필요하다. 인공임신중절을 해서는 안 되는 매우 예외적인 사유를 규정하는 방식을 고려할 수 있지만, 그러한 사유를 포괄하기 쉽지 않다. 부득이하다면 임공임신중절수술을 제한하는 규정을 예외적으로 두되, 제재를 가하는 규정만큼은 절대적으로

두어서는 안 된다. 따라서 인공임신중절수술을 허용하는 내용으로
개정하는 것이 바람직하다.

IV. 향후 국회의 과제

유신 시대를 청산하는 입법 활동은 국회 자체 입법 활동과 함께
헌법재판소의 위헌 결정에 다른 경우가 적지 않다. 헌법재판소는 국
민의 제소를 계기로 위헌법률심판 또는 헌법소원심판에 따라 일정한
법적 요건을 갖추어야 작동한다. 불법적 법률을 적용한 매우 많은 사
례는 법적 요건을 충족하지 못한다는 이유로 또는 헌법재판소의 합헌
결정으로 개정되거나 폐지되지 못한 상황이다. 인권과 민주주의 관점
에서 헌법을 수호하고 법치주의를 지탱하는 제일차적인 헌법기관은
국회다. 유신 시기 전후의 불법적 입법을 바로잡음으로써 헌정사적
관점에서 국민대표 기관이자 입법기관으로서 국회의 헌법적 위상을
되찾아야 한다.

이행기 정의는 구 헌법 또는 구 헌법 체제에서 일어난 국가 범죄
(Regierungskriminalität)[16] 또는 국가 폭력을 대상으로 하지만, 결
과적으로 구 헌법 또는 구 헌법 체제를 심판 대상으로 한다. 국가 범죄
또는 국가 폭력을 용인했기 때문이다. 새로운 헌법 체제는 연속선상
에 있지만, 과거와 끊임없는 단절을 시도함으로써 민주적인 체제로
거듭난다.

---

16 국가 범죄는 국가 권력을 매개로 저지른 조직적 범죄를 총칭하는 개념이다(이재승, 1999:
195).

이재승(2014a: 185)은 이행기 정의에서 가해자와 피해자의 범주에 딱 들어맞지 않는 보통 사람들의 각성과 참여를 강조한다. 과거청산은 이들이 주체로 각성케 하여 국가 범죄를 일삼는 국가를 재탄생시키는 과정이라는 것이다. 그것은 현행 헌법에 비추어 과거 국가의 잘못을 지속적으로 갱신하는 과정으로서 이행기 정의 개념을 확장할 것을 요한다. 이행기 정의에서 '과거 · 현재 · 미래는 하나의 통일체'다(신영복: 김동춘, 2006: 206 재인용). 과거 국가 권력의 '범죄행위'를 드러냄으로써 과거의 굴절된 정의를 현재에 바로잡음으로써 민주주의를 공고히 하고, 사회정의를 세우며, 사회통합을 이루는(김동춘, 2006: 206) 헌법 규범을 정립해나가는 과정이다.

유엔총회가 채택한 '인권피해자 권리장전'은 대량의 인권침해를 겪은 사회가 구현해야 할 이행기 정의 원칙으로서, 인권침해 사건의 진실 규명, 가해자의 처벌과 징계, 피해자에 대한 배상과 원상회복, 치유와 재활 조치, 재발 방지를 위한 제도개혁과 군경 공직자 · 미디어 종사자 · 의료인 등에 대한 인권법 및 인도법 교육, 시민에 대한 일반적인 인권 교육을 포함한 만족과 사죄 등을 담고 있다(이재승, 2014a: 184). 이것은 형사처벌이나 금전배상과 같은 법적 수단으로 환원할 수 없는 적극적인 정치적 열망을 표현하고 있으며, 인간의 정신적 정화와 사회 제도의 근본적 변혁을 추구한다. 이를 통해 과거 국가 범죄에 대해 공동체가 지는 책무는 엷은 의무가 아니라 두터운 의무다(이재승, 2014a: 184). 이러한 과제의 전제조건 중 하나가 어떤 입법적 불법이 있는지를 조사하고 그것을 바로잡는 일이다. 재발 방지를 위한 제도개혁의 출발점이다.

피해자는 개인적 배 · 보상과 명예 회복을 넘어 사회적 배 · 보상과 명예 회복 그리고 사회적 기억을 요청한다. 피해자 개인이 개별적인 법적 배·보상 소송을 하게 하지 않고 입법에 따른 일괄적 배·보상이 가능해야 한다. 피해의 범위가 법적 피해의 범위를 넘어 사회적·정치적 피해로 확장해야 한다(오동석, 2019: 8). 원상회복은 불가능하다. 피해와 상처가 사라지지 않기 때문이다. 기억을 지울 수도 없다. 마치 피해자 명예 회복 관련 정책이나 금전적인 피해배상이나 보상으로 할 일을 다 한 것처럼 구는 것이야말로 또 다른 가해. 회복적 정의는 국가 범죄의 상처를 회복하는 인권과 민주주의를 보장하는 헌법 체제의 원기를 회복하는 일이어야 한다(오동석, 2019: 9).

이재승(2014a: 185)은 처벌과 배상을 넘어서 사회 구성원의 정신적 쇄신과 구조의 혁신을 정면으로 추구하는 변혁적 정의(transformative justice, *Daly*, 2002)에 주목했다. 불법적 법률의 폐해는 과거 피해자뿐만 아니라 오늘날에도 그 악영향이 있으므로 그것을 바로잡는 일은 오늘날 민주 시민이 함께해야 할 일이다. 민주시민의 대표 기관인 국회가 앞장서야 할 일이다. 국회는 불법적 입법기구에 따른 국가 기관으로서 피해자이기도 하다. 불법적 입법기구의 불법적 법률의 청산은 피해 국가 기관에서 민주적 정당성을 갖춘 국민대표 기관이자 입법기관으로서 거듭나기 위한 필수적 과정이다.

과거 위헌적 입법기구가 제·개정한 법률을 바로잡는 일은 이전 상태로의 회복이 아니라 현재의 민주주의적 규범의식에 부합하는 동시에 미래지향적인 혁신의 과제를 포함한다. 헌법을 개정하기에 앞서 입법자가 유념해야 할 전제조건이다. 그것은 입법 사실을 계속해서 점검하여 입법하는 일이다. 입법 사실은 법령의 배경을 이루는 사회적·정치적 또는 과학적 사실이다. 입법 사실은 법령이 제정되기 이전에 존재하고 있었던 상태, 그것을 개선하기 위하여 제정된 법령의 실효성, 법령의 제정에 의하여 생기는 손실(예를 들면 국민의 권리 제약의 정도)보다 적은 희생으로서 같은 실효성을 올릴 수 있는 가능성 등 법령의 목적과 수단의 합리성을 실증적으로 검토하는 것이다.

이렇게 보면 유신 청산의 입법적 과제는 현재를 매개로 하여 과거를 청산하고 미래 헌법의 전망을 여는 일이다. ① 우선 과거 독소조항을 안고 있다가 개정 또는 폐지된 법률 및 한시적 법률의 무효를 확인하고 선언하는 입법이 필요하다. 특별법에 따른 개별적 접근과 피해자의 개별적인 사법적 구제를 넘어서서 법률에 따른 불법 입법으로 인한 피해에 대한 원상회복, 예를 들면 형사 처분, 행정 처분(징계, 해직), 기타 사실적 처분(해고) 등에 대한 복권과 피해 보상 방안을 담아내야 한다. 공무원노동조합 관련 해직 공무원 등의 복직 등에 관한 특별법(2021. 4. 13. 시행)을 참고할 수 있다.

② 현재 시민사회에서 제기한 법제 중 위헌적 입법기구의 제·개정 법률을 중심으로 현재 관점에서 검토하여 미래지향의 입법을 해야 한다. 특히 여·야간의 입장 차이 또는 기득권 유지 관점에서 논란이 있을 수 있는 법률(조항)에 대해서는 국회의 특별위원회(가칭 '입법 정의 실현을 위한 진상조사위원회')를 설치하여 조사하고, 그 개정 여부를 검토해야 한다. 대표적으로는 노동관계법, 정당법·정치자금 법·공직선거법 등 정치 관계법, 군 관련 법 및 국가보안법 등 인권과 민주주의에 부합하지 않는 법률 등이다. 국회의 국정조사권은 특별한 사안에 대해 발동하지만, 헌법적으로는 입법권의 적정한 행사를 위한 보조적 권한이다. 국회는 입법 정의의 실현을 위해 국정조사권을 적극 활용할 필요가 있다. 특히 일반 시민과 소통하고 전문가 그룹의

자문을 적극적으로 받음으로써 시민사회와 함께 입법하는 국회의 새로운 상을 구축해야 한다.

　다시 강조하건대 불법 입법기구 이전에 국회에서 제정한 법률이라고 하더라도 그 역사적 배경과 함께 당시는 물론 현재 관점에서 판단이 필요하다. 그리고 동일 내용의 법률 조항이라고 하더라도 독재시기를 거치면서 그것이 어떻게 집행·적용되고 어떤 불법의 통치효과를 낳았는지 분석·평가해야 한다. 불법 입법기구 이후 국회에서 개정됨으로써 원상회복 또는 개정되었다고 하더라도 현재 또는 미래관점에서 재평가함으로써 인권과 민주주의에 합치하는 입법의 개혁을 지속해야 한다. 과거 청산은 과거로의 회귀가 아니다. 과거 청산은 끊임없는 개혁의 과정이다. 시대의 흐름을 따라가지 못하는 입법의 지체(遲滯) 또는 정체(停滯)는 정의(正義)의 퇴행이자 그 자체 부정의(不正義)다. 인권과 민주주의 규범은 인류의 진화와 함께 계속해서 고양되고 진화하기 때문이다.

참고문헌

김남진·황보근(2021). "5·18민주화운동 관련 법령에 관한 법적 소고: 5·18.민주화운동 이후 개정된 국방부 소관 법령을 중심으로." 전남대학교 공익인권법센터. 「인권법평론」 27 (2021. 8.): 3-33.

김순양(2022a). "우리나라 과도입법기구의 입법 활동 분석: 국가재건최고회의와 국가보위입법회의를 중심으로." 한국정책과학학회. 「한국정책과학학회보」 26(1) (2022. 3.): 111-137.

김순양(2022b). "정치적 격변기의 과도정부기구의 구성과 활동에 대한 연구: 국가보위비상대책위원회와 국가보위입법회의를 중심으로." 한국정책과학학회. 「한국사회와 행정연구」 33(1) (2022. 5.): 1-31.

김영태(2015). "선거법 개정 10년의 성과와 과제: 선거운동 관련 법규를 중심으로." 한국의회발전연구회. 「의정연구」 44 (2015. 4.): 32-60.

김재선(2016). "공직선거법과 선거운동의 자유에 관한 공법적 고찰." 고려대학교 법학연구원. 「고려법학」 80 (2016. 3.): 75-102.

김학진(2017). "호별 방문금지규정의 정착 과정과 문제점에 관한 소고." 민주주의법학연구회. 「민주법학」 63 (2017. 3.): 167-204.

김형철·홍경선(2018). "선거운동의 자유와 공직선거법 개정 방안: 시민단체의 선거법 위반 사례를 중심으로." 인제대학교 민주주의와자치연구소 「비교민주주의 연구」 14(2) (2018. 12.): 5-44.

방승주(2008). "위헌입법의 현황과 대책." 한국법학원. 「저스티스」 106 (2008. 9.): 254-292.

방승주(2017). "선거운동의 자유와 제한에 대한 평가와 전망." 한국헌법학회. 「헌법학연구」 23(3) (2017. 9.): 25-67.

송병춘(2022). "불법 입법기구가 제정한 정치관계법과 그 위헌성 검토. '유신헌법'은 대한민국헌법일 수 있는가: 유신헌법과 검찰의 법치주의"(74회 제헌절 유신 50년 국회토론회, 유신50). 국회의원회관. 2022. 7. 12. 18-26.

오동석(2013). "유신헌법의 불법성." 학술단체협의회 기획(2013). 배성인 외 공저. 『유신을 말하다』. 나름북스. 2013. 3. 133-164.

이동과(1988). "국보위·입법회의법령에 관한 고찰." 청주대학교 법학과. 「청주법학」

3 (1988. 5.): 1-26.

이재승(2009). "다시 리바이어던의 뱃속으로: 조용수 사건의 재심판결(2007재고합
10)." 민주주의법학연구회. 「민주법학」 39 (2009. 3.): 209-236.

이철호(2001). "한국에서의 「위헌적 입법기구」에 관한 연구: 1961년, 1972년 및 1980
년의 정변에 대한 헌법적 분석." 법학박사학위논문. 동국대학교 대학원 법학
과. 2001. 12.

이철호(2002). "한국헌정사에서 위헌적 입법기구가 헌법학에 미친 영향." 아세아태평
양공법학회. 「아·태공법연구」 10 (2002. 2.): 59-84.

이희훈(2007). "1980년 헌법의 형성과 발전 및 평가." 한국외국어대학교 법학연구소
「외법논집」 28 (2007. 11.): 139-168.

임지봉(2012). "유신헌법과 한국 민주주의." 한국비교공법학회. 「공법학연구」 13(1)
(2012. 2.): 183-201.

허진성(2016). "선거운동 규제와 개선방안에 관한 몇 가지 고찰: 자유의 확대와 개방적
경쟁의 관점에서." 한국헌법학회. 「헌법학연구」 22(4) (2016. 12.): 1-37.

홍석한(2013). "선거운동의 자유와 규제에 관한 헌법적 고찰: 헌법재판소 판례에 대한
평가를 중심으로." 한국헌법학회. 「헌법학연구」 19(4) (2013. 12.): 123-156.

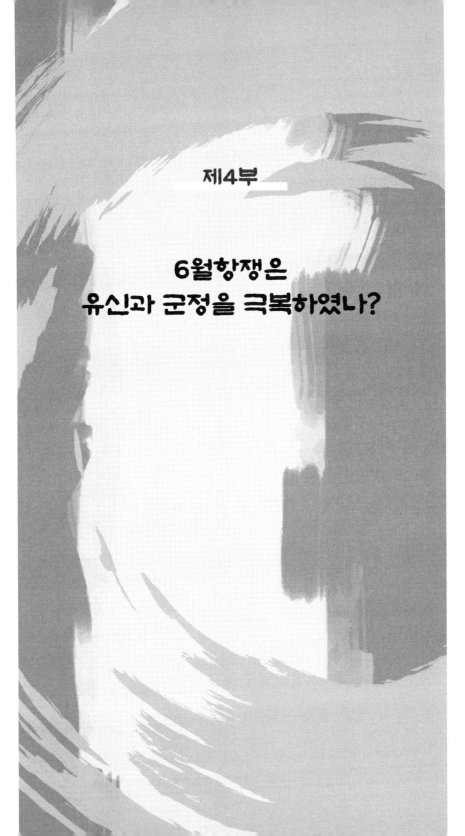

제4부

6월항쟁은
유신과 군정을 극복하였나?

박정희 유신
— 5공 전두환 독재는 극복되었는가

이부영

(자유언론실천재단 이사장)

1. 들어가는 말

"유신 독재체제와 5공화국"에 관한 여러 차례 학술회의를 거치고 이렇게 종합 학술회의를 여시는 여러 학자와 활동가의 노고에 감사드린다.

우리 사회에서뿐 아니라 세계적으로도 박정희와 전두환 군사독재자들의 치적에 대해서는 이미 평가가 내려졌는데 이처럼 각 분야별로 정리하는 것은 뒷 세대들에게 총론과 함께 각론까지 남겨주려는 뜻으로 알겠다.

나는 개인적으로 1961년에 대학에 입학, 4월혁명의 찬란한 푸르

---

1 이부영, "박정희 유신 — 5공 전두환 독재는 극복되었는가," 유신50년군사독재청산위원회, 〈2022년 6월 유신독재청산 50년 · 6월항쟁 35주년 심포지엄〉 기조 강연 (2022. 6. 22. 국회 의원회관 제1세미나실).

른 자유를 잠시 맛봤지만, 곧 5.16 군사 쿠데타로 짓밟혀버린 검은 기억을 지니고 살고 있다.

5월 17일 오전 교정에는 5월의 짙은 라일락 향기가 진동하고 있었는데 교문 입구에는 기관총좌 2문이 자리 잡고 학교에 들어가려는 모든 사람의 신분증을 내보이라고 요구했다. 우리 같은 물정 모르는 신입생들만 교정에 어정거리고 선배들과 교수들은 한 사람도 나타나지 않았다. 어디론가 사라졌다.

4월 혁명의 푸른 꿈은 그렇게 군대와 기관총이 짓밟아 버렸다. 군부 쿠데타는 그래서 우리에게는 악몽으로 머리속에 새겨지게 되었다. 60여 년의 긴 세월을 사는 동안 깊게 새겨진 몇 가지를 기조 강연을 빌려 말씀드린다.

반공 제1주의를 앞세우고 등장한 박정희 군사정권은 제2차 세계대전 후 전개되기 시작한 미국-소련 냉전 시대에 열전으로 터진 한국전쟁의 필연적 결과물이라고 해야겠다. 유럽에서 세계대전의 연합국이었던 미국과 소련이 동서독의 분단과 함께 유럽 전체를 분단하여 대결하게 되었다. 그러나 아시아에서는 중국이 공산화되는 것을 분기점으로 전범국 일본을 주축으로 대공산권 전선을 강화해갔다. 미국의 세계 전략 지침 속에서는 분단된 한반도의 남쪽 한국은 대공 전선의 최전선으로 봉사하도록, 미군 기지로서의 역할을 충실하게 수행하는 것으로 규정되고 있었다. 미국은 한국을 세계대전의 연합국 당사자로 인정하지 않았을 뿐 아니라 정부 수립 이후에도 민주공화국, 자유정치 체제를 유지하고 공고화하는 데 관심을 기울이지 않았다.

초강대국 미국에 대한 소련과 중국의 이념 공세를 저지하기 위해 미국은 아시아, 라틴아메리카 국가들의 군사 쿠데타를 통한 반공 체제 구축을 시도했다. 한국, 베트남, 인도네시아, 태국 등에 군사 쿠데타가 잇따랐고, 쿠바에 카스트로 정권의 등장 이후에 그에 대응하기 위해 브라질, 아르헨티나, 칠레, 볼리비아 등에도 군부 정권이 들어섰다.

2. 박정희 독재와 5공 독재도 자주적이었을까

미국 정보 기관의 요청으로 중앙정보부의 창설안을 장면 정권 당시 이후락 장군(후에 중앙정보부장 역임)이 기안했다. 그 때문에 그는 5.16 쿠데타 이후에 잠깐 수감되었다가 풀려났다. 그는 곧 5.16 세력의 권력 주체인 국가재건최고회의 의장 비서실장으로 발령됐다. 그는 국가재건최고회의 의장을 감시하는 자리에 앉았다.

박정희의 중앙정보부는 4월혁명 기간 한 해 동안 터져 나온 남북교류론, 통일론, 중립화통일론 등 사회운동과 학생운동을 철저히 탄압했다. 5.16 쿠데타로부터 1987년 민주화 이후까지, 탈냉전 시대가 오기까지 모든 통일론, 남북교류론, 중립화론은 침묵을 강요당했다.

1972년에 발표된 자주, 평화, 민족대단결 3대 원칙에 근거한 7.4 남북공동성명도 이후락을 특사로 파견해야 했다. 미국의 철저한 통제 아래 진행된 남북 지도자 사이의 합의였다. 그 성명은 남북권력자의 권력 강화에 이용되고 말았다. 미국과 중국의 접근에 위기를 느끼는 박정희에게 유신 권력을 선물했다.

1974~75년은 박정희의 유신 독재가 종교인, 지식인, 학생들의 저항으로 심각한 위기에 직면하고 있었다. 미국은 월맹과 베트남 파리종전협상을 진행하면서 마지막 협상 장소를 중국의 베이징으로 정했고 1975년 1월 하순 베트남 미군 철수 일정을 박정희에게 미리 통보

했다. 박정희는 구속됐던 주요 정치범 150명을 2월 15일 석방했다. 자유언론 운동을 벌이고 있던 동아일보 기자 130여 명도 강제 해직시켰다. 4월 1일부터 30일까지 베트남이 공산화되었고, 박정희는 한국에서 전국적인 반공 궐기 대회를 열어 정치적 반대 열기를 잠재웠다. 미국의 베트남 포기가 한국의 독재자 박정희를 구했다.

박정희 유신정권이 영호남을 대표하는 김영삼, 김대중 두 야당 지도자들을 탄압하자 다시 정치적 위기가 조성되었다. 1979년에 격렬하게 벌어진 부산-마산민주항쟁은 10.26 박정희 피살로 정권을 끝냈다. 그러나 미국은 한국 군부 안에 육사 11기(정규 육사 1기)를 정점으로 하는 이른바 KMA그룹을 양성해왔다. 그들이 나설 준비를 완료하고 있었다. 김대중의 구속수감은 광주의 격앙된 시위를 불렀고, 한국사의 비극인 광주학살로 이어졌다. 5공 군부의 등장에 주한 미군 사령관 존 위컴은 "한국인은 들쥐(lemming) 같아서 지도자가 세워지면 따른다"고 발언하여 광주항쟁 진압에 공수특전단의 파견을 승인했다는 확신을 한국인들이 갖도록 했다. 한국에서 본격적인 반미 의식이 일어났다.

3. 1987년 대선의 兩金 분열과 노태우 당선이 민심이었을까

1980년대 중반, 소련방의 약화와 동구권, 폴란드, 체코슬로바키아, 루마니아 등의 자유화 물결은 탈냉전과 탈이념을 대세로 만들었다. 이런 조건 속에서 전두환 정권은 학생 시위에서 "미군 철수! 독재 타도!" 구호들이 나와도 1980년 광주항쟁을 진압하던 가혹한 방식을 택할 수 없었다. 탈냉전 추세 속에서 미국의 동아시아 정책은 한국민의 요구인 직선제 민주 개헌을 받아들이되 군부 세력의 온건파가 집권하여 큰 현상 변화가 일어나지 않도록 유도하는 것이 최상의 선택지였을 것이다. 그 선택지의 필수조건이 김대중-김영삼의 분열이었다. 그런데 양김 진영은 그 선택지를 받아들일 준비를 갖추고 있었다. 양김은 단일화하지 않아도(4자 입후보 필승론) 자신이 승리한다고 확신하는 태도를 보였다.

1987년 대통령 선거의 조건은 한국의 역대 대통령 선거 가운데 군부 정권과 그 지지 세력이 명분과 세력에서 최초로 열세에 몰려 있었다. 위에서도 지적했듯이 국제 정세에서도 동유럽 사회주의 진영이 내부의 모순과 저항 때문에 제대로 탄압을 하지 못하고 있었다. 이미 광주학살로 세계적 지탄 대상이 된 전두환 정권이 다시 가혹한 민주 세력 탄압으로 정권을 이어가는 것을 미국으로서도 지지할 수 없었다. 한국 내부에서 남북 관계 개선 등을 통한 현상 변경을 막기 위해서라도 온건 군부 세력으로 민주 선거를 통해 정권을 이어가려면 양김 분열은 반드시 성사시켜야 했다.

4. 한국은 중-러와 수교했는데 조선의 미-일과의 수교는 왜 막혔나

노태우 정권은 1989년 남북의 평화 공존을 골자로 하는 한민족공동체통일방안을 통일정책으로 결정했다. 전쟁을 전제하는 이승만 정권의 북진 통일정책을 통일정책이라고 할 수 없다면, 한국의 역대 정권 가운데 평화를 내세우는 통일정책을 천명한 것은 노태우 정권이 처음이었다.

1988년 미-소 양 진영이 모두 참여하는(북한만 불참) 서울올림픽을 개최한 데 이어 동유럽 구 사회주의 국가들과 수교를 이어가던 한국은 1990년 러시아, 1992년에 중국과 수교에 이르렀다. 한국이 러시아-중국과 수교를 맺는 1990년과 1992년 사이 1991년에 남북한이 유엔에 동시에 가입하는 일이 벌어졌다. 한국이 러시아-중국과 수교 협상을 벌였다면 조선도 당연히 미국-일본과 수교를 하려고 노력하지 않았을까. 한국에서는 1992년 연말에 김영삼과 김대중이 대결하는 대통령 선거가 예정되어 있었다. 한국이 러시아-중국과 수교가 성사되었고 남북한이 동시 유엔 가입이 성사되었다면, 미국과 일본 사이에 그리고 미-일과 한국 사이에서도 조선과 미-일의 수교 문제가 논의되지 않을 리가 없었다. 그런데 미국과 일본이 조선과의 수교를 거부했다. 미국은 폴란드, 루마니아, 체코슬로바키아 등에서 진행되는 체제 변화 바람을 지켜보면서 조선과 중국에서도 자유화 바람이 일어나는지 주시하고 있었다.

사실상 한반도에서 평화를 지켜가고 대화를 이어갈 주체는 한국이었다. 당시 독일이 통일을 성취해가는 과정이었으므로 한국도 흡수 통일을 기대하는 분위기가 없지 않았다. 1992년 12월에 치러지는 김영삼-김대중 대선에서는 한반도 미래 문제로서 미국과 일본의 조선과의 수교 문제가 전혀 제기되지 않았다. 언론에서도 의미 있게 취급되지 않았다.

이 문제를 여기서 살펴보려는 까닭은 남북 유엔 동시 가입이 성사되었고 한국의 중-러와의 수교가 성취되었다면, 한국이 북한과 평화를 유지하는 가운데 남북 관계를 선순환으로 풀어가려는 의지가 있었다면 대통령 선거 과정에 국민의 뜻을 결집하는 토론을 벌였어야 했다. 한국 안에서는 당시 서독이 동독을 흡수 통일하는 과정에 더 관심을 보였다고 할 수 있다. 한국 당국자 가운데 미국과 일본 정부에 조선과의 관계 개선, 수교 협상을 종용한 사례가 있는지, 한국 정부 내부에 그를 위한 태스크포스팀이라도 구성되었는지 묻지 않을 수 없다.

남북한 중심으로 한반도 문제를 자주적으로 풀어갈 의지가 있었느냐의 문제다.

5. '유신-5공 독재'에서 지배적인 논리인 남북 분단의 유지, 더 나아가 한반도 대결 논리의 불변 상태가 지속되는 것 아닌가

2020년까지만 해도 한국은 식민지 노예 처지를 거친 국가 가운데 유일하게 민주화-산업화를 성취하면서 선진국으로 진입할 뿐 아니라 세계문화를 선도하는 유망한 국가가 되고 있다는 자부심을 가질 수 있었다.

그러나 미국의 바이든 정권이 미국 자신이 세워놓은 자유무역 질서를 무시하고 중국과 러시아를 무역 질서에서 추방하려고 함으로써 다시 신냉전 시대로 퇴행시키고 있다. 동아시아에서도 미국은 중국의 미국 추월을 저지하기 위한 인도-태평양 가치 동맹을 쿼드라는 이름으로 강요하고 있다. 동북아시아에서는 조선에 대한 제재를 극한으로 몰아붙여 조선의 반발을 불러일으키고 있다. 중국과 조선을 가두는 군사전략으로 미-일-한 군사 동맹을 강요하고 있다.

신냉전 시대에 발맞춰 한국에 등장한 신보수 정권은 이전 정권과는 정반대로 한반도에서 전쟁을 불사하겠다는 자세를 천명하고 대북 선제공격론, 일본 자위대의 한반도 개입론 등을 내세우고 있다.

1987년 6월 민주항쟁으로 뒤로 물러섰던 군사독재의 후예들이 기득권을 물려받고 신분을 세탁하여 박정희-5공의 논리를 다시 불러내고 있다. 야당으로 물러선 민주 개혁 세력에게서는 '전쟁 불사, 공존 불용'의 저지 방안이나 그 대안들이 제대로 보이지 않는다.

유신 독재를 '청산'(?)한 6월항쟁*

김동춘

(성공회대학교 교수)

I. 유신 체제의 성립 배경

1969년 미국의 닉슨 독트린 선포와 동서 데탕트 분위기 조성 직후 발표된 박정희 대통령의 8.15 선언은 이제 남한이 북한의 존재를 인정하고 한국과 북한이 옵서버 자격으로 유엔에 동석하는 것을 반대하지 않겠다는 획기적인 선언이었다.[1] 이후 1972년의 7.4 남북공동성명과 남북한 간 대화 개시는 그 이전까지의 남북한 간의 냉전적 대립 상황에서 이제 외교 경제 차원의 경쟁의 시작을 알리는 중요한 사건이었다. 박 정권은 10월유신 직전 7.4 남북공동성명을 발표하였다. 7.4 공동성명은 남북 화해를 지향하는 것이었고, 그것은 냉전하의 각종 적대적 법령의 개폐를 전제로 성립할 수 있는 성명이었다.

---

* 김동춘, "유신 독재를 '청산'(?)한 6월항쟁," 〈유신군사독재 50년·6월항쟁 35주년 심포지엄〉, '6월항쟁의 성과와 이월된 과제'," (2022. 6. 22., 국회 의원회관 제1세미나실).

1 유신정우회, 『위대한 전진 — 유신 6년간의 발자취』 (1978).

7.4 공동성명 이후 박정희의 모든 담화는 북한을 대화 상대이자 동시에 경쟁의 상대로 설정하였다.[2] 유신 체제 이후 박정희의 모든 연설에서 제1위는 '조국 통일이었다'.[3] 국력의 조직화, 능률화와 효율화, 자주 국방, 중화학 공업화, 수출 10억 불 달성 등 1972년 유신 체제 이후 모든 박정희 정권의 구호는 모두 북한을 압도할 수 있는 국력의 배양, 대북 경제전을 의식한 것이다.[4] 특히 휴전 이후 처음으로 북한을 대화 상대 국가로 인정하되 북한과의 체제 대결에서 주도권을 쥐겠다는 생각이 깔려 있다. 박정희 정권이 경제 성장을 거의 국가의 신앙처럼 강조한 이유도 냉전 이완의 국제 정세의 변화 속에서 냉전 이념이 흔들리자 새롭게 변화된 국제 질서 속에서 남북 경쟁이라는 변화된 국면에서 우위에 서려는 의도의 표현이었다.[5]

그러나 곧 이은 10.17 비상사태 선언은 비상계엄, 헌법 개정, 대통령 권한 강화 등 오히려 냉전을 명분으로 하여 1인 체제를 강화시키는 것이었다. 즉, 남북 대화는 통일이라는 명분을 내세우고 권력 강화를 위한 '정치적 최면술'이었다는 지적도 이것을 두고 하는 말이다.[6] 즉, 유신 체제는 긴장 해소, 평화 공존이라는 국제정치의 흐름과도 배치되는 것이었고, 몇 달 전에 발표한 7.4 공동성명의 정신이나 방향과도 상반되는 것이었다. 유신 체제는 7.4 공동성명에서 제기한 민족과 통

---

2 1972년 7.17 제헌절 기념식에서도 박정희는 "이것이(이후 10월유신으로 선포하게 될 내실에 있어 짜임새 있고 능률적인 민주주의) 남북 대화에 있어 우리의 민주 체제가 공산독재 체제보다 훨씬 우월하다는 것을 실증하는 동시에 우리의 체제가 공산 체제와 대결하여 승리할 수 있는 길이다"라고 밝혔다.

3 김행선, 『박정희와 유신 체제』(선인, 2006), 64.

4 정광민 (2012), 314-316.

5 1971년부터 1975년까지 남한은 12개 나라, 북한은 53개 나라와 새롭게 수교했다.

6 김형욱의 지적.

일을 가장 큰 명분으로 내세우고 있다. 이것은 통일에 대한 아무런 구체적 방안도 내놓지 않았던 과거의 정권의 방침과는 완전히 배치되는 것이다.

결국 남북적십자 회담, 이후락 중앙정보부장의 비밀 대북 방문, 7.4 공동성명 등 일련의 대북 대화와 '통일 담론' 제창은 박정희 정권의 정치적 위기를 돌파하기 위한 수단이었다. 유신헌법에서 박정희 대통령 선출의 거수기 역할을 한 '통일주체국민회의' 설립, 1973년 6.23 '평화통일 외교정책에 관한 특별선언'의 '통일'이 들어간 것이 보여주는 것처럼 박 정권은 남북 대화나 통일을 정치적으로 활용하려 하였다. 김대중은 통일을 사칭해서 자신의 독재적 영구 집권을 꾀하는 것이라고 비판했다.

미중 국교 정상화 등 냉전체제의 이완이 같은 분단국가인 동·서독에게는 상호 교류 확대로 나아갔으나 남북한은 그 반대의 길로 갔다. 7.4 공동성명 직후 남북한에서 더욱 경직된 일인 체제가 동시에 수립된 것은 남북한의 '적대적 공존'을 잘 드러내 준 사실이다. 박정희 정권은 말로는 국가안보를 내세웠으나 실제로는 10월유신 선포를 북한에 미리 알렸고,7 같은 해 남한은 물론 북한도 김일성 지배 체제를 강화하는 사회주의 헌법을 통과시켰다. 박 정권은 1973년 가을부터 본격화된 국내의 반유신 운동을 훨씬 더 강경하게 탄압하고 최종길 의문사, 유럽 거점 간첩 사건 등 더욱 강경한 반공주의 정책을 폈다. 대북 교류에 진정성이 있으면 당연히 내부의 체제 비판자들에 대해 유화정책을 폈어야 했으나 그 반대의 행동을 했다.8

---

7 "'10월유신' 안보 내세우더니⋯ 박정희 정권, 북에 두 차례나 '사전 통보'," 「한겨레신문」, 2012. 10. 17.

박 정권은 경제 성장과 국가안보를 정당성의 두 축으로 삼아서 지배 질서를 유지하였다. 박정희는 민정이양 직전에 쓴 『국가와 혁명과 나』, 『우리민족의 나아갈 길』 등의 저서에서 근대화에 대한 자신의 포부를 밝힌 바 있다. 그는 한국 근대화의 과제를 반봉건적·반식민지적 잔재로부터 민족을 해방시키는 일, 빈곤으로부터 경제적 자립을 이룩하는 일, 기형적인 관권 의존의 경제와 불로소득의 양반 경제 관념 및 민중의 숙명관 극복, 진정한 민주주의의 재건 등으로 요약하였다. 한편 5.16 쿠테타의 주역인 김종필은 "근대화란 산업의 공업화요, 생활의 합리화요, 정치의 민주화"라고 풀이하고 있다.9 지배적인 담화인 근대화는 양적 경제 성장의 추구, 서구 자본주의의 발전 모델의 추종, 국가 주도의 국민 동원 등을 내용으로 하고 있다.

II. 유신 체제의 성격

유신 체제는 통치의 방법에서는 명령과 폭력으로, 그것을 정당화한 이데올로기로는 반공주의와 성장주의 한국적 민주주의를 내용으로 한다. 그리고 문화적으로는 국민적 유기적 일체성을 강조한 국민 총화의 논리에 기초해 있다.

---

8 박찬웅, 『박정희 전두환의 난』 (아우내, 1980), 3.
9 김종필, "근대화와 새 세대의 사명," 「세대」 (1967. 3.), 91.

1. 이중국가(Dual State) 체제하의 간첩 만들기

1961년 5.16 군사 쿠데타 이후 곧바로 결성된 중앙정보부는 대통령의 직접 지휘를 받는 '국가 내의 국가', 정부 위의 정부로서 역할을 했지만, 1972년 유신 이후 그 정도는 더욱 심해져서 사실상 모든 정치, 사법, 학원, 언론, 노동 영역에까지 중앙정보부 활동은 확대되어 모든 정부 기관과 지방행정기구를 압도하는 최고의 권력 기관으로서 역할을 했다. 중앙정보부는 국군 보안사와 더불어 거대한 '그림자 정부'였고, 이 두 기관은 일제 시기 독립운동가들을 잡아서 고문하던 악명 높은 일제 특별고등경찰(특고, 特高)의 후예였다. 유신 체제는 독일의 나치하와 유사하게 이중국가, 즉 공안기관이 통상의 국가 위에 있었다. 1971년 사법 파동 이후부터 중앙정보부는 '조정'의 이름으로 판결에 개입하였는데 특히 긴급조치 위반, 반공법 위반 사건 등 형사 사건에 대해서는 노골적으로 개입하였다. 긴급조치 2호 10항은 "중앙정보부장은 비상군법회의 관할사건의 정보, 수사 보안업무를 조정 감독한다"라고 하여 중앙정보부가 긴급조치 관련 재판에 개입할 길을 열어 놓았다. 중앙정보부 요원은 검찰 수사 과정에도 입회를 해서 피의자가 고문에 의한 진술을 부인하면 중앙정보부에 다시 보내겠다고 협박하기도 했다. 이러한 관행은 1987년까지 계속되었다.

또한 중앙정보부는 언론과 노동 분야에도 깊이 관여했다. 박정희는 언론 담당 조정반을 중앙정보부 내에 설치하라는 명령을 내렸다.[10] 동일방직 사건 등 70년대 노동 사건에는 어김없이 중앙정보부가 개입

---

10 김형욱 · 박사월, 『김형욱 회고록(2)』 (아침, 1995), 288.

하였다. 당시 중앙정보부 요원은 회사나 산별 노조 사무실에 거의 상주하였고, 경찰은 중앙정보부의 심부름을 하는 존재에 불과했다.11 모든 보고서가 청와대에 중앙정보부에 직접 올라갔고, 그들에 의해 정치적, 정책적 결정이 이루어졌다. 중앙정보부와 청와대는 동일방직 등 노조 관련 해고 노동자들의 블랙리스트를 작성해서 배포함으로써 노동운동 관련자들을 사회적으로 완전히 배제시키는 작업에도 직접 개입하였다. '비상사태'가 선포된 상태에서 사회 영역 특히 언론이나 노동까지도 공안 개입 영역이 되어 단순한 노조 결성이나 노동쟁의도 공안 사안으로 간주된다. 즉, 좀도둑조차 비첩(匪諜)이 될 수 있었다. 모든 구성원이 '적과 나'로 이분화되는 '국민총화' 절대 가치 국가서 단순한 생존권을 위한 노동자와 농민의 요구도 간첩 행동이 될 수 있다. 71년 광주대단지 사건 당시 체포된 사람들이나 이후의 노동쟁의, 농민의 저항도 모두 간첩 잡는 것을 임무로 하는 '공안' 부서 담당 사건으로 취급되었으며 주모자들은 빨갱이로 몰렸다.12

이러한 '공안 사범'에 대한 재판과 처벌은 당사자뿐 아니라 그것을 목격하거나 보도를 통해 보고 듣는 국민을 규율하는 효과를 가졌다. 즉, '밖'의 존재, 간첩에 대한 공개적 범주화와 낙인 그리고 '밖'의 존재에 대한 철저한 비인간화와 공공연한 테러의 양상을 지닌 가혹한 처벌은 '안'의 사람들을 공포로 질리게 하여 복종을 유도하는 효과를 가졌다. 안과 밖의 정치적 경계선이 명확해지면 '밖'의 존재에 대해서는 책임감과 동정심을 느낄 필요가 없어진다. '밖'의 사람들, 즉 간첩으로

---

11 진실화해위원회, 2009년 보고서.
12 함평 고구마 사건으로 유명한 서경원의 경우 문제를 제기하자 군청 직원, 면 직원, 정보과 형사, 관변 단체가 총동원되어 이들을 불순 세력으로 몰았다고 한다.

분류된 사람들은 '자수'라는 방법을 통해 '귀순'이라는 절차를 거쳐서 '안', 즉 정치 공동체 내로 들어오도록 강요당한다.

안보 위기하의 권력은 적에 대해 극도의 공포감을 갖게 되고 그것은 내부의 적, 잠재적 적에 대한 공공연한 색출 작업을 시도한다. 그런데 밖의 적의 위협이 줄어들면, 내부의 적을 밖의 적만큼이나 위험한 존재로 격상시켜 위기상태를 유지할 필요가 있다. 실제로 69년 이후 북한의 간첩 남파가 줄어들면서 남파 간첩들이 정권이 원하는 대로 검거되지 않았다. 그러자 박정희 정권은 간첩을 '정책적으로' 양산하기 시작하였다. 급기야는 정치적으로 회색지대에 있는 사람들을 간첩으로 조작한 다음 그들에게 처벌을 가해서 국민적 공포를 조장하며, 간첩의 위험을 온 사회에 일상적으로 유포하고 또 그것을 기정사실로 만들어 모든 사회구성원을 상호 감시하게 만드는 일까지 저지르게 된다.

중앙정보부와 같은 공안기관이 멀쩡한 사람들이나 약간이라도 의심되는 행동을 한 경력이 있는 사람들을 '정치 공동체의 적' 혹은 범죄자로 조작해 내고 그들을 희생양으로 삼아 자신의 정치적 목적을 달성한다는 것은 민주주의 국가에서는 상상할 수 없는 국가 범죄행위다. 국가가 단순히 '적'을 적발하는 것에서 머물지 않고, 적을 필요에 따라 만들어내는 것이야말로 국가의 폭력성이 가장 분명하게 드러나는 행태라 볼 수 있다. 그런데 유신 체제하에서나 87년 이전까지 한국에서 그런 일은 수없이 그냥 관행처럼 반복되었다. 경찰, 중앙정보부(국정원), 보안사 등은 자신들이 심어놓은 정보(망)원의 밀고를 받거나 의심되는 사람을 고문하거나 약점이 있는 사람을 잡아서 그와 뒷거래를 해서 자신이 원하는 '그림'을 그려내는 방법을 사용해 왔다. 즉, 약간

'냄새가 나는' 사람의 동창, 친구, 친척, 과거 안면 있는 사람 등 지푸라기라도 하나 있으면 이들을 연결하여 고문을 통해 '작품'을 그려내고, 그림이 될 것 같으면 마치 "무슨 중대한 것을 발굴해 낸 것처럼, 진리를 깨달은 것처럼 얼굴에 화색이 도는 낯 빛을 하는"[13] 공안기관의 '빨갱이' 제조, 간첩 제조, 범죄자 제조는 일제 시기와 해방 이후부터 한국의 공권력이 자행한 일이었다.

이러한 조작에 의한 간첩 만들기는 일제가 종종 사용했던 방법이었다. 일제 식민지 통치하에서 훈련을 받은 간부들에 의해 만들어진 한국 경찰과 공안 기구는 이승만 정부 시기부터 인위적으로 좌익 혹은 간첩을 조작하여 반대 세력을 위축시키는 정치적 목적을 얻기 위한 작업을 하기도 했다. 이승만 정권하의 국회 프락치 사건, 조봉암 사건 등이 대표적이었다. 그러나 유신 체제 이후 87년까지 이와 같은 조작이 가장 만연하였다. 박정희 정권 이후에는 사회주의 활동이 합법적이고 북한과의 내왕의 기회가 있었던 재일 동포, 북한에 납치되어 북한으로부터 사상 교양 교육을 받은 적이 있었던 납북 어부, 해방 정국이나 4.19 직후 민족주의·사회주의 활동 경력을 가진 인사들, 서독에 유학하여 북한이나 사회주의 사상에 노출될 기회가 있었던 유학생들이나 유럽 거주 주민들, 한국전쟁기 부역 혐의가 있거나 의용군에 징집된 경력이 있던 사람들이 주로 대상이 되었다.

유신 체제하 최대의 조작 사건은 이른바 '인혁당 사건'(인민혁명당 사건)과 '민청학련 사건'(전국민주청년학생연맹 국가변란기도 사건)이었다. 이 사건은 이미 사건 직후부터 박정희 정권이 위기를 돌파하

---

13 김근태, 『남영동』 (중원문화, 1988), 79.

고 민주화운동 세력을 위축시키기 위해 관련자들을 고문해서 '만들어
낸' 대표적인 조작 사건으로 거론되어 왔는데 국정원 진실위원회의
진실규명과 법원의 판결로 최종적으로 그 조작 사실이 확인되었다.
1974년 4월 25일 중앙정보부는 민청학련이 조총련, 인혁당과 결탁하
여 국가변란을 기도했다고 발표하면서 1,034명을 검거하여 57명을
구속하였고, 인혁당 재건위 관계자 27명을 구속했다고 발표하였다.
박정희 정권은 학생데모를 국가변란을 기도한 반국가단체 사건으로
확대 발표하였다. 1975년 4월 8일 인혁당 및 민청학련 관련자 8명에
게는 사형이 선고되고, 8명은 무기징역, 6명은 징역 20년 형이 확정된
후 18시간 만에 전격적으로 8명을 사형시켰다.

그러나 국정원 진실위의 조사에 의하면 민청학련이라는 조직은
반정부 데모를 위한 투쟁 기구에 불과하며 유인물에 언급된 것에 불과
하지, 실체적인 조직을 갖추고 있지 않았으며, 중앙정보부에서 조작
한 것이었다는 점이 확인되었다. 그 성격 역시 역할 분담을 통해 동시
다발 데모를 하자는 조직이었지, 당시의 정부 발표 '폭력으로 정부를
전복하여 공산국가 건설을 기도한 반국가단체'와는 거리가 멀다고 지
적하였다. 유신 정권 타도를 목표로 한 학생데모는 '노농 정권 수립을
통한 사회주의 정권 건설'로 조작되었다. 당시 중앙정보부의 상황 보
고에 의하면 중앙정보부는 이적성을 부각시키는 방향으로 수사를 진
행하였으며 대통령 담화 내용과 수사 결과가 일치하도록 전형적인
짜맞추기 수사를 진행하였다.[14] 인혁당 재건위 사건 역시 관련자들이

---

14 그리고 이른바 '인혁당' 관계자인 도예종, 서도원 등이 여정남을 포섭해 전국적인 학생 봉
　기를 배후에서 지원하려 했다는 수사 발표 역시 여정남이 서울의 학생운동지도자들과 접
　촉한 것은 사실이나 '민청학련' 지도부를 조종, 지도할 위치에 있지 않았으며, 학생들이 이

개인적으로 사회주의 사상을 견지했을 수도 있고, 북한 방송을 청취한 사람도 있어서 일부가 북한에 대해 우호적인 생각을 가졌을 가능성도 있지만, 이들이 구체적인 결사를 조직하여 반체제 활동을 하거나 민청학련을 배후 조종했다는 증거가 없었다. 강압적인 수단(고문)을 사용해서 조서를 작성한 다음, 거대한 공안 사건을 조작하고 관련자들을 전격적으로 처형한 것은 일종의 국가 범죄였다.

'민청학련', '인혁당' 사건 외에 대표적인 '간첩 만들기'는 유럽 거점 간첩으로 이름 붙인 김규남 사건, 최종길 교수 사건 등이 있다. 그러나 규모로 보면 재일 동포, 납북 어부 등이 가장 많다. 휴전선 접경 지역에서 생계를 위해 고기잡이를 하다가 북한에 피랍되고 또 가족이 있는 남으로 내려왔던 사람들이 가장 불쌍한 희생양이었다. 박정희 정권은 어부들이 남한 해상에서 북한 경비정에 피랍된 사실을 알고 있음에도 귀환하면 수십 일 동안 구타, 고문 등을 가하여 북한 해상에서 월선 조업을 하였다는 허위자백을 받아내 처벌하였다. 진실화해위원회에서 조사한 바에 의하면 당시 중앙정보부는 "혐의 없는 자라도 입건하라"는 지시를 경찰에 하달하였고, 검찰은 법원에 사건을 기소하면서 '국가 시책에 의한 사건'이라고 기재하여 기소했다. 정보과 형사들은 자신들이 원하는 대로 진술하지 않으면 뺨을 때리거나 군홧발로 걸어 차기 예사였고, "다른 사람은 군사분계선을 넘었다고 하는데 너는 왜 부인하느냐"고 다그친 다음 "원하는 답"을 얻어냈으며,15 원하는 답이

들 '인혁당' 관계 인사들과 전혀 접촉 사실이 없었으며 조총련과의 연계 역시 없었다는 사실 등을 통해 전형적인 조작 사건임이 드러났다.
15 태영호 납북사건 신청인 강대광 진술 (진실화해위원회, 2008,
http://www.jinsil.go.kr/appdealing/databoard/app_list.asp).

안 나오면 답이 나올 때까지 고문을 가했다고 한다.

이후 박 정권은 정치적 필요에 의해 납북 귀환 어부들을 수시로 간첩으로 조작하여 처벌하였다. 당시 중앙정보부 등 공안기관이 그렇게 생각한 이유는 첫째, 납북 귀환 어부는 대부분 초등학교도 졸업하지 못했거나 겨우 초등학교를 졸업한 사람들로 자기 방어 능력이 없었던 사람들이었다. 둘째, 납북 귀환 어부는 피랍되어 북한에 머물렀던 기간에 사회주의와 북한 체제의 우월성 등을 교육받았고, 북한의 우수한 산업 시설과 관광지 등을 견학하였고, 남한에 내려가면 북한의 우월성을 지인들에게 홍보하라는 교육을 받았던 사람들이다. 따라서 납북 어부는 조금만 가공하면 '간첩'으로 만들 수 있는 '반제품'이나 마찬가지였고, 그들은 정권에게는 '황금어장'이었다.[16]

박 정권의 반공법은 오직 반정부 세력이나 국민에게만 적용되고 자신들에게는 적용되지 않는다. 결국 두 개의 국가뿐만 아니라 두 개의 국민이 존재했다.

2. 준 전시상황 규정과 항구적 비상사태

1972년 7.4 남북공동성명 직후 박정희는 "사상관계범을 급히 처형하라"는 지시를 내렸다.[17] 7.4 공동성명 직전에 박 정권은 간첩 사건 관련자 10여 명을 급히 처형했다. 실제 당시 교도관들은 박정희

---

16 "간첩조작 사건 왜 어부가 단골 대상이었을까," 「오마이뉴스」, 2011. 1. 19.
http://www.ohmynews.com/NWS_Web/view/at_pg.aspx?CNTN_CD=A0001
511138&PAGE_CD.
17 김형욱·박사월, 앞의 책, 127-128.

가 "우리나라에는 사상범 하나도 없게 만들어라"라는 지시를 받았다고 증언했다.[18] 김선명은 담당 교회사가 "대한민국에서 제일 높은 사람이 전향시키라고 했습니다. 북에서 자꾸 송환을 요구하니 귀찮다고 죽여도 좋으니 한 명도 남김없이 전향시키라구요"라고 말했다고 증언한다. 특히 한옥신은 외국에는 예방구금이라는 제도를 실시하고 있으나 한국에서는 그러한 제도도 없다고 우려하였다. 결국 당시 체제의 핵심부인 대통령, 중정, 공안검찰 등이 비전향수의 처리 문제에 대해 거의 일치된 생각을 갖고 있었던 것으로 보인다. 1975년 4월 30일 월남 붕괴는 박정희 정권 위기감에 기름을 부은 사건이었다.

결국 1973년에 본격화된 폭력적인 전향 공작과 1975년 사회안전법 제정은 1975년 4월 9일 인혁당 관련자 8명에 대한 즉각 처형과 더불어 박정희 정권의 두려움이 극단적으로 표현된 것으로 볼 수 있다. 그것은 일제하의 치안유지법 체제하에서 조선사상범보호관찰령(1938)을 제정하여 조선인 사상범을 "선도하여 대거 전향시키고 사회복귀를 확보"하려 했던 조치와 더불어 '조선사상범예방구금령'(1941)을 공포하여 출옥한 사상범을 보호관찰 하에 두려 했던 조치와 같은 것이었다. 결국 일제 말 치안유지법 상의 예방구금 제도, 1950년 개정된 국가보안법 제12조의 '보도구금' 조항을 그대로 이어받은 사회안전법이 제정되어 좌익수들은 전향을 하지 않고서는 감옥을 벗어날 수 없게 되었다.

유신 체제는 '총력안보'의 구호 아래 일제 말기의 '국방국가',[19] 전시파시즘 통치 방식을 답습했다. 중일전쟁 후 일본에게 안보는 주로

---

18 "비전향 장기수 안학섭, 이일재 증언," MBC (2001).
19 후지타 쇼조/최종길 옮김, 『전향의 사상사적 연구』(논형, 2007).

실제 전쟁과 결부되어 있었으나 박정희 정권에게 안보는 북한의 위협과 내부의 반정부, 반체제 세력의 위협이었고, 어쩌면 1971년 대선 이후 야당 후보 김대중, 사법부 내의 반대 세력 그리고 학생 및 재야 운동 세력 등 내부의 적은 북한보다 더 두려운 존재였을 수도 있다. 안보는 대북용이 아니라 국내용이다. 안보는 국민을 빨갱이로 몰아 잡아가겠다는 것을 의미한다.

유신헌법 전문에는 처음으로 '자유민주적 기본질서'가 포함되었다. 그런데 그것은 '자유주의적' 민주주의를 지칭하는 것이 아니라, 과거 서독에서 동독과 내통한 공산당 불법화한 논리로서 방어적 민주주의, 즉 자유주의 체제를 부정한 집단에게는 자유나 민주주의를 누리게 할 수 없다는 논리를 그대로 가져온 것이다.[20] 국순옥이 지적한 것처럼 '자유민주적 기본질서'는 자유주의적 민주주의가 아니라 자유로운 민주주의, 즉 박정희의 군사독재를 정당화한 반공주의, 국가가 종교화된 상황을 달리 표현한 것이다.[21] 이것은 공산주의라는 적에 사상전으로 맞서는 민주주의, 즉 실제로는 양심과 표현의 자유를 제한하고 자유권적 기본권을 부정하는 반자유주의적인 내용을 갖는다. 독일의 방어적 민주주의는 히틀러의 나치 체제가 다시 반복되지 않도록 하자는 '방어'의 측면도 있었으나 박정희의 유신 체제는 오직 공산주의 '방어'논리로 일관했다. 유신 체제의 심각한 언론탄압과 여러 간첩 사건 조작, 파시즘적 지배 체제가 그것을 보여준다.

---

20 1950년대 독일에서는 한국의 국가보안법과 같은 것이 없었으며, 결사의 자유, 표현의 자유를 제한하는 점이 있어도 그것은 나치 체제와 같은 전체주의 부활에 대한 경고가 포함되었다는 점에서 냉전 반공주의 일변도였던 한국과는 분명한 차별성을 갖고 있었다.

21 국순옥, "자유민주적 기본질서란 무엇인가," 「민주법학」 제8호(1994): 125-165; 국순옥, "헌법학의 입장에서 본 자유민주주의의 두 얼굴," 「민주법학」 제12호(1997): 69-89.

유신헌법 제53호의 대통령 긴급조치 선포 관련 조항과 이후 긴급조치 1, 2호와 9호는 대통령의 명령이 국회의 입법권을 무시한 대표적인 조항이었다. 이러한 논리가 법제화된 것이 노동자들의 단결권과 단체교섭권을 제약하기 위한 「국가보위에 관한 특별조치법」(1971)과 유신 이후 발표된 긴급조치였다. 긴급조치는 74년 1월 8일 제1호가 선포된 이래 79년 12월 8일 '긴급조치 9호'가 해제될 때까지 유신시절을 상징하는 통제 체제였다. 72년 12월 27일 비상계엄하에서 국민투표로 가결된 유신헌법은 제53조에 대통령 긴급조치권을 규정하였는데, 천재지변이나 전시상황에서 대통령에 헌법에 규정되어 있는 법률에 따라 권력 행사를 가능하게 한다는 취지에 바탕을 두고 있으나 실제로 유신 하의 긴급조치는 사후적 비상조치뿐 아니라 사전적 예방적 조치까지 할 수 있게 되어 있고,[22] 비상조치권의 내용 범위가 지극히 광범위하며, 국회의 집회나 소집에 관계 없이 발동될 수 있으며, 국회나 법원의 통제 가능성을 인정하지 않는다는 점에서 가치 대통령을 전제 군주와 같은 지위로 격상시키는 초헌법적인 힘을 갖고 있었다. 이 모든 것은 '국가의 안전 보장'과 '효율성'이라는 논리에 기초해 있었다.

1972년 제정된 유신헌법의 부칙에 "이 헌법의 제정과정에 대해 제소하거나 이의를 제기할 수 없다"는 내용이 유신의 성격을 가장 잘 보여주고 있는데, 그것은 10월유신이나 이후의 긴급조치가 법적 절차를 거치지 않았던 노골적 폭력 체제였다는 것을 보여주고 있다. 유

---

22 긴급조치 1호는 "대한민국헌법을 부정, 반대, 왜곡, 또는 비방하는 일체의 행위를 금한다. 대한민국헌법의 개정 또는 폐지를 주장, 발의 제안 또는 청원하는 일체의 행위를 금한다"라고 되어 있다.

신헌법은 국민 주권, 권력 분립, 기본권 존중 등 민주주의 원칙을 위배한 법이었다. 대통령은 국회를 언제나 해산할 수 있는 권한을 가졌으며, 국회는 국민의 대표 기관의 성격을 상실, 법관 임명권을 대통령에게 부여하고 사법부의 독립성은 완전히 무시되었다. 중앙정보부는 입법부, 사법부, 행정부 위에 군림하는 최고의 권력 기관이었으며, 야당과 재야 정치적 반대자들은 물론 여당 인사들에 대해서도 고문과 테러가 만연했다.[23] 시, 군, 읍, 면, 동 이장을 주민 동원과 주민 감시하는 요원으로 만들었으며, 학원을 병영화하고 대학의 교수를 비롯한 행정 직원을 학생을 사찰하는 요원의 역할도 하게 만들었다. 지역에서는 관변 조직이, 학교에서는 학도호국단 등 관제 학생 조직이 움직였다. 기업에서는 노조 활동 자체가 사실상 불법화되었고, 공장 새마을운동은 철저하게 위로부터 지시에 의해 이루어졌다. 유신 체제는 1971년까지 어느 정도 유지되어 오던 절차적 민주주의, 정당정치에 종지부를 찍었다.

3. 국가지상주의와 능률적 민주주의

10월유신을 정당화하기 위해 박 정권은 '생산적인 정치'를 강조하였다. 그것은 국가 목표를 달성하기 위한 국민적 합의의 조성, 부질없는 상쟁과 분열의 억제, 정치의 안정, 조용하고 깨끗한 직접 혹은 간접 선거, 국가 문제에 대한 국회의 격의 없는 협조를 강조하였다. 정당은

---

23 여당 인사들에 대한 탄압으로는 공화당 내의 항명 파동이 대표적이다. 1971년 오치성 장관 해임안 통과 과정에서의 4인 체제의 항명에 대해 당사자들을 가혹하게 고문하였다. 이 항명 파동으로 인해 여당 내에서 찬반 토론은 일체 사라졌다.

국민의 이익을 대변하고 여론을 정책에 반영하는 정치적 차원의 역할 뿐 아니라, 국가 목표를 국민에게 이해시키고 여론을 주도함으로써 국민의 동의의 기반을 넓히는 일에 아울러 수행해야 한다고 강조하였다.[24] 이것은 바로 국가의 지상 목표, 즉 '총력' 안보와 성장을 달성하기 위해 '정치적 갈등', '시민사회 내의 갈등'이 억제되어야 하며, 정당과 시민사회는 바로 국가 목표 수행을 위한 전달 벨트의 역할을 해야 한다는 파시즘의 논리인 것이다. 생산적이라는 것은 일사불란한 동원과 갈등의 억제를 의미하였다.

박정희는 정당정치를 비생산적인 것으로 간주하고 있으며, 통치와 정치를 분리하고, 통치는 대통령 자신만이 담당하는 성역으로 격상시키고 있다. 박정희는 긴급조치 1, 2호 선포에 즈음하여 "헌정의 기본과 국가의 안전 보장을 공고히 하기 위하여…. 비능률과 낭비를 제거하면서 국력 배양을 하기 위해" 긴급조치를 선포하게 되었다고 말하였다. 능률적 민주주의를 위해서는 입법부나 사법부도 거추장스러운 것이 된다.

대법원의 경우 유신헌법하에서 대법원 판사들도 대법원장의 제청으로 대통령이 임명하도록 하였으며, 그동안 대법원장이 갖고 있던 법관 임면권을 대통령에게 이전하였다. 또한 헌법위원회를 설치하여 대법원이 갖고 있던 위헌법률심사권뿐만 아니라 탄핵결정권, 위헌정당 해산권을 부여했고, 대통령이 헌법위원회의 9인 중 3인을 선임하는 동시에 국회에서 선출하는 3인과 대법원장이 지명하는 3인을 임명하게 하였다. 이런 방식으로 사법부는 대통령에게 완전히 종속되었

---

24 박정희, 『민족중흥의 길』(광명출판사, 1978), 58-61.

다. 대통령의 의중에 반하는 판결을 내리는 판사들은 재임용에서 탈락시켰고, 탈락시킨 후에는 변호사 개업도 어렵게 만듦으로써 정권 반대 판결의 가능성은 차단하였다. 그리고 박정희 정권은 서울 형사 지법원장과 수석부장판사를 통해 시국 사건의 판결을 '조정'하였다. 사실상 모든 시국 사건 판결에 중앙정보부가 개입하였다고 볼 수 있다.

한편 박정희 정권은 국민을 가장 말단 행정조직인 반 단위로 조직한 다음 매월 말일을 반상회의 날로 정해서 전국적으로 일제히 반상회가 열리도록 하였다. 이것은 일제 말의 국민반, 애국반 등의 조직이 거의 그대로 부활한 것이었다. 당시 농촌에는 수많은 단체가 조직되어 있었는데 이 모든 것은 행정기관의 직접 통제를 받았으며, 단체의 장은 말단 행정기관의 끄나풀이었다. 노금노는 1973년 봄 자신이 맡고 있었던 직책을 열거하였는데, 마을금고 회계, 50여 호를 대표하는 수반장, 새마을 사업 추진위원, 새마을 지도자, 마을 협동 회장 등이었으며 그 외에도 농협 총대, 엽연초 조합 총대, 농지위원, 지도소 자원지도자, 4H 독농가, 시범농가, 산림계장, 이장, 민방위 대장, 예비군 소대장, 절미저축부인회, 명예반장, 명예파출소장, 정당의 책임자, 반공연맹 책임자 등의 직책들이 있었다고 한다. 이들은 걸핏하면 "무슨 교육이다" 동원해가지고 높은 양반들 일장훈시하는데 댓가지 숫자 채워주는 것이 고작이고, 새마을 회관에 가서는 "때려잡자 김일성", "쳐부수자 공산당"을 외치고, 새마을 사업 역시 마을 주민의 자발적 필요와는 무관하게 협조하지 않으면 찍히는 마을이 되기 때문에 '국가 시책'에 충실히 따를 수밖에 없었다.

유신 체제의 경우 그 기본 성격이 일제 말기 전시 동원 체제를 그대로 모방, 연장한 것이었는데, 모든 것은 국가, 민족, 국민의 이름으로 시행되었고, 정치사회 문제에 관하여 개인이 독자적으로 사고하고 의사를 표현할 여지는 거의 없었다. 일제 시기의 천황이라는 상징 대신에 대통령이 법 위에 있었고, 명령이 법을 대신하였으며, 공권력의 노골적인 폭력이 법의 이름으로 행사되었다. 전쟁 위기를 빌미로 국민에 대한 사상적 통일성 강요, '국민운동'의 이름을 빌린 위로부터의 동원, 말단까지 연결된 주민 세포조직을 통한 주민 상호 감시, 상명하복의 철저한 관료 체제, 공격적인 업적주의와 극단적인 위계질서, 학교의 군사교련과 병영화, 도덕주의, 즉 근검, 절약, 청결, 위생, 질서와 같은 가족 중심, 개인적 가치의 강조 등의 특징을 공통적으로 발견할 수 있다.

박정희의 국가지상주의는 사실 박정희 군부 세력의 '사적 이해'를 전도한 것이었다. 박정희의 국가 강박증은 사실상 지켜야 할 민족과 국가의 정신과 내용이 결여된 사실, 즉 국가다움의 내용을 결여를 거꾸로 표현한 것이다. 박정희는 천황의 직속부대인 일본군에 들어가 천황에 충성을 맹세한 경력을 가진 사람이었고, 남로당 당원이었다. 그는 한국의 '국민국가'를 부인하는 최전선에 섰던 부인할 수 없는 이력을 가진 사람이었다. 그는 민족, 국가를 위해 몸을 던진 적이 없고, 오직 시세에 편승한 경력을 가진 인물이었다. 결국 그에게 국가는 자신의 지위와 권력만 보장해준다면 그것이 일본 천황제 국가이건 독립된 남북한 국가이건 문제가 되지 않는다는 이야기다.

실제 국가나 민족에 대한 충성이 설득이 아닌 폭력의 방법으로 요구될 때, 실제로 국가나 민족은 텅 빈 것이 된다. 마루야마 마사오가 주장하였듯이 천황제의 초국가는 '텅 빈 국가'다. 미국의 역대 대통령이 강조하는 애국주의는 대체로 자유라는 헌법적 가치의 하위에 위치한다. 그러나 박정희의 국가주의는 보편적 가치의 인도를 받지 않는다. 수량적 성장 지표, 후진국 콤플렉스, 북한과의 체제 경쟁, 강박증 등이 그 국가주의의 실제 내용이다. 박정희 개인의 이력이 그것을 웅변적으로 뒷받침해 준다.

4. 국가의 거짓말과 언어의 타락

"더 이상 인간이 존재하지 않는다. 인간은 존재하기를 그쳤다. 물질과 허세만이 왔다 갔다 한다. 보이지 않는 공포와 강력한 경멸의 뒤범벅을 우리는 오늘의 삶이라고 부른다. 게다가 그 공포와 그 경멸을 더 많이 차지하겠다고 사람들이 경쟁적으로 싸우고 있다. 하나. 그러니 그 삶이라는 것에 손이 닿자마자 손은 썩기 시작하고, 그 삶이라는 것에 발을 들이밀자마자 발을 썩어 버린다. 그 문드러진 팔다리로 나는 힘차게 덤벼간다는 것이다. 그리하여 거짓과의 타협을 우리는 오늘의 삶이라고 부른다. 그리고 더 많은 거짓을 차지하기 위하여 사람들은 경쟁적으로 싸우고 있다. 술보다 더 지독한 마약이 필요하다."[25]

유신 체제는 동의보다는 폭력에 의거하여 유지되었을 뿐 아니라 위기를 과장했거나 거짓으로 조작하였다. 우선 유신 체제를 정당화한 국가안보 위기론은 과장되었거나 정권의 위기를 달리 표현한 것이다. 1967, 1968년도에 북한의 대남 도발이 격화되기는 했지만 1969년

---

25 정현종, "노우트 1975".

이후에는 현저히 줄어들었으며 유신 직전인 1970, 71년 들어선 이후에는 오히려 적대 행위가 감소하였다. 북한은 일본 유럽 국가 등 서방 국가들과의 관계 개선을 적극적으로 추진하였고 미국과의 접근도 모색하였다. 게다가 71년 들어 북한은 군사비를 삭감할 계획을 세우기도 했다. 1971년 직후 닉슨 독트린과 데탕트가 남북한의 적대를 완화시킬 수 있는 국제적인 조건을 조성하였을지언정 안보 위기를 가중시켰다는 증거는 찾을 수 없다.[26] 그래서 1972년 시점에서 '안보 위기'가 있었다고 해도 이는 객관적이라기보다는 박 정권 자신이 규정한 매우 주관적인 것이었다. 객관적 위기가 있었다면 그것은 북한의 가시적 도발이나 위협에 의한 것이었다기보다는 미군 철수로 인해 미국의 전폭 지원과 북한의 위협을 명분으로 정치적 지배를 유지해온 남한 지배 세력의 위기였다. 따라서 자신의 위기를 국가의 위기라고 말한 것은 과장 혹은 조작된 것이었다.[27]

박 정권은 10월유신을 선포하면서 통일이라는 거역할 수 없는 민족적 과제를 겉으로 내세우면서 실제로는 파시즘적 정치 체제의 수립의 명분으로 삼았다.[28] 특히 박정희는 유신헌법 찬단 투표를 앞두고도 국민에 대해 협박성 발언을 했는데, "만일 국민 여러분이 헌법 개정안

---

26 단지 미국의 주한미군 감축 계획은 박정희와 한국의 지배 세력에게는 심각한 안보 위기로 감지될 수는 있었다. 물론 이러한 주한미군 감축 움직임은 지배 세력의 위기의식에서 출발하여 국민적 위기의식으로 전화되었다. 이러한 국민 의식상의 안보 위기도 비록 의도적으로 만들어진 것이라는 하더라도 하나의 여론 혹은 정치적 분위기라는 형태로 객관화되었다고 볼 수 있으나 그것이 곧 유신을 정당화해주는 것은 물론 아니었다. 홍석률, "유신 체제의 형성," 민주화운동 기념사업회, 『유신과 반유신』 (선인, 2005), 68.

27 74년 11월의 제1 땅굴 발견, 월남의 패망이 위기의식을 가중시켰을 수 있으나 유신이 선포되던 72년 시점에 그러한 도발은 없었다. 오히려 남북 비밀 회담이 진행 중이었다.

28 홍석률, 앞의 글, 92.

에 찬성하지 않는다면 나는 이것을 남북 대화를 원하지 않는다는 국민의 의사 표시로 받아들이고 조국 통일에 대한 새로운 방안을 모색할 것을 아울러 밝혀두는 바입니다"라고 하면서 개헌안이 통과된다면 마치 북진 통일을 하거나 계엄보다 더 비상조치를 하겠다는 식의 위협을 가하였다.[29] 박정희 자신이 10.17 비상조치의 배경으로 강조하고 있는 남북 대화의 적극적인 전개 필요성도 사실상 '거짓'이었다.

그는 유신 체제가 7.4 남북 공동성명에 기초한 평화통일의 필요성 때문에 성립되었고 그것을 지향한다고 했지만, 박 정권을 진정으로 평화통일을 추구한 적이 없었다. 국민에게 위협을 가한 것도 있을 수 없는 일이지만 실제로는 통일에 대해 아무런 진정성도 구체적인 방안이나 정책도 갖지 않는 상태에서 개헌안 통과를 통일과 연관시키는 것 자체가 국민 기만이었다. 박 정권은 민간 차원의 통일 운동을 이적시하였다. 그리고 북한에 내왕하여 간첩 혐의를 받던 사람들을 서둘러 처형하기도 했다.[30] 이 역시 겉으로 표방한 남북 공동성명의 정신과는 완전히 배치되는 행동들이었으며, 남북 교류, 통일은 오직 통치자가 관여할 사안이며, 국내 정치 혹은 국민 일반이 관여할 일이 아니라는 것을 보여준 행동들이었다.

물밑에서는 북한 최고 권력자들과 비밀 교섭을 하고 남북 공동선언을 서두르면서도 남한 국민에게는 북한의 위협을 들먹인 것은 국민 기만이었다. 김형욱은 북한과의 비밀 접촉이 독재 체제 강화를 위한

---

29 홍석률, 앞의 글, 100.
30 박정희는 이른바 유럽 거점 간첩 사건으로 사형 언도를 받았던 김규남, 박노수를 7.4 공동성명 직후인 7월 13일, 28일 전격적으로 처형하였고, 임자도 간첩 사건 정태홍 등 30여 명도 곧바로 처형하였다.

계략이지 분단된 민족을 통합하는 민족사적 대경륜의 서막이 아니었다는 것을 단번에 간파하였다고 기록하였다.[31] 정치적 목적 때문에 박정희와 이후락 등 권력 실세가 남북 대화에 적극적으로 임하며 이를 급진전시키는 방향으로 갔다.[32]

박정희의 '통일' 명분이 허구인 것은 통일주체국민회의라는 조직 명칭에서도 드러난다. '통일'주체국민회의는 실제는 '통일'과는 아무런 관련이 없었다. 이것은 유신이 통일을 대비한다는 것이 거짓임을 보여주는 또 하나의 증거인데, 설립된 후 8년 동안 통일주체국민회의에서 단 한 건의 의미 있는 통일 정책도 수립된 적도 없고, 통일 논의도 이루어진 적이 없기 때문이다.[33] 그저 두 차례 단일후보로 추천된 박정희 부호를 대통령으로 선출한 것이 그들의 모든 역할이었다. 통일주체국민회의는 정해진 대통령을 뽑는 형식적인 선거인단에 불과했다. 이러한 들러리 조직, 통일과 무관한 조직을 만들어 마치 그것이 국민적 대표 기구인 것처럼 선전한 것도 기만적인 것이었고, 국민이 그 속을 훤하게 볼 수 있는 행동이었다.

당시 계엄 찬반투표를 비롯한 모든 선거도 청와대의 기획과 공안 기관의 철저한 감시와 위협 속에서 진행되었으면서도 마치 국민의 자유로운 의사 표현인 것처럼 포장한 것도 사실상 기만적인 것이었다. 유신헌법상 대한민국이 민주공화국이라고 명시한 것 역시 기만적인 것이다. 유신 체제하의 대통령의 권한은 민주와도 공화와도 거리가 먼 거의 종신 총통제에 가까운 것이었기 때문이다.

---

31 김형욱 · 박사월, 앞의 책, 115.

32 홍석률, 앞의 글, 92.

33 송병헌, "유신지배체제와 반유신운동," 「기억과 전망」 (2005, 겨울), 85.

한편 '긴급조치' 선포 이유도 거짓이었다. "천재, 지변, 중대한 재정 경제상의 위기, 국가의 안전 보장, 공공의 안녕질서의 위협 등 내정 외교 등 국내외 정세의 위기에 대처한다"는 긴급조치는, 실제 긴급조치 위반 사건의 통계를 통해 보면 오직 재정 조치 한 건을 제외하면 모두가 "공공의 안녕질서", 즉 국내 반정부 저항운동을 막기 위한 것임이 드러났다. 앞에 열거한 모든 위기는 사실상 내부 반대 세력의 도전이라는 한 가지를 말하기 위해 그냥 덧붙인 것에 불과한 것이었다.[34] 결국 '국가비상사태', '유신헌법 제정', 긴급조치의 명분으로 내건 통일의 필요라는 것은 완전히 거짓 명분에 불과했다.

인혁당 재건위 관계를 전격 처형한 것은 '법 아닌 법'(긴급조치)에 의한 것이었지만, 실제 가장 심각하게 헌법이나 실정법을 위반한 것은 박 정권 자신이었다. 1972년 남북 정상회담의 법적 근거는 존재하지 않았고, 7.4 남북공동성명도 아무런 법적 구속력이 없는 문서였다.[35] 왜냐하면 이후락의 방북은 반공법, 국가보안법 위반이었으며, 따라서 남북공동성명 역시 공식 문서가 볼 수 없었다. 북한과는 공식 외교 관계가 없었기 때문이다. 반공주의와 공산주의를 포기하지 않았던 두 국가가 '민족대단결'을 추구한다는 것도 사실상 기존 한국의 실정법, 국가 공식 입장과 배치된 것이었다. 물론 박 정권은 통치 행위라는 명분으로 이것을 정당화할 수 있을 것이다. 그러나 그러한 논리는 법의 지배라는 원칙이 통치자에게는 적용되지 않는다는 전제 군주

---

34 국민의 생활 안정을 위한 긴급조치는 오직 3호 하나에 불과하고, 나머지는 모두가 반정부 세력 탄압을 위한 목적으로 발동되었다. 실제로 긴급조치 위반자의 95퍼센트는 모두가 반정부 활동 혐의였다. 전체 판결 건수 589건 중에서 국내 재산 해외 도피 공무원 범죄 동조 등은 29건, 5%에 불과했다.

35 최상천, 『알몸 박정희』(인물과 사상사, 2007), 271.

시절의 논리를 정당화하게 되는 결과를 초래할 수 있으며, 기존의 반공주의는 사실상 허구였다는 것을 실토하지 않을 수 없게 만든다.

유신 이후 박 정권이 그렇게 강조한 '국가' 역시 메이지 헌법의 고쿠타이(國體)를 연상시키는 군국주의 냄새가 많이 나는 개념이지만, 그것의 진정성 역시 의심스럽다. 박정희는 "국민의 한 사람 한 사람이 나와 국가를 하나로 알고 국력 배양을 위해 총력을 기울여야"(1972. 12. 27., 제8대 대통령 취임사), "국가 없는 민족의 번영과 발전이라는 것은 있을 수 없다"(1975. 1. 12., 연두기자회견), "무엇보다도 국민총화를 굳게 다져가야"(1975. 2. 13.), "국가가 있어야 학교가 있고 학문이 있다"(1977. 1. 12., 연두교서) 등 "국가의 생존이 개인의 자유에 우선한다" 이것은 "국가에 의해 모든 것을, 국가에 반역하는 것은 아무것도, 국가 밖에는 아무것도"를 위친 뭇솔리니의 외침을 연상케 한다.[36] 그런데 이 국가주의의 논리는 같은 시기 7.4 공동성명에서 나온 '민족대단결'의 논리와 정면으로 배치된다. 분단하 한국이 민족대단결을 추구하려면 국가주의를 완화하거나 해체하지 않을 수 없었다. 만약 7.4 공동성명의 '민족대단결'이 북한의 요구를 양보하여 그것을 그냥 받아들인 것이라면, 거꾸로 북한의 주장을 그렇게 쉽게 받아들일 정도로 남한 정부는 자신의 국가 철학이 없었다는 말이 된다. 어떤 경우든지 여기서 말하는 국가지상주의는 기만적인 것이었다.

---

36 양성철, 『분단의 정치: 박정희와 김일성의 비교연구』 (한울, 1987), 260.

III. 1987년 6월항쟁과 민주화의 성과와 한계

1. 국민의 기본권 회복

1973년 12월 31일 민주수호국민협의회 주최의 시국 간담회에서 대통령에서 제출한 건의문을 보면 "국민의 기본권을 철저히 보장할 것", "삼권분립 체제를 재확립할 것", "공명선거에 의한 평화적 정권 교체의 길을 열 것"을 주장하고 있다. 한편 1974년 과거 야당 인사까지 참가한 민주회복국민회의의 '국민선언'을 보면, 박 정권이 역사적 현실이라는 변명하에 '민주주의의 본질적 요소'를 무시한 점을 지적하고 있으며, '민주적 과정을 통한 국민적 합의', '민주 체제의 재건, 확립을 통한 국제적 고립의 탈피', '민주 체제 확립을 통한 공산 체제의 위협 방어'를 강조하고 있다.[37]

야당 인사와 재야 지식인들의 반대의 논리는 이처럼 반공 국가의 정당성은 인정하면서 정권의 비민주성을 비판하고, 반공의 실질적 토대 구축과 국제적 고립을 탈피하기 위한 방법으로서 보다 '본질적이고 원칙적인' 자유민주주의적인 질서의 회복을 강조하고 있다. 따라서 이들과 전자의 '국가주의적 자유주의'와의 차이는 전자가 어떠한 방법을 동원하더라고 반공 질서를 구축하는 것은 선이며 그것이 자유민주주의라고 본 것이라면, 후자의 경우는 자유민주주의 원칙을 준수함으로써 반공 질서가 강화될 수 있다는 논리인 셈이다. 따라서 남한의 분단국가와 반공주의의 정당성을 부인하지 않고

---

37 NCC인권위원회, 『70년대 한국민주화운동과 기독교』 1권, 438-440.

있다는 점에서는 양자 간에 차이가 없으며, 야당을 대안으로 생각하는 정권 교체가 가능한 현실 타개의 방법임을 주장한다.

유신헌법의 제정과 반대를 둘러싼 논쟁 과정에서 그것을 지지한 세력이나 그것을 반대한 세력이나 모두 '자유민주주의'라는 담화 구조를 사용하였다. 즉, 자유민주주의란 지배 이데올로기 혹은 대항 이데올로기라기보다는 일종의 공준이었고, 거역할 수 없는 공통의 이념적 자원이었던 셈이다.38 자유민주주의의 이념 그 자체가 아니라 그것에 대한 '해석'만이 주요한 쟁점이었다면, '자유민주주의'라는 담화 속에서 대립한 세력들 중에서 어떤 세력이 진정한 자유민주주의 세력인가를 구분하는 것이 무의미할지도 모른다. 왜냐하면 이들은 모두 자유민주주의라는 간판만을 이용하였지, 실제 그것이 갖는 의미, 그것의 정책화, 사회적 실현의 문제에는 거의 무관심했다고도 볼 수 있을 것이기 때문이다.

전두환의 5공화국에는 유신 체제의 연장이다. 단지 일제 말 파시즘적 논리인 국민 총화의 논리보다는 자유화와 개방의 언술을 추가했다. 그러나 통치의 방법에서는 유신과 마찬가지의 명령과 폭력으로, 그것을 정당화한 이데올로기로는 반공주의와 성장주의를 그대로 유지했다.

6월항쟁은 73년 이후의 반유신 운동, 1981년 이후 5공 거부 운동의 결과였다. 그것은 자유민주주의의 틀 내에서 국민의 기본권을 보

---

38 김지하는 양심선언에서 "나는 공산주의자이기는커녕 공산주의가 무엇인지, 공산주의 국가에서의 생활이라는 것이 어떤 것인지 제대로 알지도 못한 사람인 것이다"라고 하면서 한국의 조건 속에서 자생적 공산주의자가 생겨날 수 없다고 주장한다. 이상우, 『비록 박정희 시대 3』(중원문화, 1985), 108.

장하자는 운동이기도 했다. 한국의 군부-공안 지배 블럭을 결정적으로 약화시킨 계기가 되었고, 국민의 기본권, 삼권분립, 선거를 통한 정권 교체 가능성을 열었다. 그것은 박정희 사망으로 유신 체제 청산의 길이 열렸으나 광주 5.18이라는 더 폭압적인 군사 세력의 자기방어로 귀결된 것을 7년 이후에 실현한 것이다.

6월항쟁으로 유신과 5공 체제가 부인하였던 노조 활동의 자유, 언론의 자유, 사법부의 독립을 허용한 것이 가장 중요한 성과였다. 그리고 유신 이전의 박정희 군부 쿠데타 세력이 강화했던 국가보안법-반공법 체제, 통일 운동에 대한 원천적인 금압 상황을 돌파할 계기를 열었다는 점에서 87년 6월항쟁은 유신 철폐를 넘어서서 반공 개발주의 체제를 넘어서고 분단 체제를 흔드는 계기를 마련하였다.

2. 대통령 직선제의 복원

유신헌법에 있어서의 기본적인 정치 체제는 여전히 자유민주주의적인 정치 체제에 입각하고 있었다. 유신헌법에 있어서도 국가의 성격은 민주공화국임이 명시되어 있으며 민주정치의 기본인 국민주권의 원리가 구체적으로 규정되어 있고 또한 자유민주주의의 실천적인 징표인 국민의 기본권이 충실히 보장되어 있으며, 다원적 정당제와 의회주의 그리고 사법권의 독립이 그대로 유지되고 있었다.[39] 그러나 국민의 기본권의 핵심인 대통령과 의원의 직접 선출권이 제한되어 있었다.

---

39 갈봉근, 『유신헌법해설』(광명출판사, 1975), 7.

유신헌법은 국민의 자유와 기본적인 권리를 보장하고 있으며, 삼권분립의 원칙과 정당을 통한 경쟁의 원리가 견지되고 있다는 점에서 자유민주주의를 완전 부정한 것이라기보다는 그것을 심각하게 변형 굴절한 것이라 해석할 수도 있다. 그런데 이러한 자유민주주의 개념 규정은 곧 선거 제도, 정당 제도의 존재, 삼권의 분립이라는 정치적 형식을 의미하는 것으로서 그것은 곧 공산주의 정치 제도와 민주주의 절차를 완전히 폐기시킨 파시즘적 정치 체제와 구별된다는 의미를 함축하고 있다. 그리고 그것은 한국에서는 곧 반공산주의와 동일시되고 있다. 그래서 유신헌법상의 '자유민주적 기본 질서'는 공산주의로부터 보호하기 위한 국가의 방어에 초점을 두고 있다.

이승만 정권하에서 자유를 부르짖은 지식인들이 유신헌법을 지지하고 유신 체제에 협력한 것은 사실상 논리적인 일관성을 갖는 것이다. 유신 체제의 수립에 적극적으로 기여한 법학자 한태연은 일찍이 이승만 정권하의 국가보안법 개정안을 지지하면서 "국가보안법은 공산주의의 파괴에 대항해서 자유민주주의를 수호하자는 법률이지 결코 자유민주주의 그 자체를 탄압하자는 법률이 아니다"[40]라고 말한 바 있다. 이러한 개념 속의 "자유민주주의란 서구에서 논의되는 '자유민주주의'의 제반 내용, 예를 들면 재산권과 독점의 일정한 제한, 노동조합의 허용, 시장 능력이 결여된 존재에 대한 국가적 보호 등과는 거리가 먼 것이다"[41]라고 밝힌 바 있다.

즉, 국민의 기본권 보장과 국가안보와 국민의 생명권 보장이라

40 한태연, "한국에 있어서의 자유," 「사상계」 (1958. 12.).
41 월간 「다리」 (1971. 1.).

는 두 권리가 충돌할 경우 유신과 5공화국은 후자에 방법을 두었으나 민주화운동과 6월항쟁은 전자에 초점을 두었다. 그러나 대통령 직선은 사실 유신 이전의 대통령 직선제 상태로 회귀하는 점은 있으나 유신으로 이른 5.16 쿠데타 체제의 청산에 미치지 못했다.

3. 87년 체제의 한계 — 유신, 5공 체제 혹은 그 이전의 부정적 유산을 청산하지 못한 점

1) 정치 제도 개혁

1987년 민주화 이후 국면에서 대통령 간선제를 직선제로 전환하는 헌법의 개정 외에 한국의 정치 제도에 대한 논의, 특히 대통령제의 문제점에 대한 논의는 생략되었다. 그래서 특정의 제도나 경쟁의 규칙이 시민의 이익을 어떻게 잘 반영할 것인지, 민주주의 발전에 어떻게 기여할 수 있는지에 대한 고려는 자리 잡지 못했다.[42] 특히 대통령 5년 단임제와 더불어 집중화를 완화하기 위한 제도개혁 문제는 거의 거론되지 못했다.[43]

국정감사 제도는 부활하였으나 이중국가의 핵심인 안기부 등 공안기관에 대한 감사는 매우 제한적이었다. 예산 편성의 권한을 정부가 독점하였기 때문에 증액은 물론 비목의 증설 등은 정부의 동의를 얻게 하여 국회의 권한은 제한되었다. 감사원장을 대통령이 임명하

---

42 최장집, 『민주화이후의 민주주의 — 한국민주주의의 보수적 기원과 위기』(후마니타스, 2005), 171.

43 같은 책, 187.

고, 감사원이 국회 소속이 되지 못함으로써 그 독립성은 보장되지 못했다.

중앙집권주의 완화, 지자체장 선거는 1991년, 1995년 부활되었으나 중앙정부의 예산 인사 등에서의 권한이 강력하게 남았기 때문에 형식에만 그쳤고, 분권은 형식으로라도 시도되었으나 자치는 거의 이루어지지 않았다.

그래서 민주화를 '선거' 혹은 권력 교체 가능성이라는 개념으로 왜소화시킨 이후 일어난 일들을 보면 선거 과정에서의 대규모 불법 정치자금 수수, 90년 3당 합당과 같은 위임된 권력 집단의 폭력에 가까운 합종연횡, 선거라는 절차를 통해서 과거 반민주, 반인권의 전력을 가진 구시대 인사들의 대거 정치권 진출, 지역주의에 의해 굴절된 대중들의 왜곡된 의사 표현, 선출된 정치가들의 야합, 부패, 불성실한 국회 활동 등 반민주적인 행태는 계속되었다.

2) 대통령의 권한 제한

87년 헌법은 유신 이전의 헌법으로 되돌리지 못한 것 중의 하나가 대통령의 사법부 통제권이다. 유신헌법 이전에는 법원 혹은 선거인단이 대법원장을 선출했으나 유신헌법에서는 대통령이 임명하였고, 87년 헌법에서도 이 조항은 개정되지 않았다.[44]

---

44 "유신독재 이전에는 법원이 대법원장 뽑았다."「한겨레」, 2018. 5. 12.

대법원장에 대한 실질적 임명권

정부	임명권
이승만 정부 (1948~60)	법관회의
장면 정부 (1960~61)	선거인단(법관 자격자)
박정희 정부 (1961~71)	법관추천회의
유신 이후 (1972~현재)	대통령
문재인 정부 개헌안	대통령

3공화국 헌법

제99조 ❶ 대법원장인 법관은 법관추천회의의 제청에 의하여 대통령이 국회의 동의를 얻어 임명한다. 대통령은 법관추천회의의 제청이 있으면 국회에 동의를 요청하고, 국회의 동의를 얻으면 임명하여야 한다.

유신헌법

제103조 ❶ 대법원장인 법관은 대통령이 국회의 동의를 얻어 임명한다.

1987년 헌법

제104조 ❶ 대법원장은 국회의 동의를 얻어 대통령이 임명한다.

이 밖에 대통령이 수반인 정부가 법률안을 제출할 수 있도록 한 헌법상의 조항이나 대통령이 거부권을 행사한 법률안을 국회가 재의결하기 위한 의결정족수를 지나치게 높여 사실상 국회의 입법권을 제한한 조항이나 국무위원이나 각부 장관 등 주요 고위 공무원의 임명에 대해 국회가 개입할 수 있는 가능성을 배제한 것 역시 대통령의 권한을 계속 유지한 조항 등이다. 유신헌법에서 대통령에게 초헌법적인 지위를 부여한 '국헌 수호자'로서 지위와 같은 규정은 전혀 제거되지 않은 채 지금까지 남게 되었다. 그래서 대통령이 다른 국가 기관

상위에 존재하는 듯한 착시 현상을 야기하였다.[45]

유신헌법 및 그 이전부터 존재해온 국민이라는 개념하에 개인을 국가안보와 전쟁 수행을 위한 도구로 파악하는 헌법상의 조항 역시 검토 없이 그대로 남았다. 그래서 시민, 인민, 사람 등의 개념이 헌법에 집어넣자는 것은 혹은 학자들의 논의로만 남았다.

4. 이중국가 체제, 비선출 권력의 지배의 지속

유신 체제나 5공화국 체제의 기둥은 국가 위의 국가, 즉 중앙정보부(안기부)와 보안사였다. 그러나 민주화는 이 두 초법적 국가 기관을 폐지하거나 그 권한을 결정적으로 약화시키지 못했다. 그래서 민주화 이후에도 여전히 이들 두 기관에 의한 정치 개입, 고문, 불법 사찰, 간첩 조작, 사상 통제는 계속되었다. 그리고 이들 두 초국가 기관의 활동에 보조적인 역할을 했던 검찰 등 비선출 권력이 이제 민주화에 편승하여 가장 핵심적인 권력 기관으로 부상했고, 급기야 이 비선출 권력인 검찰 수장이 대통령이 되었다. 6월항쟁의 최고의 역설이다.

사법부의 독립은 사법의 시민적 통제를 의미하는 것이 아니라 법관이나 사법부의 자체 권력 강화를 의미했다. 헌법재판소의 설치는 반민주적인 하위 법률의 폐지나 개정을 요구하는 입헌주의, 법치주의의 강화를 의미하는 것이기도 했지만, 기득권 지배 블럭의 지배를 합법화 정당화하는 점도 컸다.

---

45 한상희, "87년 헌법의 의의와 한계," 민주화운동기념사업회, "6.10 민주항쟁 35주년 기념 학술토론회, 한국 민주주의 전환의 기로에 서다," 2022. 6. 8.

IV. 맺음말

유신 체제의 전쟁 정치 그리고 '적 만들기' 작업은 미중 간의 국교 정상화와 동서 데탕트라는 예외적인 국제정치 상황에서 발생한 것이지만, 2001년 9.11 이후 미국이 테러와의 전쟁 선포한 것이나 이슬람에 대한 악마화 작업 등에서 볼 수 있듯이 자본주의 체제는 단지 경제 질서에 대한 정당화만으로 유지되기 어렵다는 것을 보여주고 있다. 이 점에서 유신 체제의 간첩 조작과 색출, 즉 '적과 우리'의 경계 짓기 작업은 예외 상황에만 나타나는 특수 현상은 아니며, 따라서 지배 질서 일반을 연구하는데 중요한 의미를 갖고 있다.

이처럼 정치체의 '일탈자'를 적으로 간주하면서 통제를 하는 통치 방식은 87년 민주화에도 불구하고 남북한 간의 적대 관계가 지속되는 지금까지 완화된 형태로 지속되고 있다. 조용환 변호사의 대법원 판사 선임을 위한 청문회에서 한나라당은 천안함 사건에 대해 '확신'이라는 표현을 사용하지 않았다는 이유로 그의 사상을 문제 삼았고, 결국 대법관 임용을 거부하였다. 즉, 개인의 사상을 법적 규제의 대상으로 삼는 사상 통제는 일제 총독부 지배 체제의 유산이며, 유신 체제에서 극성을 부렸다가 현재까지 남아 있다. 이것은 국가가 인간의 내면성에 대한 통제의 권리를 가졌다는 것을 의미하는 것을 의미한다. 즉, 민주화에도 불구하고 유신 체제의 핵심적 내용인 국민 통제, 국민의 사상 통제는 그대로 남았다.

6.29 선언으로 6월항쟁이 일단락되었다는 것은 유신 독재, 5공 청산의 가장 결정적인 한계로 남았다. 정치 변혁의 헤게모니는 제도 정치권으로 넘어갔고, 항쟁 세력은 자신의 모든 투쟁의 성과를 제도

정치권에 위임하게 되었다. 여기서 유신 독재 및 5공 청산의 과제는 오직 대선에서 누구를 선출할 것인가의 문제로 좁혀졌다. 즉, 군부 세력이 야당 세력을 포섭함으로써 지배 블록의 헤게모니가 지속 강화되었고, 저항 세력은 이 강화된 헤게모니의 일부로 편입되고, 그 헤게모니 편입을 거부한 세력은 심각한 탄압을 받았다. 그래서 반공주의, 개발주의라는 유신의 주요 헤게모니의 기반은 흔들리지 않았고, 단지 유신 체제가 '능률적 민주주의' 이름으로 '자유민주주의'를 침해한 부분, 5공화국이 유신 체제를 연장한 부분만 청산되었다.

군부독재의 종식이 반드시 민주화를 가져오지 않을 수 있고, 민주화가 반드시 대통령 직선제를 의미하는 것은 아니며, 민주주의는 대단히 이루기 어려운 프로젝트라는 것을 어느 정도 알고 있었음에도 불구하고 1987년 당시 한국의 학생, 지식인, 젊은이들이 목숨을 바쳐 민주화를 외쳤던 이유는 대중이 자신의 대표를 선출할 수 있고, 정치 권력의 교체 가능성을 열어줄 수 있는 정치 질서는 거역할 수 없는 시대적 대세라고 생각했기 때문이다. 6.29 선언 이후 '좌경 세력 척결'을 빌미로 내세운 노동운동 탄압과 김영삼, 김대중 등 정치인들의 대선 행보에 대해 우려를 해온 민주화 세력은 민주화의 유산(流産)을 심각하게 우려하였으며, 제도권 정치 세력의 타협에 의한 87년 헌법이 '배반'의 전주곡임을 알아챘으나 민주화를 대통령 직선으로 제한하려는 기성 정치권의 헤게모니를 흔들지 못했다.

박정희식 근대화, 경제 성장 그리고 국민 총화의 논리는 파시즘적 국가주의의 성격을 갖는다. 그것은 경제 성장이라는 절체절명의 가치 아래 모든 가치를 희생시키는 체제였다. '성장'의 담론은 자본주의 경제 질서를 옹호하는 담론이자 동시에 국가의 무제한적인 동원과 반인권적인 행동을 정당화하였다. 김대중, 노무현, 문재인 정부도 이 성장주의를 결코 넘어서지 못했다. 오히려 문재인 정부는 보수 정부 이상으로 성장을 강조했다.

군사독재 사령탑 보안사와
정치 군벌 하나회*
─ 기층 대중의 불만과 민주정치 세력의 한계

김재홍

(유신청산민주연대 상임대표, 서울미디어대학원대 석좌교수)

I. 머리말

한국 현대정치사에서 32년에 걸친 군의 정치 개입은 1961년 5.16 군사 쿠데타로 시작됐다. 쿠데타를 일으킨 정치 군인들은 군사혁명위원회와 국가재건최고회의라는 간판을 내걸었다. 두 개 쿠데타 기구에서는 권력 투쟁의 민낯인 이른바 반혁명 사건이 연달아 불거지면서 초기에 가담한 여러 군부 인맥이 박정희 소장과 김종필 등의 육사 8기 중심으로 정리돼 갔다. 쿠데타에 실병력을 동원한 것은 육사 5기 출신인 채명신 소장의 5사단과 문재준 대령의 6군단 포병부대 그리고 김동하 김윤근의 해병대였다. 육사 5기는 장도영과 인연이 있었고, 김동

---

* 김재홍, "군사독재 사령탑 보안사와 정치 군벌 하나회," 〈유신군사독재 50년·6월항쟁 35주년 심포지엄〉 "6월항쟁의 성과와 이월된 과제," (2022. 6. 22., 국회 의원회관 제1세미나실).

하, 김윤근은 이북 군맥에 속했다. 이 같은 실병력 동원을 기획해 쿠데타 전반을 조직 통제한 그룹이 김종필 등의 육사 8기였으며, 이들이 박정희 직계였다. 5.16 쿠데타는 초기 장도영 중장과 박정희 소장, 육사 5기와 8기 그리고 해병대 등 여러 세력이 가담했으나 두 달도 안돼 장도영이 이른바 반혁명 사건으로 체포되는 등 조기에 박정희와 김종필 등의 육사 8기 중심으로 개편돼 갔다.

쿠데타 세력 내부의 권력 투쟁 과정에서 정적에 대한 감시와 반혁명 조작 등을 위해 김종필이 주도해 설치한 것이 중앙정보부였다. 이때만 해도 중앙정보부에 정치 군인들이 현역 신분으로 들어갔기 때문에 군사 정보 사정 기관으로 보안사의 전신이라 할 수 있는 방첩대는 별로 정치 공작에 나서지 않았다. 중앙정보부가 정치 군인들의 쿠데타 군정 기구를 뒷받침하는 도구였다. 중앙정보부는 5.16 쿠데타 세력의 내부 권력 투쟁에서 박정희와 김종필 그룹이 주도권을 장악하는 데 핵심 공작을 수행했으며 그 후 지속적으로 박정희 정권 내내 정보 공안 통치의 본거지였다.

박정희는 1963년 이른바 민정이양 이후엔 중앙정보부를 정치영역과 대북한 정보 활동으로 전문화하는 한편 군부 내 정보 사정 기관 역할을 보안사령부에 맡겼다. 중앙정보부가 군부 내 정보 수집이 필요할 경우에도 직접 개입하지 않고 보안사를 통해서 하도록 서로 업무 영역을 이원화했다. 이는 양대 정보 공안기관이 상호 견제하도록 하여 권력 집중을 막는 통치술이기도 했다.

중앙정보부의 후신인 안기부와 군 보안사의 이 같은 역할 분담과 권력 이원화는 전두환 5공 정권 아래서 경계선이 무너지고 애매해진다. 중앙정보부가 10.26 박정희 살해 사건의 주모집단이었기 때문에 보안사를 주축으로 한 합동수사본부의 수사 대상으로 전락한 이후 전두환 정권 아래서 상당 기간 보안사가 국가정보기관의 수위에 서는 현상이 지속됐다. 보안사령관들이 전원 하나회 출신으로 전두환의 직계 장성이었기 때문에 정치 군인들의 개인적 관계가 국가 정보 기관의 위상과 역할을 그렇게 결정지었다. 더구나 보안사령관으로 합수부장인 전두환이 법으로 금지된 중앙정보부장 서리를 겸임하여 정부의 장관급 회의 참석자가 되면서 공식적으로 내각을 조정 통제하게 된다. 그 후 전두환 정권 아래서는 그의 최측근인 장세동이 안기부장으로 재임한 기간 외에는 보안사령관이 '대통령 독대' 등을 통해 더 막강한 영향력을 발휘했다. 정치 군벌 하나회의 국가 권력 지배와 정치 개입이 제도적으로 정점에 이르는 시기였다.

박정희와 전두환 정권 아래서 군의 정치 개입과 국가 권력 독과점은 중앙정보부와 보안사령부, 청와대 경호실과 비서실 등을 통해서 전방위적으로 이루어졌지만, 특히 1979년 10.26 사건 이후 12.12 군사 반란과 1980년 5.18 광주항쟁에 대한 군의 살상 진압 과정에서 군 병력의 동원 지령 등 보안사가 핵심 역할을 감행했다. 당시 보안사는 사령관 전두환 소장을 위시해서 보안처장과 대공수사국장 등 지휘부가 모두 정치 군벌 하나회 회원들이었다. 하나회가 보안사에 할거하면서 12.12 군사 반란으로 군권을 탈취하고 이어 5.18 광주항쟁 유혈 진압 등 일련의 내란을 기획하고 지령하여 정권을 찬탈하기에 이른 것이다.

박정희 정권은 5.16 쿠데타 이후 정권에 대한 대학생과 종교인 등 시민사회의 민주화운동과 비판 목소리가 비등할 때마다 1964년 6.3 계엄령과 1971년 10.15 위수령 그리고 1972년 10.17 유신 선포

때 계엄령 등 도합 10차례에 걸쳐 군부대를 후방에 투입했다. 전두환 정권은 12.12 군사 반란과 5.18 광주항쟁 진압 등 내란 과정에서 극단적 군대 물리력을 동원했으며, 1987년 6월 시민항쟁에 대해서는 그 살상 진압의 트라우마를 넘어서지 못해 굴복하고 만 것이다.

이 글은 군의 정치 개입이 국민에 대한 발포라는 극단적 내란 행위로 치달은 상황을 역사 재판 차원에서 재조명하고 재단하기 위해 그 핵심 행위자인 보안사령부와 정치 군벌 하나회 집단에 대해 해부하는 데 초점을 맞추고자 한다. 이미 알려진 사실들과 관련 인물들의 행위 내용을 분석하여 아직 규명되지 않은 내란 과정의 책임 문제를 명료화하는 것이 이 글의 목적이다.

II. 정치 군인 할거처: 특무대 · 방첩대 · 보안사

대통령 박정희가 정치 장교들의 정치 개입을 문 열어주면서 독재 정치의 도구로 이용했던 것이 군 보안사령부였다. 박정희 정권은 5.16 쿠데타 후 육군보안사령부라는 명칭으로 군의 정치 개입을 본격화하는 군사 조직을 가동시켰다. 그 전신은 해방 후 1948년 5월 조선경비대 총사령부 정보처의 특별조사과였다. 이 팀이 육군방첩대로 이름을 바꾸었다가 1950년 10월 육군본부 직할 특무부대로 개편된다.

1951년 6.25 전쟁 중 특무부대장에 임명된 김창룡은 이승만 대통령과 독대하고 직보하는 등 군인으로서 육군본부 예하 부대장 신분이었지만 정치적 위상과 권력은 육군참모총장보다 훨씬 높았다. 당초 군사 정보기구로서 임무란 북한의 대남간첩 활동과 대북 정보 수집

등 반공 방첩이었으나 이승만의 신임을 업고 그에게 반대하는 야당과 정적들에 대한 사찰과 위협까지 일삼았다. 이승만 경무대의 비밀경찰 역할을 수행한 것이다. 김창룡 특무부대는 6.25 전쟁 중 북한 인민군 점령 지역에서 북측에 부역한 민간인들을 색출하고 징벌하기도 함으로써 공포와 원성의 대상이기도 했다. 특무부대장 김창룡은 그런 군사 정보 기구의 권력 남용과 전횡에 반감을 품은 특무부대 내부 부하들에 의해 총격을 받아 암살당하고 만다.

4.19 혁명 후 민주당의 장면 정부는 특무부대의 악명을 지우려고 다시 과거 육군방첩부대라는 명칭으로 환원시켰다. 그러나 장면 정부의 방첩부대는 군부 내 정부 전복 음모를 제대로 탐지하지 못해 박정희 소장의 5.16 쿠데타를 방지하는 데 실패했다.

박정희 정권은 1968년 육군보안사령부를 발족시키고 1977년 이를 육해공군 전체 군을 대상으로 삼는 국군보안사령부로 확대 개편했다. 1993년 3월 군부 개혁에 나선 김영삼 대통령은 군 정보 사정 기구의 영역을 넘어 민간 사찰과 야당 감시 등의 권력남용과 비행으로 지탄받은 보안사의 후신 기무사를 숙군의 우선순위로 삼았다. 김 대통령은 당시 권영해 국방장관에게 "기무사령관은 지금 중장이 하고 있는데 한 계급을 내리고 순수한 군 정보에 밝은 전문가를 써야겠어"라며 "권력도 갖고 계급도 높으면 안 돼"라고 말했다.[1] 권력은 직무에서 나오는 것이고, 직무란 전문적 기능에 의해 설정되므로 따로이 직급이 높을 필요가 없으며 권력 집중을 방지해야 한다고 나름의 권력관을 피력한 것이다. 사법시험을 통과한 검사의 직급이 행정고시를 치르고

---

1 김영삼 대통령의 하나회 출신 육군참모총장과 보안사령관 교체로 시작된 군 숙정에 대해서는 김재홍, 『군2: 핵 개발 극비작전』(서울: 동아일보사, 1994), 308-309.

임용된 정부 내 다른 행정공무원보다 높게 설정된 것은 하향 조정돼야 한다는 지적이 똑같은 논리로 검찰개혁에 적용돼야 할 것이다. 김영삼 정부는 보안사의 민간영역에 대한 정보 수집과 방첩 업무를 폐지하고, 사령관의 계급도 중장에서 소장으로 낮추었으며, 다시 7개월여 만에 2차로 교체하면서 육사 출신이 아닌 ROTC 출신인 임재문 준장을 임명했다. 비 육사 출신의 첫 보안사령관인 임재문 준장은 4년 반 이상 재임해 김영삼 정부와 임기를 같이하면서 소장으로 진급했고 전역 직전 중장 계급을 달았다.

기무사는 문재인 정부에서 다시 군사안보지원사령부로 개칭됐다. 이처럼 방첩대-특무부대-방첩부대-보안사-기무사-군사안보지원사로 명칭이 연달아 개칭되는 군 정보 사정 기구의 기구한 운명은 순수한 직무 범위를 일탈해 정치 개입과 권력남용을 벌여 온 과거사로부터 받은 업보라 할 것이다.

III. 보안사의 직무 편제와 정치 개입

1. 보안사의 직무 편제: 정보처에 정치과-언론과-학원과-종교과 등

보안사의 조직을 보면 본부의 직무 편제와 함께 군의 각급 부대단위에 파견대를 배속시켰으며 군 외부 전국 주요 지역에 지구대를 설치했다. 보안사가 개혁되기 전 1980년대 군 정보 사정 기구로서 전성기를 맞았을 때 본부의 편제는 크게 두 개 기둥을 중심으로 이루어졌다. 군 내부 방첩 및 지휘관 동향 보고를 주 임무로 하는 보안처가 있고,

정치·언론·대학·종교 등 다양한 민간 영역에 대한 정보 수집과 대간첩 업무를 담당하는 정보처를 두었다. 군내 각급 부대의 파견대 활동은 보안처가 지휘했으며, 군부대 외부 지역 지구대는 정보처 산하였다. 보안처는 군 정보 사정 기구로서 본연의 직무를 위한 조직편제라 할 수 있지만, 군을 지배하는 권력을 장악한 부서로 12.12 군사반란 등의 부대 동원은 여기서 지령을 내렸다. 정치권과 대학가 그리고 시민사회의 비판 활동과 시위 등을 진압하기 위해 군부대를 투입할 때 지령을 보내는 부서가 보안처였다.

보안사의 정치 개입과 민간영역 침범은 주로 정보처에서 벌어졌다. 정보처의 편제를 보면 △ 정치과 △ 경제과 △ 언론과 △ 학원과 △ 종교과로 이루어졌다.[2] 군사 정보 부대에 정치권이나 언론 그리고 대학 등의 학원 동향을 사찰하고 조정·통제하는 부서를 두었다는 것 자체가 문제였다. 보안사도 박정희 정권 때부터 중앙정보부나 경찰 정보대와 똑같이 언론사와 대학에 정보원을 상주시켜 왔으며, 그 담당 부서가 정보처였다.

군 내부와 민간 영역에 대한 두 개 기둥의 정보 활동을 힘으로 뒷받침하는 기구가 대공처로 수사와 공안 조작이 주 임무였다. 10.26 사건 당시 박정희를 권총 살해한 김재규 중앙정보부장을 체포해 심문 조사했던 기구가 합동수사본부의 핵심인 보안사 대공처 수사국이었다.[3] 당시 대공처 수사국장이 육사 18기의 하나회 핵심 인물인 이학봉 중령이었다. 이 중령은 10.26 사건 수사 직후 대령으로 진급해 대공처장

---

2 보안사의 편제에 대해서는 김재홍, 『박정희의 후예들: 누가 그들을 다시 부르는가』 (서울: 책보세, 2012), 47.
3 보안사 대공처의 김재규 심문에 대해서는 김재홍, 『군2: 핵 개발 극비작전』, 112-118.

으로 보임된다.

인사처는 통상적인 내부 인사와 인력 운영을 담당하는 부서다. 그러나 12.12 군사 반란 당시 서울 한남동 육군참모총장 공관에 들어가 계엄사령관이던 정승화 총장을 불법 연행한 두 명의 대령 중 한 사람이 하나회로 보안사 인사처장이던 허삼수 대령이었다. 그런 행동은 인사처장의 통상 업무가 아니며, 하나회 회원으로서 군사 반란의 임무를 수행한 것이라고 봐야 할 것이다.

보안사에서 4개 처 외에 사령관을 보좌하는 측근 조직으로 비서실이 있으며, 전두환 사령관의 비서실장은 육사 17기의 하나회 핵심 중 한 명인 허화평 대령이었다. 허 대령은 나중에 군의 정치 개입을 정당화하는 주장을 폈으며, 이에 대해서는 후술한다.

2. 보안사령관의 권력 구조 속 위상

보안사령관을 비롯한 역대 군사 정보 사정 기구의 수장들을 살펴보면 그가 재임한 시기 대통령과의 개인적 인연에 바탕한 신뢰 관계가 권력 구조 속에서 차지하는 위상과 역할을 좌우한다. 그만큼 그들의 직무와 역할이 제도화돼 있지 않고 정치적으로 운용된 것이다. 해방 후 군사 정보 사정 기구는 초기인 이승만 정권 때 방첩대와 특무대, 5.16 쿠데타 후 박정희 정권과 전두환 정권 아래서 보안사, 노태우 정권과 김영삼 정권의 기무사 그리고 문재인 정권 때 군사안보지원사로 명칭을 바꾸어 왔다. 명칭 변경뿐 아니라 정권에 따라서 군사 정보 사정 기구의 성격과 활동상이 차이가 많았다. 이중 정치 개입과 공안 조작으로 가장 악명이 높았던 것은 이승만 정권 시기 특무대와 박정희-

전두환 정권 아래 보안사였다. 노태우 정권 시기 보안사는 민간 사찰이 폭로돼 엄청난 파문이 일었다. 이 사건으로 대통령 노태우는 국방장관과 보안사령관을 경질하고, 보안사의 명칭을 더 이상 사용하기가 어려워 기무사로 개명한다. 그 후 문재인 정권은 기무사 개혁위원회를 설치하고 명칭을 다시 군사안보지원사령부로 고쳐 업무 영역을 명확하게 정했다. 군사 정보 사정 기구는 그 수장이 최고 권력자인 대통령과 어떤 관계를 가지며 역할을 수행하느냐에 따라 위상이 크게 차이 난다. 아래 사령관 명단과 재임 시기 대통령을 대조해 분석함으로 군사 정보 사정 기구의 권력 구조 속 위상을 가늠할 수 있다. 군사 정보 기구 사령관의 군 경력과 함께 전역 후의 직함이 그것을 말해 준다.

역대 군사 정보 사정 기구의 부대장

특무부대장

1대 김형일 대령. 1950. 10.~1950. 12. (예)중장. 신민당 사무총장. 6, 7, 8, 9대 국회의원.

2대 백인엽 준장. 1950. 12.~1951. 1. (예)중장. 인천대 학교법인 선인학원 이사장.

3대 이한림 준장. 육사 2기. ~1951. 4. (예)중장. 육사 교장. 야전군사령관. 5.16 쿠데타 반대로 구금. 박정희 회유로 건설부 장관, 터키-호주 대사.

4대 김종면 준장. ~1951.5.

5대 김창룡 준장~소장. 육사 3기. ~1956. 1. (예)소장. 부하에 피살, 중장 추서.

6대 정인택 준장. 육사 3기. ~1957.9.

7대 김재현 준장. 육사 2기. ~1959.10.

8대 하갑청 준장. 육사 2기. ~1960.5.

9대 이소동 준장. 육사 2기. ~1960.6. (예)대장. 5.16 후 치안국장. 군사령관.

육군방첩부대장

10대 박창록 준장. 육사 3기. 1960. 6.~1961. 4.

11대 이철희 준장. 육사 2기. ~1961. 6. (예)소장. 중정 차장. 국회의원(유
정회).

12대 김재춘 준장. 육사 5기. ~1962. 7. (예)소장. 합동수사본부장. 중정
부장. 무임소 장관. 국회의원. 5.16 민족상 이사장.

13대 정승화 준장. 육사 5기. ~1964. 1. (예)대장. 육사 교장, 1군사령관,
육참 총장. 통일민주당 상임고문. 성우회 회장.

14대 박영석 준장. 육사 5기. ~1965.3.

15대 윤필용 소장. 육사 8기. ~1968.2. (예)소장. 최고회의 의장 비서실장
대리. 수경사령관. 도로공사 사장(1980~86). 담배인삼공사 이사장
(1987~93)

육군보안사령관

16대 김재규 중장. 육사 2기. ~1971. 9. (예)중장. 호남비료 사장. 국회의원,
건설부 장관, 중정 부장. 10.26 대통령 살해.

17대 강창성 소장. 육사 8기. ~1973. 8. (예)소장. 해운항만청장. 1980 내란
협조 거부 투옥. 국회의원. 민주당 부총재 겸 총재권한대행. 한나라
당 부총재.

18대 김종환 중장. 육사 4기. ~1975. 2. (예)대장. 합참 의장. 내무장관. 향

군 회장.

국군보안사령관

19대 진종채 중장. 육사 8기. ~1979.3. (예)대장. 수경사령관. 2군사령관.
진해화학 사장. 12.12와 5.18 관련 피소됐으나 불기소 처분.

20대 전두환 대장. 육사 11기. ~1980. 8. (예)대장. 하나회 조직자. 최고회
의 의장실 민원비서관. 중정 인사과장. 1공수특전 여단장. 대통령경
호실 차장보. 1980년 내란 주범, 10.26 합동수사본부장. 국보위 상임
위원장. 중정부장 서리 겸임. 11, 12대 대통령. 민정당 총재. 국가원
로자문회의 의장(1988)

21대 노태우 대장. 육사 11기. ~1981. 7. (예)대장. 하나회 조직자. 방첩대
정보 장교, 방첩과장. 9공수특전 여단장. 대통령경호실 차장보.
1980년 내란 종범. 수경사령관. 정무제2장관. 체육부-내무부 장관.
대한체육회장. 민정당 총재. 국회의원. 13대 대통령. 민자당 총재.

22대 박준병 대장. 육사 12기. ~1984. 7. (예)대장. 하나회. 국회의원. 민정
당 국책조정위원장, 사무총장. 자민련 부총재, 사무총장. 아태환경
연맹 회장.

23대 안필준 대장. 육사 12기. ~1985. 6. 하나회. 사단장, 군단장. 청소년연
맹 총재. 석탄공사 총재. 보사부 장관. 대한노인회 회장.

24대 이종구 대장. 육사 14기. ~1986. 7. 하나회. 육본 작전처장(1980). 사
단장. 수방사령관. 2군사령관. 육참 총장. 국방장관. 성우회 회장.

25대 고명승 대장. 육사 15기. ~1987. 12. 하나회. 대통령근위부대 33경비
단장, 경호실 차장. 사단장. 수방 사령관. 3군 사령관. 신한국당 전북
도지부장.

26대 최평욱 중장. 육사 16기. ~1988. 12. (예)중장. 하나회. 국보위입법회의 사무처장. 사단장. 군단장. 육군 교육사령관. 산림청장. 철도청장.

27대 조남풍 대장. 육사 18기. ~1990. 10. 하나회. 1공수 여단장. 수도기계화 사단장. 1990년 9월 윤석양 이병 보안사 민간사찰 폭로로 경질. 육군 교육사령관. 1군 사령관. 향군 회장.

국군기무사령관

28대 구창회 대장. 육사 18기. ~1991. 12. 하나회. 12.12 군사 반란 병력 동원 시 9사단 참모장. 3군 사령관. 1993년 5월 하나회 숙군으로 예편.

29대 서완수 중장. 육사 19기. ~1993. 3. (예)중장. 하나회. 특전사령관. 1993년 5월 하나회 숙군으로 예편.

30대 김도윤 소장. 육사 22기. ~1993. 10. 기무사 국방부 파견대장. 기무사 참모장.

31대 임재문 중장. 학군 3기. ~1998. 3. 하나회 숙군 후 준장으로 기무사령관.

32대 이남신 중장. 육사 23기. ~1999. 10. (예)대장. 사단장. 군단장. 3군 사령관. 합참 의장. 육사 총동창회장.

33대 김필수 중장. 육사 26기. ~2001.10. (예)중장. 사단장. 수방사 부사령관. 합참 작전기획부장. 우석대 경찰행정학과 교수.

34대 문두식 중장. 육사 27기. ~2003. 4. (예)중장. 국방부 기무부대장, 기무사 참모장. 국회의원 총선 출마. 한국군사학회 회장. 원광대, 세종대 석좌교수.

35대 송영근 중장. 육사 27기. ~2005. 2. (예)중장. 사단장. 3사관학교장. 국회의원. 국회 국정원개혁특위 위원.

36대 김영한 중장. 육사 29기. ~2006.12. (예)중장. 사단장. 합참 전력기획부장.

37대 허평환 중장. 육사 30기. ~2008. 3. (예)중장. 사단장. 논산훈련소장.
　　우리공화당 공동대표.

38대 김종태 중장. 3사 6기. ~2010. 4. (예)중장. 사단장. 19, 20대 국회의원.

39대 배득식 중장. 육사 33기. ~2013. 4. (예)중장. 사단장. 육본 전략기획
　　부장.

40대 장경욱 소장. 육사 36기. ~2013. 10. (예)소장. 국군 정보 사령관. 합참
　　정보 참모부장. 주 이라크 대사.

41대 이재수 중장. 육사 37기. ~2014.10. (예)중장. 사단장. 육본 인사 사령
　　관. 3군 부사령관. 박지만의 중앙고-육사 동기.

42대 조현천 중장. 육사 38기. ~2017.9. (예)중장. 육본 인사기획 처장. 사
　　단장. 육사 교장. 국군 사이버 사령관. 박근혜 대통령탄핵에 대해 계
　　엄령이나 위수령을 발동한다는 기무사의 계엄령 문건이 공개됐으
　　며 이에 수사가 시작되자 미국으로 도피 중.

43대 이석구 중장. 육사 41기. ~2018. 9. (예)중장. 사단장. 합참 작전기획
　　부장. 국방대 총장. 주아랍에미리트 대사.

44대 남영신 대장. 학군 23기. ~2019. 4. 7. 공수 여단장. 사단장. 특수전
　　사령관. 군사안보지원사령부 창설준비단장. 육참 총장.

군사안보지원사령관

44대 남영신 대장. 학군 23기. ~2019. 9.

45대 전제용 공군 중장. ~2021. 9. (예)중장. 기무사 감찰 실장. 공군 103
　　기무 부대장. 군사안보지원사 참모장.

직무대리 박재갑 해군 소장. 해군 학군 35기. 2021. 9.~2021. 10. (예)소장.

기무사 보안 감시 단장. 군사안보지원사 참모장.

46대 이상철 중장. 학군 28기. 2021. 10.~2022. 5. (현)중장. 2군 작전처장.
　　사단장.

47대 (현) 황유성 중장. 육사 46기. 2022. 5.~현재. (현)중장. 기계화보병
　　여단장. 사단장. 육본 기획관리 참모부장-군수 참모부장.

　　명단에서 보듯이 1980년 전두환 정권 이후 보안사령관은 전원이
하나회였다. 전두환 정권 아래서는 보안사령관뿐 아니라 수방사령관
이나 특전사령관 등 군의 핵심 요직에 하나회가 아니면 보임되기 어려
웠다. 군부의 성골 놀음을 한 하나회만이 보안사령관을 거쳐 군사령
관으로 진출하면서 대장 계급을 달았다. 1987년 6월 시민항쟁으로
대통령 직선제 개헌을 거쳐 노태우 정권이 출범한 뒤 5공 청산 바람이
불었을 때 보안사령관이던 최평욱 장군만 중장으로 예편한 유일한
경우다.

　　김영삼 대통령의 군부 숙정 이후 기무사령관 자리는 중장으로 전
역하는 코스였다. 기무사령관을 지낸 뒤 대장까지 진급한 경우란 김
대중 정부 때 이남신 장군이 유일했다. 이남신 대장은 기무사령관에
보임되기 전에 야전 군단장을 거쳐서 대장 승진 필수요건을 갖추었기
때문에 가능했다. 다른 기무사령관들은 대체로 사단장을 마친 야전
군인 출신으로 군단장 경력을 갖지 못했고 이 보직을 끝으로 전역했
다. 보안사가 권력도 가지면서 높은 계급을 누리는 시대는 김영삼 문
민정부의 군부 숙정으로 마감한 것이다.

IV. 보안사 장악한 정치 군벌 하나회의 국권 찬탈
— 10.26 사건-12.12 군사 반란, 5.18 광주항쟁-6.10 시민 항쟁과 보안사

1. 1973년 하나회 수사한 보안사령관의 좌천

대통령 박정희의 5.16 쿠데타와 유신 선포 이후 역사에 기록할만한 큰 사건으로 1979년 10.26 대통령 살해와 12.12 군사 반란 그리고 1980년 5.18 광주항쟁 살상 진압과 1987년 6월 시민항쟁을 꼽을 수 있을 것이다. 이 중대한 정치사적 고비마다 보안사가 정국의 향배를 좌우했고, 그 보안사의 핵심지휘부는 모두 하나회가 차지하고 있었다. 대통령 박정희가 정규 육군사관학교 출신 장교들의 지하 사조직을 친위대로 키워 이용하고 군벌화하도록 비호한 정치 군인 집단이 하나회였다.

대통령 박정희가 정규 육사 출신 지하 사조직인 하나회를 비호했다는 것은 윤필용 사건을 수사한 당시 보안사령관 강창성의 증언에서도 드러난다.[4]

하나회가 처음 군 내부에 알려진 것은 보안사의 윤필용 사건 수사를 통해서였다. 1973년 3월 윤필용 수경사의 인사 담당 장교들을 수사하던 보안사 Y수사반은 반장인 백동림 중령(육사 15기, 후에 김재규 수사 담당)에게 "육사 출신들이 똘똘 뭉쳐서 윤 소장을 업고 다 해먹은 모양입니다"라고 보고했다.[5] 수사관은 백 중령에게 하나회의

---

4 1973년 3월 보안사의 윤필용 수경사령관 사건과 하나회에 대한 수사는 김재홍, 『군 1: 정치 장교와 폭탄주』, 232-256.

군내 주요 보직 독점과 인사 압력 등을 보고했고, 백 중령은 이를 강창성 사령관에게 직보한다. 윤필용 독직 사건은 수경사가 위치한 곳을 '필동 육군본부'라고 부를 만큼 장교들에 대한 인사 전횡이 핵심이었다. 곧바로 Y수사반에 하나회의 규모와 지금까지의 비밀 활동에 대한 수사 지시가 떨어졌다.

윤필용 사건 1차 수사에서 구속된 10명 중 수경사 참모장 손영길과 권익현뿐 아니라 윤필용의 전횡을 처음 청와대 경호실장 박종규에게 제보했던 1공수여단장 전두환 준장과 전방 연대장 노태우 대령 등 육사 11기 선두주자들이 핵심 수사 대상으로 떠올랐다. 또 청와대 최근접 근위부대장인 수경사 30대대장 이종구 중령과 윤필용의 비서실장 출신으로 전방 포병대대장으로 나가 있는 박정기 중령 그리고 바로 보안사 인사과장인 배명국 중령 등 육사 14기의 중심인물들이 11기 아래 중간 보스로 드러났다. 강창성은 보안사 안에도 수경사를 담당하는 506부대장 정동철 대령(육사 12기)과 허화평, 허삼수 소령(육사 17기) 등이 요직에 포진해 있는 것을 보고 크게 놀랐다.

수사반은 전두환 노태우에게는 수사관을 보내 진술을 받도록 하고, 총무격으로 드러난 이종구 중령을 보안사로 소환했다. 수사반은 우선 지하 사조직 하나회의 명단을 입수하는 일이 급선무였다. 그러나 이종구는 "친목 모임의 연락을 맡아 명단을 캐비닛에 두고 있다가 분실했다"고 끝내 버티었다.[6]

강창성은 의외로 큰 지하 사조직이 군내에 숨어 있다는 사실을 보고받고 다시 한번 놀랐다. 그는 박정희에게 윤필용 사건의 수사 결

---

5 위의 책, 251.
6 위의 책, 253.

과를 보고한 뒤 전두환 노태우 정호용을 비롯한 하나회 장교들에 대한 수사 결과를 박정희에게 덧붙여 보고했다. 강창성은 Y수사반이 파악한 육사 11기부터 14기까지 하나회 핵심 20여 명의 명단을 내놓았다. 명단을 들여다보던 박정희는 "그냥 두고 가라"고 짧게 말했다.7 강창성은 의외라는 생각이 들었다. 군 장교들의 비밀 사조직에 대해 너무 미온적인 반응이었다.

그 후 하나회 수사는 진행됐지만 아무런 조치도 나오지 않았다. 오히려 강창성 보안사령관만 여기저기서 협공을 받았다. 며칠 후 윤필용의 후임으로 수경사령관이 된 진종채 소장이 전화를 걸어 왔다.

"앞으로 수경사 요원에 대해 조사할 일이 있을 때는 내 동의를 구해서 해 주시오."

두 사람은 육사 8기 동기생으로 군 경력으로 보면 강창성이 앞섰지만 실제 군내 파워가 달랐다. 강창성은 경기 포천 출신으로 경북 포항 출신의 영남 군벌 실세인 진종채를 상대하기엔 역부족이었다.

하나회 수사가 마무리 단계에 접어든 8월 7일, 강창성은 청와대 측 연락을 받고 태릉골프장에 나갔다. 대통령 박정희, 육사 교장 최우근(육사 3기), 경호실장 박종규와 함께 라운딩을 했다. 박정희는 둘만 있는 자리에서 강창성에게 이렇게 말했다.

"강 장군 말이야, 며칠 전에 서종철, 진종채 장군이 내 방에 왔었어. 강 장군

---

7 위의 책, 254.

을 그 자리에 그대로 두면 경상도 장교의 씨가 마르겠다고 그래."

다음날 강창성 소장은 이민우 육참 차장으로부터 한직인 3관구 사령관으로 좌천당하는 인사 명령을 통보받는다. 하나회 수사는 그것으로 끝이었다. 박정희와 영남 군벌의 비호가 아니었다면 군내 지하 사조직을 꾸려 비밀 활동을 벌이면서 윤필용 수경사령관과 같은 실력자를 등에 업고 인사특권을 누려 온 하나회 수사가 유야무야로 종료될 일은 아니었다. 윤필용 또한 그로부터 18개월 후 형집행정지로 풀려난다. 하나회 후원자였던 그는 전두환 정권 아래서 도로공사 사장과 담배인삼공사 이사장을 지냈다.

2. 한국 현대 정치사 좌지우지한 보안사와 정치 군벌 하나회

10.26 박정희 살해 사건이 벌어졌을 당시 보안사령관은 우연찮게도 그의 근위 장교 출신이며 친위대 하나회 조직자인 전두환 소장이었다. 전두환은 대령 때 청와대를 지키는 최근접 군부대인 수경사 30대 대장이었으며 준장 때 경호실 작전차장보를 지냈다. 전형적인 근위대 출신인 그가 보안사령관으로 임명된 것 또한 두 계단을 뛰어넘은 파격 인사였다. 1973년 3월 불거진 수경사령관 윤필용 직권남용 사건 이후 박정희는 군 실세들인 보안사령관과 수경사령관의 위계 서열을 정할 필요를 느꼈다. 일선 사단장을 마치고 수경사령관이나 군단장을 거친 장성 중에서 보안사령관을 임명함으로써 보안사가 우위에 서도록 한 것이다.[8] 그런데 전두환은 전방 1사단장에서 소장 2차 보직을 거치지 않고 곧바로 보안사령관으로 직행했다. 군 내에서 아무도 예상하지

못한 파격 인사였다. 당시 주요 군 인사는 서종철, 노재현, 진종채 등 영남 군벌 3인방이 사전 논의해 국방장관을 통해 박정희에게 상신하곤 했다.

10.26 사건을 앞둔 1979년 2월 중순, 국방장관 노재현이 전두환 신임 보안사령관 인사안을 휴대하고 청와대로 들어갔다. 박정희는 인사자력표를 들여다보다가 한마디 했다.

"이제 막 사단장을 마쳤군. 너무 이르지 않아…?"9

통상 두 명 이상의 복수 안에 순위를 매겨 올려야 하는 인사안이 전두환 소장 단독 후보로 돼 있었다. 영남 군벌들과 이미 구수회의에서 의견을 모은 노재현은 소신 있게 밀었다.

"각하, 그만한 적임자를 따로이 찾기는 쉽지 않습니다. 서종철 특보나 현임인 진종채 사령관도 같은 의견입니다."10

하나회의 후원 세력이 사전 합의한 전두환 보안사령관 인사안은 이렇게 박정희의 결재를 받았다. 영남 군벌 3인방이 아니었다면 전두환의 경력으로 보아 시기상조인 파격 인사였다.

그해 10.26 사건이 터지자 김재규 중앙정보부장을 체포하고 심문

---

8 김재홍, 『군 1: 정치 장교와 폭탄주』 (서울: 동아일보사, 1994), 309.
9 위의 책, 310.
10 당시 서종철은 육참총장과 국방장관을 거쳐 청와대 국방안보특보였고, 진종채는 현직 보안사령관으로 2군사령관 영전이 내정돼 있는 군부 최고 실력자들이었다. 위의 책, 311.

조사한 것은 보안사였다. 계엄령이 국무회의에서 의결되고 대통령 권한대행이 선포하기 전으로 엄연히 민간인 신분인 중앙정보부장 김재규를 군 수사 기관이 체포하고 수사하는 것은 위법 소지가 컸다. 이것은 나중에 김재규 군사재판에서 변호인단이 강력히 문제 제기를 했으나 묵살되고 만다.[11]

국방부 청사에 가 있던 김재규는 헌병대와 보안사 요원에 의해 체포돼 보안사 대공수사국 산하 서빙고분실에서 조사를 받는다. 이때 보안사는 하나회 조직자인 전두환 소장이 사령관으로 임명된 후 주요 지휘부 간부들이 모두 하나회 핵심들로 구성돼 있었다. 비서실장 허화평 대령은 육사 17기 하나회, 보안처장 정도영 대령은 육사 14기 하나회, 인사처장 허삼수 대령은 육사 17기 하나회, 대공수사국장 이학봉 중령은 육사 18기 하나회였다. 당시 보안사 지휘부 중 육사 17기인 정보처장 권정달 대령만 하나회 회원이 아니지만 함께 일할 수 있는 '지원 세력'으로 분류되는 인물이었다.[12]

이렇게 짜여진 전두환의 '하나회 보안사'가 12.12 군사 반란을 주도하고 군권을 탈취한 후 비상계엄령 아래 합동수사본부를 주도함으로써 국가 권력의 실권을 장악하게 된다. 전두환은 1980년 4월 14일 중앙정보부장 서리로 취임, 보안사령관직과 함께 겸직했다. 이는 겸

---

11 김재규 군사재판 첫 법정에서 변호인단이 지적한 것은 두 가지였다. 첫째, 비상계엄령이 계엄법상 요건을 갖추지 못했고, 둘째, 민간인 신분인 김재규 피고인이 계엄령 선포 이전의 행위로 군사재판을 받는 것은 헌법상 기본권 조항에 어긋난다는 것이었다. 이에 관해서는 김재규 군사재판의 녹취록을 바탕으로 저술한 다음 책을 참조. 김재홍, 『박정희 살해사건 비공개진술 술녹음 상: 운명의 술 시바스』 (서울: 동아일보사, 1994).

12 하나회는 군 장교들을 자신들에 대한 태도에 따라 네 개 그룹으로 분류했다. 하나회 회원은 핵심 세력이며, 후원 세력-지원 세력-견제 세력으로 나누었다. 서종철, 노재현, 진종채와 같은 영남 군벌의 선배 장성은 후원 세력으로 분류했다. 위의 책, 310.

직 금지가 명시적으로 규정된 중앙정보부법을 위반하는 불법행위였다. 전두환의 중정부장 서리 겸직이 갖는 정치적 의미는 그가 대통령 주재의 주요 각료 간담회 등에 정규 참석자가 됐으며, 공식적으로 내각을 통제할 수 있게 됐다는 점이었다. 박정희 유신 체제에서 중앙정보부장은 중요한 정국 사안에 대한 관계기관대책회의나 주요 각료 간담회에서 중심적 지위였다.

당시 국무총리였던 신현확은 1988년 12월 국회 광주특위 청문회에서 내각과 관료들이 주도권을 행사하려고 노력한 마지막 시점이 1980년 3월이었다고 증언했다. 전두환이 중정부장 서리를 겸직하고 주요 각료회의에 참석하기 시작한 4월 중순부터는 그가 내각을 실질적으로 통제했다는 얘기다.

전두환을 중심으로 하나회 및 하나회 후원 세력과 지원 세력으로 이루어진 신군부는 1980년 5.18 광주항쟁을 살상 진압한 뒤 5월 31일 국가보위비상대책위원회를 발족한다. 의장은 대통령 최규하였지만 전두환이 상임위원장으로 실권을 쥐고 있었다. 전두환은 국군보안사령관 겸 계엄사 합동수사본부장 겸 중앙정보부장 서리 겸 국보위 상임위원장으로서 군부와 정보수사 기관과 내각 조정통제권을 모두 손에 넣은 것이다. 바로 이 체제가 5.17 비상계엄 확대와 5.18 광주항쟁 살상 진압을 지휘한 내란 집단의 통수부였다. 다시 말하면 1980년 5월 전후 내란을 주도한 신군부의 실체는 그 수괴인 전두환을 중심으로 한 하나회 및 그 후원 세력과 지원 세력이었다.

그로부터 7년 후 전두환 정권 말기인 1987년 6월 시민항쟁이 터졌다. 당시 군부와 경찰의 물리적 진압을 감행할만한 정권 측의 통제력은 충분했다고 평가된다. 6월 10일부터 18일 사이 서울과 부산의 시민 학생들에 의한 시위 사태는 경찰력으로는 감당하기 어려웠다. 청와대 참모들과 치안본부, 내무부, 국방부 관계자들은 주로 보안사령관 고명승 중장에게 전화해 정국 대처를 논의했다. 공안정보기관의 수장 중에서 안기부장으로 막강 실세이던 육사 16기 하나회 장세동은 그해 1월 발생한 서울대생 박종철 군 고문치사 사건의 책임으로 5월 26일 경질된 뒤여서 무게중심이 육사 15기 하나회 핵심인 보안사령관 고명승에게로 급격히 옮겨져 있었다.

군병력 투입을 하려면 보안사령관이 대통령 전두환에게 건의해야 한다. 고명승은 "80년 5월 광주항쟁이 떠올랐으며 순간 숨이 막히는 듯한 긴장감에 사로잡혔다"고 털어놓았다.[13] 그는 "80년 5월 광주를 겪은 전 대통령은 군 병력 동원이 두 번 다시 있어서는 안 된다는 확신을 갖고 있었던 것 같았다"고 술회했다. 그는 정국 상황 대처를 묻는 미국 측 인사들에게도 군 동원은 없을 것이라고 분명하게 말했다고 밝혔다.

6.10 시민항쟁의 승리는 이렇게 5.18 광주항쟁에 대한 살상 진압을 주도적으로 경험한 하나회 집단이 그 트라우마에 눌려 강제 진압을 포기함으로써 얻어진 측면도 무시할 수 없었다.

---

13 1987년 6월 시민항쟁 당시 보안사령관이던 고명승 씨는 필자와 단독 인터뷰를 가진 자리에서 광주항쟁 진압에 생각이 미치자 숨 막히는 긴장감을 느꼈다고 털어놓았다. 김재홍, "6.29 당시 보안사령관 고명승 씨에게 듣는다," 「동아일보」, 1991. 6. 29.; 김재홍, 『군부와 권력』 (서울: 나남, 1992), 181-184.

V. 보안사의 친위 쿠데타 대비 민간인 사찰
─ 1990년 보안사, 주요 인사 1,300여 명 체포 준비 '청명계획'

보안사의 정치 개입은 다양한 형태와 방법으로 이루어졌지만 그 중에서도 가장 반헌법적이고 징벌해야 할 것이 야권 정치인 및 비판적 언론인과 종교인과 문화예술인 등 민간인에 대한 사찰이었다. 군사독재 정권 아래서 군사 정보 사정 기관의 권력남용과 비행은 짐작할 수 있는 일이었다. 그러나 사찰은 계엄령 발동 등 정국 상황에 따라서는 주요 인사들을 체포하기 위한 준비 작업이었던 것으로 드러나 더 심각한 문제였다.

보안사가 민간인 사찰을 감행해 온 사실이 1990년 10월 4일 보안사 소속 윤석양 이병에 의한 양심선언으로 폭로되자 일반의 상상을 초월하는 광범한 사찰대상자 명단과 조직적인 비행에 국민 여론은 경악하는 목소리로 들끓었다. 윤석양 이병은 사찰 대상자 명단에 대해 "김대중 평민당 총재, 김영삼 민자당 대표최고위원, 이기택 민주당 총재 등 여야 정치인과 언론계, 학계, 종교계, 노동계, 문화예술계, 대학가 등의 주요 인사 천삼백여 명"이라고 공개했다.14 뿐만 아니라 이것은 2007년 7월 국방부 과거사청산위원회 조사에 의해 공안정국 상황에 따라 친위 쿠데타 계엄령이 발동될 경우 민주화운동계 주요 인사들을 체포하기 위한 상세한 실행 계획임이 밝혀져 더 큰 충격을 던졌다.

윤석양 이병은 강원도 철원지역의 3사단에 복무하던 중 대학 재학

---

14 1990년 10월 5일자 도하 신문들 보도기사 참조.

시 혁명적 노동자계급투쟁동맹(혁모맹)에 관여한 것 때문에 보안사에 연행돼 서빙고분실에서 조사를 받았다. 이후 그는 서빙고분실에서 강제로 학원 사찰 업무를 담당했다. 윤 이병은 보안사의 민간인 사찰 대상자 명부를 보고 마음이 움직이지 않을 수 없었다. 9월 23일 보안사의 민간인 사찰 암호명 '청명계획' 대상자 명부(청명카드)와 플로피 디스크를 품에 넣고 탈영한 그는 서울에서 양심선언을 통해 이를 폭로했다.

청명카드에 적힌 1,300여 명 명부를 보면 각계의 지도급 주요 인사가 망라돼 있다. 심지어 당시 3당 합당으로 여당인 민자당의 대표최고위원인 김영삼 의원까지 포함돼 있어 그가 유감을 표명하기도 했다.

보안사의 민간인 사찰과 계엄령 발동 시 체포 대상인 청명카드에 적힌 각계 주요 인사는 다음과 같다.

정계

△ 평민당의 김대중, 문동환, 박영숙, 이상수, 정대철, 정상용, 이해찬, 조세형, 조윤형 등 현역 국회의원 70명 중 69명과 임채정, 김홍일, 문희상, 장영달 등 원외 인사

△ 민자당 민주계 의원으로 김영삼, 김덕룡, 김동영, 서청원 등 13명

△ 민주당의 노무현, 이기택, 이철 등 현역 의원 6명

△ 통합추진협의기구 소속 이부영, 박계동, 김도연 등 7명

△ 전직 의원으로 홍사덕, 장기욱, 조순형, 이용희 등 16명

학계

△ 대학교수: 강만길, 김진균, 김홍명, 백낙청, 이만열, 이문영, 송기숙, 장

을병, 김수행, 한완상, 이삼열, 박현채, 염무웅 등 39명.

△ 전교조: 윤영규, 이부영, 이근복, 이강기, 김민곤, 윤병선, 윤광장, 유상덕 등 27명.

언론계

△ 송건호, 임재경, 리영희, 김태홍, 이효재, 홍성우, 황인철, 장윤환, 성유보, 김종철, 신홍범, 노향기, 박원순, 박화강, 권영길, 이근성, 김중배, 류근일, 윤재걸, 황헌식, 안동수 등 28명

변호사

△ 이기홍, 김은집, 유현석, 박인제, 한승헌, 고영구, 주영수, 정기호, 정성철, 조준희, 홍남순, 조영래, 문재인 등 13명.

종교계

△ 가톨릭: 김수환, 윤공희, 김승훈, 함세웅, 문규현, 송기인, 남정현, 문국현, 정호경, 장용주, 조장윤, 정진석, 유흥식, 이설, 이기선, 강기갑, 기춘, 조현순, 윤순녀, 이명준 등 85명.

△ 성공회: 김성수, 윤정현, 임태섭 등 3명.

△ 개신교: 박형규, 원형규, 조승혁, 최인규, 김경식, 모갑경, 김동완, 홍근수, 박일성, 박영모, 김영수, 안병무, 안기성, 심상봉, 강문규, 권호경, 이우정, 김지길, 김상근 등 89명.

△ 불교: 송경섭(월주), 이청화, 이용성, 법성, 이영철, 목우 등 6명.

노동운동

△ 이태복, 박무영, 단병호, 문성현, 홍영표, 이석행, 이흥석, 방용석, 배일도, 권영국, 권영목, 손석형, 박노해, 노재열, 나현균, 현기대, 황재철, 조철우, 정윤광, 정성희, 정선순 등 190명.

농민운동

△ 임수태, 하도암, 천익출, 이태령, 이응주, 황문성, 홍번, 박상률, 박동택, 박기호, 남홍우, 서준석, 소영호, 윤치영, 박기식, 노병식, 나상기, 허완봉, 하연호, 권종대 등 61명.

문화예술계

△ 신경림, 김용택, 이문구, 김정한, 김남주, 문병란, 조태일, 홍성담, 함영회, 나병식, 오종우, 윤정모, 남정현, 김언호, 김영현, 임헌영, 이민우, 고지형, 김윤수, 김정헌, 김정환 등 69명.

시민사회 단체 · 진보 정치권

△ 전국민족민주운동연합 오충일, 이학영, 이창복, 김근태, 문익환, 김현장 등 43명

△ 진보정치연합 유인태, 이강철, 김부겸, 제정구, 정태윤 등 17명

△ 민주정치연합 송재호 등 5명

△ 민주의당 정명환 등 3명

△ 한겨레민주당 오원진 1명

△ 자민통 유인호 김규동 2명

△ 민주자주통일중앙협의회 유선홍, 이천재 등 15명

△ 민주통일민중운동연합 윤정원 등 9명

△ 민주화운동청년연합 박우섭, 최교진, 채만수, 연성수 등 22명

기타

△ 최열(공추련), 윤춘광(제주민협), 김정권(김해민주화협), 정동년(5.18
추위), 전계량(5.18유족회), 조성우(평화연구소), 이우재(농어촌사회
연), 박석률(전남사회문제연) 등 133명

학생운동

△ 대학총학생회 간부: 백태웅, 손용후, 정대화(서울대), 오영식(고려대),
임종석(한양대), 임수경(외국어대), 이기우(성균관대), 강동규(경희
대), 이귀혜(이화여대), 박상현(경기대), 최인호(부산대), 이규봉(경
북대), 김승남(전남대), 신영대(전북대), 허태정(충남대) 등 198명

남민전 관련자

△ 홍세화, 홍영표, 김영옥, 백정호, 김경중, 서혜란, 차성환 등 56명

민청학련 관련자

△ 김경남, 백운선, 박혜숙, 안양노, 신금호, 장현준, 전재성, 황현승, 박석
운 등 28명

한편 노무현 정부의 임기가 6개월여 남은 2007년 7월 24일, 국방
부 과거사위원회는 서울 프레스센터에서 〈보안사 민간인 사찰 사건
조사 결과 보고서〉를 언론에 발표했다. 보안사 3처가 1989년 상반기

에 계엄령이 발동될 것에 대비해 사회 주요 인사들을 검거하고 처벌하기 위한 '청명계획'을 입안 작성했고, 이들 대상자에 대한 등급별 '청명카드'(체포카드)도 만들었다고 밝혔다.

청명계획은 1989년 3월 공안정국 조성된 직후인 4월 비상계엄을 발동할 경우 예비 검속할 만한 민간인 주요 인사들 명단과 함께 대상자의 성향, 자택의 가구 배치, 진입 및 도주 가능 경로, 친인척 거주지, 세세한 인적 사항과 담당 체포조까지 작성해 놓았다. 보안사 3처의 '청명 태스크포스'가 작성한 청명 대상자 선정과 등급 분류는 공안합수부 정책협의회에서 검찰 경찰의 좌익 인사 자료 및 보안사의 좌익 인사 명단과 등급 등을 참조했다. 1989년 8월 을지 훈련 기간에 8개 부대를 선정해 도상 훈련까지 실시한 것으로 드러났다.

1989년 상반기에 공안정국 조성과 함께 계엄령 발동을 예상한 이유는 1987년 12월 대통령 선거 유세 때 노태우 후보가 자신이 당선될 경우 중간 평가를 받겠다고 공약한 것에서 비롯된다. 그러나 노태우는 1989년 3월 중간 평가 유보를 발표했다. 당시는 외국어대 임수경이 전국대학생대표자협의회 대표로 평양에서 열리는 아리랑축전에 참석하고 돌아와 체포되는 등 공안정국이 조성되는 분위기였다. 여기에 더해 대통령 노태우가 중간 평가 공약을 파기한 것에 대해 국민 분노와 비난이 확산될 경우 계엄령을 선포하고 비판 세력을 검거해 제압하겠다는 것이 보안사 청명계획의 내용이었다. 국방부 과거사위원회 발표를 보도한 언론들은 "보안사가 청명계획이라는 이름으로 당시 야당 정치인과 각계 민주화운동 인사들의 체포 계획을 세워 사실상 친위 쿠데타를 준비했던 것으로 드러났다"고 썼다.[15]

보안사의 민간인 사찰 대상이던 노무현, 김대중, 이기택(A급 분류), 문재인, 한승헌, 김승훈, 문동환, 강동규, 이효재 씨 등 145명은 1991년 국가를 상대로 소송을 제기했다. 재판부는 보안사가 "사생활 비밀과 자유를 침해한 점을 인정하여 원고들에게 각각 200만 원씩의 위자료를 지급하라"고 판결했다. 개인들에게는 위자료 200만 원 보상 판결에 불과했지만, 이는 군의 정치 개입과 반역사적 친위 쿠데타 음모로서 중대한 사안이 아닐 수 없다.

양심선언의 윤석양 이병은 2년여 도피 생활 끝에 1992년 9월 기무사에 붙잡혀 군무이탈죄로 징역 2년을 선고받고 94년 만기 출소했다. 징역 1년 6개월 미만일 경우 그는 부대에 복귀해야 하며 보안사로 다시 들어간다면 어떤 가혹행위가 벌어질지도 알 수 없어 아이러니컬한 형량이었다 할 수 있었다.

대통령 노태우는 중간 평가 유보에 대해서가 아니라 보안사 민간인 사찰에 대해 국민 분노가 터지자 보안사 개혁으로 무마하고자 했다. 서빙고분실 폐쇄, 국방장관과 보안사령관 경질, 기무사로 명칭 변경 등을 단행했다. 그 후 김영삼 대통령은 기무사령관에 대한 국방장관 예속 지휘권을 정립하고 대통령 독대 관행도 폐지했다.

VI. 맺음말: 합법적 폭력관리집단 군부의 과거사 청산

군의 정치 개입은 물리적인 힘을 갖고 있기 때문에 그것을 이용한 쿠데타로 권력을 장악하는 방법이 전형적이다. 평소 합법적 폭력 관

---

15 「세계일보」(인터넷판), 2007. 7. 25. 17:05.

리 집단인 군은 쿠데타에 나설 경우 정부청사나 대통령궁을 무력 점거하고 정치인을 체포하는 불법적 폭력 행사로 권력을 창출한다.

보안사의 힘은 통치권자에게 계엄령을 건의하고 군의 정규 지휘체계에 병력 동원을 조언하는 역할에서 나온다. 계엄령이 선포될 경우 합동수사부를 주도하면서 정치인 체포 계획을 수립하고, 그것을 자체 수사 인력으로 직접 수행한다. 1990년 10월 윤석양 이병이 보안사의 민간인 사찰을 위한 '청명계획'과 계엄령이 선포될 경우 각계의 비판적 인사 1,300여명을 체포하기 위해 준비한 청명카드를 폭로한 것이 가장 실증적 사례다. 당시 보안사는 민간인에 대해 단순한 사찰이 아니라 계엄령에 대비해 치밀한 체포 계획을 수립했다. 후에 국방부 과거사위원회가 이 사실을 발표하자 언론들은 친위 쿠데타 계획으로 해석했다.

보안사의 민간인 주요 인사 체포 계획은 1980년 5월 전두환 신군부의 내란 과정에서도 작동했다. 보안사령관 전두환은 보안사 정보처장 권정달 대령에게 이른바 시국 불량 인사 명단 작성을 사전에 지시했다. 이렇게 준비된 명단에 따라 5.17 비상계엄 전국 확대가 결정된 직후인 당일 밤 10시 합수부 보안사가 군대 작전 수행과도 같이 신속하게 주요 정치인과 재야 민주화운동자들을 검거한 것이다. 김대중, 문익환, 예춘호, 리영희, 고은 씨 등의 자택을 급습하여 시민 학생 소요의 배후 조종 혐의로 체포했고, 김영삼 씨 등은 가택에 연금시켰다. 그로부터 9년 후 보안사는 똑같은 행태로 청명계획과 청명카드를 작성해 두고 있었다. 보안사의 속성을 반복적으로 보여준 것이다.

보안사의 정치적 친위대 역할은 기무사로 명칭 변경하고 개혁한 후에도 결코 바뀌지 않았음이 드러났다. 박근혜 정권의 기무사도 똑

같은 행태를 보였다. 2016년 10월 촛불집회가 빈발하고, 2017년 대통령 탄핵 절차가 시작되자 기무사가 계엄령을 검토했다는 문건이 공개됐다. 박정희-전두환의 유신군사독재 시기에 흔히 보았던 보안사의 정치적 친위대 역할이 근래에도 그대로 반복되고 있는 것이다.

국민 여론이 대통령과 정부를 압박하고 정국이 불안해지면 보안사가 계엄령 건의를 검토하고 이른바 시국 불량 인사 체포 계획이나 작성하는 친위대 습성을 버리지 못한다면 군의 정치 개입 과거사 청산이란 아직 요원하다 할 것이다. 군부도 시민민주주의 정치 체제의 일원으로서 모든 정치적 문제에 대해 국민 의사에 따르는 민주적 복종의 의무(political obligation)를 철저히 학습하고 체화해야 한다. 사관학교를 비롯한 모든 지휘관 연수 교육에 이 같은 시민민주주의 학습 과정을 필수화해야 할 것이다.

참고문헌

강성재. 『참 군인 이종찬 장군』. 서울: 동아일보사, 1986.

강창성. 『일본/한국 군벌정치』. 서울: 해동문화사, 1991.

김재홍. 『군부와 권력』. 서울: 나남, 1993.

_____. 『군 1: 정치 장교와 폭탄주』. 서울: 동아일보사, 1994.

_____. 『군 2: 무기개발 극비작전』. 서울: 동아일보사, 1994.

_____. 『박정희의 유산』. 서울: 푸른숲, 1998.

_____. 『누가 박정희를 용서했는가』. 서울: 책보세, 2012.

_____. 『박정희의 후예들』. 서울: 책보세, 2012.

_____. 『박정희 유전자』. 서울: 개마고원, 2012.

_____. "한국 군사권위주의 체제(1961~92)가 남긴 유산," 7월14일 세종연구소·미국 민주주의재단 공동주최 디모크라시 포럼 제1차 국제학술회의 주제발표 논 문, 1999.

_____. "절차적 민주주의와 국가 균형발전 파괴한 특혜형 독재정치," 민주 평화복지 포럼 정책자료집, 『5.16, 우리에게 무엇인가』. 2011.

_____. "김재홍 칼럼: 남산의 부장들과 정치 군벌 하나회," 「매일경제」, 2020. 2. 24.

_____. "김재홍 칼럼: 5·18광주, 정치 군벌 하나회를 생각한다," 「매일경제」, 2020. 5. 15.

_____. "유신선포의 내란 성격에 관한 고찰," 유신청산민주연대 편.『박정희 유신독 재체제 청산: 한국 현대사의 망령』. 서울: 도서출판 동연, 2020.

_____. "박정희의 정치적 유산과 그 청산," 유신청산민주연대 편.『박정희 유신독재 체제 청산: 한국 현대사의 망령』. 서울: 도서출판 동연, 2020.

민주평화복지포럼.『5.16, 우리에게 무엇인가: 박정희 시대의 실증적 역사평가』. 서울: 민주평화복지포럼, 2011.

유신청산민주연대 편.『박정희 유신독재체제 청산: 한국 현대사의 망령』. 서울: 도서출 판 동연, 2020.

이한림.『세기의 격랑』. 서울: 팔복원, 1994.

임지봉. "유신헌법과 한국 민주주의," 10월19일 민주평화복지포럼 학술대회 '유신 체제, 우리에게 무엇인가'에서 주제발표한 논문, 2011.

장태완.『12.12 쿠데타와 나』. 서울: 명성출판사, 1993.

지병문 · 김용철 · 천성권.『현대 한국정치의 새로운 인식』. 서울: 박영사, 2001.

한홍구. "군사 반란 50년, 박정희 시대에 대한 역사 평가," 민주평화복지포럼 주최
　　　'5.16쿠데타' 50년 학술대회자료집 출판기념회 및 강연회 자료집, 2011.

71동지회 편.『71동지회 50년 기념문집: 변혁의 시대 1971~2021』. 서울: 도서출판
　　　동연, 2021.

Finer, Samuel E. *The Man on Horseback*. London: Penguin Books, 1975.

Huntington, Samuel P. *The Soldier and the State: The Theory and Politics of
　　　Civil-Military Relation*. Cambridge: Harvard University Press, 1985.

Janowitz, Morris(ed.). *The New Military: Changing Patterns of Organization*.
　　　New York: The Norton Library, 1969.

부록 1

오동석·한상희
"유사 입법기구 제·개정 법률 예비조사"

유사 입법기구 제·개정 법률 예비조사*

오동석 · 한상희

(아주대학교 교수 · 건국대학교 교수)

I. 연구 목적

2022년 10월은 유신 독재의 본격적인 기점인 1972년 10월 17일 19시 '10·17 비상조치'가 있은 지 50년이 되는 때다. 한국 헌정사에서 유사 입법기구는 시기순으로 보면, 유신 전의 국가재건최고회의, 유신 시기의 비상국무회의 그리고 유신 후 시기의 국가보위입법회의가 있다. 세 기구 모두 국회를 해산하고 설치한 불법적인 입법기구다. 국가보위입법회의는 1980년헌법 부칙에 근거를 두고 있지만, 비상계엄 전국 확대와 1980년 5.18 내란[1] 및 그에 따른 국회 해산의 결과이므로, 그 헌법적 정당성을 인정할 수 없다.[2]

---

* 이 글은 오동석 · 한상희, "유사입법기구 제 · 개정 법률 예비조사," 〈유신50년군사독재청산위원회 · 유신청산민주연대 연구용역 보고서〉, (2022. 12.)를 전제하였다.

1 대법원 1997. 4. 17. 선고 96도3376 판결.

2 이동과 1988: 19; 이희훈, 2007: 145; 방승주, 2008: 258; 김순양b, 2022: 15; 한국민족문화대백과, 〈https://terms.naver.com/entry.naver?docId=571932& cid=46626&

국회 홈페이지 '국회의 역사'에서 보듯이 세 개의 위헌 입법기구의 활동은 국회의 해산에 따른 국회 활동의 공백 시간(1961. 5. 19.~ 1963. 12. 16., 1972. 10. 18.~1973. 3. 11., 1980. 10. 28.~1981. 4. 10.)이다.3 국가재건최고회의(1961. 5. 19~1963. 12. 16.)의 법률안 안건은 1,162건이었는데, 1,015건을 가결했다(이철호, 2002: 62). 유신 독재를 열었던 비상국무회의(1972. 10. 23.~1973. 2. 26.)의 법률안 안건은 270건이었다. 법률제정이 58건, 법률 개정이 203건 그리고 법률 폐지가 9건이었다(이철호, 2002: 68). 국가보위입법회의(1980. 10. 29.~1981. 3. 31.)는 법률안 189건 중 제정법률안 37건을 처리했다(김순양, 2022b: 19).

국가재건최고회의와 비상국무회의 그리고 국가보위입법회의에서 제정 또는 개정한 법률 조항들 그 자체는 상당 부분 국회의 입법을 통해 또는 헌법재판소의 위헌 결정을 계기로 하여 입법적으로 해소된 면이 있다. 그러나 구체적인 법률 조항 또는 그 내용 중에는 숨아지지 않은 채 민주주의 시대의 구석진 자리를 여전히 차지하고 있는 것들이 있다.

그러나 헌법재판소는 국가보위입법회의에서 법률을 개정한 경우 1980. 10. 27. 공포된 구 헌법 부칙 제6조 제1항·제3항 및 1987. 10. 29. 공포된 현행 헌법 부칙 제5조의 규정에 비추어, 국가보위입법회의에서 제정한 법률의 "그 내용"이 현행 헌법에 저촉한다고 하여 이를 다투는 것은 별론으로 하고 "그 제정 절차"에 하자가 있음을 이유

---

categoryId=46626〉, 검색일: 2022. 10. 10.

3 대한민국 국회 〈https://www.assembly.go.kr/portal/main/contents.do?menu No=600111〉, 검색일: 2022. 10. 10.

로 하여 이를 다툴 수는 없다고 보아야 한다고 결정했다.[4]

헌법재판소 결정에 동의할 수 없지만, 그보다 더 큰 문제는 국회가 이러한 위헌적 입법기구를 불법으로 선언하거나 위헌적 입법기구에서 제정 또는 개정한 법률에 대한 조사를 통해 그 불법성을 바로잡지 않았다는 것이다.

그러기에 2022. 9. 26. '유신군사독재 시기 국회 강제해산의 무효 선언과 유사 입법기구가 제·개정한 법률의 조사·검증 및 개정·폐지를 촉구하는 국회 결의안' 제출은 꼭 필요한 일이었다. 인재근 의원의 대표 발의와 125명 의원의 공동 발의로 모두 126명 의원이 서명했다.[5] 위헌적 기구의 불법 입법을 청산하는 일은 민주적 헌정사의 회복이라는 관점에서 매우 중요하다.

이 보고서는 위헌적 기구의 불법 입법을 청산하는 데 필요한 예비 조사를 위해 연구한 것이다. 유신 독재 시기를 중심에 놓는 의미에서 비상국무회의를 중심으로, 그 연장선에 있는 국가보위입법회의 그리고 유신 전의 위헌 입법기구인 국가재건최고회의 순으로 관련 법률 목록을 조사하여 정리했다.

---

4 헌재 1997. 1. 16. 89헌마240.

5 국제뉴스 2022. 9. 26. 〈https://www.gukjenews.com/news/articleView.html?idxno=2558621〉; 뉴스워커 2022. 9. 26. 〈http://www.newsworker.co.kr/news/articleView.html?idxno=174670〉; 대한뉴스 2022. 9. 26. 〈http://www.dhns.co.kr/news/articleView.html?idxno=291700〉; 미래일보 2022. 9. 26. 〈http://hkmd.kr/mobile/article.html?no=68188〉; 오마이뉴스 2022. 9. 26. 〈http://www.ohmynews.com/NWS_Web/View/at_pg.aspx?CNTN_CD=A0002867 558〉, 검색일: 2022. 10. 10.

II. 유사 입법기구의 입법 목록

유사 입법기구의 입법 목록은 유신 독재와 직접 관련 있는 비상국무회의 제정 법률을 중심으로 살피고, 그 연장선상에 있는 국가보위입법회의 그리고 유신 독재의 전 시기인 국가재건최고회의 순으로 정리했다. 시대순에 맞지는 않지만, 유신 독재 청산의 관점을 중시한 결과다.

1. 비상국무회의

1) 제정 법률

비상국무회의 제정 법률은 58건이다. 「건널목개량촉진법」, 「고압가스안전관리법」, 「공공차관의 도입 및 관리에 관한 법률」, 「공무원교육훈련법」, 「관광진흥개발기금법」, 「국민투표법」, 「국민투표에 관한 특례법」, 「국영방송사업특별회계법」, 「국토이용관리법」, 「국회사무처리에 관한 임시특례법」, 「국회의원선거법」, 「국회의원수당 등에 관한 법률」, 「군복 및 군용장구의 단속에 관한 법률」, 「군사기밀보호법」, 「군사시설보호법」, 「군수조달에 관한 특별조치법」, 「군인자녀교육보호법」, 「기술개발촉진법」, 「기술용역육성법」, 「기업공개촉진법」, 「농수산물도매시장법」, 「농지의 보전 및 이용에 관한 법」, 「대통령선거법」, 「대통령특별선언에 따른 헌법 개정안의 공고 등에 관한 특례법」, 「모자보건법」, 「물가안정에 관한 법률」, 「병역법 위반 등 범죄처벌에 관한 특별조치법」, 「병역의무의 특례규제에 관한 법률」,

「비상국무회의법」, 「산림개발법」, 「서울특별시 및 경기도의 관할구역 변경에 관한 법률」, 「선거관리위원회법」, 「선거관리위원회에 관한 특례법」, 「소액사건심판법」, 「수출업자신용보증법」, 「시 설치와 군의 폐지·병합에 관한 법률」, 「의료기사법」, 「인삼 및 인삼제품 규제에 관한 법률」, 「인장업단속법」, 「임시수입부가세법」, 「입목에 관한 법률」, 「전기사업법」, 「전화세법」, 「정부투자기관관리법」, 「종묘관리법」, 「주택개량촉진에 관한 임시조치법」, 「주택건설촉진법」, 「지방소방공무원법」, 「통일주체국민회의법」, 「통일주체국민회의대의원선거법」, 「특정지구개발 촉진에 관한 임시조치법」, 「한국교육개발원육성법」, 「한국방송공사법」, 「한국원자력연구소법」, 「한국종합화학공업주식회사법」, 「헌법위원회법」, 「형사소송에 관한 특별조치법」, 「화재로 인한 재해보상과 보험가입에 관한 법률」이다.

비상국무회의 제정 법률 외에 개정 법률 203건, 폐지 법률이 9건인데, 이 부분은 연구 기간의 한계로 인해 조사하지 못했다.

(1) 법률명 그대로 유지 법률(19건)

비상국무회의에서 제정한 법률명 그대로 지금까지 유지하면서 개정한 19개 법률의 목록이다.

「건널목개량촉진법」[법률 제2462호, 1973. 2. 5., 제정] ~ [법률 제14839
　　호, 2017. 7. 26., 타법개정]
「고압가스안전관리법」[법률 제2494호, 1973. 2. 7., 제정] ~ [법률 제
　　18269호, 2021. 6. 15., 일부 개정]

「공공차관의 도입 및 관리에 관한 법률」[법률 제2519호, 1973. 2. 16., 제정] ~ [법률 제17339호, 2020. 6. 9., 타법개정]

「공무원교육훈련법」[법률 제2461호, 1973. 2. 5., 제정] ~ [법률 제12844호, 2014. 11. 19., 타법개정]

「관광진흥개발기금법」[법률 제2402호, 1972. 12. 29., 제정] ~ [법률 제18376호, 2021. 8. 10., 일부 개정]

「국민투표법」[법률 제2559호, 1973. 3. 3., 폐지제정] ~ [법률 제14184호, 2016. 5. 29., 타법개정]

「국회의원수당 등에 관한 법률」[법률 제2497호, 1973. 2. 7., 제정] ~ [법률 제15711호, 2018. 6. 12., 일부 개정]

「군복 및 군용장구의 단속에 관한 법률」[법률 제2457호, 1973. 1. 30., 제정] ~ [법률 제15497호, 2018. 3. 20., 일부 개정]

「군사기밀보호법」[법률 제2387호, 1972. 12. 26., 제정] ~ [법률 제13503호, 2015. 9. 1., 일부 개정]

「농지의 보전 및 이용에 관한 법률」[법률 제2373호, 1972. 12. 18., 제정] ~ [법률 제4823호, 1994. 12. 22. 타법개정]

「모자보건법」[법률 제2514호, 1973. 2. 8., 제정] ~ [법률 제18612호, 2021. 12. 21., 일부 개정]

「물가안정에 관한 법률」[법률 제2599호, 1973. 3. 12., 제정] ~ [법률 제17817호, 2021. 1. 5., 일부 개정]

「선거관리위원회법」[법률 제2445호, 1973. 1. 20., 폐지제정] ~ [법률 제17893호, 2021. 1. 12., 타법개정]

「소액사건심판법」[법률 제2547호, 1973. 2. 24., 제정] ~ [법률 제7427호, 2005. 3. 31., 타법개정]

「임시수입부가세법」[법률 제2568호, 1973. 3. 3., 제정] ~ [법률 제9900
호, 2009. 12. 31., 일부 개정]

「입목에 관한 법률」[법률 제2484호, 1973. 2. 6., 제정] ~ [법률 제11303
호, 2012. 2. 10., 일부 개정]

「전기사업법」[법률 제2509호, 1973. 2. 8., 폐지제정] ~ [법률 제18504호,
2021. 10. 19., 일부 개정]

「주택건설촉진법」[법률 제2409호, 1972. 12. 30., 제정] ~ [법률 제6852
호, 2002. 12. 30., 타법개정]

「화재로 인한 재해보상과 보험가입에 관한 법률」[법률 제2482호, 1973.
2. 6., 제정] ~ [법률 제16272호, 2019. 1. 15., 타법개정]

(2) 법률명 개칭 후 유지 법률(6건)

비상국무회의에서 제정한 법률 중 법률명이 바뀌어 지금까지 유
지되는 법률은 6건이다.

「국토이용관리법」[법률 제2408호, 1972. 12. 30., 제정] ~ [법률 제6655
호, 2002. 2. 4., 타법폐지] ~ 「국토의계획및이용에관한법률」(약칭: 국
토계획법)[시행 2003. 1. 1.] [법률 제6655호, 2002. 2. 4., 제정] ~ [법률
제18310호, 2021. 7. 20., 타법개정]

「국회의원선거법」[법률 제2404호, 1972. 12. 30., 폐지제정] ~ [법률 제
4739호, 1994. 3. 16., 타법폐지] -> 공직선거및선거부정방지법[법률
제4739호, 1994. 3. 16., 제정] -> 「공직선거법」[법률 제7681호,
2005. 8. 4., 일부 개정]

「군사시설보호법」[법률 제2388호, 1972. 12. 26., 제정] ~ [법률 제8852
호, 2008. 2. 29., 타법개정] ~「군사기지 및 군사시설 보호법」(약칭:
군사기지법)[시행 2020. 8. 28.] [법률 제16568호, 2019. 8. 27., 타법
개정]

「기술용역육성법」[법률 제2474호, 1973. 2. 5., 제정] ~「엔지니어링산업
진흥법」(약칭: 엔지니어링산업법)[법률 제17344호, 2020. 6. 9., 타법
개정]

「의료기사법」[법률 제2534호, 1973. 2. 16., 제정] ~ [법률 제4431호,
1991. 12. 14., 일부 개정] ~「의료기사 등에 관한 법률」(약칭: 의료기
사법)[시행 2020. 12. 15.] [법률 제17643호, 2020. 12. 15., 일부 개정]

「인삼 및 인삼제품 규제에 관한 법률」[법률 제2427호, 1972. 12. 30., 제
정] ~ [법률 제3019호, 1977. 12. 19., 일부 개정] ~「인삼산업법」[법률
제18534호, 2021. 11. 30., 일부 개정]

(3) 다른 법률에 편입되어 폐지 법률(18건)

비상국무회의 제정 법률 중 다른 법률에 편입되어 폐지된 것은
18건이다.

「국민투표에 관한 특례법」[법률 제2349호, 1972. 10. 23., 제정] ~ [법률
제2559호, 1973. 3. 3., 타법폐지]

「국영방송사업특별회계법」[법률 제2398호, 1972. 12. 28., 제정] ~ [법률
제2418호, 1972. 12. 30., 타법폐지]

「기술개발촉진법」[법률 제2399호, 1972. 12. 28., 제정] ~ [법률 제10708

호, 2011. 5. 24., 타법폐지]

「기업공개촉진법」[법률 제2420호, 1972. 12. 30., 제정] ~ [법률 제3946
호, 1987. 11. 28., 타법폐지]

「농수산물도매시장법」[법률 제2483호, 1973. 2. 6., 제정] ~ [법률 제
2962호, 1976. 12. 31., 타법폐지]

「대통령선거법」[법률 제3331호, 1980. 12. 31., 제정] -> 공직선거및선거
부정방지법[법률 제4739호, 1994. 3. 16., 제정] ->「공직선거법」[법
률 제7681호, 2005. 8. 4., 일부 개정] ~ [법률 제18837호, 2022. 2. 16.,
일부 개정]

「병역법 위반 등의 범죄처벌에 관한 특별조치법」[법률 제2455호, 1973.
1. 30., 제정] ~ [법률 제3696호, 1983. 12. 31., 타법폐지]

「병역의무의 특례규제에 관한 법률」[법률 제2562호, 1973. 3. 3., 제정][6]
~ [법률 제4685호, 1993. 12. 31., 타법폐지]

「산림개발법」[법률 제2432호, 1972. 12. 30., 제정] ~ [법률 제3232호,
1980. 1. 4., 타법폐지]

「수출업자신용보증법」[법률 제2356호, 1972. 12. 8., 제정][7] ~ [법률 제
2695호, 1974. 12. 21., 타법폐지]

「정부투자기관관리법」[법률 제2477호, 1973. 2. 6., 제정] ~ [법률 제
3690호, 1983. 12. 31., 타법폐지]

「종묘관리법」[법률 제2555호, 1973. 2. 26., 제정] ~ [법률 제5024호,

---

6 이 법은 병역의무에 관한 특례를 규제함으로써 병역의무를 공평하게 부과하여 국방력의 강
화에 기여하게 함을 목적으로 한다(법 제1조).
7 이 법은 수출업자의 채무를 보증함으로써 수출지원금융을 원활히 하고 수출산업의 육성과
국제수지의 개선을 도모함을 목적으로 한다(법 제1조).

1995. 12. 6., 타법폐지]

「지방소방공무원법」[법률 제2502호, 1973. 2. 8., 제정] ~ [법률 제3042
  호, 1977. 12. 31., 타법폐지]

「한국교육개발원육성법」[법률 제2616호, 1973. 3. 14., 제정] ~ [법률 제
  5733호, 1999. 1. 29., 타법폐지]

「한국방송공사법」[법률 제2418호, 1972. 12. 30., 제정] ~ [법률 제6139
  호, 2000. 1. 12., 타법폐지]

「한국원자력연구소법」[법률 제2443호, 1973. 1. 15., 제정] ~ [법률 제
  8077호, 2006. 12. 26., 타법폐지]

「헌법위원회법」[법률 제2530호, 1973. 2. 16., 제정] ~ [법률 제4017호,
  1988. 8. 5., 타법폐지]

「형사소송에 관한 특별조치법」[법률 제2549호, 1973. 2. 24., 제정][8] ~
  [법률 제3361호, 1981. 1. 29., 타법폐지]

(4) 형식적 폐지가 필요한 법률(7건)

한시적 법률이거나 다른 법률에 흡수된 것으로 보아야 하거나 오
랫동안 방치되었으므로 형식적으로 폐지해야 하는 법률은 7건이다.

「국회사무처리에 관한 임시특례법」[법률 제2394호, 1972. 12. 28., 제

---

[8] 이 법은 형사소송의 지연을 방지함으로써 형사 피고인의 신속한 재판을 받을 권리를 보장함
을 목적으로 한다(법 제1조). 제2조에 따르면, "형사소송에 있어서 법원은 제1심에서는 공
소가 제기된 날로부터 6월내에, 항소심 및 상고심에서는 항소 또는 상고가 제기된 날로부터
각 4월내에 판결을 선고하여야 한다. 다만, 피고인이 구속되어 있는 사건에 있어서는 그러하
지 아니하다."

정]9

「군수조달에 관한 특별조치법」[법률 제2540호, 1973. 2. 17., 제정]10 ~

[법률 제3441호, 1981. 4. 13., 타법개정]

「비상국무회의법」[법률 제2348호, 1972. 10. 23., 제정]11

「서울특별시 및 경기도의 관할구역 변경에 관한 법률」[법률 제2596호,

1973. 3. 12., 제정]

「시 설치와 군의 폐치분합에 관한 법률」[법률 제2597호, 1973. 3. 12., 제

정]12

「주택개량촉진에 관한 임시조치법」[법률 제2581호, 1973. 3. 5., 제정]

~ [법률 제2968호, 1976. 12. 31., 타법개정]

「특정지구개발 촉진에 관한 임시조치법」[법률 제2436호, 1972. 12. 30.,

---

9 이 법은 1972년 10월 17일부터 1972년 11월 21일 국민투표로 확정된 헌법에 의한 국회의
최초의 집회일까지(이하 "國會解散期間"이라 한다)에 있어서 국회의장이 행할 공무원임면
과 국회예비금관리·지출에 관하여 국회법 및 국회사무처법에 대한 특례를 규정함을 목적으
로 한다(법 제1조). 부칙에 따라 이 법은 1972년 10월 17일부터 1972년 11월 21일 국민투
표로 확정된 헌법에 의한 국회의 최초의 집회일까지 효력을 가진다.

10 이 법은 군수업을 합리적으로 지도 육성하고 조정함으로서 효율적인 군수물자의 조달에
기여하게 함을 목적으로 한다(법 제1조). "군수업"은 군수물자를 생산(제조, 가공, 조립
및 정비하는 것을 말한다. 이하 같다)하거나 연구 개발하는 업을 말한다(법 제2조 제1호).
"군수물자"는 군용에 공하는 다음의 물자 중 정부에 의하여 지정된 것을 말한다(법 제2조
제2호). 즉, "가. 군용규격이 정하여진 물자 나. 군용에 전용하는 물자 다. 군이 제조 또는
수리를 지도하는 물자 라. 군사용으로 연구 개발중이거나 연구개발의 필요가 있다고 인정
되는 물자 마. 군사기밀이 요구되는 물자"다. 군수업체에서 군수물자의 생산에 종사하는
자의 노동쟁의에 관하여는 이를 노동쟁의조정법 제4조 제1항의 규정에 의한 공익사업으
로 본다(법 제18조).

11 비상국무회의의 법률적 근거를 마련한 법률이다. 부칙에 따라 이 법은 1972년 10월 17일
부터 1972년 11월 21일 국민투표로 확정된 헌법에 의한 국회의 최초의 집회일까지 효력
을 가진다.

12 경기도에 안양시와 성남시, 부천시를 설치하는 내용의 법률이다. 따로 폐지법률이 없다.
현행법령에서 검색이 되지 않는다.

제정]¹³ ~ [법률 제2850호, 1975. 12. 31., 일부 개정]

(5) 명시적으로 폐지된 법률(8건)

비상국무회의 제정 법률 중 명시적으로 폐지된 법률은 8건이다.

「군인자녀교육보호법」[법률 제2429호, 1972. 12. 30., 제정] ~ [법률 제
4143호, 1989. 12. 21., 폐지]

「대통령특별선언에 따른 헌법 개정안의 공고 등에 관한 특례법」[법률 제
2351호, 1972. 10. 26., 제정] ~ [법률 제9565호, 2009. 4. 1., 폐지]

「선거관리위원회에 관한 특례법」[법률 제2350호, 1972. 10. 23., 제정]
~ [법률 제17884호, 2021. 1. 5., 폐지]

「인장업단속법」[법률 제2384호, 1972. 12. 26., 제정] ~ [법률 제5648호,
1999. 1. 21., 폐지]

「전화세법」[법률 제2615호, 1973. 3. 14., 제정] ~ [법률 제6299호, 2000.
12. 29., 폐지]

「통일주체국민회의대의원선거법」[법률 제2352호, 1972. 11. 25., 제정] ~
[법률 제15328호, 2017. 12. 26., 폐지]

「통일주체국민회의법」[법률 제2353호, 1972. 12. 6., 제정] ~ [법률 제
15634호, 2018. 6. 12., 폐지]

「한국종합화학공업주식회사법」[법률 제2364호, 1972. 12. 9., 제정] ~

---

13 이 법은 개발촉진지구에 있어서 건축되는 건축물과 그 대지의 취득 및 양도등에 관한 조세
의 면제, 자금의 융자 기타 필요한 사항을 규정함으로써 도시의 건전한 발전과 국민생활의
안정에 기여하게 함을 목적으로 한다(법 제1조).

[법률 제6554호, 2001. 12. 29., 폐지]

2) 일부 개정 법률(예시 6건)

「군법회의법」[법률 제2390호, 1972. 12. 26., 일부 개정] -> 「군사법원법
」[법률 제3993호, 1987. 12. 4., 전부개정] ~ [법률 제17646호, 2020.
12. 15., 타법개정]

「군형법」[법률 제2538호, 1973. 2. 17., 일부 개정] ~ [법률 제18465호,
2021. 9. 24., 타법개정]

「병역법」[법률 제2454호, 1973. 1. 30., 일부 개정]

「중앙정보부법」[법률 제2590호, 1973. 3. 10., 일부 개정] -> 「국가안전
기획부법」[법률 제3313호, 1980. 12. 31., 전부개정] ~ [법률 제5454
호, 1997. 12. 13., 타법개정] -> 「국가정보원법」[법률 제5681호,
1999. 1. 21., 일부 개정] ~ [법률 제18519호, 2021. 10. 19., 일부 개정]

「징발법」[법률 제2345호, 1972. 10. 7., 일부 개정] ~ [법률 제12565호,
2014. 5. 9., 일부 개정]

「향토예비군설치법」[법률 제2428호, 1972. 12. 30., 일부 개정] -> 「예비
군법」[법률 제14183호, 2016. 5. 29., 타법개정] ~ [법률 제18682호,
2022. 1. 4., 타법개정]

3) 폐지 법률(예시 1건)

대통령선거법[법률 제2353호, 1972. 12. 6., 타법폐지] -> 공직선거및선
거부정방지법[법률 제4739호, 1994. 3. 16., 제정] -> 「공직선거법」

[법률 제7681호, 2005. 8. 4., 일부 개정] ~ [법률 제18837호, 2022. 2. 16., 일부 개정]

2. 국가보위입법회의

1) 제정 법률(38건)

국가보위입법회의 제정 법률은 38건이다.

(1) 법률명 그대로 유지 법률(15건)

제정 당시 법률명 그대로 유지되면서 개정되어 현재에 이르는 법률이 15건이다.

「노사협의회법」 [법률 제3348호, 1980. 12. 31., 제정] ~ [법률 제3968호, 1987. 11. 28., 일부 개정]

「농·어촌보건의료를 위한 특별조치법」 [법률 제3335호, 1980. 12. 31., 제정] ~ [법률 제18413호, 2021. 8. 17., 일부 개정]

「독점규제 및 공정거래에 관한 법률」 [법률 제3320호, 1980. 12. 31., 제정] ~ [법률 제18661호, 2021. 12. 28., 타법개정]

「새마을운동조직육성법」 [법률 제3269호, 1980. 12. 13., 제정] ~ [법률 제16766호, 2019. 12. 10., 일부 개정]

「소송촉진등에 관한 특례법」 [법률 제3361호, 1981. 1. 29., 제정] ~ [법률 제18676호, 2022. 1. 4., 일부 개정]

「온천법」[법률 제3377호, 1981. 3. 2., 제정] ~ [법률 제19028호, 2022. 11. 15., 일부 개정]

「외무공무원법」[법률 제3384호, 1981. 3. 14., 제정] ~ [법률 제17306호, 2020. 5. 26., 일부 개정]

「주식회사의 외부감사에 관한 법률」[법률 제3297호, 1980. 12. 31., 제정] ~ [법률 제17298호, 2020. 5. 19., 일부 개정]

「주택임대차보호법」[법률 제3379호, 1981. 3. 5., 제정] ~ [법률 제17470호, 2020. 7. 31., 일부 개정]

「택지개발촉진법」[법률 제3315호, 1980. 12. 31., 제정] ~ [법률 제17875호, 2021. 1. 5., 일부 개정]

「학교급식법」[법률 제3356호, 1981. 1. 29., 제정] ~ [법률 제18639호, 2021. 12. 28., 일부 개정]

「한국과학기술원법」[법률 제3310호, 1980. 12. 31., 제정] ~ [법률 제18739호, 2022. 1. 11., 일부 개정]

「한국전력공사법」[법률 제3304호, 1980. 12. 31., 제정] ~ [법률 제14678호, 2017. 3. 21., 일부 개정]

「한국청소년연맹육성에 관한 법률」[법률 제3434호, 1981. 4. 13., 제정] ~ [법률 제10661호, 2011. 5. 19., 일부 개정]

「형의 실효 등에 관한 법률」[법률 제3281호, 1980. 12. 18., 제정] ~ [법률 제17937호, 2021. 3. 16., 일부 개정]

(2) 법률명 개칭 후 유지 법률(4건)

법률 이름을 바꾼 후 유지되고 있는 법률이 4건이다.

「대통령선거법」[법률 제3331호, 1980. 12. 31., 제정] -> 공직선거및선거
부정방지법[법률 제4739호, 1994. 3. 16., 제정] ->「공직선거법」[법
률 제7681호, 2005. 8. 4., 일부 개정]~[법률 제18837호, 2022. 2. 16.,
일부 개정]

「원호기금법」[법률 제3400호, 1981. 3. 27., 제정]~[법률 제3419호,
1981. 4. 4., 타법개정] ->「보훈기금법」[법률 제3742호, 1984. 8. 2.,
타법개정]~[법률 제17883호, 2021. 1. 5., 타법개정]

「평화통일정책자문회의법」[법률 제3383호, 1981. 3. 14., 제정] ->「민주
평화통일자문회의법」[법률 제4000호, 1988. 2. 17., 일부 개정]~[법
률 제13564호, 2015. 12. 15., 일부 개정]

「한국원호복지공단법」[법률 제3419호, 1981. 4. 4., 제정] ->「한국보훈
복지공단법」[법률 제3742호, 1984. 8. 2., 타법개정]

(3) 형식적 폐지가 필요한 법률(4건)

명시적인 폐지 기록을 찾을 수 없는 법률이 4건이다.

「경상남도사무소의 소재지 변경에 관한 법률」[법률 제3426호, 1981. 4.
13., 제정]
「광명시 등 시 설치와 시·군 관할구역 및 명칭 변경에 관한 법률」[법률
제3425호, 1981. 4. 13., 제정]
「국가보위입법회의법」[법률 제3260호, 1980. 10. 28., 제정]
「대구직할시 및 인천직할시 설치에 관한 법률」[법률 제3424호, 1981. 4.

13., 제정]

(4) 명시적으로 폐지된 법률(15건)

폐지 법률 또는 다른 법에 따라 폐지된 법률이 15건이다.

「교정시설경비교도대설치법」 [법률 제3431호, 1981. 4. 13., 제정] ~ [법률 제14170호, 2016. 5. 29., 타법폐지]

「국정자문회의법」 [법률 제3287호, 1980. 12. 18., 제정] ~ [법률 제4002호, 1988. 2. 24., 타법폐지]

「국회의원선거법」 [법률 제3359호, 1981. 1. 29., 폐지제정] ~ [법률 제4739호, 1994. 3. 16., 타법폐지] -> 공직선거및선거부정방지법[법률 제4739호, 1994. 3. 16., 제정] -> 「공직선거법」 [법률 제7681호, 2005. 8. 4., 일부 개정] ~ [법률 제18837호, 2022. 2. 16., 일부 개정]

「농어민후계자육성기금법」 [법률 제3262호, 1980. 11. 5., 제정] ~ [법률 제4228호, 1990. 4. 7., 타법폐지]

「대통령선거법」 [법률 제3331호, 1980. 12. 31., 제정] ~ [법률 제4739호, 1994. 3. 16., 타법폐지]

「사회보호법」 [법률 제3286호, 1980. 12. 18., 제정] ~ [법률 제7656호, 2005. 8. 4., 폐지]

「사회복지사업기금법」 [법률 제3336호, 1980. 12. 31., 제정] ~ [법률 제5317호, 1997. 3. 27., 타법폐지]

「세무대학설치법」 [법률 제3429호, 1981. 4. 13., 제정] ~ [법률 제5995호, 1999. 8. 31., 폐지]

「언론기본법」[법률 제3347호, 1980. 12. 31., 제정] ~ [법률 제3977호, 1987. 11. 28., 폐지]

「정치풍토 쇄신을 위한 특별조치법」[1980. 11. 5. 제정][14] ~ [법률 제4039호, 1988. 12. 31., 폐지]

「축산업협동조합법」[법률 제3276호, 1980. 12. 15., 제정] ~ [법률 제6018호, 1999. 9. 7., 타법폐지]

「축산업협동조합임원 임면에 관한 임시조치법」[법률 제3277호, 1980. 12. 15., 제정] ~ [법률 제4081호, 1988. 12. 31., 폐지]

「한국기술개발주식회사법」[법률 제3312호, 1980. 12. 31., 제정] ~ [법률 제4491호, 1991. 12. 31., 타법폐지]

「한국방송광고공사법」[법률 제3317호, 1980. 12. 31., 제정] ~ [법률 제11373호, 2012. 2. 22., 타법폐지]

「한국전기통신공사법」[법률 제3385호, 1981. 3. 14., 제정] ~ [법률 제6359호, 2001. 1. 16., 폐지]

---

14 대통령 소속의 정치쇄신위원회가 "1968. 8. 16.부터 1980. 10. 26.까지의 기간 중 정치적·사회적 부패·혼란에 현저한 책임이 있다고 인정되는 자"를 심사·공고하고, 공고된 자는 별도의 적격판정을 받지 않는 한 원칙적으로 1988. 6. 30.까지 정치활동을 할 수 없으며, 다만 그 전이라도 대통령은 임의로 대상을 지정하여 정치 활동 금지를 해제(해금)할 수 있도록 하였다. 김영삼·김대중·김종필을 비롯한 주요 구 여·야권 정치인과 재야인사를 통틀어 835명의 정치 활동이 금지되었다. 그중 268명은 11. 25. 적격 판정을 받아 구제되었는데(당시의 용어로 '재심 구제') 이들 중 약 130명은 민주정의당·민주한국당·한국국민당의 창당준비위원이나 발기인이 되거나 1981년의 제11대 총선에서 이들 정당의 국회의원 후보로 공천을 받았다. 정부는 새로운 정당 체제에 대한 순응을 조건으로 정치 활동의 재개 여부를 결정할 권한을 독점하였다(최호동, 2020: 19-20).

2) 전부개정 법률(예시 3건)

「계엄법」 [법률 제3442호, 1981. 4. 17., 전부개정] ~ [법률 제14839호, 2017. 7. 26., 타법개정]

「국가안전기획부법」 [법률 제3313호, 1980. 12. 31., 전부개정] ~ [법률 제5454호, 1997. 12. 13., 타법개정] -> 「국가정보원법」 [법률 제5681호, 1999. 1. 21., 일부 개정] ~ [법률 제18519호, 2021. 10. 19., 일부 개정]

「국가안전기획부직원법」 [법률 제3314호, 1980. 12. 31., 전부개정] ~ [법률 제5536호, 1998. 4. 10., 일부 개정] -> 「국가정보원직원법」 [법률 제5682호, 1999. 1. 21., 일부 개정] ~ [법률 제18520호, 2021. 10. 19., 일부 개정]

3) 일부 개정 법률(예시 4건)

「군법회의법」 [법률 제1004호, 1962. 1. 20., 제정] -> 「군사법원법」 [법률 제3993호, 1987. 12. 4., 전부개정] ~ [법률 제17646호, 2020. 12. 15., 타법개정]

「노동조합법」 [법률 제3350호, 1980. 12. 31., 일부 개정] ~ [법률 제5244호, 1996. 12. 31., 타법폐지] -> 「노동조합및노동관계조정법」(약칭: 노동조합법)[법률 제5310호, 1997. 3. 13., 제정] ~ [법률 제17864호, 2021. 1. 5., 일부 개정]

「노동쟁의조정법」 [법률 제3351호, 1980. 12. 31., 일부 개정] ~ [법률 제5244호, 1996. 12. 31., 타법폐지] -> 「노동조합및노동관계조정법」(약칭: 노동조합법)[법률 제5310호, 1997. 3. 13., 제정] ~ [법률 제

17864호, 2021. 1. 5., 일부 개정]

「향토예비군설치법」[법률 제3344호, 1980. 12. 31., 일부 개정] -> 「예비군법」[법률 제14183호, 2016. 5. 29., 타법개정] ~ [법률 제18682호, 2022. 1. 4., 타법개정]

3. 국가재건최고회의

국가재건최고회의 관련 법률 목록은 1,015건으로 방대해서 제정 법률과 개정 법률 중 중요한 법률 목록을 예시로 정리했다.

1) 국가재건최고회의 제정 법률 목록(예시)

국가재건최고회의에서 제정한 법률의 목록은 다음과 같다.

(1) 법률명 그대로 유지 법률(예시 8건)

「감사원법」[법률 제1286호, 1963. 3. 5., 제정] ~ [법률 제17560호, 2020. 10. 20., 일부 개정]

「국회도서관법」[법률 제1454호, 1963. 11. 26., 제정] ~ [법률 제18547호, 2021. 12. 7., 타법개정]

「국회사무처법」[법률 제1453호, 1963. 11. 26., 제정] ~ [법률 제17337호, 2020. 5. 29., 일부 개정]

「군형법」[법률 제1003호, 1962. 1. 20., 제정] ~ [법률 제18465호, 2021. 9. 24., 타법개정]

「농업협동조합법」[법률 제670호, 1961. 7. 29., 폐지제정] ~ [법률 제 18996호, 2022. 10. 18., 일부 개정]

「몰수금품등 처리에 관한 임시특례법」[법률 제1167호, 1962. 11. 6., 제 정] ~ [법률 제15973호, 2018. 12. 18., 일부 개정]

「집회 및 시위에 관한 법률」[법률 제1245호, 1962. 12. 31., 제정] ~ [법률 제17689호, 2020. 12. 22., 타법개정]

「징발법」[법률 제1336호, 1963. 5. 1., 제정] ~ [법률 제12565호, 2014. 5. 9., 일부 개정]

(2) 법률명 개칭 후 유지 법률(예시 3건)

「군법회의법」[법률 제1004호, 1962. 1. 20., 제정] ->「군사법원법」[법률 제3993호, 1987. 12. 4., 전부개정] ~ [법률 제17646호, 2020. 12. 15., 타법개정]

「중앙정보부법」[법률 제619호, 1961. 6. 10., 제정] ~ [법률 제2590호, 1973. 3. 10., 일부 개정] ->「국가안전기획부법」[법률 제3313호, 1980. 12. 31., 전부개정] ~ [법률 제5454호, 1997. 12. 13., 타법개정] ->「국가정보원법」[법률 제5681호, 1999. 1. 21., 일부 개정] ~ [법률 제18519호, 2021. 10. 19., 일부 개정]

「중앙정보부직원법」[법률 제1355호, 1963. 5. 31., 제정] ~ [법률 제1511 호, 1963. 12. 14., 일부 개정] ->「국가안전기획부직원법」[법률 제 3314호, 1980. 12. 31., 전부개정] ~ [법률 제5536호, 1998. 4. 10., 일부 개정] ->「국가정보원직원법」[법률 제5682호, 1999. 1. 21., 일부 개 정] ~ [법률 제18520호, 2021. 10. 19., 일부 개정]

(3) 형식적 폐지가 필요한 법률(예시 1건)

「특수범죄처벌에 관한 특별법」 [법률 제633호, 1961. 6. 22., 제정]

(4) 명시적으로 폐지된 법률(예시 27건)

「가축밀도살특별처벌령」 [국가재건최고회의령 제40호, 1961. 6. 6., 제
정] ~ [법률 제1363호, 1963. 6. 26., 타법폐지]

「가축보호법」 [법률 제306호, 1954. 1. 23., 제정] ~ [법률 제1363호,
1963. 6. 26., 타법폐지]

「감찰위원회법」 [법률 제590호, 1961. 1. 14., 제정] ~ [법률 제1286호,
1963. 3. 5., 타법폐지]

「경비계엄하 군사재판에 관한 특별조치령」 [국가재건최고회의령 제34
호, 1961. 6. 1., 제정] ~ [법률 제1198호, 1962. 12. 5., 타법폐지]

「공무원 비위조사에 관한 임시특례법」 [법률 제954호, 1962. 1. 6., 제정]
~ [법률 제1458호, 1963. 11. 30., 폐지]

「공무원 파면 및 기타 징계」 [국가재건최고회의령 제18호, 1961. 5. 27.,
제정] ~ [법률 제722호, 1961. 9. 18., 폐지]

「공무원훈련법」 [법률 제754호, 1961. 11. 1., 제정] ~ [법률 제2461호,
1973. 2. 5., 타법폐지]

「구법령 정리에 관한 특별조치법」 [법률 제659호, 1961. 7. 15., 제정] ~
[법률 제10164호, 2010. 3. 22., 폐지]

「국민운동본부직원법」 법률 제1524호, 1963. 12. 16., 제정] ~ [[법률 제
1654호, 1964. 8. 14., 타법폐지],

「국민운동에 관한 법률」[법률 제1523호, 1963. 12. 16., 제정] ~ [법률 제
    1654호, 1964. 8. 14., 타법폐지]

「국유재산의 현물출자에 관한 법률」[법률 제1430호, 1963. 11. 1., 제정]
    ~ [법률 제9401호, 2009. 1. 30., 타법폐지]

「국회의원선거법」[법률 제1256호, 1963. 1. 16., 폐지제정]

「근로자 단체 활동에 관한 임시조치법」[법률 제672호, 1961. 8. 3., 제정]
    ~ [법률 제1329호, 1963. 4. 17., 타법폐지]

「긴급금융조치법」[법률 제277호, 1953. 2. 27., 제정] ~ [법률 제7719호,
    2005. 12. 14., 폐지]

「긴급통화조치법」[법률 제1088호, 1962. 6. 9., 제정] ~ [법률 제17141호,
    2020. 3. 31., 폐지]

「대통령선거법」[법률 제1262호, 1963. 2. 1., 제정] ~ [법률 제4739호,
    1994. 3. 16., 타법폐지]

「동·이장 임명에 관한 임시조치법」[법률 제638호, 1961. 6. 29., 제정]
    ~ [법률 제707호, 1961. 9. 1., 타법폐지]

「반공법」[법률 제643호, 1961. 7. 3., 제정] ~ [법률 제3318호, 1980. 12.
    31., 타법폐지]

「부정축재처리법」[법률 제623호, 1961. 6. 14., 제정] ~ [법률 제9150호,
    2008. 12. 19., 폐지]

「사회단체 등록에 관한 법률」[법률 제621호, 1961. 6. 12., 제정] ~ [법률
    제2392호, 1972. 12. 26., 일부 개정] -> 사회단체신고에관한법률[법
    률 제4736호, 1994. 1. 7., 전부개정] ~ [법률 제5304호, 1997. 3. 7., 폐지]

「수도방위사령부설치법」[법률 제684호, 1961. 8. 17., 제정] ~ [법률 제
    1540호, 1963. 12. 16., 폐지]

「신문 등 및 정당 등의 등록에 관한 법률」[법률 제553호, 1960. 7. 1., 제정]

    ~ 법률 제1486호, 1963. 12. 12., 타법폐지]

「심계관 및 감찰위원회 징계법」[법률 제1065호, 1962. 5. 10., 제정] ~ [법

    률 제1286호, 1963. 3. 5., 타법폐지]

「심계원법」[법률 제710호, 1961. 9. 9., 폐지제정] ~ [법률 제1286호,

    1963. 3. 5., 타법폐지]

「임산물 단속에 관한 법률」[법률 제635호, 1961. 6. 27., 제정] ~ [법률 제

    3232호, 1980. 1. 4., 타법폐지]

「재건국민운동에 관한 법률」[법률 제622호, 1961. 6. 12., 제정] ~ [법률

    제1523호, 1963. 12. 16., 타법폐지]

「정치활동정화법」[법률 제1032호, 1962. 3. 16., 제정] ~ [법률 제9144호,

    2008. 12. 19., 폐지]

2) 국가재건최고회의 전부개정에 따른 실질적 제정 법률 목록(예시 4건)

「국군조직법」[법률 제1343호, 1963. 5. 20., 전부개정] ~ [법률 제10821

    호, 2011. 7. 14., 일부 개정]

「노동조합법」[법률 제1329호, 1963. 4. 17., 전부개정] ~ [법률 제5244호,

    1996. 12. 31., 타법폐지] -> 「노동조합및노동관계조정법」(약칭: 노

    동조합법)[법률 제5310호, 1997. 3. 13., 제정] ~ [법률 제17864호,

    2021. 1. 5., 일부 개정]

「노동쟁의조정법」[법률 제1327호, 1963. 4. 17., 전부개정] ~ [법률 제

    5244호, 1996. 12. 31., 타법폐지] -> 「노동조합및노동관계조정법」(

약칭: 노동조합법)[법률 제5310호, 1997. 3. 13., 제정] ~ [법률 제 17864호, 2021. 1. 5., 일부 개정]

「병역법」[법률 제1163호, 1962. 10. 1., 전부개정] ~ [법률 제18682호, 2022. 1. 4., 타법개정]

3) 국가재건최고회의 일부 개정 법률 목록(예시 4건)

「국가공무원법」[법률 제721호, 1961. 9. 18., 일부 개정] ~ [법률 제18308호, 2021. 7. 20., 타법개정]

「군인사법」[법률 제1406호, 1963. 9. 24., 일부 개정] ~ [법률 제18680호, 2022. 1. 4., 일부 개정]

「근로기준법」[법률 제791호, 1961. 12. 4., 일부 개정] ~ [법률 제18176호, 2021. 5. 18., 일부 개정]

「대한석탄공사법」[법률 제888호, 1961. 12. 30., 일부 개정] ~ [법률 제16795호, 2019. 12. 10., 일부 개정]

III. 대표적인 청산 대상 법률

국회는 유사 입법기구 즉, 위헌적 입법기구에서 제·개정한 법률을 계속해서 개정했다. 그러나 위헌성을 치유하고 그에 상응하는 조치를 담은 내용의 법률 개정은 아니었다. 당시의 법률 조항을 바로잡는 일은 미래지향 관점에서 적극적인 입법 개선이 필요하다.

1. 정치적 권리 관련 법제

유사 입법기구는 헌법적·민주적 정당성의 부재를 은폐하려고 기존 정치인의 손발을 묶는 한편 국민의 입과 귀를 차단하는 내용의 개악을 했다.

1) 국민투표법

비상국무회의가 제정한「국민투표에 관한 특례법」[법률 제2349호, 1972. 10. 23., 제정], [법률 제2559호, 1973. 3. 3., 타법폐지]의 핵심 내용은 유신헌법에 대한 국민투표에서 비판 여론을 봉쇄하기 위한 것이다. 이것은 유신헌법으로 개정과정이 위헌 불법임을 증명한다.

법률 제3조에서「국민투표법」[법률 제2144호, 1969. 9. 18., 폐지제정] 중 일부 규정을 적용하지 않게 한 것이다. 예를 들면 제6장 국민투표에 관한 운동(법 제28조 내지 제45조), 투표소참관·투표비밀보장·개표관리 등(법 제59조 및 법 제71조)이다. 그 대신 제9조는 "누구든지 국민투표의 대상이 되는 사항에 대한 찬성 또는 반대를 위하여" 일정한 행위를 하지 못하도록 하면서, "다만, 국민투표의 대상이 되는 헌법 개정안의 제안이유와 내용에 대한 설명·해열 및 계몽은 찬성 또는 반대를 위한 것으로 보지 아니한다."고 함으로써, 일방적으로 유신헌법안을 홍보할 수 있게 하는 것이었다.

제9조 (국민투표에 관한 운동의 금지특례) 누구든지 국민투표의 대상이

되는 사항에 대한 찬성 또는 반대를 위하여 다음 각호의 행위를 하지 못한다. 다만, 국민투표의 대상이 되는 헌법 개정안의 제안이유와 내용에 대한 설명·해열 및 계몽은 찬성 또는 반대를 위한 것으로 보지 아니한다.

1. 불특정 또는 다수인에 대한 연설 및 연설을 고지하기 위한 벽보의 작성, 첩부, 전단의 살포와 구두로 전언하는 행위
2. 선전벽보를 첩부하거나 현수막, 입간판, 표찰, 광고탑, 광고판, 기타시설 및 사람의 착용물을 게시 또는 착용하는 행위
3. 방송 또는 간행물을 통하여 허위사실을 선전하거나 사실을 왜곡 선전하는 행위
4. 방송이나 간행물을 경영, 편집, 취재 또는 집필하는 자에게 금품, 향응, 기타 이익을 제공하거나 제공할 의사의 표시, 또는 약속을 하여 찬성 또는 반대의 보도, 평론등을 게재하게 하거나 방송하게 하는 행위
5. 서명이나 날인을 받는 행위
6. 금품이나 음식물 또는 이익을 제공하거나 제공할 것을 약속하는 행위
7. 호별 방문하여 찬성이나 반대를 권유하는 행위
8. 대오를 조직하고 가로를 행진하거나 연호하는 행위
9. 특정인의 신분·경력 또는 인격에 관하여 허위의 사실을 진술 또는 유포하거나, 공연히 사실을 적시하여 개인의 인신공격을 하는 행위

이후 비상국무회의의 「국민투표법」(1973. 3. 3. 법률 제2559호)은 국민투표에 관한 운동을 광범위한 사유로 제한했다.

제28조 (국민투표에 관한 운동의 제한) 누구든지 국민투표의 대상이 되는 사항에 관한 찬성 또는 반대를 위하여 다음 각호의 1에 해당하는 행위를 하지 못한다.

1. 불특정 또는 다수인에 대한 연설 및 연설을 고지하기 위한 벽보의 작성 · 첩부, 전단의 살포와 구술로 전언하는 행위

2. 선전벽보 · 현수막 · 입간판 · 표찰 · 광고탑 · 광고판 기타 시설을 작성, 첩부, 게시하거나 사람의 착용물을 착용하는 행위

3. 방송이나 간행물 기타 인쇄물을 통하여 찬성 또는 반대의 의견을 표시하거나 허위사실을 선전하거나 사실을 왜곡선전하는 행위

4. 방송이나 간행물을 경영 · 편집 · 취재 또는 집필하는 자에게 금품, 향응 기타 이익을 제공하거나 제공할 의사를 표시 또는 약속하여 찬성 또는 반대의 보도 · 평론등을 게재하게 하거나 방송하게 하는 행위

5. 서명이나 날인을 받는 행위

6. 금품이나 음식물 또는 이익을 제공하거나 제공할 것을 약속하는 행위

7. 호별로 방문하는 행위

8. 대오를 조직하고 가로를 행진하거나 연호하는 행위

9. 특정인의 신분 · 경력 또는 인격에 관하여 허위의 사실을 진술 또는 유포하거나 공연히 사실을 적시하여 인신공격을 하는 행위

10. 확성장치 또는 녹음기를 사용한 행위

현행 「국민투표법」 [법률 제14184호, 2016. 5. 29., 타법개정] 제27조는 국민투표에 관한 "운동은 이 법에 규정된 이외의 방법으로는 이를 할 수 없다."고 규정하고 있다. 이하 제28조(운동을 할 수 없는 자)에서 제48조(특정인 비방의 금지)까지 국민투표에 관하여 일정

한 방법만 허용하고 있다. 선거법처럼 원칙적으로 자유, 예외적으로 제한하는 방식으로 규정함이 타당하다. 그리고 금지 또는 제한하는 국민투표 운동 방식이 오늘날 민주주의 사회에서 적절한지 검토가 필요하다.

2) 선거법

(1) 개정 대상 예시

국회의원 선거 후보자의 순서

1961. 4. 28. 일부 개정「국회의원선거법」제96조 제3항은 "선거구선거위원회는 후보자등록 마감 후 2일 이내에 후보자 또는 대리인의 참석하에 후보자의 인쇄순위를 추첨에 의하여 결정한다."고 규정하고 있다.

1963. 8. 6. 국가재건최고회의 개정「국회의원선거법」제95조 제2항은 "기호는 투표용지에 인쇄할 정당의 순위에 의하여 1·2·3등으로 표시하여야 하며 정당과 지역구 후보자의 성명은 한글과 한자를 병기하여야 한다."고 개정했다. 추첨제로 복원할 필요가 있다.

기탁금 제도

비상국무회의에서 전면 개정된「국회의원선거법」(1973. 3. 12. 법률 제2603호)에서 거액의 기탁금 제도(당시 정당 추천 200만 원, 무소속 300만 원, 당시 법 제32조[15])를 도입했다. 기탁금을 낮출 필요가 있다.

(2) 선거운동의 자유 보장 확대

국가재건최고회의의 선거운동 제약

1963. 8. 6. 국가재건최고회의 개정「국회의원선거법」제33조는 "선거운동은 이 법에 규정된 이외의 방법으로 이를 할 수 없다."고 기본권 행사를 법률이 정한 방식에 가둠으로써 선거운동의 자유를 과잉 제한했다.

현행「공직선거법」제58조 제2항은 "누구든지 자유롭게 선거운동을 할 수 있다. 그러나 이 법 또는 다른 법률의 규정에 의하여 금지 또는 제한되는 경우에는 그러하지 아니하다."고 규정함으로써 선거운동 자유 원칙, 예외적인 금지 또는 제한의 방식으로 개정이 이뤄졌다.

그러나 비록 불법입법기구에 의해서 개악된 것은 아니지만, 학자들이 정치적 표현의 자유에 대한 과잉 제한이라고 평가하는 조항들이 여전히 산재한다. 독재 정권에 대한 투쟁 속에서 민주화를 성과를 일궈낸 국민의 민주적인 의식을 고려하지 않은 전근대적 조항들이다.

예를 들면, 호별 방문 금지(김학진, 2017: 167-204)가 대표적이다. 돈을 쓰거나 권력을 이용하거나 하는 부정한 선거운동 방법이라기보다는 발로 뛰면서 자신을 알릴 방법이다. 후보자의 호별 방문에 따라 유권자가 성가시다고 느낄 수 있지만, 민주주의를 위해 감수해야 할 민주시민의 몫이다. 선거의 공정성은 민주성 위에 터 잡아야

---

15 제32조 (기탁금) ① 후보자등록을 신청하는 자는 등록신청시에 300만원을 대통령령이 정하는 바에 따라 관할선거구선거관리위원회에 기탁하여야 한다. 다만, 정당의 추천을 받아 후보자등록을 신청하는 자는 200만원을 기탁하여야 한다. ② 제1항의 기탁금은 체납처분이나 강제집행의 대상으로 하지 못한다.

한다. 공정성이 민주주의를 질식케 해서는 안 된다. 선거 공정성의 우위는 선거관리위원회와 검찰의 권력을 강화한다.

　1948. 12. 23. 일부 개정 법률 제17호「국회의원선거법」제29조는 "등록한 의원후보자는 자유로이 선거에 관한 선전을 할 수 있음."이라고 규정했다. 한국전쟁 중이던 1951. 6. 2. 일부 개정 법률 제204호「국회의원선거법」제42조의 2는 "의원후보자는 선거운동을 하기 위하여 선거인을 개별로 방문할 수 없다."는 호별 방문 금지 조항을 신설했다. 김학진(2017: 173)은 호별 방문 금지 규정의 등장을 추적하여 일본의 1925년 보통선거법 제98조 "누구라도 투표를 얻거나 얻으려고 하거나 또는 얻게 하지 않으려는 목적으로 호별 방문을 할 수 없다"라고 규정한 것을 찾아냈다.

　현재「공직선거법」의 호별 방문 제한 규정은 다음과 같다.

　제106조(호별 방문의 제한) ① 누구든지 선거운동을 위하여 또는 선거기간중 입당의 권유를 위하여 호별로 방문할 수 없다.

　② 선거운동을 할 수 있는 자는 제1항의 규정에 불구하고 관혼상제의 의식이 거행되는 장소와 도로·시장·점포·다방·대합실 기타 다수인이 왕래하는 공개된 장소에서 정당 또는 후보자에 대한 지지를 호소할 수 있다.

　③ 누구든지 선거기간중 공개장소에서의 연설·대담의 통지를 위하여 호별로 방문할 수 없다.

　법 제106조 제1항과 제3항을 위반하면 법 제255조(부정선거운동죄)에 해당하여 3년 이하의 징역 또는 600만 원 이하의 벌금에 처한다.

국가보위입법회의의 선거법 개악

국가보위입법회의의 「대통령선거법」(1980. 12. 31. 제정)은 미국식의 선거인단 체제를 모방한 것처럼 보이지만 선거인이 어느 대통령 후보에게 투표할지가 사전에 공표되지도 않고, 또한 유권자가 일단 선출된 선거인의 의사를 구속하는 법률상·사실상의 제약이 없었다. 후보가 선거인단으로부터 얻는 득표율은 선거인을 선출한 국민의 의사와 완전히 절연되었다(최호동, 2020: 20).

국가보위입법회의는 제11대 총선을 2개월 남겨두고 「국회의원선거법」을 개정했다(1981. 1. 29. 폐지제정). 이 법률은 한 지역구에서 2명의 국회의원을 선출하는 중선거구제를 취한 점에서 유신 체제의 국회의원선거법과 유사하나, 유신헌법이 국회 의석의 1/3을 여당과 별도의 친위조직인 유정회에 배분했던 것과 달리 유신 이전의 '전국구' 제도를 부활하였다. 전체 의석(276석)의 1/3인 92석을 전국구 의석으로 하되, 그 중 2/3(61석)을 제1당에게 일괄 배분하고 나머지 31석만을 여타 정당이 득표율대로 배분받도록 하였다. 국회 내의 '안정적 다수 형성'이 그 명분이었다. 유신 체제에서 박정희가 통일주체국민회의 의장으로서 국회의원 정수의 1/3을 사실상 임명할 수 있었다면, 전두환은 민정당 총재로서 공천권의 행사를 통해 국회의원 정수의 2/9(=1/3×2/3)를 사실상 임명하면서 여당 조직에 대한 장악력을 높일 수 있게 되었다. 더구나 위 법률은 총선의 시기를 "의원의 임기만료일 전 180일로부터 20일까지에 실시한다"고만 규정하고 그 구체적인 날짜를 "늦어도 선거일 전 180일에 대통령이" 공고하도록 규정함으로써(제96조), 선거 시기에 관한 정보를 독점하는 여당이 그 준비에 있어 절대적으로 유리하도록 했다(최호동, 2020: 21).

공직선거법의 선거운동 조항 비교

<표 3-1> 선거운동 조항 비교

1950. 4. 12. 폐지제정	1960. 6. 23. 제정	국가재건최고회의 /비상국무회의	현행 공직선거법
		제31조(정의)	제58조(정의 등)
			제58조의 2(투표참여 권유 활동)
	제35조(선거운동의 기간)	제35조(선거운동의 기간)	제59조(선거운동기간)
		제33조(선거운동의 한계) 선거운동은 이 법에 규정된 이외의 방법으로 이를 할 수 없다.	
제36조 국가, 지방자치단체의 공무원과 각급선거위원회의 위원과 직원은 선거운동을 할 수 없다. 단, 국회의원과 지방의회의원은 예외로 한다. 본법 제29조 제2항 제2호 또는 제3호 해당단체원은 단체의 명의로써 선거운동을 할 수 없다.	제36조(선거운동을 할 수 없는 자)	제34조(선거운동을 할 수 없는 자)	제60조(선거운동을 할 수 없는 자)
제42조 누구든지 국민학교, 중등학교의 생도 또는 20세미만의 소년등에 대한 특수관계를 이용하여 선거운동을 할 수 없다.	제41조(학생, 미성년자의 선거운동 금지)		

	제49조(규정 외 문서, 도서 등의 금지)		
	제50조(탈법 방법에 의한 문서, 도화의 금지)	제46조(탈법방법에 의한 문서·도화의 금지)	
제37조 누구든지 의원후보자를 위하여 단순한 연설회를 자유로이 개최할 수 있다.	제51조(합동연설회) 제55조(개인연설회)	제48조(합동연설회) 제52조(후보자에 의한 연설회) 제53조(정당에 의한 연설회)	제79조(공개장소에서의 연설·대담)
제41조 학교 기타 공공시설은 대통령령의 정하는 바에 의하여 선거운동을 위한 연설장으로 사용을 허가하여야 한다.	제58조(연설금지장소)	제56조(연설금지장소)	제80조(연설금지장소)
	제59조(확성기와 자동차등의 사용제한)	제57조(확성장치와 자동차등의 사용제한)	제91조(확성장치와 자동차등의 사용제한)
	제63조(신문, 잡지등의 불법이용의 제한)	제61조(신문, 잡지등의 불법이용의 제한) 제63조(신문·잡지의 통상방법외의 배부금지)	제93조(탈법방법에 의한 문서·도화의 배부·게시 등 금지) [한정위헌, 2007헌마1001, 2010헌바88, 2010헌마173·191(병합), 2011. 12. 29. 공직선거법(2010. 1. 25. 법률 제9974호로 개정된 것) 제93조 제1항의 '그 밖에 이와 유사한 것'에, '정보통신망을 이용하여 인터넷 홈페이지 또는 그 게시판·대화방 등에 글

			이나 동영상 등 정보를 게시하거나 전자우편을 전송하는 방법'이 포함되는 것으로 해석하는 한 헌법에 위반된다.] [2017. 2. 8. 법률 제14556호에 의하여 2016. 9. 29. 헌법재판소에서 위헌 결정된 제93조 제1항 제1호 중 제60조의 3 제2항 제3호를 개정함.] [단순위헌, 2018헌바357, 2022.7.21, 공직선거법 (2010. 1. 25. 법률 제9974호로 개정된 것) 제93조 제1항 본문 중 '광고, 문서·도화 첩부·게시'에 관한 부분은 모두 헌법에 합치되지 아니한다. 위 법률 조항들은 2023. 7. 31.을 시한으로 입법자가 개정할 때까지 계속 적용된다.] [헌법불합치, 2017헌바100, 2022.7.21, 공직선거법 (2010. 1. 25. 법률 제9974호로 개정된 것) 제93조 제1항 본문 중 '벽보 게시, 인쇄물 배부·게시'에 관한 부분은 모두 헌법에 합치되지 아니한다. 위 법률 조항들은 2023. 7. 31.을 시한으로 입법자가 개정할 때까지 계속 적용된다.]
	제66조(호별 방문금지)	제65조(호별 방문 금지)	제106조(호별 방문의 제한)
	제76조(사전 운동의 제한)		

3) 정치자금법

국가보위입법회의의 「정치자금에관한법률」은 1980년 헌법에 신설된 국고보조금 제도를 규정했다. 처음으로 당비를 정치자금으로서 법제화하는 한편 후원회 기부금·기탁금 등으로 정치자금의 출처를 양성화·다원화했다. 그러나 후원·기탁은 기명으로만 할 수 있었기 때문에 실제 운용에 있어서 야당에 대한 후원·기탁은 불이익을 수반할 것이라는 우려로 인해 기피되었다. 야당은 여전히 수입을 주로 당비에 의존해야 했고, 여야 간의 재산상 격차는 좁혀질 수 없었다(최호동, 2020: 20-21).

4) 정당법

「정당법」은 1962. 12. 31. 국가재건최고회의가 법률 제1246호로 제정하여 1962. 12. 31.부터 시행되었다.[16] 제3조 제1항은 "정당은 수도에 소재하는 중앙당과 국회의원지역선거구를 단위로 하는 지구

---

16 국가보위입법회의는 「정당법」을 개정하였다(1980. 11. 25.). 새 법률은 정당활동에 대한 규제조항으로 ① 당원자격이 없는 자가 정당활동에 관여하는 행위를 형사처벌의 대상으로 하고(제42조의 2) ② 신민당이나 민주공화당과 같이 1980년 헌법의 시행으로써 해산된 정당의 명칭은 다시 사용할 수 없도록 하였으며(제43조, 부칙 제2항), ③ 다른 한편 해산된 정당의 잔여재산 처분에 관하여 이를 "당해 정당과 유사한 목적을 가진 정당이나 단체"에 기부할 수 있도록 하는 조항을 신설했다(제41조). 특히 이 조항은 새로 창당될 여당이 구 공화당의 자산 일체를 무상양도 받는 근거로 원용되었는데, 여당은 막대한 물적 자산과 더불어 '재심구제'를 조건으로 하여 구 공화당의 주요 조직관리자를 당원으로 포섭함으로써 그 인적 조직도 신속하게 흡수하여 성장하였고, 당의 재산에서도 1986년 제1야당인 신한민주당에 비해서는 43.8배, 1987년의 통일민주당에 비해서는 무려 253.5배를 보유할 수 있었다(최호동, 2020: 20).

당으로 구성한다."고 하여 중앙집권적인 정당제도를 수립했다. 제19조 제2항은 둘 이상 정당의 당원이 되지 못하게 금지했다. 제25조에 따라 정당은 국회의원선거법에 의한 지역선거구총수의 3분의 1이상에 해당하는 지구당을 가져야 한다. 정당은 제25조(법정지구당수), 제26조(지구당의 분산), 제27조(지구당의 법정당원수)의 요건을 구비하지 못하면 등록이 취소된다(법 제38조 제1항). 제42조에 따라 "정당이 판결로 해산된 때에는 그 정당의 대표자 및 간부는 해산된 정당의 강령(또는 基本政策)과 동일하거나 유사한 것으로 정당을 창당하지 못한다." 지역정당 설립이 가능하도록 개정이 필요하다.

2. 노동권 관련 법제

1) 개정 방향과 '노란봉투법'

헌법의 근로권과 근로3권을 보장하기 위해 유사 입법기구의 입법을 청산함과 아울러 오늘날 상황에 걸맞게 노동관계법의 개정이 필요하다. 특히 교사와 공무원에 대하여 원칙적으로 노동조합을 자유롭게 결성하는 단결권 보장을 원칙으로 하되, 군인이나 경찰 등 매우 일부 공무원에 대하여 단체행동권을 인정하면서 제한하는 정도의 개정이 바람직하다. 「공무원의 노동조합 설립 및 운영 등에 관한 법률」 제6조 제2항을 개정하여 교정·수사 업무 공무원 내용을 삭제함으로써 노동조합에 가입할 수 없는 공무원의 범위를 최소화할 필요가 있다.

특히 이른바 '노란봉투법', 즉 노조의 파업으로 발생한 손실에 대한 사측의 손해배상을 제한하는 법률 개정이 긴급하고 절실하다. 1953

년 제정「노동쟁의조정법」제12조(손해배상청구에 대한 제한)에 따르면, "사용자는 쟁의행위에 의하여 손해를 받았을 경우에 노동조합 또는 근로자에 대하여 배상을 청구할 수 없다."고 규정했다. 그런데 1963년 국가재건최고회의 개정「노동쟁의조정법」제8조(손해배상 청구에 대한 제한)에서 "사용자는 이 법에 의한 쟁의행위로 인하여 손해를 받은 경우에 노동조합 또는 근로자에 대하여 그 배상을 청구할 수 없다."고 '개악'했다. 이러한 개악 내용은 현행「노동조합 및 노동관계조정법」제3조(손해배상 청구의 제한)로 이어져 "사용자는 이 법에 의한 단체교섭 또는 쟁의행위로 인하여 손해를 입은 경우에 노동조합 또는 근로자에 대하여 그 배상을 청구할 수 없다."라는 규정이 남아 있다. 사용자는 모든 쟁의행위에 따른 손해에 대해 배상을 청구할 수 없도록 법률 개정이 필요하다. 그것이 헌법 제33조가 보장하는 단체행동권을 제대로 법률로써 구현하는 일이자 헌법적 정의를 회복하는 일이다.

2) 단결권 관련 법제

국가재건최고회의의「노동조합법」에서는 먼저 단결권을 제한했다. 1953. 3. 8. 제정「노동조합법」제6조(노동조합조직가입의 제한)는 "근로자는 자유로 노동조합을 조직하거나 또는 이에 가입할 수 있다. 단, 현역군인, 군속, 경찰관리, 형무관사와 소방관사는 예외로 한다." 고 규정하고 있었다.

1963. 4. 17. 전부개정 노동조합법은 제8조 단서에서 "다만, 공무원에 대하여는 따로 법률로 정한다."고 개정했다. 제12조(정치활동

의 금지) "① 노동조합은 공직선거에 있어서 특정 정당을 지지하거나 특정인을 당선시키기 위한 행위를 할 수 없다."는 조항을 신설했다.

유신 시기 노동조합법에서는 노동조합 조직에 관하여 종전의 산업별 노조체제를 전제·지향하고 있던 '전국적인 규모를 가진 노동조합'과 '산하노동단체'라는 표현을 삭제함으로써 기업별 또는 사업장별 노조 체제로의 전환을 사실상 가능하게 했다(이철호, 2001: 98).

국가보위입법회의가 1980. 12. 31. 일부 개정한 「노동조합법」은 제12조의 2(제3자 개입금지)를 신설했다. "직접 근로관계를 맺고 있는 근로자나 당해 노동조합 또는 법령에 의하여 정당한 권한을 가진 자를 제외하고는 누구든지 노동조합의 설립과 해산, 노동조합에의 가입·탈퇴 및 사용자와의 단체교섭에 관하여 관계당사자를 조종·선동·방해하거나, 기타 이에 영향을 미칠 목적으로 개입하는 행위를 하여서는 아니된다."는 조항이다. 그 위반에 대해서는 3년 이하의 징역 또는 500만 원 이하의 벌금에 처한다고 규정했다(법 제45조의 2).

제13조(노동조합의 설립)에서는 기업별 노동조합으로 전환했다. "① 단위노동조합의 설립은 근로조건의 결정권이 있는 사업 또는 사업장단위로 근로자 30인 이상 또는 5분의 1 이상의 찬성이 있는 설립 총회의 의결이 있어야 한다. 다만, 특수한 작업환경에서 근로하여 사업장단위 노동조합의 설립이 부적합한 근로자의 경우에는 대통령령이 정하는 바에 따라 단위노동조합을 설립할 수 있다."고 규정했다.

3) 단체교섭권 관련 법제

유신 시기의 「국가보위에 관한 특별조치법」 제9조는 단체교섭권 등의 규제와 관련하여, 제1항에서 "비상사태 하에서 근로자의 단체교섭권 또는 단체행동권의 행사를 미리 주무관청에 조정을 신청하여야 하며, 그 조정결정에 따라야 한다."고 규정했다(법 제9조 제1항). 한편 「국가비상사태 하의 단체교섭권 등 업무처리요령」(노동청 예규 제103호)에 의하여 단체교섭권과 단체행동권이 전면적으로 부정되었다(이호철, 2001: 97).

4) 단체행동권 관련 법제

비상국무회의 「노동쟁의조정법」에서는 공익사업의 범위를 확대하고, 쟁의행위를 하기 전에 전국 규모의 노동조합의 사전 승인과 노동위원회의 적법 여부 심사를 받도록 하고, 알선서·조정서·중재결정의 효력을 단체협약과 동일한 것으로 했으며, 노동쟁의에 대한 긴급조정제도를 신설했다(이철호, 2001: 60-61).

국가보위입법회의도 기본권 중에서 특히 노동자의 단체행동권을 헌법에서부터 강력하게 제약했다. 헌법 개정심의위원회는 국회 개헌특위에서 전혀 규정한 바 없었던 근로자의 단체행동권 전반에 대한 개별적 법률유보("단체행동권의 행사는 법률이 정하는 바에 의한다") 규정을 신설했다. 여기에 더하여 단체행동권을 법률로써 제한하거나 아예 부인할 수 있다고 헌법상 특정하는 대상을 국가·지방자치단체·국공영기업체·방위산업체·공익사업체 또는 국민경제에 중대한 영향을 미치는 사업체 일체로 유신헌법에서보다도 넓혔다. 국가공무원이나 지방공무원 중에서 종래 단체행동권을 인정받던 '사실상 노무에 종사하는 공무원'조차도 쟁의행위를 원천적으로 할 수 없게 하였다.

3. 사상 · 표현의 자유 관련 법제

1)「집회 및 시위에 관한 법률」

1962년 12월 31일 국가재건최고회의는「집회 및 시위에 관한 법률」이「집회에 관한 법률」을 대체하여 제정 · 공포했다. 오늘날 국가보안법과 함께 악법의 대명사로 악명 높은 집시법 시대의 시작이었다.

예를 들면, 제4조(옥외집회 및 시위의 신고등)는 "① 옥외에서 집회 또는 시위를 주최하고자 하는 그 목적, 일시(所要時間을 包含한다. 以下 같다), 장소, 참가 예정 인원과 주최자의 주소, 성명 및 시위 방법을 기재한 신고서를 옥외집회 또는 시위의 48시간전에 관할경찰서장에게 제출하여야 한다. 단, 2이상 경찰서의 관할에 속하는 경우에는 경찰국장에게 제출하여야 한다."고 규정했다. 제4조 제1항의 규정에 위반하거나 그 집회 또는 시위를 신고한 내용과 다르게 실행한 자는 2년이하의 징역 또는 4만원이하의 벌금, 구류 또는 과료에 처한다(법 제17조).

1960. 7. 1. 제정 법률 제554호「집회에 관한 법률」은 제1조에서 "집회를 주최하려는 자는 그 목적, 시일, 장소, 회합예상인원과 주최자의 주소, 성명을 기재한 신고서를 늦어도 집회의 24시간 전에 소할 경찰서장에게 제출하여야 한다. 단 종교, 학술, 체육, 친목에 관한 집회와 정당, 단체등의 역원회 또는 이에 준하는 집회는 예외로 한다."는 규정을 두고 있었지만, 제3조 벌칙에서 "제1조의 규정에 위반한 자는 2만환이하의 벌금에… 처한다."고 규정할 뿐이다. 사전신고 위반으로 징역형까지 규정한 것은 과잉의 기본권 침해 조항이다.

1980. 12. 18. 개정된 「집회및시위에관한법률」은 규제의 대상이 되는 시위의 장소를 "공중이 자유로이 통행할 수 있는 장소"에서 일체의 옥외장소로 넓히면서 "공공의 안녕질서 유지에 관한 단속법규에 위반하거나 위반할 우려가 있는 집회 또는 시위", "현저히 사회적 불안을 야기시킬 우려가 있는 집회 또는 시위", 나아가 그러한 집회 또는 시위를 "예비·음모하거나 선전 또는 선동"하는 행위까지 모두 금지·처벌의 대상으로 추가했다. 1988년도 『검찰연감』의 통계에 따르면 집시법에 따라 1980~1987년간 기소된 건수는 모두 2,907건이고, 특히 1981~1983년 사이에는 기소율이 75%를 상회하였다(최호동, 2020: 16).

2) 「국가보안법」

1961년 5월 19일 '군사혁명위원회'는 포고령 제18호를 발표하여 공산 활동의 철저한 규제를 선언했다. 국가재건최고회의는 1961년 7월 3일 「반공법」을 제정했다. 반공법은 그 적용 대상을, 국가보안법에 규정된 반국가단체 중 공산 계열의 노선에 따라 활동하는 단체로 한정한 다음, 그러한 반국가단체에 가입하거나 가입할 것을 권유한 자는 7년 이하의 징역에 처하도록 했다. 가장 큰 특색은 찬양·고무 등 죄의 신설이다(법 제4조)(이철호, 2001: 57).

> 제4조(찬양, 고무 등) ① 반국가단체나 그 구성원의 활동을 찬양, 고무 또는 이에 동조하거나 기타의 방법으로 반국가단체를 이롭게 하는 행위를 한 자는 7년 이하의 징역에 처한다. 이러한 행위를 목적으로 하는 단

체를 구성하거나 이에 가입한 자도 같다.

② 전항의 행위를 할 목적으로 문서, 도화 기타의 표현물을 제작, 수입, 복사, 보관, 운반, 반포, 판매 또는 취득한 자도 전항의 형과 같다.

③ 전항의 표현물을 취득하고 지체없이 수사, 정보기관에 그 사실을 고지한 때에는 벌하지 아니한다.

④ 제1항, 제2항의 미수범은 처벌한다.

⑤ 제1항, 제2항의 죄를 범할 목적으로 예비 또는 음모한 자는 5년이하의 징역에 처한다.

이 조항은 국가보위입법회의에서 1980. 12. 31.「반공법」을 폐지하면서「국가보안법」전부 개정을 통해「국가보안법」에 들어왔다.

제7조 (찬양·고무등) ① 반국가단체나 그 구성원 또는 그 지령을 받은 자의 활동을 찬양·고무 또는 이에 동조하거나 기타의 방법으로 반국가단체를 이롭게 한 자는 7년이하의 징역에 처한다.

② 국외공산계열의 활동을 찬양·고무 또는 이에 동조하거나 기타의 방법으로 반국가단체를 이롭게 한 자도 제1항의 형과 같다.

③ 제1항 및 제2항의 행위를 목적으로 하는 단체를 구성하거나 이에 가입한 자는 1년이상의 유기징역에 처한다.

④ 제3항에 규정된 단체의 구성원으로서 사회질서의 혼란을 조성할 우려가 있는 사항에 관하여 허위사실을 날조·유포 또는 사실을 왜곡하여 전파한 자는 2년이상의 유기징역에 처한다.

⑤ 제1항 내지 제4항의 행위를 할 목적으로 문서·도화 기타의 표현물을 제작·수입·복사·소지·운반·반포·판매 또는 취득한 자는 그 각항에

정한 형에 처한다.

⑥ 제1항 내지 제5항의 미수범은 처벌한다.

⑦ 제1항 내지 제5항의 죄를 범할 목적으로 예비 또는 음모한 자는 5년 이하의 징역에 처한다.

또한 개정 국가보안법은 불고지죄를 포함한 대부분의 국가보안법 위반사건에 대하여 사법경찰관 단계에서 1차, 검사단계에서 2차의 구속기간 연장을 할 수 있게 구속기간을 확장했다. 헌법재판소는 1992. 4. 14. 국가보안법(1980. 12. 31. 법률 제3318호, 개정 1991. 5. 31. 법률 제4373호) 제19조 중 제7조 및 제10조의 죄에 관한 구속기간 연장 부분은 헌법에 위반된다고 단순 위헌 결정을 했다(90헌마82).

현행 「국가보안법」은 헌법재판소의 한정합헌결정을 거쳐 여전히 찬양·고무죄를 규정하고 있다.

제7조(찬양·고무등) ① 국가의 존립·안전이나 자유민주적 기본질서를 위태롭게 한다는 정을 알면서 반국가단체나 그 구성원 또는 그 지령을 받은 자의 활동을 찬양·고무·선전 또는 이에 동조하거나 국가변란을 선전·선동한 자는 7년 이하의 징역에 처한다. <개정 1991. 5. 31.>

② 삭제 <1991. 5. 31.>

③ 제1항의 행위를 목적으로 하는 단체를 구성하거나 이에 가입한 자는 1년 이상의 유기징역에 처한다. <개정 1991. 5. 31.>

④ 제3항에 규정된 단체의 구성원으로서 사회질서의 혼란을 조성할 우려가 있는 사항에 관하여 허위사실을 날조하거나 유포한 자는 2년

이상의 유기징역에 처한다. <개정 1991. 5. 31.>

⑤ 제1항·제3항 또는 제4항의 행위를 할 목적으로 문서·도화 기타의 표현물을 제작·수입·복사·소지·운반·반포·판매 또는 취득한 자는 그 각항에 정한 형에 처한다. <개정 1991. 5. 31.>

⑥ 제1항 또는 제3항 내지 제5항의 미수범은 처벌한다. <개정 1991. 5. 31.>

⑦ 제3항의 죄를 법할 목적으로 예비 또는 음모한 자는 5년 이하의 징역에 처한다. <개정 1991. 5. 31.>

현재 국가보안법상 반국가단체 가입과 찬양고무죄 등 조항이 헌법재판소에 계류 중이다. 헌법재판소의 결정과 무관하게 국가보안법 관련 조항을 개정할 필요가 있다.

3) 언론 관련 법제

국가보위입법회의는 종전의 「신문·통신등의등록에관한법률」, 「언론윤리위원회법」 그리고 「방송법」을 통폐합하여 1980. 12. 31. 「언론기본법」을 제정했다. 이 법은 신문·방송·잡지 등에 대한 종합 규제 입법입니다. 정기간행물·방송의 표현물 내용이 위법한 경우 이를 압수할 수 있다. 그리고 신문 등 정기간행물에 대하여 발행 시설 기준을 도입하여, 이를 갖추지 못한 언론사는 등록 거부·취소의 대상이 되도록 규정했다. 언론사에 "폭력행위 등 공공질서를 문란케 하는 위법행위를 고무·찬양"해서는 아니 된다는 공적 책임을 부과하면서 이를 "반복하여 현저하게" 위배한 내용의 정기간행물은 등록 취소·

발행 정지의 대상으로 했다. 더욱이 방송 편집인·편성 책임자 등이 "정당한 사유 없이 범죄를 구성하는 내용의 공표를 배제하지 아니한 때"에도 처벌의 대상이 되도록 하였다(최호동, 2020: 16).

4. 평등권 관련 법제: 「모자보건법」

1) 개요

1973. 2. 8. 비상국무회의 제정 「모자보건법」 [법률 제2514호, 1973. 2. 8., 제정] [법률 제18612호, 2021. 12. 21., 일부 개정]은 여성이 배우자의 동의를 얻어 인공임신중절수술을 할 수 있음을 규정하면서 매우 제한적인 사유를 규정했다. 이러한 조항은 여성의 재생산에 관한 자기결정권을 침해한다. 헌법재판소는 인공임신중절을 처벌하는 형법 제269조 제1항 등이 헌법에 합치하지 않는다는 결정을 했다(헌재 2019. 4. 11. 2017헌바127). 아직 「모자보건법」 관련 조항의 개정이 이루어지고 있지 않다. 헌법재판소에 따르면, "모자보건법상의 정당화사유에는 다양하고 광범위한 사회적·경제적 사유에 의한 낙태갈등 상황이 전혀 포섭되지 않는다." 따라서 배우자의 동의 내용을 삭제함은 물론 인공임신중절수술의 사유를 전면 삭제하여 여성의 자기결정권에 맡겨야 한다. 인공임신중절을 해서는 안 되는 매우 예외적인 사유를 규정하는 방식을 고려할 수 있지만, 그러한 사유를 포괄하기 쉽지 않다. 부득이하다면 임공임신중절수술을 제한하는 규정을 예외적으로 두되, 제재를 가하는 규정만큼은 절대적으로 두어서는 안 된다.

2) 문제 조항과 현재 조항 비교

비상국무회의가 1973. 2. 8. 법률 제2514호로 제정하여 1973. 5. 10.부터 시행한 인공임신중절수술 조항은 다음과 같다.

제8조(인공임신중절수술의 허용한계) ①의사는 다음 각호의 1에 해당되는 경우에 한하여 본인과 배우자(사실상의 혼인관계에 있는 자를 포함한다. 이하 같다)의 동의를 얻어 인공임신중절수술을 할 수 있다.

1. 본인 또는 배우자가 대통령령으로 정하는 우생학적 또는 유전학적 정신장애나 신체질환이 있는 경우

2. 본인 또는 배우자가 대통령령으로 정하는 전염성질환이 있는 경우

3. 강간 또는 준강간에 의하여 임신된 경우

4. 법률상 혼인할 수 없는 혈족 또는 인척간에 임신된 경우

5. 임신의 지속이 보건의학적 이유로 모체의 건강을 심히 해하고 있거나 해할 우려가 있는 경우

②제1항의 배우자의 동의에 있어서 배우자가 사망·실종·행방불명 기타 부득이한 사유로 인하여 동의를 받을 수 없는 경우에는 본인의 동의만으로 그 수술을 행할 수 있다.

③제1항의 경우에 본인 또는 배우자가 심신장애로 의사표시를 할 수 없는 때에는 그 친권자 또는 후견인의 동의로서, 친권자 또는 후견인이 없는 때에는 부양의무자의 동의로서 그 동의에 갈음할 수 있다.

2021. 12. 21. 일부 개정한 법률 제18612호 「모자보건법」은 다음과 같다.

제14조(인공임신중절수술의 허용한계) ① 의사는 다음 각 호의 어느 하나에 해당되는 경우에만 본인과 배우자(사실상의 혼인관계에 있는 사람을 포함한다. 이하 같다)의 동의를 받아 인공임신중절수술을 할 수 있다.

1. 본인이나 배우자가 대통령령으로 정하는 우생학적(優生學的) 또는 유전학적 정신장애나 신체질환이 있는 경우

2. 본인이나 배우자가 대통령령으로 정하는 전염성 질환이 있는 경우

3. 강간 또는 준강간(準强姦)에 의하여 임신된 경우

4. 법률상 혼인할 수 없는 혈족 또는 인척 간에 임신된 경우

5. 임신의 지속이 보건의학적 이유로 모체의 건강을 심각하게 해치고 있거나 해칠 우려가 있는 경우

② 제1항의 경우에 배우자의 사망·실종·행방불명, 그 밖에 부득이한 사유로 동의를 받을 수 없으면 본인의 동의만으로 그 수술을 할 수 있다.

③ 제1항의 경우 본인이나 배우자가 심신장애로 의사표시를 할 수 없을 때에는 그 친권자나 후견인의 동의로, 친권자나 후견인이 없을 때에는 부양의무자의 동의로 각각 그 동의를 갈음할 수 있다.

[전문 개정 2009. 1. 7.]

3) 평가

인공임신중절을 제한된 사유에서만 허용하고 배우자의 동의를 얻게 함으로써 여성의 재생산에 관한 자기결정권을 침해한다. 인공임신중절을 처벌하는 형법 제269조 제1항 등이 헌법에 합치하지 않는다는 헌법재판소의 결정(헌재 2019. 4. 11. 2017헌바127) 이후에도 「모자보건법」 관련 조항의 개정이 이루어지고 있지 않다.

헌법재판소에 따르면, "모자보건법상의 정당화사유에는 다양하고 광범위한 사회적·경제적 사유에 의한 낙태갈등 상황이 전혀 포섭되지 않는다." 헌법재판소는 다음과 같은 예를 든다.

예컨대, 학업이나 직장생활 등 사회활동에 지장이 있을 것에 대한 우려, 소득이 충분하지 않거나 불안정한 경우, 자녀가 이미 있어서 더 이상의 자녀를 감당할 여력이 되지 않는 경우, 상대 남성과 교제를 지속할 생각이 없거나 결혼 계획이 없는 경우, 혼인이 사실상 파탄에 이른 상태에서 배우자의 아이를 임신했음을 알게 된 경우, 결혼하지 않은 미성년자가 원치 않은 임신을 한 경우 등이 이에 해당할 수 있다.

이러한 사유를 구체화하여 예시하기보다는 여성의 판단과 자기결정에 맡기는 법률 개정이 필요하다. 인공임신중절을 해서는 안 되는 매우 예외적인 사유를 규정하는 방식을 고려할 수 있지만, 그러한 사유를 포괄하기 쉽지 않다. 부득이하다면 임공임신중절수술을 제한하는 규정을 예외적으로 두되, 제재를 가하는 규정만큼은 절대적으로 두어서는 안 된다. 따라서 인공임신중절수술을 허용하는 내용으로 개정하는 것이 바람직하다.

5. 군 관련 법제

박정희의 5·16 군사 쿠데타에 따른 국가재건최고회의는 헌법을 비롯한 법령에서도 군사적 색채를 드러냈다. 국가보위입법회의도 계엄법 등 다양한 군사법제를 개악했다.[17] 군에서의 사망 사고 등 사건은 물론 최근에는 성폭력 등 사안이 적지 않게 드러나고 있다. 오랜 군사독재 시기를 거치면서 군내는 물론 사회에서도 권위주의적 군사 문화가 퍼져 있는 만큼 군사제도의 정비가 필요하다. 특히 군인의 인권을 보장함으로써 군내의 입헌민주주의를 재정립할 필요가 있다.

1)「군형법」

「군형법」은 국가재건최고회의에서 제정했다[법률 제1003호, 1962. 1. 20., 제정]. 비상국무회의도 「군형법」을 개정했고[법률 제2538호, 1973. 2. 17., 일부 개정], 국가보위입법회의도 「군형법」을 개정했다[법률 제3443호, 1981. 4. 17., 일부 개정]. 국가보위입법회의는 일정한 범죄를 범한 내외국인에 군형법의 적용 범위를 확대했다. 일반 형법을 적용하는 것으로 복원할 필요가 있다.

국가재건최고회의가 군형법 제47조(명령위반)에서 "정당한 명령 또는 규칙을 준수할 의무가 있는 자가 이를 위반하거나 준수하지 아니한 때는 2년이하의 징역이나 금고에 처한다."고 규정한 이래 지금까지 유지되고 있다. 위헌 논란이 있었지만, 헌법재판소는 합헌으로 결정했다. 법률을 개정하여 이 조항의 적용 범위를 명확히 하여 최소한 평시에라도 군에서의 법치주의를 정립할 필요가 있다.

그리고 국가재건최고회의 제정 군형법 제92조(추행)에서는 "계간 기타 추행을 한 자는 1년이하의 징역에 처한다."고 규정하여 위헌 논란이 있었다 현재 2013. 4. 5. 개정에 따라 제92조의 6(추행)에서

---

17 김남진 · 황보근, 2011: 9 아래 참조.

"항문성교나 그 밖의 추행을 한 사람은 2년 이하의 징역에 처한다."로 개정되었다. 여기에서 "항문성교나"를 삭제할 필요가 있다. 강간이나 추행을 처벌하는 것으로 충분하기 때문이다.

2) 「군사법원법」

국가재건최고회의는 현재 군사법원의 전신인 군법회의를 설치하는 법률인 「군법회의법」을 제정했다[시행 1962. 6. 1.] [법률 제1004호, 1962. 1. 20., 제정]. 신분적 재판권을 군형법 적용 신분 취득 전의 죄까지 확장하고(법 제2조 제2항), 계엄법에 따른 재판권을 가졌다(법 제3조). 법관 아닌 군인의 심판관으로서 재판부 구성(법 제22조), 관할관의 재판관 지정(법 제30조), 관할관의 검찰사무 지휘(법 제39조) 및 검찰관 임명(법 제41조), 장기적 구속기간(2월)과 2차 연장(총 6개월)(법 제132조), 비상계엄 시 제2편 제3장(상소) 규정 배제(법 제525조), 관할관의 확인과 감경 및 형 집행 면제(법 제526호) 등 군사법원 제도는 입헌민주주의와 거리를 두고 군사 통치적 성향이 강했다. 비상국무회의는 1973. 2. 17. 형사피의자의 구속적부심사 제도를 폐지했다.

군대에서 성폭력 사건이 드러나자 2021. 9. 24. 「군사법원법」을 일부 개정했다[시행 2022. 7. 1.] [법률 제18465호, 2021. 9. 24., 일부 개정]. 성폭력 관련 범죄에 한정하여 일반 법원에서 관할할 뿐이다(법 제2조 제2항). 그러나 평시에는 군사법원을 설치하지 않고 전시에만 군사법원을 설치하는 내용의 전면 개정이 필요하다. 전시 아닌 평시임에도 불구하고 군은 권력 분립 원칙을 위배하여 사법권을 관장

하는 것이기 때문이다. 오히려 평시에는 군대의 징계 제도를 법치화
하여 징계 법원을 설치할 필요가 있다.

3) 「군사기밀보호법」

「군사기밀보호법」의 경우, 비상국무회의에서 1972. 12. 26. 제정
했다. 군사상 기밀 개념은 다음과 같다.

> 제2조(군사상의 기밀의 범위) ①이 법에서 "군사상의 기밀"이라 함은 그
> 내용이 누설되는 경우 국가안전보장상 해로운 결과를 초래할 우려가
> 있는 다음 각호에 게기하는 사항 및 이에 관계되는 문서·도화 또는 물
> 건으로서 제4조의 규정에 따라 군사상의 기밀이 해제되지 아니한 것
> 을 말한다.
> 1. 군사정책·군사전략·군사외교 및 군의 작전계획과 이에 따르는 군
> 사용병에 관한 사항
> 2. 군의 편제·장비 및 동원에 관한 사항
> 3. 군사 정보에 관한 사항
> 4. 군의 운수 및 통신에 관한 사항
> 5. 군용물의 생산·공급 및 연구에 관한 사항
> 6. 군의 중요부서의 인사에 관한 사항
> 7. 향토예비군의 편제·장비 및 동원에 관한 사항

현행 「군사기밀보호법」의 군사기밀 개념은 다음과 같다.

제2조(정의) 이 법에서 사용하는 용어의 뜻은 다음과 같다.

1. "군사기밀"이란 일반인에게 알려지지 아니한 것으로서 그 내용이 누설
    되면 국가안전보장에 명백한 위험을 초래할 우려가 있는 군(軍) 관련
    문서, 도화(圖畵), 전자기록 등 특수매체기록 또는 물건으로서 군사기
    밀이라는 뜻이 표시 또는 고지되거나 보호에 필요한 조치가 이루어진
    것과 그 내용을 말한다.

2. "군사기밀의 공개"란 군사기밀 내용을 적법한 절차에 따라 공개할 것을
    결정하여 비밀 취급이 인가되지 아니한 일반인에게 성명(聲明)·언론
    ·집회 등을 통하여 공표하는 것을 말한다.

3. "군사기밀의 제공 또는 설명"이란 제8조에 따라 군사기밀의 제공 또는
    설명의 요구를 받았을 때에 그 요청자 등에게 적법한 절차에 따라 군사
    기밀을 인도(전자적 수단에 의한 송부를 포함한다) 또는 열람하게 하
    거나 군사기밀의 내용을 말로 전달하는 것을 말한다.

[전문 개정 2015. 9. 1.]

　제6조는 "군사상의 기밀을 부당한 방법으로 탐지하거나 수집한
자는 10년 이하의 징역이나 금고에 처한다."고 규정했다. 헌법재판소
(89헌가104, 1992.2.25.) "군사기밀보호법(1972.12.26. 법률 제
2387호) 제6조, 제7조, 제10조는 같은 법 제2조 제1항 소정의 군사상
의 기밀이 비공지의 사실로서 적법 절차에 따라 군사기밀로서의 표지
(標識)를 갖추고 그 누설이 국가의 안전보장에 명백한 위험을 초래한
다고 볼 만큼의 실질 사치를 지닌 경우에 한하여 적용된다고 할 것이
므로 그러한 해석하에 헌법에 위반되지 아니한다."는 한정합헌 결정
을 통해 위헌 결정을 했다. 그에 따라 제11조 "군사기밀을 적법한 절차

에 의하지 아니한 방법으로 탐지하거나 수집한 사람은 10년 이하의 징역에 처한다."[전문 개정 2011. 6. 9.]고 개정이 이뤄졌다.

제7조는 "군사상의 기밀을 탐지하거나 수집한 자가 이를 타인에게 누설한 때에는 1년 이상의 유기징역이나 유기금고에 처한다."고 규정했다. 헌법재판소[89헌가104, 1992. 2. 25.]는 "군사기밀보호법(1972. 12. 26. 법률 제2387호) 제6조, 제7조, 제10조는 같은 법 제2조 제1항 소정의 군사상의 기밀이 비공지의 사실로서 적법절차에 따라 군사기밀로서의 표지(標識)를 갖추고 그 누설이 국가의 안전보장에 명백한 위험을 초래한다고 볼 만큼의 실질 사치를 지닌 경우에 한하여 적용된다고 할 것이므로 그러한 해석 하에 헌법에 위반되지 아니한다."는 한정합헌 결정을 통해 위헌 결정을 했다.

제10조는 "우연히 군사상의 기밀을 지득하거나 점유한 자가 이를 타인에게 누설한 때에는 5년 이하의 징역이나 금고에 처한다."고 규정했다. 헌법재판소[89헌가104, 1992. 2. 25.]는 "군사기밀보호법(1972. 12. 26. 법률 제2387호) 제6조, 제7조, 제10조는 같은 법 제2조 제1항 소정의 군사상의 기밀이 비공지의 사실로서 적법절차에 따라 군사기밀로서의 표지(標識)를 갖추고 그 누설이 국가의 안전보장에 명백한 위험을 초래한다고 볼 만큼의 실질가치를 지닌 경우에 한하여 적용된다고 할 것이므로 그러한 해석하에 헌법에 위반되지 아니한다."는 한정합헌 결정을 통해 위헌 결정을 했다. 그에 따라 제12조 "① 군사기밀을 탐지하거나 수집한 사람이 이를 타인에게 누설한 경우에는 1년 이상의 유기징역에 처한다. ② 우연히 군사기밀을 알게 되거나 점유한 사람이 군사기밀임을 알면서도 이를 타인에게 누설한 경우에는 5년 이하의 징역 또는 5천만원 이하의 벌금에 처한다."〈개정 2014.

5. 9.〉 [전문 개정 2011. 6. 9.]고 개정이 이뤄졌다.

4) 「예비군법」

국가재건최고회의는 「향토예비군설치법」을 제정했다[시행 1961. 12. 27.] [법률 제879호, 1961. 12. 27., 제정]. 제2조에서 "예비군은 향토방위와 병참선경비 및 후방지역피해통제의 임무를 수행한다."고 규정했다. 현행 「예비군법」 제2조에는 "3. 무장 소요(騷擾)가 있거나 소요의 우려가 있는 지역에서 무장 소요 진압(경찰력만으로 그 소요를 진압하거나 대처할 수 없는 경우만 해당한다) 4. 제2호 및 제3호의 지역에 있는 중요시설·무기고 및 병참선(兵站線) 등의 경비"가 포함되어 있다. 예비군은 전시 예비 전력이므로 평시 임무 부여는 적절치 않으며, 그 임무가 경찰력의 보충 물리력인 점에서는 실질적 군을 치안 질서에 활용하는 것이어서 사실상 계엄이다. 동원 중 예비군은 군형법의 적용을 받는다. 이 조항은 삭제하는 것이 타당하다.

6. 권력 기구 관련 법제: 정보기관

국가재건최고회의는 「중앙정보부법」[법률 제1355호, 1963. 5. 31., 제정]을 제정하여 정보기관을 설치했다. 법 제1조는 "국가안전보장에 관련되는 국내외정보사항 및 범죄수사와 군을 포함한 정부각부 정보수사활동을 조정감독하기 위하여 국가재건최고회의(以下 最高會議라 稱한다)직속하에 중앙정보부를 둔다."고 규정했다. 이례적으로 법 제6조에 따라 "① 중앙정보부장, 지부장 및 수사관은 소관업무에 관련된 범죄에 관하여 수사권을 갖는다. ②전항의 수사에 있어서는 검사의 지휘를 받지 아니한다.'고 규정함으로써 통제 받지 않는 수사권 가진 정보 기관을 만들었다.

더욱이 법률 제1510호로 전부 개정(1963. 12. 14.)하여 정보부의 조직은 중앙정보부장이 정하도록 하고, 그 조직·소재지·정원·예산 및 결산은 국가 안전 보장상 필요한 경우에는 공개하지 아니할 수 있도록 하고, 부장은 국회의 예산 심사 및 국정감사와 감사원의 감사에 있어서 국가 기밀에 속하는 사항에 한하여 자료의 제출, 증언 또는 답변을 거부할 수 있도록 하고, 부장은 국가 기밀에 속하는 사항에 한하여 국회의 질문에 응하지 아니할 수 있도록 했으며, 부장은 직무를 수행하기 위하여 필요하다고 인정할 때에는 소속 직원에게 무기를 휴대시킬 수 있도록 했다.

비상국무회의는 법률 제2590호로 1973. 3. 10. 일부 개정하여 군사기밀보호법에 규정된 범죄에 대한 수사권을 중앙정보부가 갖도록 했다. 국가보위입법회의는 「국가안전기획부법」으로 전부 개정[법률 제3313호, 1980. 12. 31.]하였다.

서울중앙지법 민사30부(재판장 정찬우)는 2022년 12월 8일 이명박 정부 때 국가 기관들이 '노조 파괴' 행위를 한 것에 대해 국가가 피해 노동조합 단체들과 노동자에게 총 2억 6,000만 원을 배상하라고 판결했다. 원고들은 이명박 정부 때 국가정보원이 주도해 노조의 하부 조직 탈퇴 유도, 선거·총회 결의 등 노조 활동 방해, 노조 비난 여론 조성 등의 공작을 벌여 단결권을 침해했다며, 국가를 상대로 손해배상을 청구했다.

원고들이 소송 과정에서 확보한 2010~2011년 국정원 문건들을 보면 국정원은 경찰, 검찰, 노조 관련 주무 부처와 결합해 노조 활동을 방해하기 위한 전략을 수립했다. 예를 들어 노조가 집회를 개시한 경우 경찰을 통해 금지 통보를 발령하고, 검찰에게 파업에 참여한 조합원의 체포·구속영장을 청구하게 하는 식이다. 주무 부처는 사용자를 접촉해 노무관리 강도를 강화하고, 노조에 대한 손해배상 청구를 유도해 파업 중단을 압박하도록 했다. 문건에는 "전국에서 두 번째로 규모가 큰 KT노조를 5월 중 민주노총에서 탈퇴시켜 춘투 열기를 가라앉히고 민주노총을 무력화시키겠음"이라는 대목이 등장한다. 원세훈 당시 국정원장이 회의에서 "공무원이 민노총에 가입하는 것은 있을 수 없는 일이며, 이를 막지 못하면 원(국정원) 국내 정보 능력은 없는 것으로 평가하겠음"이라고 말했다는 대목도 있다. 국가 최고 정보기관이 노조 파괴에 발을 벗고 나선 것이다.

재판부는 "공무원들이 노조 가입·탈퇴를 종용하고 언론을 이용해 노조를 비방한 행위는 노조의 단결권을 비롯한 제반 권리를 침해하는 것"이라며 "손해를 배상할 책임이 있다"고 밝혔다. 헌법 제33조 1항은 "근로자는 근로조건의 향상을 위해 자주적인 단결권·단체교섭권 및 단체행동권을 가진다"고 규정한다.

정보기관의 한계를 벗어난 국가정보원의 불법을 조사하여 독재 시기 강화한 정보기관 권한을 적정하게 조정해야 한다.

IV. 요약 및 결론

1. 요약

국회는 유사 입법기구, 즉 위헌적 입법기구에서 제·개정한 법률을 계속해서 개정했다. 그러나 위헌성을 치유하고 그에 상응하는 조치를 담은 내용의 법률 개정은 아니었다. 당시의 법률 조항을 바로잡는 일은 미래지향 관점에서 적극적인 입법 개선이 필요하다.

유사 입법기구에서 주로 왜곡된 법제의 영역을, 정치적 권리, 노동권, 사상·표현의 자유, 평등권 등 기본적 인권의 영역 관련 법제 그리고 군 관련 법제로 구분하여, 그에 따라 먼저 개선해야 할 입법 과제를 선정했다.

(1) 정치적 권리 관련 법제

유사 입법기구는 헌법적·민주적 정당성의 부재를 은폐하려고 기존 정치인의 손발을 묶는 한편 국민의 입과 귀를 차단하는 내용의 개악을 했다. 특히 국민투표 관련 법제는 유신헌법을 통과시키기 위한 편법이었다. 선거법도 야당 정치인의 손발을 묶고 국민의 입을 막기 위함이었다. 미래지향적 관점에서 국민의 선거운동의 자유를 비롯한 정치적 권리를 확장하는 입법 개선이 필요하다.

(2) 노동권 관련 법제

헌법의 근로권과 근로 3권을 보장하기 위해 유사 입법기구의 입법을 청산함과 아울러 오늘날 상황에 걸맞게 노동 관계법의 개정이 필요하다. 특히 교사와 공무원에 대하여 원칙적으로 노동조합을 자유롭게 결성하는 단결권 보장을 원칙으로 하되, 군인이나 경찰 등 매우 일부 공무원에 대하여 단체행동권을 인정하면서 제한하는 정도의 개정이 바람직하다. 특히 이른바 '노란봉투법', 즉 노조의 파업으로 발생한 손실에 대한 사측의 손해배상을 제한하는 법률 개정이 긴급하고 절실하다.

(3) 사상·표현의 자유 관련 법제

오늘날 국가보안법과 집시법은 악법의 대명사다. 사상·표현의 자유는 입헌민주주의국가의 본질적 징표다. 현재 국가보안법상 반국가단체 가입과 찬양고무죄 등 조항이 헌법재판소에 계류 중이다. 헌법재판소의 결정과 무관하게 국회에서 국가보안법을 폐지하거나 찬양고무죄만이라도 삭제할 필요가 있다.

(4) 평등 관련 법제

헌법재판소는 인공임신중절을 처벌하는 형법 제269조 제1항 등이 헌법에 합치하지 않는다는 결정을 했다(헌재 2019. 4. 11. 2017헌바127). 아직 「모자보건법」 관련 조항의 개정이 이루어지고 있지 않

다. 배우자의 동의 내용을 삭제함은 물론 인공임신중절수술의 사유를
전면 삭제하여 여성의 자기결정권에 맡겨야 한다.

(5) 군 관련 법제

군사독재는 매우 장기간이었고 그 잔재는 아직도 사회 영역까지
남아 있다. 특히 군의 경우 입헌민주주의에 걸맞은 체제 전환을 이루
고 있지 못하다. 최근 군에서의 사망 사고 등 사건은 물론 성폭력 등
사안이 적지 않게 드러나고 있다. 특히 군인의 인권을 보장함으로써
군내의 입헌민주주의를 재정립할 필요가 있다.

(6) 권력 기구 관련 법제

독재 권력은 중앙정보부, 국가안전기획부, 국가정보원으로 이어
지는 비밀정보기관을 설치하면서 그 권한을 확대함으로써 시민사회
인사들을 사찰하고 노조 등에 개입하는 불법행위를 하는 등 정권 유지
에 활용한 면에서 적정하게 권한을 축소할 필요가 있다.

2. 결론: 향후 국회의 과제

유신 시대를 청산하는 입법 활동은 국회 자체 입법 활동과 함께
헌법재판소의 위헌 결정에 다른 경우가 적지 않다. 헌법재판소는 국
민의 제소를 계기로 위헌법률심판 또는 헌법소원심판에 따라 일정한
법적 요건을 갖추어야 작동한다. 불법적 법률을 적용한 매우 많은 사

례는 법적 요건을 충족하지 못한다는 이유로 또는 헌법재판소의 합헌 결정으로 개정되거나 폐지되지 못한 상황이다. 인권과 민주주의 관점에서 헌법을 수호하고 법치주의를 지탱하는 제일차적인 헌법기관은 국회다. 유신 시기 전후의 불법적 입법을 바로잡음으로써 헌정사적 관점에서 국민 대표 기관이자 입법 기관으로서 국회의 헌법적 위상을 되찾아야 한다.

이행기 정의는 구 헌법 또는 구 헌법 체제에서 일어난 국가 범죄 (Regierungskriminalität)[18] 또는 국가 폭력을 대상으로 하지만, 결과적으로 구 헌법 또는 구 헌법 체제를 심판 대상으로 한다. 국가 범죄 또는 국가 폭력을 용인했기 때문이다. 새로운 헌법 체제는 연속선상에 있지만, 과거와 끊임없는 단절을 시도함으로써 민주적인 체제로 거듭난다.

이재승(2014a: 185)은 이행기 정의에서 가해자와 피해자의 범주에 딱 들어맞지 않는 보통 사람들의 각성과 참여를 강조한다. 과거 청산은 이들이 주체로 각성케 하여 국가 범죄를 일삼는 국가를 재탄생시키는 과정이라는 것이다. 그것은 현행 헌법에 비추어 과거 국가의 잘못을 지속적으로 갱신하는 과정으로서 이행기 정의 개념을 확장할 것을 요한다. 이행기 정의에서 '과거·현재·미래는 하나의 통일체'다 (신영복: 김동춘, 2006: 206 재인용). 과거 국가 권력의 '범죄행위'를 드러냄으로써 과거의 굴절된 정의를 현재에 바로잡음으로써 민주주의를 공고히 하고 사회정의를 세우며 사회통합을 이루는(김동춘, 2006: 206 참조) 헌법 규범을 정립해나가는 과정이다.

---

18 국가 범죄는 국가 권력을 매개로 저지른 조직적 범죄를 총칭하는 개념이다(이재승, 1999: 195).

유엔총회가 채택한 '인권피해자 권리장전'은 대량의 인권 침해를 겪은 사회가 구현해야 할 이행기 정의 원칙으로서, 인권 침해 사건의 진실 규명, 가해자의 처벌과 징계, 피해자에 대한 배상과 원상회복, 치유와 재활 조치, 재발 방지를 위한 제도개혁과 군경 공직자·미디어 종사자·의료인 등에 대한 인권법 및 인도법 교육, 시민에 대한 일반적인 인권교육을 포함한 만족과 사죄 등을 담고 있다(이재승, 2014a: 184). 이것은 형사처벌이나 금전배상과 같은 법적 수단으로 환원할 수 없는 적극적인 정치적 열망을 표현하고 있으며, 인간의 정신적 정화와 사회 제도의 근본적 변혁을 추구한다. 이를 통해 과거 국가 범죄에 대해 공동체가 지는 책무는 엷은 의무가 아니라 두터운 의무다(이재승, 2014a: 184). 이러한 과제의 전제조건 중 하나가 어떤 입법적 불법이 있는지를 조사하고, 그것을 바로잡는 일이다. 재발 방지를 위한 제도개혁의 출발점이다.

피해자는 개인적 배·보상과 명예 회복을 넘어 사회적 배·보상과 명예 회복 그리고 사회적 기억을 요청한다. 피해자 개인이 개별적인 법적 배·보상 소송을 하게 하지 않고 입법에 따른 일괄적 배·보상이 가능해야 한다. 피해의 범위가 법적 피해의 범위를 넘어 사회적·정치적 피해로 확장해야 한다(오동석, 2019: 8). 원상회복은 불가능하다. 피해와 상처가 사라지지 않기 때문이다. 기억을 지울 수도 없다. 마치 피해자 명예 회복 관련 정책이나 금전적인 피해배상이나 보상으로 할 일을 다 한 것처럼 구는 것이야말로 또 다른 가해다. 회복적 정의는 국가 범죄의 상처를 회복하는 인권과 민주주의를 보장하는 헌법 체제의 원기를 회복하는 일이어야 한다(오동석, 2019: 9).

이재승(2014a: 185)은 처벌과 배상을 넘어서 사회 구성원의 정신적 쇄신과 구조의 혁신을 정면으로 추구하는 변혁적 정의(transformative justice)(Daly, 2002)에 주목했다. 불법적 법률의 폐해는 과거 피해자뿐만 아니라 오늘날에도 그 악영향이 있으므로 그것을 바로잡는 일은 오늘날 민주시민이 함께해야 할 일이다. 민주 시민의 대표 기관인 국회가 앞장서야 할 일이다. 국회는 불법적 입법기구에 따른 국가기관으로서 피해자이기도 하다. 불법적 입법기구의 불법적 법률의 청산은 피해 국가 기관에서 민주적 정당성을 갖춘 국민 대표 기관이자 입법 기관으로서 거듭나기 위한 필수적 과정이다.

과거 위헌적 입법기구가 제·개정한 법률을 바로잡는 일은 이전 상태로의 회복이 아니라 현재의 민주주의적 규범의식에 부합하는 동시에 미래지향적인 혁신의 과제를 포함한다. 헌법을 개정하기에 앞서 입법자가 유념해야 할 전제조건이다. 그것은 입법 사실을 계속해서 점검하여 입법하는 일이다. 입법 사실은 법령의 배경을 이루는 사회적·정치적 또는 과학적 사실이다. 입법 사실은 '법령이 제정되기 이전'에 존재하고 있었던 상태, 그것을 개선하기 위하여 제정된 법령의 실효성, 법령의 제정에 의하여 생기는 손실(예를 들면 국민의 권리 제약의 정도)보다 적은 희생으로서 같은 실효성을 올릴 수 있는 가능성 등 법령의 목적과 수단의 합리성을 실증적으로 검토하는 것이다.

이렇게 보면 유신 청산의 입법적 과제는 현재를 매개로 하여 과거를 청산하고 미래 헌법의 전망을 여는 일이다.

① 우선 과거 독소 조항을 안고 있다가 개정 또는 폐지된 법률 및 한시적 법률의 무효를 확인하고 선언하는 입법이 필요하다. 특별법에 따른 개별적 접근과 피해자의 개별적인 사법적 구제를 넘어서서 법률

에 따른 불법 입법으로 인한 피해에 대한 원상 회복, 예를 들면 형사 처분, 행정 처분(징계, 해직), 기타 사실적 처분(해고) 등에 대한 복권과 피해 보상 방안을 담아내야 한다. 공무원노동조합 관련 해직 공무원 등의 복직 등에 관한 특별법(2021. 4. 13. 시행)을 참고할 수 있다.

② 현재 시민사회에서 제기한 법제 중 위헌적 입법기구의 제·개정 법률을 중심으로 현재 관점에서 검토하여 미래 지향의 입법을 해야 한다. 특히 여·야간의 입장 차이 또는 기득권 유지 관점에서 논란이 있을 수 있는 법률(조항)에 대해서는 국회의 특별위원회(가칭 '입법 정의 실현을 위한 진상조사위원회')를 설치하여 조사하고 그 개정 여부를 검토해야 한다. 대표적으로는 노동관계법, 정당법·정치자금법·공직선거법 등 정치 관계법, 군 관련 법 및 국가보안법 등 인권과 민주주의에 부합하지 않는 법률 등이다. 국회의 국정조사권은 특별한 사안에 대해 발동하지만, 헌법적으로는 입법권의 적정한 행사를 위한 보조적 권한이다. 국회는 입법 정의의 실현을 위해 국정조사권을 적극 활용할 필요가 있다. 특히 일반시민과 소통하고 전문가 그룹의 자문을 적극적으로 받음으로써 시민사회와 함께 입법하는 국회의 새로운 상을 구축해야 한다.

다시 강조하건대, 불법 입법기구 이전에 국회에서 제정한 법률이라고 하더라도 그 역사적 배경과 함께 당시는 물론 현재 관점에서 판단이 필요하다. 그리고 동일 내용의 법률 조항이라고 하더라도 독재 시기를 거치면서 그것이 어떻게 집행·적용되고 어떤 불법의 통치 효과를 낳았는지 분석·평가해야 한다. 불법 입법기구 이후 국회에서 개정됨으로써 원상회복 또는 개정되었다고 하더라도 현재 또는 미래 관점에서 재평가함으로써 인권과 민주주의에 합치하는 입법의 개혁을 지속해야 한다. 과거 청산은 과거로의 회귀가 아니다. 과거 청산은 끊임없는 개혁의 과정이다. 시대의 흐름을 따라가지 못하는 입법의 지체(遲滯) 또는 정체(停滯)는 정의(正義)의 퇴행이자 그 자체 부정의(不正義)다. 인권과 민주주의 규범은 인류의 진화와 함께 계속해서 고양되고 진화하기 때문이다.

군사쿠테타로 해산된 국회, 곧 무(無) 국회 시대에 박정희의 비상 국무회의(1972. 10.~1973. 3.) 전두환의 국가보위입법회의 (1980. 10.~1981. 4.)라는 유사 입법기구가 제정 개정한 법률 예비조사보고서는 아래 126명 의원의 관심과 후원으로 제작되었습니다.

강득구 강민정 강병원 강선우 강은미 강준현 고민정 고영인 권인숙 권칠승 기동민 김경만 김경협 김남국 김두관 김민기 김민석 김민철 김병기 김상희 김성주 김성환 김승남 김승원 김영배 김영주 김영진 김용민 김원이 김의겸 김종민 김주영 김철민 김태년 김한규 김한정 김홍걸 남인순 도종환 류호정 민병덕 민형배 민홍철 박 정 박광온 박범계 박상혁 박영순 박재호 박주민 박홍근 배진교 백혜련 서동용 서삼석 서영교 서영석 설 훈 소병철 소병훈 송갑석 송옥주 송재호 신동근 신정훈 양경숙 양기대 양이원영 양정숙 오기형 오영환 우원식 위성곤 유기홍 윤건영 윤관석 윤미향 윤영덕 윤재갑 윤준병 이개호 이동주 이병훈 이성만 이수진 이수진(비) 이용빈 이용선 이용우 이원욱 이원택 이인영 이장섭 이재명 이재정 이학영 이해식 이형석 인재근 임오경 임호선 장경태 장철민 장혜영 전재수 전해철 전혜숙 정성호 정춘숙 정태호 정필모 조승래 조오섭 조정식 주철현 진선미 진성준 최강욱 최기상 최종윤 최혜영 허 영 허종식 홍성국 홍익표 홍정민

참고문헌

김남진·황보근(2021). 5·18민주화운동 관련 법령에 관한 법적 소고: 5·18.민주화운동 이후 개정된 국방부 소관 법령을 중심으로. 인권법평론 27. 전남대학교 공익 인권법센터. 2021. 8. 3-33.

김순양(2022a). 우리나라 과도입법기구의 입법 활동 분석: 국가재건최고회의와 국가 보위입법회의를 중심으로. 한국정책과학학회보 26(1). 한국정책과학학회. 2022. 3. 111-137.

김순양(2022b). 정치적 격변기의 과도정부기구의 구성과 활동에 대한 연구: 국가보위 비상대책위원회와 국가보위입법회의를 중심으로. 한국사회와 행정연구 33(1). 한국정책과학학회. 2022. 5. 1-31.

김영태(2015). 선거법 개정 10년의 성과와 과제: 선거운동 관련 법규를 중심으로. 의정 연구 44. 한국의회발전연구회. 2015. 4. 32-60.

김재선(2016). 공직선거법과 선거운동의 자유에 관한 공법적 고찰. 고려법학 80. 고려 대학교 법학연구원. 2016. 3. 75-102.

김학진(2017). 호별 방문금지규정의 정착 과정과 문제점에 관한 소고. 민주법학 63. 민주주의법학연구회. 2017. 3. 167-204.

김형철·홍경선(2018). 선거운동의 자유와 공직선거법 개정 방안: 시민단체의 선거법 위반 사례를 중심으로. 비교민주주의연구 14(2). 인제대학교 민주주의와자 치연구소. 2018. 12. 5-44.

방승주(2008). 위헌입법의 현황과 대책. 저스티스 106. 한국법학원. 2008. 9. 254-292.

방승주(2017). 선거운동의 자유와 제한에 대한 평가와 전망. 헌법학연구 23(3). 한국헌 법학회. 2017. 9. 25-67.

송병춘(2022). 불법입법기구가 제정한 정치관계법과 그 위헌성 검토. '유신헌법'은 대한민국헌법일 수 있는가. 유신헌법과 검찰의 법치주의(74회 제헌절 유신 50년 국회토론회, 유신50). 국회의원회관. 2022. 7. 12. 18-26.

오동석(2013). 유신헌법의 불법성. 학술단체협의회 기획(2013). 배성인 외 공저. 유신 을 말하다. 나름북스. 2013. 3. 133-164.

이동과(1988). 국보위·입법회의법령에 관한 고찰. 청주법학 3. 청주대학교 법학과. 1988. 5. 1-26.

이재승(2009). 다시 리바이어던의 뱃속으로: 조용수 사건의 재심판결(2007재고합 10). 민주법학 39. 민주주의법학연구회. 2009. 3. 209-236.

이철호(2001). 한국에서의 「위헌적 입법기구」에 관한 연구: 1961년, 1972년 및 1980년의 정변에 대한 헌법적 분석. 법학박사학위논문. 동국대학교 대학원 법학과. 2001. 12.

이철호(2002). 한국헌정사에서 위헌적 입법기구가 헌법학에 미친 영향. 아·태공법연구 10. 아세아태평양공법학회. 2002. 2. 59-84.

이희훈(2007). 1980년 헌법의 형성과 발전 및 평가. 외법논집 28. 한국외국어대학교 법학연구소. 2007. 11. 139-168.

임지봉(2012). 유신헌법과 한국 민주주의. 공법학연구 13(1). 한국비교공법학회. 2012. 2. 183-201.

허진성(2016). 선거운동 규제와 개선방안에 관한 몇 가지 고찰: 자유의 확대와 개방적 경쟁의 관점에서. 헌법학연구 22(4). 한국헌법학회. 2016. 12. 1-37.

홍석한(2013). 선거운동의 자유와 규제에 관한 헌법적 고찰: 헌법재판소 판례에 대한 평가를 중심으로. 헌법학연구 19(4). 한국헌법학회. 2013. 12. 123-156.

부록 2

유신청산민주연대 활동 경과(2019. 5.~2022. 12.)

유신청산민주연대 발족 선언문

유신50년군사독재청산위원회(준) 참여 제안서

유신 50년 군사독재 청산 선언문

유신 50년 군사독재 청산을 위한 결의문

유신청산민주연대 임원 명단

유신청산민주연대 활동 경과
(2019. 5. ~ 2022. 12.)

2019년

05. 13.	대법원 앞 기자회견과 의견서 대법원 접수 유신-긴급조치 9호 발동 44년 사)긴급조치사람들
05. 16.	**국회 토론회 – 긴급조치 9호 선포 44주년 긴급조치 피해자 원상회복 토론회** 박주민 의원실, 긴급조치사람들, 민청학련동지회, 민변 긴급조치변호인단 5. 16. 1차 준비회의 – 토론회 참석자 중심으로 국회 휴게실에서 개최, 　　유신 청산 필요성 공감 6. 19. 2차 준비회의 6. 26. 3차 준비회의 7. 09. 4차 준비회의
07. 17.	**제헌절 기자회견과 선언** 유신헌법의 원천무효임을 선언하고 대법원의 헌법수호와 국가 폭력에 대한 책임 촉구
08. 08.	**대법원 앞 기자회견** 유신잔재 청산과 사법농단 피해자 구제 위한 대법원의 결단 촉구
08. 23.	**국회 방문(설훈 의원실 등)** 유신-긴급조치 관련 국회의원 모임 추진하기로
09. 27.	**유신청산국회토론회** 주제; 유신헌법의 파행성과 잔재 극복의 과제 공동주최: 강창일 의원실, 가)유신청산민주연대, 긴급조치사람들, 민청학 　　련동지회
10. 17.	**유산-긴급조치 강연 및 북콘서트** 기독교회관 유신 선포 47년 김재홍 강연과 우리 젊은 기쁜 날(최희숙) 출판 기념 토크와 노래
11. 29.	**유신 체제와 민주노동조합 토론회** 3·1운동 및 대한민국임시정부 수립 100주년 기념 민주 인권 평화박람회(민주 인권기념관)
12. 18.	가)유신청산연대 준비 2차 연석회의

2020년

01. 13.	가)유신청산연대 준비 3차 연석회의 2019년 활동 평가와 2020년 활동계획 및 발족 준비 등
02. 12.	유신독재청산 토론회 주제: 유신 독재 청산을 위한 사법부와 국회의 과제 주최: 이재정 의원실, (가칭)유신청산민주연대
04. 23.	대법원 앞 기자회견 긴급조치사람들 단독. 매주 월요일 대법원 앞 1인시위
04. 28.	유신독재청산 토론회 주제: 국가 폭력 청산의 경과와 향후 과제 주최: 강창일 의원실, (가칭)유신청산민주연대
05. 28.	유신독재청산 국회 토론회 및 유신청산민주연대 발대식 1부 유신 독재의 헌정유린과 국가 폭력, 진상규명과 청산방안 토론회, 2부 발족식 주최: 우원식 · 설훈 · 이학영 의원실, 유신청산민주연대
07. 07.	72주년 제헌절 맞이 유신독재청산 심포지엄 주제: 사라진 국회 10월유신과 민주주의 말살 주최: 국회의원 설훈 노웅래 우원식 이학영 김영호 / 유신청산민주연대
08. 21.	유신독재청산 국회 토론회 주제: 독일 나치 과거사 청산의 역사와 성과 주최: 국회의원 서영교(행정안전위원장) / 유신청산민주연대
09. 10.	유신청산 국회토론회 주제: 유신 시대의 형사사법통치기구의 실상과 청산과제 주최: 국회의원 이재정 / 유신청산민주연대
09. 25.	유신 피해자들과 함께하는 유신청산 집담회 유신청산민주연대(6 · 15 남측위원회 회의실)
10. 15.	부마민주항쟁 41주년 유신독재청산 토론회 주제: 부마민주항쟁과 유신 독재체제의 붕괴와 청산과제 주최: 부마민주항쟁기념재단 / 유신청산민주연대 / 국회의원 설훈 최인호 전재수
10. 17.	유신 올레 - 유신 독재 흔적을 찾아 떠나는 도심순례여행 충무로역 3번출구 집결 - 한옥마을(구 수도경비사령부) - 구 중앙정보부 -기억의 터 - 서울시립미술관(구 대법원) - 민주인권센터(구 치안본부 남영동) - 서울시의회(구 국회) - 동아일보(1974.10. 자유언론실천선언) - 세종문화회관(선언문 낭독) - 안국역(구 신민당사 터) 10월유신 선포 48년 선언문 발표 주제: "현대사의 망령, 박정희 유신을 청산하자!"

	장소: 세종문화회관 계단
	주최: 유신청산민주연대
10. 27. ~ 10. 30.	유신청산 국회 전시회 주제: 10월유신 48년, 유신청산민주행동 유신청산전시회 장소: 국회 의원회관 1층 로비 주최: 설훈 우원식 이학영 노웅래 유신청산민주연대 / 부마민주항쟁재단 　　　/ 민청학련동지회
10. 28.	유신청산 입법 토론회 주제: 유신 독재 청산을 위한 입법 방안 장소: 국회 의원회관 제3간담회실 주최: 국회의원 설훈 노웅래 / 유신청산민주연대
11. 05.	전태일 50주기 유신청산 국회 토론회 주제: 70년대 민주노동운동과 유신 독재 청산의 과제 장소: 국회 의원회관 제3간담회실 주최: 국회의원 강은미 심상정 배진교 / 70년대민주노동운동동지회
12. 17.	『박정희 유신독재체제 청산 – 한국현대사의 망령』 출간 (동연출판사) 1년 반 동안의 유신청산국회토론회에서 발표된 15개의 원고+ 집담회 내용을 중심으로 수록 출판기념회는 코로나19로 연기
12. 23.	진실 화해를 위한 과거사정리위에 "10월유신 쿠데타 전후 불법행위 등에 관한 진상규 명요청서"를 긴급조치사람들과 공동으로 제출. 12월 28일 두 단체 임원 등 6명, 진화위 정근식 위원장과의 간담회

2021년

2월	(가칭)유신청산특별법 국회 발의 준비 진행 중 1971년 12월 국가비상사태 선포 - 1987년 11월 현행 헌법 제정까지, 헌정질서 파괴 및 국가 폭력 청산을 위한 특별법 초안을 작성해 설훈 의원실 통해 국회법제 실 검토 1차 완료
03. 18.	유신독재청산 국회 심포지엄 주제: "부마항쟁과 서울의 봄, 왜 꽃은 피지 않았나: 박정희의 죽음과 유신의 　　　잔존" 장소: 광복회관 3층 강당 (코로나 19로 국회 내 행사 변경) 주최: 국회의원 설훈 최인호 / 부마민주항쟁기념재단 / 5 · 18기념재단 / 　　　유신청산민주연대
05. 27.	운영위원회(임원회 · 공동사무국 연석회의) 온라인 회의 강제징집녹화선도사업진실규명위(강녹진)를 참가단체 신청 승인하고, 운영 위원회 및 공동사무국 역할 결정. 강녹진 사무실을 유신청산민주연대 사무실로

	함께 사용할 수 있도록 승인 받음
06. 04.	유신독재청산 광주 심포지엄 주제: "5월 광주 시민저항, 6월 전국 국민항쟁 그리고 그 이후 대한민국" 장소: 광주광역시 5·18기념재단 대동홀 주최: 국회의원 설훈 민형배 / 부마항쟁기념재단 / 5·18기념재단 / 유신청 산민주연대 협찬: 한국연구재단 중견연구자 지원사업 (홍윤기)
06. 21. ~ 06. 22.	유신청산민주연대 공동사무국 워크숍 장소: 양평 참석: 박순희 임현재 이대수 이창훈 조종주 박강호 조재현 내용: 6.9. 공동사무국 회의에서 논의되었던 '사단법인 설립 추진의 건'을 구체적으로 추진하기로 결정, 재정 기금 마련 임원 구성 등이 전제되 어야 한다고 논의
08. 25.	유신청산민주연대 운영위 공동사무국 회의 김종채 역사자료정리위원장 및 운영위원 승인 10월유신 선포 49년 유신 청산 행사 (심포지엄 전시회 유신 올레 등) 기획안 준비, 10월 하순 국회에서 온오프로 진행 추진하기로 결정 유신50년청산추진위원회를 구성하여 활동하기로 하다. 지속적인 활동 위해 사단법인 설립을 추진하기로 결정
09. 14.	임원 공동사무국 연석회의 (줌) 10월 행사를 위한 준비 기획안을 중심으로 논의하여 계엄령토론회 (10. 5. 예 정), 유신청산민주연대 활동 평가와 향후 구상 집담회 (10. 22. 예정대로 진행), 국회심포지엄 (10.26. 예정), 발표 토론자 확인, 유신 올레 (10.16. 서울시의회 등) 등 전체적인 기획안에 동의하고 추진하기로 함.
10. 19.	유신독재청산 토론회 주제: "군사독재의 도구 계엄령의 역사와 위헌 불법성" 장소: 6·15 남측위원회 회의실 주최: 유신청산민주연대 국회의원 설훈 우원식 이학영 * 9.28. 국회 의원회관 개최 예정이었으나 코로나19 사정으로 장소 시간 변경해 진행
10. 22.	유신청산 집담회 주제: "유신청산민주연대 활동 평가와 유신 50년 청산사업 구상" 장소: 6·15 남측위원회 회의실 참가: 이대수 (사회) 고은광순 김종채 이창훈 한명희
10. 31.	10월유신 쿠데타 49년 선언문 발표 "유신 쿠데타 50년, 유신 독재의 완전한 청산을 위하여 — 유신 망령은 왜 다시 부활하는가?"

11. 02.	유신독재청산 국회 심포지엄 주제: "유신 독재(1971~1987)와 사법부의 역할 ― 법원과 검찰을 중심으로" 장소: 국회 의원회관 제1세미나실 주최: 유신청산민주연대 / 국회의원 설훈 우원식 이학영 후원: 민주화운동기념사업회 부마민주항쟁기념재단 5·18기념재단
11. 08. ~ 11. 12.	유신 쿠데타 49년, 유신 청산 국회전시회 국회 의원회관 2층 로비에서 국회 해산과 국회의원 체포 고문 구속 사진, 당시 신문기사, 김봉준의 판화와 '아시아의 상처꽃' 등 초대 전시 등 진행
11. 29.	유신청산민주연대 언론부문 토론회 주제: "유신치하 언론탄압과 피해보상" 장소: 언론노조 회의실(프레스센터) 주최: 유신청산민주연대 주관: 전국언론노동조합 / 자유언론실천재단
12. 08.	유신50년청산위원회 준비위 발족식 및 유신청산토론회 주제: "12·12 군사 반란과 유신2기, 유신군사독재 16년(1971-1987)의 　　　위헌 불법성" 장소: 국회 의원회관 제1세미나실

2022년

01. 18.	유신50년군사독재청산위원회 발족식 및 심포지엄 장소: 의원회관 제 1소회의실 주최: 유신50년군사독재청산위(준) 주관: 유신청산민주연대 내용: 유신50년 군사독재 청산 선언문 "유신 악법과 통치기구들의 민주주의 　　　파괴행위 청산을 통한 '대한민국 이행기 정의'의 완성을 위하여" 발표 　　　2부 심포지엄 "박정희 유신과 전두환 유신2기의 잔재청산 그리고 우리의 　　　미래 ― 5·18 광주항쟁과 6월 시민항쟁의 재조명"
01. 21.	2기 진실화해위원회 방문 조사 요청 고 김상현 의원의 유족 정희원 여사와 함께 이재승 진화위 상임위원 면담(1. 13) 후 유신청산민주연대 연명으로 "10월유신 국회 해산과 의원면직 진실규명 신청서" 제출
01. 26.	유사입법기구 제정 법률 제·개정을 위한 워크숍 주제: "군사독재 시기 유사입법기구에서 제·개정된 법률 현황과 과제" 장소: 국회 의원회관 제2세미나실 주최: 유신청산민주연대
02. 15.	국회토론회 및 유신청산민주연대 정기총회

	주제: "박정희 전두환의 유신군사독재체제의 성장신화와 재벌 공화국"
	장소: 국회 의원회관 제2세미나실
	주최: 유신50년군사독재청산위원회
	주관: 유신청산민주연대
	2부 총회(대표자회의)
	회칙개정 / 임원선출(연임) 및 신규가입단체 승인
03. 15.	유신청산 입법토론회
	주제: "유신군사독재청산 입법을 위한 국회와 시민사회의 협력과 결의"
	장소: 국회 의원회관 제1소회의실
	주최: 유신50년군사독재청산위원회
	주관: 유신청산민주연대
04. 06.	공동대표단 민주당 원내대표 면담 및 간담회
	장소: 국회 본관 5층 민주당 대표실
	참석: 김재홍 김준범 / 이학영 인재근 강은미 / 이대수
	내용: ─ 유신청산민주연대 및 유신50년청산위 활동 소개
	─ 유신군사독재 청산을 위한 국회 결의안 및 유신악법 10개 선정 폐지입법 추진 논의
04. 19.	유신50년청산위 국회 토론회
	주제: "유신 독재의 시원 박정희 군사 쿠데타: 4월 혁명을 좌절시킨 군사 쿠데타와 헌정파괴"
	장소: 의원회관 제3세미나실
	주최: 유신50년군사독재청산위원회
	주관: 유신청산민주연대
06. 11.	6월항쟁 35주년 기념 민주올레
	장소: 남산 한옥마을(구 수도방위사령부 터) ─ 중앙정보부 기억의 터 ─ 명동성당 ─ 서울시립미술관(구 대법원) ─ 성공회대성당 ─ 서울시의회(구 국회의사당) ─ 프레스센터와 동아일보
	주관: 유신청산민주연대 주관
	안내: 해설 최방식 / 증언 이현배(민청학련) 김용식(군녹화사업) 김준범 (80년 해직언론인)
06. 21.	유신50년 유월항쟁 35주년 심포지엄과 출판기념회, 전시회(6. 21~24.)
	"유신군사독재 16년(1971~1987)을 종식한 6월항쟁, 촛불혁명으로"
	국회 의원회관 제1소회의실 / 의원회관 1층 로비(사진전시회)
	유신50년군사독재청산위 주최, 유신청산민주연대 주관
07. 05.	유신50년군사독재청산위 대표단 회의
	일시 : 7월 5일 오전 8시
	장소 국회 의원회관 식당

	* 매월 첫주 월요일 오전 8시 정기적으로 진행 중.
07. 12.	**국회토론회** 주제: '유신헌법'은 대한민국 헌법일 수 있는가 — 유신헌법과 검찰의 법치 　　　주의 장소: 국회 의원회관 제1세미나실 주최: 유신50년군사독재청산위원회 주관: 유신청산민주연대
08. 10.	**국회 워크숍** 주제: 군사쿠데타를 통한 유사입법기구 제·개정 법률 현황과 과제 장소: 국회 의원회관 제7간담회실 주최: 유신50년군사독재청산위원회 주관: 유신청산민주연대
09. 23.	**국회토론회** 주제: 유신군사쿠데타집단의 국회 해산 무효화 국회결의안 및 유사입법 개 　　　폐 방안 장소: 국회 의원회관 제7간담회실 주최: 유신50년군사독재청산위원회. 국회민주복지연구포럼 주관: 유신청산민주연대
09. 26.	**유신청산 국회결의안 발의 및 제출** 국회의원 인재근의원 대표발의자로 해 126명 연명으로 결의안을 발의하다. 주요 내용은 유신쿠데타 근거없이 군대를 동원해 불법무효라는 점, 조사위원회 를 구성해 유신악법에 대한 조사 등을 담고 있다.
10. 12.	**유신50년 군사독재청산 실천대회** 주제: 유린당한 국회, 시민과 함께 일어서다. 장소: 국회 의원회관 제2소회의실 주최: 유신50년군사독재청산위원회 민주화운동기념사업회 주관: 유신청산민주연대
10. 29.	**유신민주올레 — 사람, 책과 함께하는 현대사 산책** 주제: 10.26 궁정동에서 12.12를 거쳐 5.18까지 해설: 김종철(전 민주환동기념사업회 국장. KIN공동대표) 장소: 충무로역 집결 - 한옥마을(구 수방사터) 남산중앙정보부터 - 이희영 　　　기념관. 정보부 6국 - 명동성당 YWCA연합회 - 광화문광장 - 청와 　　　대(궁정동 안가: 박정희 피살처)
11. 22.	**유신 50년 군사독재 청산 워크숍** 주제: 유신50년 군사독재 청산활동 평가와 향후 과제 장소: 국회 의원회관 제1세미나실 주최: 유신50년군사독재청산위

12. 06.	유신청산 국회결의를 위한 토론회 주제: 헌정을 파괴하고 분단을 고착시킨 유신군사독재의 사회문화 통제 장소: 국회 의원회관 제10간담회실 주최: 유신50년군사독재청산위원회 국회시민정치포럼 주관: 유신청산민주연대
12. 20.	송년 워크숍과 출판기념회 일시: 12월 20일(화) 오후 2시 장소: 국회의원회관 제1세미나실 주최: 유신50년군사독재청산위원회, 유신청산민주연대 예비조사 보고와 토론 : 오동석 외 출판기념회 : 인사와 책 소개. 〈유신청산 시리즈 4〉 『한국 현대사의 질곡, 　　　　　유신 50년을 넘어서』 송년회: 오후 5시. 식당 너섬(국회앞 금산빌딩 B1)

유신 독재 타도 투쟁에 동참한 민주시민
여러분께 드립니다

10·26 궁정동의 총격으로 박정희의 유신정권이 끝난 지 40년이 지났습니다. 6월 시민항쟁, 국민의 정부, 참여정부, 촛불혁명을 거치며 민주주의는 전진해 왔습니다. 인권, 평화, 안전, 행복을 추구할 수 있는 시민적 권리도 확립되고 있습니다. 특히 촛불정부는 이명박, 박근혜 수구정권의 적폐를 과감히 청산하고 있으며 한반도에 평화를 정착시키기 위하여 민족의 화해와 협력을 실현하기 위해 진력하고 있습니다. 민주시민 여러분이 바라던 모두 같이 잘사는 대동 세상이 실현될 날도 다가오고 있습니다. 그러나 왜곡된 역사의식을 가진 일부 수구 부패 세력은 화합이라는 미명하에 유신군사독재의 잔재를 묵인하고 넘어가려는 망동을 여전히 벌이고 있습니다.

진정한 민주 사회를 이룩하려면 개인의 인권과 민주적 권리를 보장해야 합니다. 군사독재 시절의 과거사를 청산하려면 법과 제도의 개혁에 그칠 것이 아니라 피해자의 억울함을 풀어주고 실질적인 원상회복을 지원하는 조치를 실시해야 합니다. 이미 국민의 정부 시대부터 각종 진상조사위원회가 설치되어 활동했으며 재심과 보상, 배상 절차가 부분적으로 진행되었습니다. 그러나 국민의 정부, 참여정부 시절에도 피해자가 민원인의 입장에서 국가를 상대로 각종 구제를 신청하고 민·형사 소송을 제기하는 절차를 밟아야 했습니다. 국가의 각종 정보수사 기관이 보관하고 있는 자료도 공개하지 않아 개인적으로 각종 증거를 찾아 제출할 수밖에 없습니다. 더구나 박근혜 정권의 양승태 때법원장이 저지른 사법농단으로 긴급조치 9호는 위헌이지만 체포 심문, 구금한 수사 기관은 적법한 공무를 수행했다는 대법원 판례(2015. 3. 3부 권순일)가 확립되었습니다. 중앙정보부, 경찰을 비롯한 공권력이 명백하게 개입한 많은 노동사건은 노사 간의 민사사건으로 처리되었습니다. 심지어 국정원은 인혁당 사법살인 피해자 유족들에게 소송을 걸어 배상금을 강제 환수하고 있습니다. 촛불혁명 이후에 취임한 김명수 대법원장이 이끄는 사법부는 사법농단으로 이중 피해를 입은 유신 독재 피해자들의 거듭된 호소를 외면하고 있습니다.

유엔인권이사회가 2012년에 채택한 결의안을 보아도 권위주의적 통치가 종식된 지역에서 민주적 질서를 확립하려면 '전환기적 정의'를 실현해야 하며, 이를 위해 '진실규명, 사법적 정의 확립, 보상과 배상, 재발 방지 대책이 포함된 통합적 접근'이 필요하다는 가이드라인이 제시되어 있습니다. 더구나 이 결의안은 가이드라인의 신속한 이행을 권고하고 있습니다. 피해자의 입장에서 보는 진정한 해원과 배상은 유신 잔재의 말끔한 청산입니다. 2019년 해 10월 부마민주항쟁 40주년 기념사에서 문재인 대통령은 '유신 독재의 가혹한 폭력으로 인권을 유린당한 피해자들 모두에게 대통령으로서 깊은 위로와 사과'를 하였습니다. 그러나 아직 정부, 사법부, 입법부, 어느 곳도 "유신헌법 원천

무효"를 선언하지 않았습니다. 바로 이것이 유신정권 시절의 과거사 청산이 지체되는 근본적인 원인입니다. 유신 독재의 충견이었던 전두환 노태우 신군부 일당이 12·12군사 반란으로 국민의 민주 헌정 회복 요구를 짓밟고 1980년 서울의 봄과 광주 민주항쟁을 무자비하게 진압하였습니다. 광주학살의 주범인 전두환이 스스로 대통령이 된 체육관 선거의 근거는 유신헌법이라는 사실을 상기해야 합니다.

우리는 6월에 출범하는 21대 국회가 유신헌법 원천 무효를 선언하여 유신 잔재를 철저하게 청산하는 출발점을 마련하도록 강력하게 촉구해야 합니다. 이와 동시에 정부, 대법원, 헌재도 불법 정권인 유신 체제가 자행한 인권유린 사태를 청산해야 한다는 입장을 밝히고 실천에 나설 것을 요구해야 합니다.

유신 독재 타도 운동을 함께 했던 민주시민 여러분께 호소합니다. 모두 한 자리에 모여 작은 차이를 넘어 연대의 정신으로 함께 다음의 과업을 실현해 나갑시다.

우리의 과제와 요구

1) 정부, 국회, 대법원, 헌재는 "유신헌법"의 원천 무효를 유신 정권의 불법성을 선언하라.

2) 소멸시효 단축으로 각하된 국가배상 민사소송을 즉각 재개하라.

3) 민주화운동관련자 명예회복과 보상에 관한 법률(민보상법)에 의한 생활보조금 수급자가 제기한 국가배상 민사소송을 즉각 재개하라.

4) 대법원은 "긴급조치 9호는 위헌이지만 공무원의 직무 수행은 적법하므로 국가의 배상 책임은 없다" 는 궤변 판결을 즉각 취소하고, 국가배상

민사소송을 재개하라.

5) 유신 독재에 항거한 국가 폭력의 피해자에 대한 진상규명과 명예회복, 국가배상을 실시할 수 있는 (가칭)유신청산특별법을 제정하라.

6) 통과된 진실과 화해를 위한 과거사 정리기본법(과거사법)에 따라 과거사 진상 규명 위원회를 즉시 재가동하고 인권 침해와 민주주의 파괴를 총체적으로 규명하라.

7) 인혁당 사건 피해자에 대한 '기지급 배상금 환수'를 즉각 중지하고 원상회복하라.

8) 민보상법의 '관련자'를 '유공자'로 변경하고 정당한 예우를 실시하라.

9) 언론자유실천 투쟁으로 해직된 언론인에게 국가는 사과하고 명예회복과 보상을 실시하라.

2020년 5월 28일

유신청산민주연대 참가자 일동

(광주전남민주화운동동지회 / 민주·인권·평화를 실천하는 긴급조치사람들 / 부산민주항쟁기념사업회 / 서울민예총 / 자유언론실천재단 /동아투위 /조선투위 / 전태일재단 / 촛불계승연대천만행동 / 한국작가회의 / 4.9통일평화재단 / 70민주노동운동동지회-청계 동일 원풍 CDK YH노동조합외 / 71동지회 / NCCK인권센터외)

* 참가는 단체와 개인 모두 가능하며 규약과 적절한 절차에 따라 진행됩니다.

10월유신 50년, 6월항쟁 35년 진정한 유신군사독재 청산을 위한 제안서

　박정희는 1972년 10월 17일, 이른바 '10월유신'이라는 친위 쿠데타를 일으켜 헌정을 중단시키고 국회를 해산하였다. 계엄령이 선포된 가운데 비판적인 야당의원들은 불법 연행하여 무지막지한 고문으로 보복했다. 박정희는 밀실에서 만든 '유신헌법'을 요식 절차에 불과한 비상국무회의와 국민투표에 회부하여 압도적 다수가 찬성했다고 일방적으로 발표했다. 반대토론과 투개표 감시 절차가 무시된 원천적 불법 부정선거였다. 스스로 종신 대통령 자리를 차지한 박정희는 긴급조치를 발동하여 민주 회복을 요구하는 시민들을 불법 구속하고, 사법 살인과 테러를 자행하며 권력을 유지했다. 유신 정권은 생존권 보장을 요구하는 민중을 폭력으로 탄압하였으며, 언론, 출판, 집회, 결사의 자유를 비롯한 민주시민의 기본권을 박탈하였다. 반면에 유신 정권은 소수의 독점 재벌에게 특혜를 제공하여 양극화와 부정부패를 만연시켰다.

　정당성이 없는 '유신 체제'는 민주시민의 저항에 부딪쳐 자체 붕괴

했다. 박정희는 중앙정보부장에게 사살되는 1979년 10월 26일 밤에
도 딸뻘의 여대생을 불러 성 노리개로 삼는 극한적인 도덕적 타락에
빠져 있었다. 그러나 국민에게는 퇴폐풍조 단속을 명분으로 모든 생
활과 정서까지도 통제하는 위선자였다. 유신정권 자체는 10·26. 사
건으로 붕괴되었으나 하나회 주축의 전두환 노태우 신군부는 유신
체제를 승계한 '5공화국'을 만들었다. 신군부는 헌정파괴와 광주학살
을 비롯해 민주주의와 인권유린을 저지르며 폭압적 통치를 이어갔다.

박정희의 10월유신과 '유신의 아들/제자' 전두환의 '5공'으로 이어
진 16년 유신군사독재는 1987년 6월의 시민항쟁과 대통령 직선제 개
헌을 통해 종식되면서 절차적 민주화가 진행되었다. 그러나 유신 50년,
6월항쟁 35년이 다가오는 현재까지도 유신 체제가 남긴 악성 유산은
청산되고 있지 않으며 진정한 민주화를 저해하는 암초로 남아있다. 구
체적으로 박정희의 비상국무회의와 전두환의 국가보위입법회의가 급
조한 수백 개의 악법들이 존치되어 있다. 그 결과는 유신 피해자, 신군부
피해자의 명예회복과 원상회복이 지연되고, 수구세력이 공공연하게
민주화운동을 폄하하며 재집권을 획책하는 사태로 귀결되고 있다.

유신 정권과 신군부를 미화하는 반동적 수구세력의 발호는 일차
적으로 과거사 청산의 불철저성에서 기인한다. 심지어 사법부는 긴급
조치 피해자의 무죄를 확인하는 재심 판결을 내리며 "긴급조치는 유
신헌법에 규정된 발동 요건을 충족하지 못하였다" 것을 이유로 들고
있다. 이러한 논리는 "긴급조치 위반자를 체포, 감금한 것은 정당한
공무집행이므로 국가는 배상 책임이 없다"는 요지의 유신 피해자를
우롱하는 궤변으로 이어지고 있다. 제도적 절차에 입각한 과거사 청
산의 지지부진은 민주 정부의 위신과 신뢰를 저하시키는 부작용을

초래하고 있다. 이러한 파행적 사태는 10월유신이 박정희가 주도한 내란이며, 유신헌법은 불법적 법률이며 원천적 무효라는 사실이 법적으로 확인되고 있지 않아 벌어졌다. 심지어 박정희와 전두환의 위헌 불법적 계엄령과 군사력에 의한 강제 해산과 패쇄라는 굴욕을 겪은 국회도 유신헌법이 원천적으로 무효라는 사실을 확인하고 있지 않다. 즉, 양승태가 대표하는 수구적 법관의 과거사 사건에 대한 퇴행적 판결과 사법농단의 원인은 개인적 자질의 문제가 아니라 유신으로 시작된 군사정권의 정당성이 법적, 제도적으로 부인되지 않고 있는 부조리한 현실에서 찾아야 한다. 분단상황을 배경으로 헌정 유린과 폭압으로 일관해온 유신군사독재 청산은 과거사 청산만이 아니라 유엔 인권이사회가 제시한 전환기적 정의 실현이라는 현재적 과제이기도 하다.

　철저하게 유신의 잔재를 청산하고 시민 개인의 기본권이 보장되는 진정한 민주주의를 구현해야 격동하는 동북아 국제 정세를 헤치고 남북화해와 민족통일을 이룩하는 역사적 과제를 달성할 수 있다고 판단한다. 유신 피해 저항자 일동은 민주시민, 정치인, 재외국민을 망라한 각계각층의 유권자/국민 여러분에게 유신 청산 작업에 대한 성원과 참여를 간절하게 호소하는 바이다.

2021년 12월

유신50년청산위원회 준비 제안자

(광주전남민주화운동동지회 / 강제징집녹화선도공작진실규명추진위원회 / 민주·인권·평화를 실천하는 긴급조치사람들 / 부산민주항쟁기념사업회 / 서울민예총 / 자유언론실천재단 / 동아투위 / 조선투위 / 장준하정신선양회 / 전국민주화운동동지회 / 전태일재단 / 촛불계승연대천만행동 / 한국작가회의 / 4.9통일 평화재단 / 70년대민주노동운동동지

회 - 청계피복·동일방직·원풍모방·콘트롤데이타·YH 노동조합 외 / 71동지회 / 한국기독교교회협의회(NCCK) 인권센터 외)

유신청산민주연대

상임대표: 김재홍(71동지회 고문. 17대 국회의원. 서울미디어대학원대학교 석좌교수)
운영위원장: 이대수(긴급조치사람들 이사)

국회의원

공동대표: 이학영 인재근 소병훈 이용선 강은미 / 김영배 김홍걸 노웅래 설훈 양경숙 양정숙 윤미향 윤준병 정필모(12월 말 현재)

참가방법: 참가 희망 단체와 개인은 유신청산민주연대 운영위원회에 참

가 신청해 주시면 됩니다.

연락처: 유신청산민주연대 email: ycdn21@naver.com / 전화 070-4121-1330

/ www.ycdn.or.kr

유신 악법과 통치기구들의 민주주의 파괴 행위 청산을 통한 '대한민국 이행기 정의'의 완성을 위하여

대통령 박정희가 유신 독재를 감행한 지 올해로 50년이 흘렀다. 그는 1979년 10·26으로 생을 마감했으나 곧이어 12·12 군사 반란과 5·18 광주항쟁 살상 진압으로 정권을 찬탈한 전두환이 유신2기 군사 독재를 더욱 심화시켰다. 군사권위주의 통치는 유신 선포 이전 5·16 쿠데타로부터 시작돼 60년 이상이나 이 땅에 거부할 수 없는 운명처럼 뿌리를 내렸다. 1987년 6월 시민항쟁이 승리해 군사독재가 종식된 지 올해로 35주년을 맞았으나 우리는 아직도 정치사회 곳곳에 그 깊은 뿌리가 온존해 있음을 목도한다.

유신50년군사독재청산위원회를 발족하는 대의가 여기 있으며, 우리는 역사 정의가 잊혀질까 두려워 미래지향을 명분 삼아 과거사에 대한 진실 화해 사명에 다시 진력하고자 한다. 과거를 제대로 살펴봄으로써 현재를 지혜롭게 살 수 있으며, 시행착오 없는 미래를 설계할 수 있다고 믿는다.

지금까지 유신 독재 청산은 국가 폭력의 피해자들을 위한 명예회복과 보상을 우선하면서도 그 비극적 피해들의 발생 원인에 대한 근본적이고도 구조적인 규명은 사실상 등한시해왔다.

　1990년 '광주민주화운동 관련자 보상 등에 관한 법률'이 먼저 제정되었지만, '5·18 민주화운동 진상규명을 위한 특별법'은 2018년에야 입법되었다. 또한 '민주화운동 관련자 명예회복 및 보상 등에 관한 법률' 역시 2000년에 먼저 제정되고, '진실·화해를 위한 과거사정리 기본법'은 그보다 4년 지난 2005년에 비로소 제정되었다.

　5·16 쿠데타 집단은 그 주모자들이 군복을 벗고 이른바 민정이양이라는 위장된 절차를 거쳤으며, 1987년 6월항쟁에 이르는 4반세기에 걸쳐 박정희 1인 체제 이후에도 전두환의 유신2기 군사독재가 대를 이었다. 경제적 측면에서 이들은 언필칭 산업화와 경제 성장을 과대 홍보했지만, 성장의 과실은 주로 재벌 대기업 및 특권층 관료와 정치 군벌의 배만 불린 것이 실상이었다. 군사권위주의 통치 아래 다수 국민은 저임금과 물가고, 고실업률과 고인플레, 세계 최장 노동시간과 최고 산업재해율에 고통받았다는 것이 실증적 자료 분석의 결과 밝혀진 진실이었다.

　정치적으로 독재자 박정희-전두환은 정보공안기관, 사법기관, 사이비 입법기관 등 유신 통치기구들을 일상적으로 도구화했으며, 이처럼 극단적으로 반민주적인 국가 통치의 구조와 작폐를 철저하게 규명하는 과학적 조사와 역사 재판에 의한 징벌적 책임 추궁이 제대로 이루어지지 못한 채 오늘에 이르렀다.

　이렇게 과거사 진실규명과 그 잔재 청산이 소홀했던 가장 큰 원인은 민주화 과정에서 억압적 통치기구들을 해체하거나 재구성하지 못하고 그 안에서 악행을 저지른 주범들은 정치적으로 사면 복권했으며, 그 추종 세력들과는 타협했기 때문이다. 이는 현실 정치의 틀 안에서 '이행기 정의'를 찾으려 했던 한국적 한계에서 찾아진다. 이행기 정의란 잘못된 과거사를 바로잡기 위하여 일정 기간 동안 환원적이고 치료적인 대증요법을 포함하는 개념이다.

그리하여 박정희 유신1기와 전두환 유신2기는 1987년 6월항쟁으로 일단 종식됐지만, 유신 통치기구로서 반민주적 특권을 휘두르며 국민들 위에 군림하던 권력 기관들의 제도적 틀과 사회 세력들의 습관적 행태는 그대로 잠재해 있었다. 특히 국회를 해산하고 정치활동을 금지한 가운데 사이비 입법기구를 내세워 제정한 악법들이 여전히 잔존하면서 민주주의와 공정한 시장경제 발전에 고질적인 질곡으로 작용하고 있다. 민주주의 내실화에 무거운 멍에인 것이다.

각종 국책사업과 정부 개발사업에서 투기적 수준의 이득을 취하면서 기업 집단의 경영권을 편법적으로 장악하고 탈세 상속하며, 노동자와 주주를 배제한 채 기업 이익을 독점하는 재벌들의 행태가 군사독재 아래 형성된 정경유착에서 비롯된 것임은 주지의 사실이다.

국민 여론을 도외시하고 정치를 농단하는 족벌언론의 행태 역시 오랜 유신 독재 시기 권력과 특정 진영에 유착한 어용과 편향 보도의 민낯에 다름 아니다. 5·18 광주항쟁에 대한 전두환 정치 군벌의 살상 진압이 일련의 내란 행위인 것으로 대법원 최종판결이 내려졌음에도 시민 시위대에 대해 폭도라고 왜곡 보도한 보수신문은 아무런 사과 사죄도 하지 않았다. 거꾸로 그 동일 계열사 종편 방송이 광주항쟁에 대해 북한 특수군이 침투한 시위였다는 반국민적인 발언을 내보내기도 했다. 또한 유신 독재 아래 특혜 성장한 이른바 주류 보수 언론사의 기자들은 정부 부처 및 공공기관과 주요 경제 및 사회단체에 출입하면서 기득권 기반의 기자단을 결성해 각종 정책 정보의 취재원 접근에서 다른 다양한 언론사 기자들을 배제해왔다. 유신 잔재 청산의 가장 중요한 대상 중 하나를 기득권 언론의 혁파에 두어야 하는 이유다.

사회적 약자에게 가혹하고 기득권 세력에 관대한 검찰과 사법관료들은 정의롭기는커녕 차별과 불공정의 대명사로 남았다. 더구나 독재 정권의 하수인으로서 무수히 공안사건을 조작하고 노동운동을 탄압한 대가로 민주적 통제 밖에서 특권적 지위를 보장받았으며, 정치의 사법화와 맞물려 법률 독재의 도구로 낙인찍히기도 했다.

이처럼 유신군사독재 시기에 형성된 권력 기관과 그를 뒷받침하는 제도·관행들이 우리의 정치 발전과 민주주의 발전을 계기적으로 저해하고 있는 것이 우리의 현실이다. 특히 군사독재의 통치기구로 기능하던 관료 및 권력 기구들이 개혁적으로 재구성되지 않고 그 동질성을 유지하면서 낡은 법과 제도들을 재생산하고 있다. 더욱이 재벌, 보수 언론, 특권 관료들이 연합한 기득권 세력이 경제 성장의 성과를 독과점하고 민주화를 역이용하면서 기회 있을 때마다 권위주의 시대로의 향수를 부추기고 복고적 회귀를 노리는 실정이다.

'유신50년군사독재청산위원회'는 '유신청산특별법' 제정으로 과거 유신 통치 기구들에 의해 자행된 헌법파괴 행위와 국가 폭력의 진상을 집중적으로 규명하고 이를 토대로 법원, 검찰 등의 사법권력 및 재벌, 언론 등 사회권력이 향유하는 반민주적 특권과 제도·관행들을 근본적으로 청산하고자 한다. 6월항쟁 이래 한 세대 이상이 지났으나 촛불시민혁명으로도 아직 미완 상태인 '대한민국 민주공화국의 이행기 정의'를 완성하는 실천적 계기를 목표로 삼는다.

이를 위해 '유신50년군사독재청산위원회'는 정당과 시민사회단체, 국회의원과 시민운동가들이 연대하여 유신 잔재를 청산하고 미완의 민주화 과제를 완수할 것이다. 우리 사회 각 분야에 잔존하는 억압적이고 권위적인 제도와 관행들을 발본색원함으로써 지속 가능한 민주주의 발전과 경제 성장의 토대를 마련할 것이다.

우리의 선언

— 유신 독재 치하에서 국민 의사와 관계없이 제정 운영된 법률, 제도, 기구를 전수조사하고, 검토 결과에 따라 개정 또는 폐지를 추진한다.
— 국민이 선출하지 않은 유사입법기구가 제정한 유신헌법과 '제5공화국' 헌법은 불법 무효임을 선언한다.
— 유신 독재 세력에 의한 불법적 국회 해산 및 헌법파괴 행위와 국가 폭력에 대한 진실 규명에 나선다.
— 유신 독재 아래 자행된 국가 폭력 및 인권탄압과 반민주행위들에 대해 정부 수반의 사과를 요구한다.
— 언론 자유의 주체는 궁극적으로 국민임을 재확인하며 언론계에 온존한 유신 잔재 청산운동을 전개한다.
— 민주주의 극대화와 'K-데모크라시'를 주권자가 공동으로 실천하기 위하여 '국가-시민 동반자형 민주시민교육 플랫폼'을 제도화한다.

2022년 1월 18일

유신50년군사독재청산위원회

상임대표 김재홍 / 공동대표 국회의원 이학영 인재근 소병훈 이용선 강은미 외 / 운영위원장 이대수

유신청산민주연대

(광주전남민주화운동동지회 / 강제징집·녹화·선도공작진실규명추진위원회 / 늦봄문익환목사기념사업회 / 민주·인권·평화를 실천하는 긴급조치사람들 / 부산민주항쟁기념사업회 / 서울민예총 / 자유언론실천재단 / 동아투위 / 조선투위 / 장준하정신선양회 / 전국민주화운동동지회 / 전태일재단 / 촛불계승연대천만행동 / 한국작가회의 / 4·9통일평화재단 / 70년대민주노동운동동지회·청계피복·동일방직·원풍모방·콘트롤데이타·YH노동조합 외 / 71동지회 / 한국기독교교회협의회(NCCK) 인권센터 외)

국회의원

공동대표: 이학영 인재근 소병훈 이용선 강은미 / 김영배 김홍걸 노웅래 설훈 양경숙 양정숙 윤미향 윤준병 정필모 (2021년 12월 말 현재)

유 신 5 0 년 군 사 독 재 청 산 을 위 한 결 의 문

　　50년 전인 1972년 10월 17일, 박정희 정권은 친위 쿠데타를 일으켜 종신 집권을 의미하는 유신을 선포하였다. 군이 전권을 장악한 계엄령 하에서 박정희 정권은 국회를 해산하고 헌정을 중단시켰으며 '비상국무회의'라는 유사 입법기구를 만들어 각종 법률을 제-개정 남발하였다. 1980년 5월, 광주 시민을 학살하면서 유신정권을 승계한 전두환 역시 유사 입법기구인 '국가보위입법회의'를 만들어 입법권을 행사했다. 국민이 선출한 국회위원을 배제한 채 유사입법기구가 제정한 법률은 원천적으로 정당성이 결여된 것이다.

　　1987년, 희생을 무릅쓴 민주시민의 투쟁으로 박정희, 전두환 군사정권은 물러가고 절차적 민주화가 시작되었으나 아직도 유사 입법기구가 만든 상당수의 법률은 청산되지 않고 그 효력을 발휘하고 있다. 계엄령 하의 공포 분위기에서 어떠한 종류의 민주적 의사형성 절차도 거치지 않고 박정희 정권이 일방적으로 선포한 '유신헌법'은 무효화되지 않았으며 그 아류인 전두환의 소위 '5공화국 헌법'도 단지 1987년에 개헌 절차를 거치며 수정되었을 뿐이다. '유신헌법'의 위상에 대한 평가 결여는 오늘날 제대로 된 과거사 청산을 가로막는 병목이 되고 있다. 사법부는 '긴급조치 9호'를 '유신헌법에 비추어도 위헌'이라고 판단하여 위헌 판결 결정에도 불구하고 유신헌법에 근거한 판결이라는 점에서 그 한계가 명확하다.

양승태 대법원은 긴급조치는 위헌이지만 국가의 배상책임을 부인하여 수많은 피해자들을 다시 모욕했다. '유신청산민주연대'를 비롯한 민주화 운동 단체와 민주시민들은 원천적인 유신 청산과 진정한 민주주의 건설을 지향하면서 다음과 같은 요구와 결의를 밝힌다.

1. 국회는 '72년 10월 '80년 5월 계엄령을 통한 두 차례 국회 해산이 불법 무효임을 선언하라.
2. 국회는 정당성을 결여한 유신헌법, 유사입법기구 제정 법률이 원천적 무효임을 선언하라.
3. 국회는 유사입법기구 제정 법률의 상황을 조사하고 처리 방안을 마련하라.
4. 행정부, 입법부, 사법부는 유사입법기구 제정 법률에 의해 국민이 입은 피해를 조사하고 합당한 원상 회복 및 보상 조치를 마련하라.
5. 이상의 요구가 실현될 때까지 '유신청산민주연대'와 민주애국 시민 일동은 일치단결하여 전심전력으로 투쟁할 것을 결의한다.

2022년 10월 12일

● 유신청산민주연대(광주전남민주화운동동지회 /
강제징집녹화선도공작진실규명추진위원회 / 늦봄문익환목사기념사업회 /
민주·인권·평화를 실천하는 긴급조치사람들 / 부산민주항쟁기념사업회 / 서울민예총
/ 자유언론실천재단 / 동아투위 / 조선투위 / 장준하정신선양회 / 전국민주화운동동지회
/ 전태일재단 / 촛불계승연대천만행동 / 평화와 통일을 사랑하는 예술인들 /
한국작가회의 / 4.9통일평화재단 / 70년대민주노동운동동지회 ─
청계피복·동일방직·원풍모방·콘트롤데이타·YH 노동조합 외 / 71동지회 /
한국기독교교회협의회(NCCK) 인권센터 외) ● 80년해직언론인협의회 ● 평화어머니회

유 신 청 산 민 주 연 대 임 원 명 단

유신청산민주연대 참가단체 및 임원진(2022년 12월 현재)

광주전남민주화운동동지회(상임대표)

긴급조치사람들(이사장: 유영표)

강제징집녹화선도사업진실규명위원회

늦봄문익환목사기념사업회(이사장: 송경용)

부산민주항쟁기념사업회(이사장: 문정수)

서울민족예술인총연합회(이사장: 손병휘)

자유언론실천재단(이사장: 이부영) ─ 동아투위, 조선투위, 80해직언론인협의회

이한열기념사업회(이사장: 한동건)

장준하정신선양회(회장: 김주태)

전국민주화운동동지회(회장: 허진수)

전태일재단(이사장: 이수호)

촛불계승연대(상임대표: 송운학)

평화와 통일을 사랑하는 예술인들의 모임(대표: 차주환)

한국작가회의(이사장: 이상국)

4·9통일평화재단(이사장: 문규현)

70민주노동자회(회장: 임현재) ─ 청계·동일·원풍·YH노동조합 외

71동지회(고문: 김재홍)

평화어머니회(대표: 고은광순)

NCCK 인권센터(이사장: 홍인식)

고문

김경천	전 국회의원
박중기	4·9통일평화재단 이사
배기운	전 국회의원, 71동지회 부회장
이부영	전 국회의원, 자유언론실천재단 이사장
이해학	겨레살림공동체 이사장
임진택	예술인
최 열	환경재단 이사장

공동대표

김재홍	상임 / 71동지회 고문
김준범	80년해직언론인협의회 회장
고은광순	긴급조치사람들 부회장
박순희	70민주노동운동동지회 부회장
성한표	조선투위 위원장
송운학	촛불계승연대 상임대표
신현수	한국작가회의 사무총장
안승운	부산민주항쟁기념사업회 부이사장
허 욱	동아투위 위원장

운영위원회

이대수	위원장 / 긴급조치사람들 이사
김선홍	촛불계승연대 집행위원장
김종기	부위원장 / 부산민주항쟁기념사업회 상임이사

박강호	자유언론실천재단 상임이사
송경동	한국작가회의 자유실천위원장
이광희	전국민주화운동동지회 사무처장
이창훈	4·9통일평화재단 자료실장
임현재	부위원장 / 70민주노동자회 회장
조봉훈	부위원장 / 광주전남민주화운동동지회 고문
조재현	서울민예총 기획실장
조종주	강제징집녹화선도공작진실규명추진위 사무처장
김종채	유신청산민주연대 역사·자료정리위원장
송병춘	유신청산민주연대 법률기획위원장

공동사무국

이대수 박강호 신미주 이종수 이창훈 임현재 조재현 조종주(간사)

사무실: 서울 영등포구 영등포로 353, 엔씨오피스텔 1102호

Email: ycdn21@naver.com / www.ycdn.kr